HEINRICH KÜRPICK

Die Auswertung der Kostenrechnung

Abhandlungen aus dem
Industrieseminar der Universität zu Köln

Herausgegeben von Professor Dr. Dr. h. c. Theodor Beste

Heft 23

Die Auswertung der Kostenrechnung

Von

Dr. Heinrich Kürpick

Diplom-Kaufmann

DUNCKER & HUMBLOT / BERLIN

Gedruckt 1966 bei Berliner Buchdruckerei Union GmbH., Berlin 61
Printed in Germany

Inhaltsverzeichnis

Zweiter Teil

Allgemeine Darstellung der Auswertung einer Kostenrechnung

Erstes Kapitel

Die Vorbereitung der Auswertung

Zweites Kapitel

Die Durchführung der Auswertung einer Kostenrechnung

Vorwort

Die Darstellung betrieblicher Geschehnisse unter kostenrechnerischen Gesichtspunkten zählt zu den wesentlichen Bestandteilen des Rechnungswesens. Seit Beginn unseres Jahrhunderts haben sich die Betriebswirtschaftler in Forschung und Lehre mit den Kostenproblemen befaßt und der Kostenrechnung den ihr gebührenden Platz im betrieblichen Rechnungswesen eingeräumt. Die wissenschaftlichen Erkenntnisse auf dem Gebiete der Kostenrechnung sind in die Praxis eingedrungen und haben zur Verbesserung des Rechnungswesens geführt. Auf der anderen Seite werden ständig neue Probleme der Kostenrechnung aus der Praxis an die Wissenschaft herangetragen und so der betriebswirtschaftlichen Forschung zugänglich gemacht.

Das Rechnen mit Kosten ist aber keineswegs eine Erscheinung der heutigen Zeit. Aus früheren Jahrhunderten sind uns Kostenrechnungen bekannt, die der Kontrolle der Betriebsgebarung und der Preisstellung dienten. Zu den ältesten uns erhaltenen Kostenaufzeichnungen gehören die Spinn- und Weberbücher einer von Francesco di Marco im Jahre 1382 gegründeten Tuchfabrik. Sie enthalten Angaben über den wert- und mengenmäßigen Materialeinsatz, die für die Verarbeitung des Materials angefallenen Lohnkosten und das Ausbringen. Die Gesamtkosten werden im Memorial zusammengestellt[1]. — Einen Einblick in die Kostenrechnungen zu Beginn des 19. Jahrhunderts vermitteln die Veröffentlichungen von Jung[2] und Fredersdorff[3]. Die ausführliche Darstellung der Kostenrechnung eines Hüttenwerkes von Fredersdorff zeigt nicht nur eine eingehende Gliederung der Kostenarten, sondern außerdem, daß man die aus den Einzel- und Gemeinkosten resultierenden Probleme erkannt hatte und zu lösen versuchte. — Die ersten Ergebnisse kostentheoretischer Überlegungen liegen zu dieser Zeit ebenfalls vor und erreichen bei einigen Autoren ein bedeutsames Niveau[4]. Der Grund für die Gewinnung kostentheoretischer Erkenntnisse wird darin zu suchen sein, daß man sich nicht darauf beschränkte, die angefallenen Kosten zu erfassen und darzustellen, sondern dazu überging, die Kosten-

---

[1] Penndorf, B.: Entwicklungsgeschichte des Betriebslebens, in: Die Handelshochschule, Wiesbaden 1950, S. 46 f.

[2] Jung, J. H.: Anleitung zur Cameral Rechnungs-Wissenschaft (1786), S. 93.

[3] Fredersdorff, L. F.: Praktische Anleitung zu einer guten Eisenhütten-Ökonomie, Pyrmont 1802.

[4] Kürpick, H.: Die „fixen" Kosten in der Literatur bis zum Jahre 1900, ZfhF. 15. Jg. (1963), S. 121 ff.

rechnungen im Zeit- und Betriebsvergleich auszuwerten. Man bemühte sich beim Vergleich zweier Kostenrechnungen, die Ursachen der Abweichungen zu ergründen, die Verantwortlichkeiten festzustellen und Folgerungen daraus für die zukünftige Betriebspolitik zu ziehen. Ein altes Aktenstück aus der Zeit um 1800 überliefert uns eine solche Auswertung in Form eines Betriebsvergleichs zwischen den Gießereien der Königlichen Hütten zu Gleiwitz und zu Malapane, die das Ministerium des Grafen von Reden dem Königlichen Hüttenamt in Gleiwitz zustellte. Darin heißt es:

„Ein Förmer zu Gleiwitz verdienet	117 Reichstaler, 10 Groschen, 9 Pfg.
einer zu Malapane nur	103 Reichstaler, 8 Groschen, $4\frac{4}{5}$ Pfg.
also verdienet der Malapaner Förmer weniger	14 Reichstaler, 2 Groschen, $4\frac{1}{5}$ Pfg.

und daher ist der Wunsch zu erklären, daß die Förmer lieber nach Gleiwitz gehen möchten.

Zu Gleiwitz kostet der Zentner an Förmerlohn	12 Groschen, $7\frac{2}{5}$ Pfg.
zu Malapane	7 Groschen, $4\frac{1}{5}$ Pfg.
also mehr	5 Groschen, $3\frac{1}{5}$ Pfg.

Das ist eine große Differenz, welche 45 % beträgt. Jetzt kommt es nur darauf an, zu bewirken, wo man für die Hüttenkasse am wohlfeilsten mit Bezug auf den Geldwert der Waren arbeitet, welches folgender Gestalt erwiesen wird:

Zu Gleiwitz kosten 100 Zentner Waren an Lohn	12 Reichstaler, 1 Groschen, $\frac{4}{5}$ Pfg.
zu Malapane	10 Reichstaler, 18 Groschen, $2\frac{2}{5}$ Pfg.
So hat man in Malapane um	1 Reichstaler, 6 Groschen, $9\frac{1}{5}$ Pfg.

wohlfeiler in Absicht des Lohnes gegen den Verkaufspreis gearbeitet, welches $10\frac{5}{8}$ % beträgt[5].“ Neben diesen Berichten und Ermahnungen werden Maßnahmen vorgeschlagen, die die Formerarbeit verbilligen sollen. Das Ministerium konnte damals schon in Selbstkostenfragen sehr dringend werden, wie der folgende Auszug aus einer Kritik der Betriebsberichte zeigt: „Auf gelegentlich erhaltene Nachrichten, daß der starke Frost in diesem Winter den Gang der Förmerei sehr störe, haben des Königlichen Wirklichen Geheimen Staats-, Kriegs- und dirigierenden Ministers Herrn Grafen von Reden Exzellenz sich dahin erkläret, daß bei gut eingerichteten Gießereien diese Entschuldigung gar nicht stattfinden sollte. Da nun diese Bemerkungen öfter wiederholet sind, so hat das Königliche Hüttenamt sowohl hierüber als über anderweitige Methoden, die Störungen bei der Förmerei im Winter zu vermeiden, nachzudenken und uns die desfallsigen Vorschläge baldigst hero abzugeben[5].“

Der Zweck der Auswertung einer Kostenrechnung hat sich heute gegenüber damals nicht wesentlich verändert. Dagegen sind die Anfor-

[5] Zitiert nach: Hempelmann, A.: Eine Betriebskritik vor mehr als hundert Jahren, Der praktische Betriebswirt 16. Jg. (1936), S. 428.

derungen, die heute an eine aussagefähige Auswertung der Kostenrechnung gestellt werden, beträchtlich größer als im vergangenen Jahrhundert. Es sind vor allem zwei Gründe, die eine Kostenuntersuchung schwierig machen:

Zunächst sind es die Ergebnisse der betriebswirtschaftlichen Forschung in den letzten Jahrzehnten, die bei der Auswertung der Kostenrechnung zu berücksichtigen sind. Durch jahrzehntelanges Bemühen gelang es den Betriebswirtschaftlern, immer tiefer einzudringen in die Zusammenhänge des betrieblichen Geschehens. Die Kostenrechnungen wurden verfeinert und aussagefähiger gestaltet, die einzelnen Kosteneinflußgrößen ermittelt und ihre Einwirkung auf die Kosten so weit wie möglich quantifiziert. Der Auswertende muß die neuen Erkenntnisse der Betriebswirtschaftslehre beachten, wenn er die Aussagekraft seiner Untersuchungsergebnisse erhöhen und die Auswertung der Kostenrechnung zu einem brauchbaren Instrument der Unternehmensführung machen will.

Eine zweite Ursache für die steigenden Anforderungen an die Auswertung ist in der zunehmenden Kompliziertheit der heutigen Betriebe zu erblicken. An die Stelle der früher überwiegenden Handarbeit ist in verstärktem Maße die Maschinenarbeit getreten. Die immer enger werdende Verflechtung der betrieblichen Teileinheiten birgt für den technischen Produktionsprozeß und die Kostenuntersuchung schwer zu lösende Probleme in sich. Die horizontal und vertikal wachsenden Betriebseinheiten vergrößern den Umfang der Auswertung. Durch den Einsatz elektronischer Datenverarbeitungsanlagen lassen sich jedoch die Auswertungsarbeiten erleichtern. Die Zunahme der Verwaltungstätigkeiten in Industrie- und Dienstleistungsbetrieben, das Auftreten früher nicht gekannter Kostenarten usw. stellen Anforderungen an die Kostenuntersuchung, die heute in manchen Fällen noch nicht befriedigend erfüllt werden können. Auch mit diesen Problemen muß sich der Auswertende beschäftigen und mit Hilfe der Wissenschaft Lösungsmethoden entwickeln, die eine optimale Aussage der Ergebnisse ermöglichen.

Durch die vorliegende Arbeit wird der Versuch unternommen, die Auswertung der Kostenrechnung darzustellen. Infolge des umfangreichen Gebietes kann auf Besonderheiten, die aus den Kostenrechnungen einzelner Betriebe oder Wirtschaftszweige resultieren, nicht eingegangen werden. In ihrem ersten Teil enthält die Arbeit die Grundlagen der Auswertung. Dargestellt werden vor allem das Wesen, der Gegenstand und die Methodik der Auswertung einer Kostenrechnung. Ausführungen über die Zeit und die Häufigkeit der Auswertung beschließen den ersten Teil. Im zweiten Teil folgt eine allgemeine Darstellung der Kostenuntersuchung. In drei Kapiteln werden die Vorbereitung der Auswertung, die Durchführung und der Auswertungsbericht abgehandelt. Der Schwerpunkt des zweiten Teils liegt bei der Durchführung der Auswertung mit seinen Hauptabschnitten über die Kostenanalyse, die Kostensynthese und die Kostenbeeinflußbarkeit mit der sich daraus ergebenden Frage nach der Verantwortlichkeit.

Die Anregung zu dieser Dissertation ging von meinem verehrten Lehrer, Herrn Professor Dr. Dr. h. c. Theodor Beste, aus. Dafür wie auch für die Anteilnahme bei der Entstehung der Arbeit, die Aufnahme der Dissertation in seine Schriftenreihe und für den namhaften Zuschuß zur Ermöglichung der Drucklegung sage ich ihm aufrichtigen Dank.

Heinrich Kürpick

Erster Teil

GRUNDLAGEN

I. Das Wesen der Auswertung einer Kostenrechnung

A. Begriff und Inhalt der Auswertung

Die Auswertung der Kostenrechnung ist eine zweckgerichtete Tätigkeit, die durch vergleichende Betrachtung zweier (oder mehrerer) Kostenbeträge die Kostenunterschiede ermittelt und durch die Untersuchung der Vergleichsgrößen die Kosten beeinflussenden Faktoren und deren Einwirkungen auf die Kostengestaltung, die Beeinflußbarkeit des Kostenniveaus über die Kosteneinwirkungsfaktoren sowie die daraus resultierende Verantwortlichkeit für die Kostenabweichungen erkennen läßt. Damit betrachten wir die Auswertung der Kostenrechnung als einen Komplex verschiedenartiger Tätigkeiten, die voneinander abhängig sind und aufeinander aufbauen, deren gemeinsames Ziel es ist, das in den Kosten sich auswirkende Betriebsgeschehen durchsichtig zu machen. Die Ergründung und Darstellung der relevanten Zusammenhänge ist das Hauptanliegen der Auswertung. Eine aussagefähige Auswertung der Kostenrechnung ist eines der wichtigsten und wertvollsten Instrumente der Unternehmensführung. Durch sie wird die Kostenrechnung zu einem Kontroll- und Steuerungsinstrument, welches die Wirtschaftlichkeit des Betriebsprozesses mit hinreichender Genauigkeit und Schnelligkeit zu erfassen und zu steuern erlaubt. Sie trägt dazu bei, unternehmerische Entscheidungen rational zu gestalten[1].

Die Auswertung der Kostenrechnung, deren Aufgabe durch den Kostenrechnungszweck bestimmt wird, weist drei Schwerpunkte auf. Ausgangspunkt sind die Istkosten einer oder mehrerer Kostenrechnungen. Ein wichtiges Hilfsmittel zur Gewinnung bestimmter Erkenntnisse bei der Kostenuntersuchung ist der Vergleich. Die Kostenvergleiche werden angestellt, um über relevante betriebliche Sachverhalte zu einer Beurteilung zu gelangen. Dazu bedarf es einer „Vergleichsgrundlage",

---

[1] Gutenberg, E.: Neuere Entwicklungstendenzen auf dem Gebiete des industriellen Rechnungswesens, Die Gießerei 41. Jg. (1954), S. 398.

die bei der Auswertung in der Gestalt des Maßstabes gegeben ist, und eines „Vergleichsobjekts", das durch die Istkosten der auszuwertenden Kostenrechnung repräsentiert wird[2]. Die Istkosten, die in der Regel einer Aufbereitung bedürfen, werden einer Maßstabgröße gegenübergestellt und mit ihr verglichen. Der Differenzbetrag zwischen beiden Größen, die Kostenabweichung, ist das erste Ergebnis der Auswertung. Die Aussage dieser Abweichung erhält ihren Wert durch die Definition des Maßstabes.

Im zweiten Schritt der Auswertung wird untersucht, welche Ursachen die Kostenabweichung bewirkt haben. Hierzu ist es erforderlich, die Abweichungen zu zerlegen, alle wesentlichen Faktoren zu ermitteln, die ihren Einfluß auf die Kostengestaltung ausüben, und ihren Einwirkungsgrad festzustellen. Ob es stets gelingt und sinnvoll ist, alle Einflußgrößen zu erfassen und ihre Wirkungen zu quantifizieren, kann nur im Einzelfall entschieden werden. Sehr häufig wird man sich mit der Errechnung der Gesamtabweichung oder einer groben Abweichungszerlegung begnügen müssen.

Die Auswertung soll ferner darlegen, welche Personen die Kostenabweichungen zu verantworten haben. Allerdings darf die Auswertung der Kostenrechnung nicht nur als Kontrollinstrument angesehen werden. Sie soll den zuständigen Verantwortungsträgern zu erkennen geben, wie sie durch ihre Dispositionen in der Vergangenheit die Kostenentwicklung gesteuert haben und wie sie in Zukunft in ihren Verantwortungsbereichen durch aktives Eingreifen die Kostengestaltung beeinflussen können. Sie ist nicht nur der Rechenschaftsbericht für das betriebliche Geschehen in der Vergangenheit, sondern außerdem ein Instrument der Kostensteuerung und damit eine der wesentlichen Grundlagen für zukünftige betriebspolitische Entscheidungen[3]. Das bedeutet, daß durch die Auswertung die Kostenbeeinflußbarkeit erkennbar werden muß. Die Auswertung der Kostenrechnung kann ihren Zweck nur erfüllen, wenn ihre Ergebnisse den zuständigen Verantwortungsträgern mitgeteilt werden. In der Form eines Berichtes, der die Informationsbedürftigkeit des Empfängers berücksichtigt, werden jenen Personen die Ergebnisse mitgeteilt. Ihnen obliegt es, den Nutzen aus der Information zu ziehen. Die Ermittlung der Verantwortlichkeit beschränkt sich nicht auf die unteren Leitungsebenen des Betriebes (Meister, Abteilungsleiter). Es müssen die für die Kostengestaltung wichtigen Dispositionen der oberen Leitungsinstanzen einbezogen werden. Die Auswirkungen unternehmenspolitischer Entscheidungen der

---

[2] Oehm, W.: Methoden und Probleme bei Kostenvergleichen in der eisenschaffenden Industrie, Diss. Köln 1947, S. 1.

[3] Riebel, P.: Die Gestaltung der Kostenrechnung für die Zwecke der Betriebskontrolle und Betriebsdisposition, ZfB. (1956), S. 286.

mittleren und oberen Stufe der Leitungshierarchie auf das Kostenniveau sollen durch die Kostenrechnung und ihre Auswertung offengelegt werden[4].

B. Die Umgrenzung der Auswertung

In der betriebswirtschaftlichen Literatur gibt es unterschiedliche Meinungen über den Begriff und den Inhalt der Kostenuntersuchung. Die größte Anzahl der Autoren sieht ebenso wie wir in der Auswertung der Kostenrechnung eine Untersuchung, die mit der Ermittlung der Kostenunterschiede beginnt und über die Feststellung der Ursachen zu der Verantwortung für die Kostendifferenzen gelangt[5]. Verschiedentlich wird die Auffassung vertreten, daß die Auswertung auch das „Ausnutzen" und „Vorteile ziehen", also die Disposition beinhalte[6]. In Übereinstimmung mit Schnötzinger[7] und Büchner[8] betrachten wir die Disposition auf Grund der Untersuchungsergebnisse nicht als Bestandteil der Auswertung. Die Auswertung ist ausschließlich ein Denkprozeß, der mit der Erkenntnis bestimmter betrieblicher Sachverhalte und dessen, was geschehen kann, endet.

Die Auswertung der Kostenrechnung befaßt sich auch nicht mit der Kostendefinition und -abgrenzung, der Erfassung der Verzehre, den Kostenrechnungsformen usw. Mit diesen Problemen hat sich die Kostenrechnung auseinanderzusetzen. Das schließt nicht aus, daß die Kostenrechnung von der Auswertung wertvolle Anregungen zur Lösung ihrer Probleme erhält. Je größer die Aussagekraft der Auswertungsergebnisse sein soll, um so höher sind die an die Kostenrechnung zu stellenden

---

[4] v. Kortzfleisch, G.: Kostenquellenrechnung in wachsenden Industrieunternehmen, ZfbF. 16. Jg. (1964), S. 318.

[5] Siehe insbesondere: Beste, Th.: Planung in der Unternehmung, in: Kongreß-Archiv des 5. Internationalen Prüfungs- und Treuhand-Kongresses Berlin 1938, Band B, Teil 2, S. 69.
Beste, Th.: Die kurzfristige Erfolgsrechnung, Köln 1962, S. 479 f.
Büchner, S.: Die Auswertung der Kostenrechnung in der Eisen schaffenden Industrie, Diss. Köln 1958, S. 7 f.
Mayer, L.: Bilanz- und Betriebsanalyse, Wiesbaden 1960, S. 14.
Mellerowicz, K.: Kosten und Kostenrechnung, Berlin 1958, Bd. II, S. 523.
Müller, A.: Kostenauswertung in Stahlwerken, in: Archiv für das Eisenhüttenwesen 15. Jg. (1941/42), S. 155.
Schmalenbach, E.: Kostenrechnung und Preispolitik, 7. Auflage, Köln 1956, S. 436.
Schnettler, A.: Betriebsanalyse, Stuttgart 1960, S. 3 f.

[6] Unter anderem: Maas, R.: Die Auswertung des betrieblichen Rechnungswesens, Diss. Berlin 1935, S. 2.
Schönnenbeck, H.: Grenzen der Kostenrechnung, Diss. Köln 1950, S. 15 f.

[7] Schnötzinger, F.: Die Auswertung der Selbstkosten im Industriebetrieb unter besonderer Berücksichtigung der Betriebskontrolle, Diss. Dresden 1942, Seite 3.

[8] Büchner, S.: a.a.O., S. 7 f.

Ansprüche. Allerdings fallen bestimmte Arbeiten in die Zuständigkeit der Auswertung, die nicht gut von der Kostenrechnung geleistet werden können. Dazu gehören die Aufbereitung des Zahlenstoffs, die Heranziehung der Kosteneinflußgrößen, die der Kostenrechnung nicht zu entnehmen sind und von anderen Stellen (z. B. den Stoffwirtschaftsstellen in Hüttenbetrieben) zur Verfügung gestellt werden, die Vornahme bestimmter Kostengliederungen und -zusammenfassungen, die sich nach dem Erkenntnisziel der Auswertung bestimmen usw.

Zu den Bestandteilen der Kostenuntersuchung zählen wir auch nicht die Bildung des Vergleichsmaßstabs. Hierunter verstehen wir nicht nur das Festlegen der Kostenbeträge, die den Istkosten als Vergleichsgrundlagen gegenübergestellt werden, sondern ferner die Ermittlung der Kostenabhängigkeiten, die im Maßstab wirksam sein sollen. Die Frage nach der Existenz einer Soll-Kosteneinflußgröße und der daraus folgenden Einwirkung auf die Maßstabkosten wird nicht durch die Auswertung, sondern vorher beantwortet. Dagegen werden die Anpassungen des Maßstabs, d. h. die Ermittlung der maßstäblichen Kostenbeträge an Hand der vorgegebenen Kostenabhängigkeiten durch den Ansatz der im Ist wirksam gewordenen Kosteneinflußgrößen als zur Auswertung gehörend angesehen. Es sind Korrekturen des Maßstabs, die sich als Folge der abweichenden Höhen der quantifizierten Einwirkungsfaktoren und der unterschiedlichen Wirkweisen der Einflußgrößenqualitäten ergeben. Ob diese Korrekturen in der Auswertung der Kostenrechnung eine größere Beachtung verdienen oder ob sie als Auswertungsaussage von geringerer Bedeutung sind, werden wir noch näher untersuchen[9]. Die Darstellung des Zusammenhangs zwischen den Istkosten und den sie bewirkenden Ist-Kosteneinflußgrößen zählt ebenfalls zum Gebiet der Auswertung. Häufig kann der Vergleich mit dem Maßstab erst stattfinden, nachdem diese Zusammenhänge ermittelt worden sind.

II. Der Gegenstand der Auswertung

A. Die Kostenbegriffe

Kosten sind in Geld veranschlagte Güterverzehre, Güternutzungen und dem Betrieb vom Staat auferlegte Lasten, die sich auf einen bestimmten Abrechnungszeitraum beziehen, dem eigentlichen Betriebszweck, der Erstellung von Leistungen, im Zusammenhang stehen und nicht auf betriebsbedingten außerordentlichen Ereignissen beruhen. Der

---

[9] Vergleiche zur Beurteilung dieser Fragen auch:
Kosiol, E.: Die Stellung der Plankostenrechnung im betrieblichen Rechnungswesen, in: Zielbewußte Betriebsführung durch Plankostenrechnung, Berlin 1953, S. 27.

Begriff des Güterverzehrs im engeren Sinne reicht für die Definition der Kosten nicht aus, da auch Güternutzungen (Kapitalzinsen, Lizenzgebühren) und dem Betrieb vom Staat auferlegte Lasten (Steuern, Gebühren, Beiträge) zu den Kosten zählen können. Wenn vom Güterverzehr gesprochen wird, ist zu beachten, daß dieser Begriff stets im weiteren Sinne angewendet wird[10].

Die Definition des Kostenbegriffs läßt das Wesen der Kosten erkennen. Trifft einer der genannten Merkmale nicht zu, so haben wir es nicht mit Kosten zu tun. Aus diesem Grunde müssen sich alle speziellen Kostenbegriffe unter den allgemeinen Begriff subsumieren lassen. Die Kostenrechnung arbeitet mit verschiedenen Unterbegriffen, um die bewerteten Güterverzehre von mehreren Seiten betrachten und dadurch tiefer in das Wesen der Kosten eindringen zu können. Es sollen hier nur die für die Auswertung der Kostenrechnung wichtigsten Begriffe aufgeführt und kurz erläutert werden.

Die Kosten werden in der Regel nach Kostenarten eingeteilt. Unter diesen für die Auswertung wichtigen Begriff fassen wir die bewerteten betrieblichen Güterverzehre zur Erstellung von Leistungen, die nach ihrer Verkehrsbezeichnung benannt sind (z. B. Lohn-, Material-, Reparaturkosten). Aus verschiedenen Gründen kann es erforderlich sein, innerhalb einer Kostenart weiter zu unterteilen, um die Auswertung der Kostenrechnung aussagefähiger zu gestalten. Das geschieht, wenn z. B. die Lohnkosten getrennt werden in Akkord- und Zeitlöhne oder die Betriebsstoffe in Schmiermittel, Kühlmittel, Reinigungsmittel usw. Die Differenzierung wird fortgesetzt bis nur noch homogene Kostenarten gegeben sind. Die homogene Kostenart braucht nicht die letzte Stufe der Kostenartendifferenzierung darzustellen. Für bestimmte Zwecke der Untersuchung ist es erforderlich, die homogenen Kostenarten in Kostenelemente aufzuspalten. Die Kostenelemente sind Teilquantitäten einer homogenen Kostenart, die sich durch zeitliche Zuordnung innerhalb einer Abrechnungsperiode ergeben. Den Kostenelementen nicht gleichzusetzen sind die Kostenkomponenten. Sowohl die homogenen Kostenarten als auch ihre Elemente können in zwei Kostenkomponenten zerlegt werden. Die beiden Kostenbestandteile werden dargestellt durch die Gütermenge und den Preis. Die Verzehre lassen sich ausdrücken durch die Gleichung

$$K = m \cdot p,$$

in der K die Kosten, m die Gütermenge und p den Preis darstellen. Das sogenannte „Mengengerüst" der Kosten ist der wichtigste Bestandteil der Auswertung.

---

[10] Kürpick, H.: Die Lehre von den fixen Kosten, Köln und Opladen 1965, S. 1 ff.

Von Bedeutung für die Auswertung sind ferner jene Begriffe, die sich aus der räumlichen Zuordnung der Verzehre ergeben. Die Kostenarten können einzeln, insgesamt oder in bestimmten Gruppierungen dem Gesamtbetrieb und/oder betrieblichen Teileinheiten (Kostenstellen, Kostenplätzen) zugeordnet werden. Es sind die Orte der Kostenentstehung, die in den Kostenbegriff eingehen. Wir sprechen von Gesamtbetriebskosten, Kostenstellenkosten, Kostenplatzkosten usw. Zur näheren Kennzeichnung werden die bewerteten Verzehre gleichzeitig auf die Zeit (z. B. Gesamtperiodenkosten oder Gesamtkosten eines Zeitraumes einer Kostenstelle) und auf die Leistungseinheit (Kostenträger, Beschäftigungseinheit) bezogen (Stückkosten, Durchschnittskosten).

Unter der zeitlichen Zuordnung der Kosten versteht die Betriebswirtschaftslehre in erster Linie die Periodisierung der Verzehre und bestimmt damit ein wichtiges Kriterium des allgemeinen Kostenbegriffs. Die zeitliche Zuordnung kann außerdem einen anderen Sachverhalt beinhalten. Teilt man den Abrechnungszeitraum in zweckmäßige Elementarzeiträume ein, so lassen sich die Verzehre entsprechend ihrem Entstehungszeitraum den einzelnen Elementarzeiträumen zuordnen. Auf diese Weise ist es möglich, für einen Abrechnungszeitraum, der bei der Kostenrechnung in der Regel einen Monat umfaßt, eine Anzahl von Kostenelementen zu erhalten, die bestimmte Auswertungen ermöglichen. Wählt man z. B. als kleinsten Elementarzeitraum den Arbeitstag, so stehen der Auswertung 20 bis 30 Werte monatlich zur Verfügung. Wählt man als kleinste Einheit die Schichtzeit, so ergeben sich bei dreischichtigem Betrieb 60 bis 90 Kostenelemente. Gelingt es, die Kosteneinflußgrößen ebenfalls auf diese Art zeitlich zuzuordnen, so lassen sich wertvolle Auswertungsaussagen erzielen. Die mit dieser zeitlichen Zuordnung verbundene Untersuchung bestimmter Kostenarten ist in der Regel nur mit Hilfe elektronischer Datenerfassungs- und -verarbeitungsanlagen möglich.

Eine weitere Art der Kostenbenennung ergibt sich aus der Zurechnungsmöglichkeit der Kostenarten auf die Kostenstellen und Kostenträger. Wir unterscheiden kostenstellen- und/oder kostenträgerbezogene Einzel- und Gemeinkosten. Während die Einzelkosten unmittelbar zugerechnet werden können, lassen sich die Gemeinkosten entweder gar nicht oder nur mit Hilfe von Schlüsselgrößen zuordnen. Die Aufteilung der Kosten in Einzel- und Gemeinkosten ist nicht identisch mit der Gliederung in primäre und sekundäre Kosten. Bei den primären Kostenarten handelt es sich um Verzehre, die in der abrechnenden Stelle ihren Ursprung haben. Die sekundären Kostenarten stellen einen Kostenkomplex dar, der aus den Verzehren einer vorgelagerten Kostenstelle abgeleitet ist und infolge der Inanspruchnahme der Leistungen dieser Stelle durch die nachgeordneten Kostenstellen auf die letzteren aufgeteilt wird (z. B. einzelnen Kostenstellen werden die erzeugten Energien der betriebseigenen Energiebetriebe zugerechnet).

Die Gliederung der Kosten nach Kostenkategorien ist eine der bedeutendsten für die Auswertung der Kostenrechnung. Wir verstehen die Bezeichnung „Kategorien“ im Sinne von „Arten“. Die mit den Kostenkategorien verbundenen Begriffe sind grundsätzlich in bezug auf die Beschäftigung definiert.

„Kosten, die

1. von der Beschäftigung unabhängig sind, bezeichnen wir als fixe Kosten,
2. von der Beschäftigung abhängen (variable Kosten), kennzeichnen wir
   a) als degressive Kosten, wenn sie in relativ geringerem Maße,
   b) als proportionale Kosten, wenn sie in relativ gleichem Maße,
   c) als progressive Kosten, wenn sie in relativ stärkerem Maße variieren als die diese Entwicklung bewirkende zu- oder abnehmende Beschäftigung[11]“.

Da eine ausführliche Darstellung des Wesens der Kostenkategorien bereits an anderer Stelle[11] von uns vorgenommen wurde, verzichten wir hier auf weitere Ausführungen. Bei der Auswertung der Kostenrechnung befassen wir uns aus anderer Sicht erneut mit diesem Problemkreis.

Damit haben wir den allgemeinen Kostenbegriff und seine Unterbegriffe gekennzeichnet, soweit sie für die Auswertung der Kostenrechnung von Bedeutung sind. Da wir lediglich die Grundbegriffe aufzeigen wollen, die wir für die Untersuchung benötigen, verzichten wir auf eine eingehende Kritik der in der Literatur vertretenen Kostenbegriffe. Die erforderlichen Ergänzungen nehmen wir an späteren Stellen vor.

B. Der Kostenrechnungsbegriff

Die Kostenrechnung ist eine geordnete Aufzeichnung der Kosten, die in ihrer Form und ihrem Inhalt durch das Objekt und den Zweck der Rechnung bestimmt wird.

Damit stellt die Kostenrechnung zunächst ein nach bestimmten Kriterien konstruiertes Ordnungsschema für bewertete Güterverzehre dar, die mit dem Betriebsziel in Verbindung stehen. Die Art des Ord-

---

[11] Kürpick, H.: Die Lehre von den fixen Kosten, Köln und Opladen 1965, S. 37 ff.

nungsschemas ergibt sich aus dem der Rechnung zugrunde liegenden Objekt und dem Rechnungszweck. Das Ziel der Kostenrechnung, das häufig erst durch die Auswertung erfüllt wird, verlangt eine Gestaltung der Rechnung, die diesen Zweck erreichbar werden läßt. Den Sinn einer solchen Rechnung sah man in den vergangenen Jahrzehnten darin, die Kosten zu erfassen und sie den erzeugten Produkten in den einzelnen Abrechnungsperioden zuzurechnen. „Die neuere Entwicklung der Kostenrechnung hat dazu geführt, daß man sich nicht mehr darauf beschränkt, die Kosten von den Kostenstellen auf die Kostenträger weiterzuverrechnen, ohne zuvor ihre Höhe kontrolliert zu haben. Aus diesem Grunde entstand ein neues Gebiet, die Kostenkontrolle“[12]. Die Kostenrechnung und ihre Auswertung unterscheiden sich in ihrem Zweck von der Kostentheorie. Die funktionalen Beziehungen des betrieblichen Kombinationsprozesses werden von der Kostentheorie an Hand theoretischer Modelle auf ihre allgemeingültigen Gesetzmäßigkeiten hin untersucht. Die Kostenrechnung und ihre Auswertung ermittelt dagegen jene funktionalen Zusammenhänge mit Hilfe empirischer Untersuchungen und analysiert sie[12].

Will man eine große Aussagefähigkeit der Auswertungsergebnisse erlangen, so kann ein hoher Feinheitsgrad der Kostenrechnung notwendig sein. Das ist erforderlich, wenn der Kostengestaltung im Betrieb bis in die feinsten Verästelungen nachgegangen und die Verantwortungsträger für das kostenwirksame Geschehen ermittelt werden sollen. Die verschiedenen Gliederungsmöglichkeiten der Verzehre, die wir im letzten Abschnitt dargestellt haben, können angewendet und im Ordnungsschema berücksichtigt werden.

Der Rechnungszweck ist nicht der alleinige Bestimmungsgrund für die Gestaltung der Kostenrechnung. Bezieht man das Objekt der Kostenrechnung in die Betrachtung ein und versteht man darunter den Gegenstand, auf den die Verzehre gerichtet sind (z. B. den Gesamtbetrieb, die Kostenstelle, den Kostenträger), so wird erkennbar, daß die Art des Objektes und seine konkrete Erscheinungsform die Gestaltung der Kostenrechnung wesentlich beeinflussen. Wir unterscheiden in formaler Hinsicht drei Kostenrechnungen: die Kostenarten-, die Kostenstellen- und die Kostenträgerrechnung. Gliederungsprinzip ist das Objekt der Rechnung. Die Kostenartenrechnung ist auf den Gesamtbetrieb, die Kostenstellenrechnung auf die betrieblichen Teilbereiche und die Kostenträgerrechnung auf die Erzeugnisse des Betriebes ausgerichtet. Die konkrete Ausgestaltung dieser Rechnungen weist große Unterschiede auf. In ihren

[12] Kilger, W.: Die Produktions- und Kostentheorie als theoretische Grundlage der Kostenrechnung, ZfhF. (1958), S. 555 f.
Vergleiche auch: Schneider, D.: Kostentheorie und verursachungsgemäße Kostenrechnung, ZfhF. (1961), S. 677 ff.

Grundformen ordnen sie die Gesamtkosten des Betriebes, der Kostenstelle oder des Kostenträgers nach Kostenarten. Es können auch alle Rechnungen ineinander verschachtelt sein. Dieser Fall ist gegeben, wenn die Gesamtkosten des Betriebes auf die Kostenträger verteilt sind und jeder Kostenträgerrechnung die ihr zugeordneten Verzehre aus der Kostenarten- (Fertigungsmaterial, Fertigungslohn) und der kombinierten Kostenarten-Kostenstellenrechnung (Gemeinkosten) zu entnehmen sind. Welches Zuordnungsprinzip bei der Kostenträgerrechnung anzuwenden ist, richtet sich nach den Verfahren der Kostenträgerrechnung, die in den Grundformen der Zuschlags- oder Divisionsrechnungen bzw. der Äquivalenzziffernrechnungen als verfeinerte Divisionsrechnungen bestehen können. Es ist außerdem zu beachten, in welchem Umfang die Kosten einbezogen werden. Die Kostenrechnung kann eine Voll- oder Teilkostenrechnung sein. Während bei der ersteren alle Verzehre in sie eingehen, enthält die letztere nur einen bestimmten Teil der Kosten. Auch hier sind die verschiedensten Formen anwendbar, um die Individualität des Einzelbetriebs zu berücksichtigen und die Erfüllung der Kostenrechnungszwecke auf die vorteilhafteste Weise zu gewährleisten.

Aus der angedeuteten Fülle der möglichen Kostenrechnungsformen ergibt sich die Frage, ob die Auswertung der Kostenrechnung dargestellt werden kann, ohne im einzelnen auf die Gestalt der Rechnung einzugehen. Die Kostenrechnungsform übt ihren Einfluß vor allem auf die Tiefe einer Auswertungsaussage aus und berührt damit auch den Inhalt der Ergebnisse. Die Untersuchung kann von sich aus die Kostenrechnung nicht verfeinern. Sie vermag ihre Methoden nur anzusetzen, wenn das auszuwertende Zahlenmaterial so strukturiert ist, daß es mit den gewählten Verfahren ausgewertet werden kann. Mit zunehmender Kompliziertheit der Auswertungsverfahren steigen die an eine Kostenrechnung zu stellenden Anforderungen. Gelingt es nicht, den erforderlichen Feinheitsgrad in der Kostenrechnung zu erzielen, dann müssen grobere Untersuchungsverfahren angesetzt werden. Die damit verbundene Verminderung der Aussagefähigkeit der Ergebnisse liegt nicht in den Methoden der Auswertung, sondern in der Kostenrechnung begründet. Wir gehen bei der Darstellung der Auswertung von einer kombinierten Kostenarten-Kostenstellenrechnung für eine bestimmte Abrechnungsperiode aus. Damit stellen wir auf die Art, den Entstehungsort und die Entstehungszeit des Verzehrs ab. Weitere Verfeinerungen (z. B. Unterteilungen in homogene Kostenarten, Kostenelemente und Kostenkomponenten) werden wir an den entsprechenden Stellen einführen. Da wir beim Einsatz der Untersuchungsverfahren jeweils die Voraussetzungen für ihre Anwendung darlegen, kann daraus geschlossen werden, daß andere Methoden herangezogen werden müssen, wenn die Prämissen nicht erfüllt sind. Ferner ist zu erkennen, auf welche Ergebnisse unter

Umständen verzichtet werden muß, wenn der Feinheitsgrad der Kostenrechnung nicht ausreicht. Wir werden jedoch eine Grenzziehung in beiden Richtungen vornehmen und den Erkenntniswert einer wenig ergiebigen sowie den in ihrer formalen Gestaltung übersteigerten Kostenrechnung aufzeigen. Für die Auswertung verliert die Kostenrechnungsform an Bedeutung, wenn Ort und Zeit der Kostenentstehung, die ihnen zuzuordnenden Verzehrsarten sowie deren Homogenität, Kostenelemente und Kostenkomponenten bekannt sind. —

Die Kostenrechnung ist nicht nur ein Ordnungschema für die Kosten und ihre Unterteilungen. Sie ist zugleich ein Zahlenwerk bestimmten Inhalts, in dem sich das betriebliche Geschehen niederschlägt. Die materielle Seite der Kostenrechnung kann in ihrer Bedeutung für die Auswertung nicht überschätzt werden. Je nach der Art des zu untersuchenden Zahlenstoffs richtet sich die Auswertungsaussage. Diese Erkenntnis bezieht sich sowohl auf die auszuwertende Rechnung (Vergleichsobjekt) als auch auf die ihr gegenübergestellte Maßstabrechnung (Vergleichsgrundlage). Die Kostenuntersuchung beginnt mit der Gegenüberstellung zweier Vergleichsgrößen; beide Vergleichsgrößen gehören stets verschiedenen Kostenrechnungen an. Aus diesem Grunde ist es gerechtfertigt zu sagen: die Untersuchung der Kosten beginnt mit dem Vergleich der Ergebnisse zweier Kostenrechnungen.

In der Regel sind die Istkosten eines bestimmten Abrechnungszeitraumes zu untersuchen. Eine Istkostenrechnung liegt vor, wenn das gesamte Mengengerüst der Rechnungsperiode aus tatsächlich entstandenen Verbrauchsmengen besteht. Die Bewertung der Mengenkomponenten ist für die Unterscheidung ohne Bedeutung. Sie kann zu Anschaffungs-, Tages- oder Verrechnungspreisen erfolgen[13]. Der Charakter der Istkosten wird durch den Mengenverbrauch bestimmt. Es liegt im Wesen der Istkosten begründet, daß sie erst nach Ablauf des betrieblichen Geschehens durch Erfassung der tatsächlichen Verbrauchsmengen als Vergangenheitskosten festgestellt werden[14].

Im Gegensatz zu den Istkosten stehen die Sollkosten. Sie liegen vor, wenn der angesetzte Mengenverbrauch für die Abrechnungsperiode nicht identisch ist mit dem in diesem Zeitraum tatsächlich entstandenen Mengenverzehr. Die Unterscheidung ist nicht zuerst quantitativer, sondern qualitativer Natur. Weist der Verzehr in beiden Rechnungen die

---

[13] Kosiol, E.: Die Stellung der Plankostenrechnung im betrieblichen Rechnungswesen, ZfhF. (1953), S. 466.

[14] Kosiol, E.: Kostenrechnung und Betriebsbuchhaltung, in: Handbuch der Wirtschaftswissenschaften, Köln, 1958, S. 633.
Anderer Ansicht ist Kilger, der nur dann von reinen Istkosten spricht, wenn das Ist-Mengengerüst auch mit Ist-Preisen bewertet wird. Kilger, W.: Flexible Plankostenrechnung, Saarbrücken 1961, S. 35.

gleiche Höhe auf, so daß keine Abweichungen entstehen, dann ist doch ein qualitativer Unterschied vorhanden. Er besteht darin, daß es sich in dem einen Falle um effektiv angefallene Verzehre handelt, während auf der anderen Seite eine Größe steht, die sich nicht aus dem konkreten betrieblichen Geschehen in dem betrachteten Zeitraum ergibt. Aus diesem Grunde zählen wir auch die Normalkosten zu den Sollkosten, weil sie einen Mengenverbrauch enthalten, für den die obige Sollkostendefinition zutrifft. Auf der anderen Seite gibt es kaum Istkostenrechnungen, die nicht einige Sollkostenelemente enthalten. Die Normalkostenrechnung existiert in den verschiedensten Formen und kann sich stark an die vergangenen Istkostenrechnungen unter Ausschaltung der Extremwerte anlehnen. Sie kann mit starren oder flexiblen Gemeinkostensätzen arbeiten und durch die letzteren den Einfluß der variierenden Beschäftigung auf die Kostengestaltung berücksichtigen[15]. Wir werden diese Art der Kostenrechnung nicht in unsere Betrachtungen einbeziehen, da sie keine neuen Erkenntnisse gegenüber der Auswertung der von uns gewählten Kostenrechnungsarten bringt.

Unter Sollkosten im engeren Sinne verstehen wir die Plankosten, Standardkosten, Normkosten usw. Die Begriffe gebrauchen wir synonym. Standardkosten oder Normkosten „sind auf technische Ergiebigkeit, d. h. mengenmäßige Ersparnis gerichtet; sie sind durch rationelle Verbrauchsmengen bestimmt (z. B. Optimalkosten) und dienen als Maßstab (Standard, Norm) für die Beurteilung der erreichten Wirtschaftlichkeit (Technizität)“[16]. Eine mit Plankosten arbeitende Kostenrechnung unterscheidet sich von den traditionellen Kostenrechnungsformen durch die Wirtschaftlichkeitsmaßstäbe, die auf Grund von betriebsanalytischen Untersuchungen ermittelt und in sie eingebaut sind[17]. Die Sollkosten in Gestalt der Plankosten stellen einen wichtigen Maßstab für die Auswertung der Istkostenrechnung dar. Durch die Kombination beider Rechnungen und die Anpassungsmöglichkeiten der Sollmengenkomponenten an die im Ist wirksam gewordenen Kosteneinflußgrößen ist eine Kostenuntersuchung möglich, die tiefe Einblicke in die durch das Betriebsgeschehen hervorgerufene Kostengestaltung gewährt.

Damit haben wir die beiden wichtigsten Kostenrechnungsarten, die Istkostenrechnung und die Plankostenrechnung von ihrem Inhalt her bestimmt. Die Ergebnisse jeder Kostenrechnungsart können Vergleichsgrundlage sein. Vergleichsobjekt ist stets die Istkostenrechnung. Wir werden noch darzulegen haben, welche Funktionen die einander gegen-

---

[15] Kilger, W.: a.a.O., S. 43 ff.

[16] Kosiol, E.: a.a.O., S. 634.

[17] Gutenberg, E.: Neuere Entwicklungstendenzen auf dem Gebiete des industriellen Rechnungswesens, Die Gießerei 41. Jg. (1954), S. 399.

übergestellten Kostenrechnungen jeweils erfüllen. Dabei ist zu beachten, daß beide Kostenrechnungen entweder den gleichen oder verschiedenen Objekten des Betriebes zugeordnet sein können.

C. Die Bestimmung und Abgrenzung der auswertungsbedürftigen Kostenrechnungen

Der Zweck einer Kostenrechnung entscheidet darüber, ob die aufgestellte Rechnung ausgewertet werden muß oder ob er bereits mit der Ermittlung der Kosten erfüllt ist. Wird eine Kostenrechnung unter einer bestimmten Zielsetzung erstellt, so gehen von dem gesetzten Zweck Wirkungen aus, die die Gestaltung der Rechnung in ihrer Form und ihrem Inhalt beeinflussen[18]. So ist z. B. eine Kostenrechnung, die der Unterstützung der Preisbildung dienen soll, in formaler Hinsicht anders aufgebaut als jene, die für die Kontrolle der Betriebsgebarung bestimmt ist. Während sie als Kontrollrechnung weitgehend nach Kostenarten, Kostenstellen und Verantwortungsbereichen gegliedert sein muß, ist ein solcher Aufbau nicht erforderlich, wenn sie Unterlage für die Preisstellung sein soll. Für die Preisstellung sind andere Gliederungsgesichtspunkte maßgebend. Zu diesem Zweck will man wissen, wie hoch bei einem Erzeugnis die variablen Kosten (um vielleicht seinen Deckungsbeitrag festzustellen) oder die Grenzkosten sind. Es kann auch sein, daß man aus Gründen des finanziellen Gleichgewichts wissen will, welcher Teil der Kosten eines Erzeugnisses ausgabewirksam ist und unbedingt im Erlös vom Markt ersetzt werden muß. Wenn die verschiedenen Kostenrechnungszwecke unterschiedliche Anforderungen an die formale Gestaltung der Rechnung stellen, dann kann nicht jeder Zweck mit einer einzigen Kostenrechnungsform erfüllt werden. Ob es gelingt, durch eine verfeinerte Ausgestaltung der Kostenrechnung allen Zielen gerecht zu werden, muß im Einzelfall an Hand der Zwecke und dem Aufbau der Rechnung entschieden werden. Je mehr Zwecke die Kostenrechnung erfüllen soll und je verschiedenartiger der Aufbau sein muß, um so aufwendiger wird die Kostenrechnung. Dominiert dagegen ein Zweck und bestimmt er die Gestaltung der Kostenrechnung, so kann er zwar voll erfüllt, die anderen Ziele jedoch nur mehr oder weniger gut erreicht werden. Je nach der Bedeutung des Nebenzieles werden die Grenzen der ihm gemäßen Gestaltung der Rechnung hinausgeschoben und liegen im äußersten Falle dort, wo die Aussage des Ergebnisses für dieses Ziel bedeutungslos wird.

---

[18] Beste, Th.: Der Stand der betriebswirtschaftlichen Planung, ZfhF. (1942), S. 191.

Die Problematik der Zweckpluralismen in der Kostenrechnung finden wir auch bei der inhaltlichen Gestaltung der Rechnung. Die in die Rechnung eingehenden Verzehre müssen sich bei allen zu erreichenden Zwecken unter den allgemeinen Kostenbegriff subsumieren lassen, da wir es sonst nicht mit Kosten zu tun haben. Nun lassen sich die Verzehre als Größen auffassen, die aus zwei im Wege der Multiplikation miteinander verbundenen Komponenten Menge und Preis bestehen. Die Mengenkomponente wird durch den Kostenrechnungszweck nicht berührt, denn sie stellt den Verzehr dar, den ein Unternehmer im Hinblick auf das Sachziel (im Gegensatz zum Personziel: die Einkommenserzielung)[19] seines Betriebes, die Erstellung von Leistungen, in Kauf nimmt. Der Inhalt dieser Komponente ist stets unverändert. Dagegen wird die Preiskomponente durch den Kostenrechnungszweck bestimmt[20]. Erfolgt die Kontrolle der Betriebsgebarung an Hand des Mengengerüstes, dann ist der Preis für die Mengenkomponenten nur insoweit von Bedeutung, als die einzelnen Vergleichsgrößen zum gleichen Preis bewertet sein müssen. Das können sein die Anschaffungspreise, die Tagespreise oder beliebige Verrechnungspreise, das heißt „Preise, die sich nicht, wie die natürlichen Preise, durch das freie Spiel der wirtschaftlichen Kräfte bilden, sondern die von den Trägern der Wirtschaft zur Erzielung einer bestimmten Wirkung festgesetzt werden"[21]. Allerdings kann es erforderlich sein, eine bestimmte Art von Preisen einzusetzen, wenn man nicht zu Fehlurteilen durch die erzielten Untersuchungsergebnisse gelangen will und solche Rechnungen nicht außerhalb der Auswertung einer Kostenrechnung durchführt. Will man zum Beispiel die Substitutionsmöglichkeiten bei den Kostengütern erkennen, dann ist es erforderlich, mit Tagespreisen zu rechnen[20]. Der Preisansatz gewinnt große Bedeutung, wenn die Kosten die Grundlage für das abzugebende Angebot sind. Je nachdem, was man im Erlös vergütet erhalten will, muß der richtige Kostengüterpreis angesetzt werden. Dient die Kostenrechnung der Bewertung der Halb- und Fertigerzeugnisse, der selbst erstellten Anlagen usw., dann sind die nach den handels- und steuerrechtlichen Vorschriften zulässigen Werte für die Verzehre anzusetzen. Die inhaltliche Gestaltung der Kostenrechnung ist also ebenfalls zweckorientiert. Hat die Kostenrechnung verschiedene Zwecke zu erfüllen, ist zu prüfen, ob es gelingt, die vorliegenden Ergebnisse zweckentsprechend zu korrigieren (z. B. mit Hilfe von Indexzahlen), gemischte Verfahren anzuwenden oder von bestimmten Punkten an die Ergebnisse

---

[19] v. Nell-Breuning, O., Sacher, H.: Zur Wirtschaftsordnung, in: Wörterbuch der Politik, 3. Auflage, Freiburg 1958, Sp. 25.

[20] Beste, Th.: Die Produktionsplanung, ZfhF. (1938), S. 369.

[21] Beste, Th.: Die Verrechnungspreise in der Selbstkostenrechnung industrieller Betriebe, in: Betriebswirtschaftliche Zeitfragen, Berlin 1924, S. 1.

neu zu ermitteln[22]. Alle diese Verfahren weisen Probleme auf, die sich ergeben, weil die von einem Ziel her bestimmten Wertansätze nur mit großen Schwierigkeiten auf andere Ziele ausgerichtet werden können. Aus diesem Grunde sollte auch die Kostenrechnung nach Möglichkeit einen Pluralismus der Zwecke vermeiden[23]. Zumindest sind die Kostenrechnungen für das Hauptziel zweckentsprechend zu gestalten.

Es taucht nun die Frage auf, welche Kostenrechnungen ausgewertet werden müssen, wenn sie ihren Zweck erfüllen sollen. Entscheidend für die Beantwortung dieser Frage ist, ob das Ergebnis der Rechnung das Ziel ist oder ob es im Hinblick auf den Zweck auch auf die Inhalte des Rechenwerkes ankommt. Das Ergebnis einer Rechnung kann zwar Ausgangspunkt der Auswertung sein und ist es in der Regel auch, es kann aber nicht ausgewertet, sondern nur genutzt werden. Durch den Vergleich zweier Ergebnisse läßt sich die Abweichung feststellen. Sie ist ein erstes Zwischenergebnis in der Kostenuntersuchung, aber nicht ihr Kernstück. Ausgewertet werden kann nicht das Ergebnis, sondern die Rechnung, die zu diesem Ergebnis führt. In der Auswertung einer Kostenrechnung wird nicht der Weg aufgezeigt, auf dem man zu dem Ergebnis gelangt ist. Es handelt sich hier nicht um ein Rückwärtsschreiten vom Kostenrechnungsergebnis aus entsprechend dem formalen Rechnungsaufbau, denn dadurch werden keine neuen Erkenntnisse gewonnen. Durch die Auswertung sollen jene Faktoren sichtbar gemacht werden, die dieses Ergebnis bewirkt haben, und es soll gezeigt werden, ob über diese Faktoren nicht ein günstigeres Ergebnis hätte angesteuert werden können. Das setzt voraus, daß der Auswertende weiß, wie die Rechnung zustande gekommen ist, welchen Inhalt die einzelnen Zahlen haben, wie sie abgegrenzt sind, welche Bewertungen ihnen zugrunde liegen, ob der Kostenrechner oder die mit der Uraufschreibung betrauten Personen Willkür haben walten lassen und in welchem Maße das geschehen ist usw.[24]. Die an den Auswertenden zu stellenden Anforderungen liegen beträchtlich über jenen an den Kostenrechner. Während der Kostenrechner sich fast nur mit der Finalursächlichkeit der Verzehre beschäftigt, muß der Auswertende sich zusätzlich mit den Wirkursächlichkeiten[25] und deren Probleme befassen. Nachdem man die notwendigen Voraussetzungen geschaffen hat, kann man bestimmte Ver-

[22] Beste, Th.: Die kurzfristige Erfolgsrechnung, Köln 1962, S. 200.
Büchner, S.: Die Auswertung der Kostenrechnung in der Eisen schaffenden Industrie, Diss. Köln 1958, S. 10.

[23] Kosiol, E.: Neuere Ziele und Methoden der Kostenplanung.
ZfB. 24. Jg. (1954), S. 659.

[24] Beste, Th.: Die kurzfristige Erfolgsrechnung, Köln 1962, S. 480 f.

[25] Vergleiche zu den Begriffen Final- und Wirkursächlichkeit in bezug auf die Kosten:
Kürpick, H.: Die Lehre von den fixen Kosten, Köln und Opladen 1965, S. 9 ff.

fahren ansetzen und mit ihnen in die Wirkursächlichkeiten eindringen. Ob das immer gelingt, ist eine andere Frage. Oft können die Voraussetzungen nicht erfüllt werden. Der Kostenrechner kann diese Zusammenhänge mit Hilfe verfeinerter Techniken der Kostenrechnung nicht aufdecken.

Wir können nun entscheiden, welche Kostenrechnungen der Auswertung nicht bedürfen und wann das Kostenrechnungsziel ohne eine Auswertung der Rechnung unerreichbar bleibt. Kostenrechnungen, die der Preisstellung, der Preisprüfung, der Bewertung von selbst erstellten Anlagen, Halb- und Fertigerzeugnissen, der Erfassung von Wertverlusten, der Prämienfestsetzung, der Ermittlung von Preisuntergrenzen, der pretialen Betriebslenkung[24] usw. dienen, werden nicht in unsere Betrachtung einbezogen. Ihnen allen gemeinsam ist das Ziel, das in der Ermittlung eines zweckentsprechend definierten Ergebnisses der Kostenrechnung besteht. Dient die Kostenrechnung der Kontrolle der Betriebsgebarung, dann ist ihr Ziel nicht nur das Ergebnis der Kostenrechnung, sondern auch die Erkenntnis, wie das Ergebnis zustande gekommen ist. Es geht darum, die Ausstrahlungen der betrieblichen Geschehnisse auf die Kosten zu ermitteln und darzustellen. Aus diesem Grunde müssen jene Rechnungen ausgewertet werden. „Erst durch die Auswertung wird ihr Zweck erfüllt, und erst dadurch bekommen sie ihren Sinn. Ihre Aufstellung muß fortgesetzt werden durch die Auswertung. Nur beide zusammen bilden das Ganze der Rechnung[26]." Ob man die Kontrolle der Betriebsgebarung erreichen kann über eine Kostenrechnung, die auf einen anderen Zweck ausgerichtet ist, hängt ab von der Form und dem Inhalt jener Rechnung. Nur im Einzelfall kann gesagt werden, ob ein solcher Weg gangbar ist. Wir werden in dieser Darstellung die Umgestaltungsmöglichkeiten der Kostenrechnungen bei Zweckpluralismen nicht untersuchen, sondern von Kostenrechnungen ausgehen, deren Zweck in der Kontrolle der Betriebsgebarung zu erblicken ist.

III. Die Methodik der Auswertung

A. Allgemeine Anmerkungen zur Auswertungsmethode

Bevor die Auswertung der Kostenrechnung erfolgen kann, muß Klarheit darüber bestehen, auf welchem Wege die neuen Erkenntnisse erlangt werden können. Grundsätzlich vermögen wir die Natur der Dinge nur aus ihren Wirkweisen zu erkennen. Um das zu erreichen, bedürfen wir eines geeigneten Vorgehens, mit dessen Hilfe wir zu den

---

[26] Beste, Th.: a.a.O., S. 480 f.

gewünschten Erkenntnissen gelangen können. „Methodisch befassen wir uns ... mit einem Wissensgebiet, wenn wir es planmäßig durchforschen, seine einzelnen Gliederungen herausarbeiten, die Teilerkenntnisse sachgemäß anordnen, streng logisch verknüpfen und einsichtig machen ...; am Schluß müssen wir von allem und jedem wissen, nicht nur ‚daß', sondern auch ‚warum' es so ist, also nicht nur die Tatsache, sondern auch deren Grund[27]." Wir gehen bei der Auswertung so vor, daß wir, beginnend mit den in den Kosten zum Ausdruck kommenden Wirkweisen der betrieblichen Geschehnisse, zu den Ursachen jener Wirkungen vorzudringen versuchen. Nun ist der Zusammenhang zwischen den Kosten und den sie verursachenden Faktoren nicht aus der Kostenrechnung erkennbar. Die Auswertung einer Kostenrechnung ohne die Zuhilfenahme einer oder mehrerer Vergleichsgrundlagen ist undenkbar[28]. Der Vergleichsgrundlage als Maßstab obliegt die Aufgabe, bei der Aufdeckung der Kosteneinflußgrößen und ihrer Wirkungen auf das Kostenniveau mitzuhelfen. Sie erlangt ferner Bedeutung, wenn sie als Maßstab beiträgt, ein Werturteil über die Abweichungen zu fällen und die Verantwortlichkeiten für die Kostendifferenzen festzustellen. Wir bezeichnen diesen Weg der Kostenuntersuchung, der von dem konkreten Seienden zu den Ursachen hinführt, als die analytische Methode. Der entgegengesetzten Richtung folgt die synthetische Methode, die von den Elementen her das Seiende zusammenfügt[29]. Auch in die Synthese werden die Vergleichsmaßstäbe einbezogen, um die Einflüsse der Kosteneinwirkungsfaktoren in den synthetischen Teilgrößen sichtbar werden zu lassen und die Beurteilung der zusammengefaßten Abweichungen zu gewährleisten. Durch die Synthese ergeben sich neue Erkenntnisse, die für die Kostenbeeinflußbarkeit durch dispositive Maßnahmen von Bedeutung sind. Die Wirkungen der Kostenbeeinflussung durch menschliche Eingriffe werden in der Kostenanalyse und -synthese erkennbar. Wir werden ihre Interpretation im Anschluß an die Kostenanalyse und -synthese vornehmen. Die Auswertung der Kostenrechnung stellen wir dem aufgezeigten Weg entsprechend dar[30]. Die drei Teilgebiete bauen aufeinander auf. Die Kostensynthese hat die Ergebnisse der Kostenanalyse zur Grundlage, und die Basis für die Deutung der

---

[27] Brugger, W.: Philosophisches Wörterbuch, 10. Auflage, Freiburg 1963, S. 198.
[28] Beste, Th.: a.a.O., S. 486.
[29] Brugger, W.: a.a.O., S. 198.
[30] Diesen Weg schlägt auch Auffermann vor:
„Kostenauswertung umfaßt Analyse und Synthese, ‚Zergliederung' und ‚Eingliederung' in bestehende Zusammenhänge. Ein Zerlegen mit nachfolgendem Verbinden wird notwendig, um die tatsächliche Gestaltung der Kosten aufzudecken und dem Handeln, dem Disponieren eine Grundlage zu schaffen, d. h. um in der Praxis dem Betriebsführer ein Mittel der Steuerung des Betriebes an die Hand zu geben."
Auffermann, J. D.: Kostenauswertung, Stuttgart 1953, S. 1.

Wirkungen dispositiver Maßnahmen bilden die in der Kostensynthese zusammengefaßten Abweichungen. Damit haben wir keine Aussagen über die Verfahren getroffen, deren wir uns im einzelnen bedienen. Diese Verfahren, die die Technik der Auswertungsmethoden beinhalten, werden wir im zweiten Teil darstellen und dort ihre Einsatzmöglichkeiten und die Grenzen ihrer Anwendung untersuchen.

B. Die analytische Methode der Kostenuntersuchung

1. Die Problemstellung

Das Problem der Kostenanalyse besteht darin, von den bewerteten Verzehren und den sie beeinflussenden Faktoren auf den Zusammenhang zu schließen, der zwischen ihnen besteht. Die Vergleichsgrößen in Gestalt der Kosten können den Kostenrechnungen entnommen werden. Die Schwierigkeiten beginnen mit der Auswahl der mutmaßlichen Kosteneinwirkungsfaktoren. Zunächst ist es erforderlich, aus dem großen Kreis der Einflußfaktoren die wichtigsten herauszufinden und in die Betrachtung einzubeziehen[31]. Damit setzt zu Beginn der Untersuchung eine Wertung der Verursachungsfaktoren ein. Dieses Abwägen durch den Auswertenden kann nur erfolgen, wenn er gewisse Vorstellungen über die vermuteten Einflußgrößen und ihre Wirkweisen besitzt. Ohne diese Sachkenntnis des Auswertenden ist eine Auswertung der Kostenrechnung nicht möglich. Aus seiner Sachkenntnis heraus vermag er später auch die richtigen Auswertungsverfahren auszuwählen. Sind die einzubeziehenden Kosteneinflußgrößen bestimmt, dann ist ihre Quantifizierung vorzunehmen. Quantifizierung kann bedeuten die Darstellung des Kostenverursachungsfaktors in Maßeinheiten oder die Auffindung einer meßbaren Ersatzgröße, die als sogenannte Bezugsgröße stellvertretend die Variation der Einflußgröße mißt. Die Quantifizierungsmöglichkeiten sind bei einigen Faktoren sehr gering, oft äußerst problematisch und nicht selten nur mit großem zeitlichen und sachlichen Aufwand realisierbar. Soweit diese Möglichkeiten in vertretbarem Maße durchführbar sind, sollten sie für die Untersuchung genutzt werden. Die Zusammenhänge zwischen den Kosten und den vermuteten Einflußgrößen können nur aufgedeckt und quantifiziert werden, wenn beide Größen in Ziffern ausgedrückt sind. Doch der ermittelte Zusammenhang ist nur ein stochastischer[32]. Die Gründe für die Abweichungen sind zu

---

[31] Soom, E.: Anwendung der mathematischen Statistik in der Industrie, in: Industrielle Organisation 22. Jg. (1953), S. 117.

[32] Der Schluß von der Ursache auf die Wirkung ist logisch eindeutig. Diese Aussage ist jedoch nicht umkehrbar, so daß der Schluß von der Wirkung auf die Einwirkungsfaktoren nur einen wahrscheinlichen Zusammenhang ergibt.

suchen in den angewandten Näherungsverfahren bei der Quantifizierung der Kosteneinflußgrößen bzw. ihrer Ersatzgrößen und bei der Ermittlung der Kostenabhängigkeiten sowie in den Wirkungen der nicht einbezogenen Verursachungsfaktoren. Die Kompliziertheit der konkreten betrieblichen Sachverhalte, die Arten und Wirkweisen der im Betrieb auftretenden Kosteneinflußgrößen und die individuelle Gestaltung der Kostenrechnung üben ihre Einflüsse auf die Ergebnisse der Kostenanalyse aus. Wir müssen uns darauf beschränken, die relevanten Größen in ihrer allgemeinen, nicht in ihrer konkreten Ausgestaltung, wie sie sich in der betrieblichen Wirklichkeit darbieten, in die analytische Methode der Auswertung einzubeziehen.

2. Der Vergleichsmaßstab

a) Die Bedeutung des Maßstabs für die Auswertung einer Kostenrechnung

Die Auswertung der Kostenrechnung ist nur möglich, wenn sie sich neben den Ergebnissen der auszuwertenden Rechnung einer Hilfsgröße bedient, die einer anderen Rechnung entnommen ist. Wir bezeichnen diese Größe als Maßstab oder als Vergleichsgrundlage. Sie ist für die Auswertung in zweifacher Hinsicht von Bedeutung. Zunächst stellt sie eine Norm dar, an der die Istkosten gemessen werden. Die Abweichungen der Vergleichsgrößen voneinander geben Aufschluß darüber, in welchem Maße die Norm erreicht wurde. Will man zu einem Werturteil über die Kostendifferenz gelangen, so ist der Inhalt der Vergleichsgröße, die als Maßstab dient, zu beachten. Die qualitative Beschaffenheit des Vergleichsmaßstabs ist entscheidend für die Aussagekraft des Untersuchungsergebnisses. Die Aufgabe der Vergleichsgrundlage erschöpft sich nicht darin, eine Normgröße für die Istkosten zu sein. Der Maßstab und die ihm zugrunde liegende Rechnung ermöglichen es, die Ursachen der Abweichungen zu erkennen und den Einfluß der Kosteneinwirkungsfaktoren quantitativ zu bestimmen. Ob der Maßstab diese Funktion erfüllen kann, hängt von der Form und dem Inhalt seiner Rechnung ab.

Die Vergleichsobjekte sind in dieser Darstellung stets Istkosten. Als Vergleichsgrundlage kommen in erster Linie drei Größen in Betracht, die in ihrer konkreten Ausgestaltung verschieden definiert sein können und dadurch eine unterschiedliche Aussage des Auswertungsergebnisses herbeiführen. Die Maßstäbe für die Auswertung sind die Ergebnisse der Kostenrechnungen des Betriebes aus vergangenen Zeiträumen, die Resultate eines Rechenwerkes, das eigens als Maßstab für die Untersuchung aufgestellt ist (Sollkosten) oder die Größen der Kostenrechnungen anderer Betriebe in demselben Zeitabschnitt[33]. Die Kostenrechnungen der beiden zuerst genannten Maßstäbe beziehen sich auf das gleiche

Betriebsobjekt (z. B. den Gesamtbetrieb, die Kostenstelle, den Kostenplatz usw.). Im letzten Falle handelt es sich um einen Maßstab, dessen Kostenrechnung sich auf ein anderes Betriebsobjekt bezieht (z. B. einen anderen Betrieb, eine andere Kostenstelle oder einen anderen Kostenplatz). Ein der Kostenrechnung eines anderen Betriebsobjektes entnommener Maßstab kann durch die Ist- oder Sollkosten repräsentiert werden. In Übereinstimmung mit der in der Betriebswirtschaftslehre gebräuchlichen Terminologie bezeichnen wir die Auswertung der Kostenrechnung mit Hilfe

1. der Istkosten des Betriebes aus einem anderen Zeitraum als Zeitvergleich (Ist-Ist-Vergleich),
2. der Sollkosten des Betriebes als Soll-Ist-Vergleich,
3. der Kosten eines anderen Betriebsobjekts als Betriebsvergleich,

wobei wir unter Betriebsvergleich nicht nur die Gegenüberstellung der Kosten zweier Betriebe, sondern auch den Vergleich der Kosten zweier Objekte (z. B. Kostenstellen) des gleichen Betriebes verstehen.

Für die Auswertungsaussage ist es nicht gleichgültig, welchen Inhalt die Vergleichsgrundlagen besitzen. Bei der Auswertung durch Zeitvergleich können als Maßstab gewählt werden

1. das Vormonatsergebnis;
2. der aussagefähigste Monat;
   a) der kostengünstigste Monat;
   b) der kostenungünstigste Monat;
3. das Ergebnis des gleichen Vorjahresmonats;
4. die Ergebnisse mehrerer Monate;
5. der aus den Ergebnissen mehrerer Monate gebildete Durchschnitt;
   a) der Durchschnitt eines Viertel- oder Halbjahres;
   b) der Durchschnitt aller Rechnungsperioden seit Beginn des Geschäftsjahres[34].

Bei der Durchschnittsbildung kann so verfahren werden, daß die Rechnungsperioden um so stärker gewichtet werden, je gegenwartsnäher der Abrechnungszeitraum liegt. Stellt der Maßstab einen Durchschnittswert dar, dann ist er zwar für die Auswertung nicht bedeutungslos, läßt aber viele Zusammenhänge nicht erkennen, die die Auswertung feststellen soll. Die Untersuchung vermag lediglich einen groben Anhaltspunkt zu

---

[33] Beste, Th.: a.a.O., S. 493.
[34] Beste, Th.: a.a.O., S. 509.
Büchner, S.: a.a.O., S. 39.

ermitteln. Eine Differenzierung der Ergebnisse ist in solchen Fällen nicht möglich. Mit den übrigen Istkostenmaßstäben sind aussagefähige Auswertungsergebnisse durchaus vereinbar. Allerdings wird man mit Istkostenmaßstäben nur in Ausnahmefällen beurteilen können, wie weit man im Betrieb von der optimalen Kostengestaltung entfernt ist. Nur bei Übereinstimmung von Istmaßstabkosten und optimalen Sollmaßstabkosten kann ein solches Urteil gefällt werden. Das Fällen eines Werturteils über die Kostengestaltung ist aber nur *ein* Ergebnis der Auswertung. Die Ermittlung der Wirkungen des betrieblichen Geschehens auf das Kostenniveau ist eine weitere Aufgabe der Kostenuntersuchung. Dieses Ziel kann unter bestimmten Voraussetzungen mit Hilfe der Istkosten als Maßstab erreicht werden. Der Auffassung Schneyders, daß die „Istkostenrechnung bestenfalls angeben kann, welche Einflüsse auf das Gesamtergebnis eingewirkt haben, ohne deren genaue Auswirkung berechnen zu können“[35], ist nur bedingt zuzustimmen. Es ist durchaus möglich, einen Zeitvergleich lediglich mit Hilfe der Istkosten als Vergleichsgrundlage und Vergleichsobjekt durchzuführen und komplizierte Kostenabhängigkeiten zu erkennen. Die Gestaltung der Vergleichsgrundlage in formeller und materieller Hinsicht gibt Aufschluß darüber, mit welcher Vollkommenheit dieses Ziel erreicht wird.

Die Sollkosten als Vergleichsgrundlage können ebenfalls verschiedenen Inhaltes sein. Ihre Inhalte erstrecken sich von den Durchschnitten der Vergangenheit unter Ausschaltung der Extremwerte und sonstiger Zufallsgrößen bis zu den mit Hilfe betriebsanalytischer Methoden ermittelten optimalen Kosten. Die Bedeutung des Maßstabs für die Auswertung ist um so größer, je weniger er von der sogenannten „Minimalkostenkombination“ abweicht und je deutlicher aus der ihm zugrunde liegenden Rechnung die ihn beeinflussenden Kostenbestimmungsgründe und ihre Wirkweisen erkennbar sind. Der Vorteil gegenüber dem Istkostenmaßstab besteht in dem Normcharakter dieser Verzehre. Der Optimalkostenbegriff bedarf jedoch einer näheren Erläuterung. Wir sprechen von Optimalkosten des Betriebes, der Kostenstelle, des Kostenplatzes, wenn wir das Kostenniveau kennzeichnen, bei dem die auf die Leistungseinheit entfallenden Verzehre am niedrigsten sind. Diese Situation bezeichnen wir als die kostenoptimale Kapazitätsauslastung. Auf der anderen Seite kann jede Produktionsmenge mit unterschiedlich hohen Verzehren erstellt werden. Wir bezeichnen die Maßstabkosten eines beliebigen Beschäftigungsgrades, denen die „Minimalkostenkombination“ zugrunde liegt, als die mininalen Maßstabkosten der jeweiligen Beschäftigung. Die Optimalkosten brauchen nicht mit den

---

[35] Schneyder, W.: Die Einführung der Plankostenrechnung im Siemens-Martin-Stahlwerk, Diss. Köln 1958, S. 4.

minimalen Kosten der kostenoptimalen Beschäftigung übereinzustimmen. In der Literatur über die Plankostenrechnung gibt es verschiedene Ansichten über die Sollkosten. Aus psychologischen und pädagogischen Gründen werden häufig den verantwortlichen Personen Kosten vorgegeben, die nach Maßgabe der betrieblichen Bedingungen als erreichbar erscheinen[36]. Diese Kosten liegen über den Kosten je Beschäftigungseinheit mit dem höchsten Wirtschaftlichkeitsgrad. Wenn diesem Kostenansatz eine gewisse Willkür auch nicht abzusprechen ist, so kann es durchaus sinnvoll sein, in dieser Weise zu verfahren, um die Verantwortungsträger zu einer Kostenunterschreitung anzuregen. Die Auswertung der Kostenrechnung soll die Wirtschaftlichkeit der Leistungserstellung beurteilen. Dieses Ziel ist nur zu erreichen, wenn als Maßstab die optimalen Sollkosten angesetzt werden. Die optimalen Verbrauchsmengen sind realisierbare Größen, „die auf den jeweiligen Betriebszustand zugeschnitten sind und ohne Raubbau an menschlicher Arbeitskraft und technischen Einrichtungen eingehalten werden können, auch wenn sie zumutbarer Anstrengung bedürfen"[37]. Wir verwenden in unseren Darlegungen die optimalen Verbrauchsmengen, das heißt die Optimalkosten als Vergleichsgrundlage, die gleichzeitig auf der Minimalkostenkombination der kostengünstigsten Auslastung basieren. Auf die Umgestaltung der optimalen zu den im Durchschnitt erreichbaren Verbrauchsmengen (z. B. mit Hilfe prozentualer Zuschläge) gehen wir nicht ein.

Im Gegensatz zu den bisher besprochenen Maßstäben, die sich auf das gleiche Betriebsobjekt beziehen, kann die Vergleichsgrundlage der Kostenrechnung eines anderen Betriebsobjektes angehören. Werden die Istkosten eines fremden Betriebes als Maßstab angesetzt, dann ist zu berücksichtigen, daß neben der abweichenden Betriebsgebarung des anderen Betriebes sich seine strukturelle Andersartigkeit im Maßstab niederschlägt. Dieses Problem taucht bei den Istkostenmaßstäben des gleichen Betriebes seltener auf und ist nur zu befürchten, wenn der Maßstab einem Abrechnungszeitraum entstammt, der weit zurückliegt. Sind Strukturverschiedenheiten gegeben, so ist der Maßstab von ihren Wirkungen zu bereinigen, wenn die Betriebsgebarung erkennbar sein soll. Die Kostenabweichungen auf Grund der Strukturunterschiede sind gesondert zu betrachten und geben wertvolle Hinweise auf die in Zukunft notwendig werdende Betriebspolitik. Die Untersuchung wird erleichtert und aussagefähiger gestaltet, wenn die Ist- und die Sollkosten des fremden Betriebes dem Auswertenden zur Verfügung stehen.

---

[36] Gutenberg, E.: Grundlagen der Betriebswirtschaftslehre, Bd. I, Heidelberg — Berlin — Göttingen 1958, S. 168.

[37] Kosiol, E.: Neuere Ziele und Methoden der Kostenplanung, ZfB. 24. Jg. (1954), S. 859.

b) Grundsätzliches zur Vergleichbarkeit

„Das Wesen des Vergleichs ist es, daß eine Beobachtung in Beziehung zu einer anderen gesetzt wird[38].“ Ehe zwei Größen einander gegenübergestellt werden, ist zu prüfen, ob sie vergleichbar sind. Der Auswertungszweck läßt erkennen, welche Größen geeignet sind, miteinander verglichen zu werden.

Eine Kostenrechnung wird ausgewertet, um die Wirkungen der betrieblichen Phänomene auf die Kostengestaltung zu ergründen und über diese Erkenntnis die Verantwortlichkeit für die Kosten, die kostenbestimmende Struktur der Einwirkungsfaktoren und ihre Beeinflußbarkeit beurteilen zu können. Da die Auswertung unter Benutzung eines Vergleichsmaßstabs vorgenommen wird, muß seine Beschaffenheit die Erreichbarkeit des Auswertungszieles gewährleisten. Zwei Größen sind miteinander vergleichbar, wenn sie sich einem sachlich bedeutsamen Oberbegriff unterordnen lassen. Dieses sogenannte „tertium comparationis“ ist notwendige Voraussetzung für die Auswertung[39]. Aus einer solchen Vergleichsgrundlage in der Gestalt eines zweckentsprechend definierten Kostenmaßstabs (z. B. Soll- oder Istkosten desselben oder eines anderen Betriebsobjekts mit ihren möglichen Gliederungen) kann nicht ohne weiteres geschlossen werden, daß die Auswertungsaussage sinnvoll ist. Die in der betrieblichen Wirklichkeit existierenden Kosteneinflußgrößen gestalten den Maßstab. Gegenüber dem Vergleichsobjekt können in der Vergleichsgrundlage eine größere oder kleinere Anzahl und verschiedene Arten von Einflußgrößen enthalten sein. Die Wirkweise eines solchen Faktors kann in den Vergleichsgrößen unterschiedlich sein. Bei mehreren Kosteneinflußfaktoren ist denkbar, daß ihre Verknüpfungsarten oder die Möglichkeiten ihrer dispositiven Beeinflussung voneinander abweichen. Prüft man den Maßstab auf seine Eignung für die Auswertung der Kostenrechnung, so muß man dieser Probleme eingedenk sein, obwohl sie in erster Linie die Istkosten als Maßstab betreffen. Insbesondere die Heranziehung der Vergleichsgrundlage aus Kostenrechnungen, denen andere Betriebsobjekte zugrunde liegen, kann geeignet sein, den Auswertungszweck zu vereiteln. Will man die Betriebsgebarung erkennen und benutzt man als Maßstab die Kosten eines fremden Betriebes, dann führt das Auswertungsergebnis nicht zum Ziel, wenn beide Betriebe unterschiedlich strukturiert sind. Nur im Ausnahmefall wird eine gleiche Strukturierung vorliegen und

[38] Nippoldt, A.: Anleitung zu wissenschaftlichem Denken, Leipzig 1942, S. 89.
[39] Flaskämper, P.: Allgemeine Statistik, Leipzig 1944, S. 27.
Messerschmitt, E.: Kritische Studie zur Theorie und Praxis des Betriebsvergleichs, Diss. München 1952, S. 36.
Schott, G.: Grundlagen des Betriebsvergleichs, Frankfurt 1950, S. 26.
Trautmann, W.: Industrielle Normalerfolgsrechnung, Berlin — Wien 1932, S. 62.

die Auswertung der Kostenrechnung erfolgversprechend sein. Erblickt man dagegen das Auswertungsziel in der Aufdeckung der kostenmäßigen Wirkungen der verschiedenen Betriebsstrukturen, dann muß zuvor der Einfluß der Betriebsgebarung eliminiert werden. Diese Probleme können bei den Zeitvergleichen ebenfalls auftreten, während sie beim Soll-Ist-Vergleich ausgeschlossen sind, weil dort die Vergleichsgrundlage stets an die gegebene Betriebssituation angepaßt wird. Beim Zeitvergleich sind vor allem zwei Arten betrieblicher Strukturveränderungen im Zeitablauf zu beachten, die wir als „stetige" und als „mutative" Strukturverschiebungen[40] bezeichnen können. Die mutativen Wandlungen im Betriebsgefüge sind dem Auswertenden in der Regel bekannt, sie verändern schlagartig die Struktur. Die stetige Strukturverschiebung vollzieht sich allmählich im Zeitablauf. Sie gefährdet das Auswertungsziel um so mehr, je weiter die Abrechnungsperiode zurückliegt, der die Vergleichsgrundlage entnommen ist, je weniger sie erkannt und bei der Auswertung berücksichtigt wird. Es ist fraglich, ob die strukturelle Andersartigkeit des der Vergleichsgrundlage zugrunde liegenden Betriebsobjekts das Auswertungsziel erreichen läßt. Hierzu ist erforderlich, die zunächst gewählte Vergleichsgrundlage in einen Maßstab zu transformieren, der die Struktur des Betriebsobjekts der auszuwertenden Rechnung entspricht. Bei einem Maßstab, der aus den Istkosten gebildet wird, ist die Aufgabe nur mit großen Mühen zu erfüllen, da sich in ihm außer den Bedingtheiten aus der Betriebsstruktur jene niederschlagen, die aus der Betriebsgebarung resultieren. Ob es gelingt, die Wirkungen beider Ursachenkomplexe zu isolieren, kann nur im konkreten Fall beurteilt werden. Wir werden auf diese Probleme, sofern sie in die Zuständigkeit der Maßstabbildung fallen, nicht weiter eingehen, weil sie nicht zur Auswertung einer Kostenrechnung gehören.

c) Die an den Maßstab zu stellenden Anforderungen

Unsere Ausführungen über den Maßstab lassen die Anforderungen erkennen, die der Auswertungszweck an die Vergleichsgrundlage stellt. Der Maßstab muß so beschaffen sein, daß seinerseits alle Erfordernisse erfüllt sind, um zu einer optimalen Aussage zu gelangen. Nach Möglichkeit soll der Maßstab flexibel sein, damit er an veränderte betriebliche Situationen angepaßt werden kann. Die Flexibilität bezieht sich nicht nur auf die Variation der Kostenhöhe. Zum Bestandteil der Vergleichsgrundlage gehören ferner die Kostenbestimmungsgründe. Unter der

---

[40] Vergleiche hierzu die stetigen und mutativen Betriebsgrößenvariationen: Gutenberg, E.: Grundlagen der Betriebswirtschaftslehre, Bd. I, Heidelberg — Berlin — Göttingen 1958, S. 286.

Anpassung des Maßstabs verstehen wir deshalb auch das Sichtbarmachen der die Kostenverschiebungen hervorrufenden Kosteneinflußgrößenvariationen in Zahlenausdrücken. Je geringer die Flexibilität eines Maßstabs ist, um so weniger tief vermag der Auswertende in die Kostenabhängigkeiten einzudringen. Liegt der Maßstab als Gesamtkostenbetrag vor, so wird seine Qualität durch seine Zerlegbarkeit und Zurechenbarkeit zu den Kostenbestimmungsfaktoren beeinflußt. Die Zerlegbarkeit kann bis zu den Kostenelementen der einzelnen Kostenplätze führen. Im Hinblick auf den Umfang der Vergleichsgrundlage ist anzumerken, daß dieser sachlich und zeitlich abhängt von den Kosten der auszuwertenden Rechnung. Der Sache nach kann der Maßstab nur jene Kostenarten enthalten, die in der Kostenrechnung erfaßt sind, und zwar sowohl in der Perioden- als auch in der Stückrechnung. In zeitlicher Hinsicht ist der Maßstab der Periodenlänge anzupassen, die der auszuwertenden Rechnung entspricht. Die Maßstabkosten müssen inhaltlich in gleicher Weise definiert sein wie die zu untersuchenden Verzehre. Beachtet man diese Bedingung nicht, dann werden Kosten verschiedenen Inhalts zueinander in Beziehung gesetzt, die den Auswertungszweck vereiteln. Die Inhalte zweier Vergleichsgrößen stimmen ferner nicht überein, wenn strukturelle Verschiedenheiten sich in den Kostenrechnungen ausgewirkt haben, deren Ergebnisse vergleichend betrachtet werden. Daraus ergibt sich, daß „der Vergleich der Tatsachen mit dem Maßstabe nicht zu einer Subtraktionsaufgabe führen (darf), deren Lösung unmöglich ist, weil Minuend und Subtrahend Inhalte haben, die ihrem Wesen nach verschieden sind“[41]. Ähnlich verhält es sich, wenn dem Maßstab andere Erzeugnisse zugrunde liegen als der auszuwertenden Rechnung. Die Vergleichsgrundlage ist für die Kostenuntersuchung erst brauchbar, wenn die Wirkungen des andersartigen Produktionsprogramms auf das Auswertungsergebnis ausgeschaltet sind. Der Maßstab muß als Normgröße grundsätzlich frei von Mängeln sein, die die Auswertung aufdecken soll. „Ist der Maßstab nicht so beschaffen, dann wird er seinen Dienst, je nachdem, in welchem Maße er mit solchen Mängeln behaftet ist, nur unvollkommen oder so schlecht erfüllen, daß die Auswertung ein Zerrbild dessen zeigt, was sich wirklich begeben hat[42].“ In der Wirklichkeit ist es oft schwierig, zeitraubend und häufig unmöglich, jene Mängel im Maßstab zu beseitigen. Der Auswertende hat zu prüfen, wie schwerwiegend die Maßstabfehler sind und wie sie sich auf das Auswertungsergebnis auswirken. Mit seiner Entscheidung über eine Vergleichsgrundlage beeinflußt er wesentlich die Aussagekraft des Ergebnisses.

---

[41] Beste, Th.: Die kurzfristige Erfolgsrechnung, Köln 1962, S. 494.

[42] Beste, Th.: a.a.O., S. 493 f.

3. Die Analyse der Kostengrößen an Hand unveränderbarer Maßstäbe

a) Die Problematik der Analyse mit unkorrigierbaren Maßstäben

Die Kostenanalyse, wie wir sie darzustellen beabsichtigen, weist drei Stufungen auf, die in einer vollständigen Kostenuntersuchung nacheinander durchlaufen werden. Die analytisch ermittelte Auswertungsaussage ist um so größer, je mehr Stufen erreicht werden. Über die Anzahl der Stufen entscheidet die Beschaffenheit der Vergleichsgrößen und das Auswertungsziel.

Die zunächst zu behandelnde erste Stufe umfaßt die Ergebnisse der auszuwertenden Rechnung und die der Maßstabkostenrechnung. Sie ist stets der Ausgangspunkt der Auswertung und findet ihren besonderen Ausdruck darin, daß lediglich die absoluten Kostenbeträge einander gegenübergestellt und ihre Differenzen ermittelt werden. Ob die Maßstabkosten erkennen lassen, welche Einflüsse ihre Höhe bewirkt haben, ist für die erste Stufe ohne Bedeutung. Es wird nur die Kostenabweichung ermittelt. Dieser Vorgang wird durch das Symbol

$$\left.\begin{matrix} K_o \\ K_i \end{matrix}\right\} dk$$

gekennzeichnet. Der Ausdruck besagt, daß die tatsächlichen Kosten (K_i) von den Maßstabkosten (K_o) um die Größe dk abweichen. Die verbleibenden Stufen der Kostenanalyse unterscheiden sich von der ersten durch die Möglichkeiten, über die im Maßstab berücksichtigten und in den tatsächlich entstehenden Kosten wirksamen Einflußgrößen zu den Kostenabhängigkeiten vorzudringen. Sind diese Möglichkeiten nicht gegeben oder nutzt sie der Auswertende nicht, dann verbleibt die Untersuchung auf der ersten Stufe. Der Maßstab ist in diesem Falle eine konstante, unkorrigierte Größe.

Die Problematik der Auswertung einer Kostenrechnung mit Hilfe starrer Vergleichsgrundlagen liegt darin, daß

1. die in den Maßstab einbezogenen Kosteneinflußgrößen und ihre Wirkweisen verborgen bleiben, so daß nicht zu ergründen ist, ob die effektiv wirksam gewordenen Kosteneinwirkungsfaktoren mit den im Maßstab berücksichtigten überstimmen und die Differenz auf vermeidbaren Einflüssen beruht;
2. eine echte Verantwortungsrechnung nicht durchführbar ist, da die Abweichung zwar lokalisiert und der zuständige Verantwortungsträger ermittelt, nicht aber die Frage nach der Abweichungsursache durch die Auswertung beantwortet werden kann;

3. die Möglichkeiten einer Kostensteuerung über die Kenntnis der Kostenbestimmungsfaktoren und ihrer Wirkweisen dem Disponenten nicht aufgezeigt werden können.

Eine verursachungsgerechte Zerlegung der Kostenabweichung ist nicht möglich, wenn die Anpassung des Maßstabs unterbleibt. Um diesen Zielen näher zu kommen, muß die Beschaffenheit der Vergleichsgrundlage bekannt sein. Nur in dem Ausnahmefall, in dem die Abweichung der Kostenbeträge durch die Variation eines Faktors bewirkt ist, kann die Differenz einer Einflußgröße zugeordnet werden. Der Normcharakter des Maßstabs kann durchaus gewahrt sein. Nur über das Zustandekommen der Norm wird nichts ausgesagt. Wir können in dieser Hinsicht nicht viel gewinnen, wenn wir für das Vergleichsobjekt die Kosteneinwirkungsfaktoren ermitteln. Zwar kann gesagt werden, welche Faktoren das Ergebnis bewirkt haben und wie das geschehen ist, nicht aber, ob sich das betriebliche Geschehen in bezug auf die Kosten in dieser Weise vollziehen mußte, ob nicht die Existenz oder die Wirkweise einer oder mehrerer Kosteneinflußgrößen durch dispositive Eingriffe hätten beeinflußt werden können. Jene Fragen lassen sich erst auf der zweiten und dritten Stufe der Analyse beantworten. Auch die noch darzustellende Verfeinerung der ersten Stufe vermag diese Probleme nicht zu lösen.

b) Die Möglichkeiten der Abweichungszerlegung und ihre Aussagefähigkeit

Die Abweichungen auf der ersten Stufe der Kostenanalyse müssen zerlegt werden, um die Auswertungsaussage in diesem Stadium zu erhöhen und die Basis zu schaffen, von der die höheren Formen der Analyse ausgehen. Unter Abweichungszerlegung auf dieser Ebene ist nicht die Aufteilung der Kostendifferenzen auf verursachende Faktoren oder Faktorgruppen, sondern ihre sachliche und räumliche Aufteilung zu verstehen. Sind die erforderlichen Voraussetzungen (insbesondere das Vorliegen einer kombinierten Kostenarten-Kostenstellenrechnung) erfüllt, dann ist es möglich, die in den obigen Symbolen dargestellten Vergleichsgrößen und ihre Abweichungen für den gesamten Betrieb aufzuteilen. Das geschieht in der Weise, daß die Gesamtkosten und die Abweichungen nach Kostenstellen, Kostenplätzen usw. und diese Summen nach Kostenarten bzw. homogenen Kostenarten aufgegliedert werden. Die Gesamtabweichung ist nur aufteilbar, wenn sowohl die Maßstab- als auch die Istkosten entsprechend gegliedert sind. Wir erhalten ein deutlicheres Bild von den Kostenunterschieden und vermögen festzustellen, welche Verzehre Abweichungen vom Maßstab aufweisen und an welchen Orten sie entstanden sind. Allerdings braucht der Ort der Abweichungsentstehung nicht identisch zu sein mit der Stelle, die sie verursacht hat. Häufig treten die Wirkungen eines bestimmten Geschehens erst in den nachgelagerten Kostenstellen zutage. Wir können die Abweichungen lediglich als Wirkungen uns noch unbekannter Einflußgrößen in sachlicher und räumlicher Hinsicht lokalisieren. Die wirksam gewordenen Einflüsse lassen sich in diesem Stadium der Kostenanalyse nur mehr oder weniger sicher vermuten; wir können weder sie noch ihre Wirkweisen in diesem Augenblick rechnerisch erfassen. Nur in einem Fall ist die Wirkung quantifiziert: wenn die Abweichung auf die Variation nur eines Faktors zurückzuführen ist.

Vielfach ist es möglich, schon jetzt zu einer Verfeinerung der Auswertungsaussage zu gelangen. Die Möglichkeiten dazu sind uns gegeben, wenn wir die Komponenten der Vergleichsgrößen betrachten und mit ihrer Hilfe eine Abweichungszerlegung herbeiführen. Besteht ein Kostenbetrag aus einer Preis- (p) und einer Mengenkomponente (m), dann läßt sich der symbolisch dargestellte Vorgang — nunmehr auf eine homogene Kostenart bezogen — wie folgt veranschaulichen:

$$\left.\begin{array}{l} p_o \cdot m_o = K_o \\ p_i \cdot m_i = K_i \end{array}\right\} dk$$

Später stellen wir dar, ob bei allen Kostenarten eine Zerlegung in Komponenten möglich bzw. sinnvoll ist. Besteht diese Möglichkeit — für einen großen Teil der Kosten wird sie nicht angezweifelt —, so gestalten wir durch sie die Auswertung aussagefähiger. Wir vermögen zu sagen, über welche Komponenten — die Komponenten sind ja die Kostenbestandteile, die in einer multiplikativen Verbindung miteinander stehen — eine Einwirkung auf die Kostengestaltung erfolgt. Es kann errechnet werden, in welchem Maße die Einflüsse über die Mengen- und/oder die Preiskomponenten eingewirkt haben. Wir bezeichnen die Ergebnisse dieser Abweichungszerlegung als Preis- bzw. Mengenabweichung. Ermittelt man die Differenzen der Mengen (m_i—m_o) und der Preise (p_i—p_o) in den Vergleichsgrößen, so erhält man die Komponentenabweichungen in der ihnen zugeordneten Maßeinheit. Im Gegensatz zu den Komponentenabweichungen sind die Preis- und Mengenabweichungen Kostenbeträge, die sich ebenfalls aus beiden Komponenten zusammensetzen. Das Charakteristikum der zuletzt gekennzeichneten Kostendifferenzen besteht darin, daß die Einwirkungen der Einflußgrößen über die nicht genannte Komponente eliminiert sind. Das Schwergewicht der Kostenuntersuchung liegt auf der Mengenkomponente. Es finden jedoch stets Bewertungen statt, so daß es immer Kosten sind, mit denen sich die Auswertung befaßt.

Der Aussagewert der Kostenabweichungen ist abhängig vom Inhalt des Maßstabs. Stellen die Istkosten eines vergangenen Abrechnungszeitraumes die Vergleichsgrundlage dar, dann wird ihr Wert beeinträchtigt, wenn und insoweit sie ebenfalls Unwirtschaftlichkeiten enthalten. In einem solchen Fall können in der auszuwertenden Kostenrechnung die Unwirtschaftlichkeiten nicht wirklich erkannt werden, es sei denn, daß man jene der Maßstabrechnung eliminiert hat. Man vermag lediglich festzustellen, ob und in welchem Maße die Unwirtschaftlichkeit zurückgegangen ist, wenn die übrigen Einflußfaktoren ausgeschaltet sind, das heißt in beiden Vergleichsgrößen die gleiche Wirkweise zeigen. Unter diesen Voraussetzungen kann den Istkosten als Maßstab ein gewisser Wert nicht abgesprochen werden, vor allem dann nicht, wenn die bisher günstigsten Ergebnisse zugrunde gelegt werden. Allerdings muß auch im Zeitvergleich beachtet werden, daß Strukturveränderungen und ihnen ähnliche Verschiebungen die Auswertungsaussagen beeinträchtigen.

Am wertvollsten ist die Auswertungsaussage, wenn sie unter Benutzung von Sollkosten zustande kommt, die durch Verbrauchsmessungen ermittelt werden und den optimalen Güterverzehr in einer gegebenen Betriebssituation darstellen. Der Maßstab weist einen echten Normcharakter für die Beurteilung der Wirtschaftlichkeit auf. Verfälschungen des Untersuchungsergebnisses durch den Einfluß der Betriebsgebarung oder der Strukturverschiebung sind nicht möglich, so daß keine Eliminierung von Einflüssen stattzufinden braucht. Ob jedoch stets ein solches Idealmaß gefunden wird, ist zweifelhaft. Es ist aus diesem Grunde immer zu prüfen, ob die Schwächen eines Maßstabs für die Auswertungsaussage von Bedeutung sind.

Die Ausführungen über die Ist- und Sollkosten können übertragen werden auf die Ist- und Sollkostenmaßstäbe, die den Kostenrechnungen anderer Betriebsobjekte entstammen. Der Vorteil dieses Maßstabs besteht darin, daß er es ermöglicht, über das eigene Betriebsobjekt und seine sich in den Kosten niederschlagenden Begrenzungen hinauszuschauen. Das Untersuchungsergebnis besagt, ob und inwieweit man sich der Kostengestaltung des Vergleichsbetriebs nähert.

Man wird diesen Vergleichen, dem Zeitvergleich, dem Soll-Ist-Vergleich und dem Betriebsvergleich ihre Bedeutung nicht absprechen können, wenn man sich bewußt ist, daß man von ihnen nicht verlangen kann, was sie nicht zu leisten vermögen. In der ersten Stufe der Kostenanalyse sind sie von Bedeutung für die Aussagefähigkeit der beschriebenen Abweichungen. Die Abweichung der tatsächlich entstandenen Kosten von der definierten Norm steht im Vordergrund der Betrachtung.

Der Ausweis von Preis- und Mengenabweichungen, der in allen drei Vergleichsarten erfolgen kann, bildet die Verbindung zur nächsten Stufe der Kostenanalyse. Da wir davon ausgegangen sind, daß die Vergleichsgrundlagen unkorrigierbar, aber in gewisser Weise zerlegbar sind, konnten wir in dieser Phase keine Zuordnung der Abweichungen zu den verursachenden Faktoren erzielen. Der starre Maßstab ist dann und nur dann für die Auswertung geeignet, wenn in ihm alle erfaßten relevanten Kosteneinflußgrößen in der Weise berücksichtigt sind, wie sie tatsächlich auf die Kosten eingewirkt haben, und die verbleibende Differenz auf nicht erfaßte vermeidbare Kosteneinflüsse zurückzuführen ist.

c) Die Anwendungsgebiete starrer Maßstäbe in der Auswertung

Die Auswertung einer Kostenrechnung kann mit dieser Stufe abgeschlossen sein, weil ein tieferes Eindringen in die Rechnung die Kostenuntersuchung unwirtschaftlich machen würde, die Quantifizierung der Kosteneinflußgrößen nicht möglich oder zu schwierig ist, die Kosteneinwirkungsfaktoren nicht erkennbar oder nicht erfaßt sind usw. Innerhalb einer Kostenrechnung findet man Kostenstellen und Kostenplätze, die einer tieferen Auswertung nicht zugänglich sind, weil die erforderlichen Voraussetzungen fehlen. Es ist oft schwierig, die Kosten der Verwaltung, Beschaffung, Kontrolle, des Labors, gewisser Hilfsbetriebe usw. unter Einbeziehung der Kostenbestimmungsfaktoren einer verfeinerten Kostenanalyse zu unterziehen. In der Regel werden an jenen Orten der Kostenentstehung die Kosteneinflußgrößen und unter ihnen vor allem die Leistungen nicht erfaßt. Sind diese Möglichkeiten vorhanden, so sind auch in diesen Bereichen die Voraussetzungen für eine aussagefähigere Analyse geschaffen. Die Kontrolle der Betriebsgebarung in jenen Kostenstellen ist heute notwendiger als in der Vergangenheit. Die Auswertung der Kostenrechnung für jene Abteilungen wird in Zukunft noch mehr in den Vordergrund rücken, da diese Stellen, deren Leistungen schwer zu quantifizieren sind, gegenüber den übrigen an Zahl und Ausdehnung ständig zunehmen. Aus ihnen geht ein bedeutendes Kostenvolumen hervor. Hinzu tritt die Zunahme der Dienstleistungsbetriebe, des sogenannten „tertiären Sektors“ der Wirtschaft. Sie haben bei der Auswertung ihrer Kostenrechnungen mit den Schwierigkeiten der Kosteneinflußgrößen- und insbesondere der Leistungsquantifizierung zu kämpfen. Für die Kostenuntersuchungen in diesen Bereichen müssen Methoden gefunden werden, die eine über die erste Stufe hinausgehende Kostenanalyse ermöglichen.

4. Die Analyse der Kostengrößen mit Hilfe flexibler Maßstäbe

a) Das Problem und seine Abgrenzung

Korrigierte Vergleichsgrundlagen sind Maßstabkosten, die ermittelt werden unter Berücksichtigung der im tatsächlichen Betriebsablauf einwirkenden Kosteneinflußgrößen. Die Anpassung des Maßstabs an die Höhe und Wirkweise der im Ist aufgetretenen Einflußfaktoren setzt voraus, daß die Abhängigkeiten der Kosten von den Verursachungsfaktoren und die Korrekturmöglichkeiten bekannt sind. Wir zählen die Maßstabvariationen zum Bereich der Auswertung, weil sie bestimmte Elemente (die Einflußgrößen) des Vergleichsobjekts enthalten und wichtige Aufschlüsse über die Art und Ursache der Einflußgrößenbewegung geben. Nach wie vor betrachten wir die Ermittlung des Maßstabs und der ihm zugrunde liegenden Kostenabhängigkeiten als nicht zur Auswertung einer Kostenrechnung gehörend.

Das Problem der zweiten Stufe einer Kostenanalyse besteht darin, mit Hilfe der vorliegenden maßstäblichen Kostenabhängigkeiten die Vergleichsgrundlagen zu variieren und aus den Korrekturbeträgen einerseits, den Abweichungen des angepaßten Maßstabs von den tatsächlichen Kosten andererseits bestimmte Erkenntnisse zu gewinnen. Die Kostengestaltung eines Betriebes wird während des Abrechnungszeitraumes durch Kosteneinwirkungsfaktoren beeinflußt. Die quantifizierte Größe eines solchen Faktors (z. B. die Menge der Beschäftigungseinheiten, die Temperatur eines Glühofens, der Reinheitsgrad des Heizgases usw.) und seine Wirkweise (das heißt der zugehörige Proportionalitätsfaktor, bestehend aus der Mengen- und Preiskomponente je Einheit), die aus den verschiedensten Gründen von Periode zu Periode schwanken, bestimmen die Kostenhöhe. Gelingt es, die Kostenabhängigkeiten in Zahlen und Gleichungen zu fassen, dann kann festgestellt werden, wie hoch die Verzehre in einer konkreten Betriebssituation sein dürfen. Die sich dennoch ergebenden Unterschiede werden zurückgeführt auf nicht erfaßte Kosteneinflußgrößen und/oder andere Wirkweisen der in den Maßstab einbezogenen Faktoren. Häufig werden diese Abweichungen als vermeidbar angesehen. Wir werden an anderer Stelle untersuchen, ob diese Ansicht immer zutrifft und ob nicht die einbezogenen Größen ebenfalls auf ihre Vermeidbarkeit hin untersucht werden müssen.

Bei der Maßstabkorrektur ergeben sich nun Kostenabweichungen, die den Kostenunterschied zwischen den ursprünglichen und den berichtigten maßstäblichen Verzehren darstellen. Kosiol stellt nun für die Plankostenrechnung die Frage, ob Wirtschaftlichkeitsrechnungen dieser Art Teilgebiete der Plankostenrechnung sind. Seine Antwort lautet, daß die Plankostenrechnung nach ihrer Zielsetzung und Methode jene Zwecke nicht erfüllen kann. Die Veränderungen der Produktionsfunktion werden eliminiert. Die Programm- und Verfahrensabweichungen werden nur ermittelt, um die Verbrauchsabweichung zu isolieren. „Für alle diese Sonderabweichungen werden keine Wirtschaftlichkeitsgrade ermittelt, ihnen wird kein Soll als Maßstab gegenübergestellt. Es werden lediglich die Kostendifferenzen als Auswirkungen der getroffenen Maßnahmen festgehalten[43]." Steht dem Auswertenden ein entsprechender Maßstab zur Verfügung, den er anderen Gebieten, z. B. der Investitionsrechnung oder sonstigen, nach den verschiedensten Methoden durchgeführten Entscheidungsrechnungen entnehmen kann, so hängt die Auswertungsaussage unter anderem von der Qualität der Vergleichsgrundlage ab. Das Auswertungsergebnis kann bei den erfüllten Voraussetzungen auch über die Wirtschaftlichkeit jener Maßnahmen ein Urteil zulassen, soweit es die Kostenseite betrifft. Da die Kosten bei der Durchführung unternehmerischer Dispositionen nur *eine* Urteilsgrundlage bilden, vermag die Auswertung auch nur eine Teilbeurteilung abzugeben, die nur sinnvoll ist im Rahmen der Gesamtbeurteilung aller Faktoren, die der Entscheidung zugrunde gelegen haben.

b) Die Einwirkungsbereiche der Kosteneinflußgrößen

Wählt man als kleinste Abrechnungseinheit den Kostenplatz, dann lassen sich drei Einwirkungsbereiche für die Kosteneinflußgrößen feststellen[44]. Als erstes treten die Potentialfaktoren in Erscheinung. Unter diesem Begriff fassen wir jene Produktionsfaktoren zusammen, die intensitätsmäßig genutzt werden können und in den Produktionsprozeß ihre spezifischen Leistungen einbringen. Wir können diese Faktoren einteilen in sachliche Potentialfaktoren und menschliche Arbeitskräfte[45]. Die erste Gruppe besteht aus den betrieblichen Anlagen (Maschinen und ihrem Zubehör, Gebäuden, Vorrichtungen, Transportmitteln usw.) Die Aufgabe dieser Faktoren besteht nicht darin, im betrieblichen Leistungsprozeß eine Substanz zur Verfügung zu stellen, sondern bestimmte Leistungen zu erbringen. In der Regel beeinflussen sich die Potentialfaktoren gegenseitig. So kann z. B. die Arbeitsgeschwindigkeit der Maschine vom Menschen aufgegeben werden und umgekehrt. Ferner ist es möglich, daß die Maschine nicht direkt auf das Produkt, sondern auf eine andere Maschine einwirkt (z. B. die Antriebsmaschine auf eine Arbeits-

---

[43] Kosiol, E.: Die Stellung der Plankostenrechnung im betrieblichen Rechnungswesen, in: Zielbewußte Betriebsführung durch Plankostenrechnung, Berlin 1953, S. 27.

[44] Die folgenden Ausführungen über die Einflußbereiche der Kostenbestimmungsgründe wurden entnommen:
Kürpick, H.: Die Lehre von den fixen Kosten, Köln und Opladen 1965, S. 144 f.

[45] Gutenberg, E.: Grundlagen der Betriebswirtschaftslehre, I. Bd., Heidelberg — Berlin — Göttingen 1958, S. 218 f, 224 f.

maschine). In gleicher Weise vermag der Mensch indirekt über die Steuerung, Kontrolle usw. eines Aggregates auf das Erzeugnis seinen Einfluß zu nehmen. Die Leistungen des Menschen können außerdem mehrfachgerichtet sein, z. B. auf das Produkt und auf das Aggregat. Das Entscheidende ist jedoch, daß die Potentialfaktoren typische Leistungen (keine materielle Substanz) in den Produktionsprozeß einbringen und durch das Zusammenwirken ihrer Leistungen (nicht durch die mit ihrer Existenz verbundene materielle Substanz) die Fertigung der Erzeugnisse ermöglichen.

Im Gegensatz zu den Potentialfaktoren bilden die Stoffe (Rohstoffe, Hilfsstoffe, Halberzeugnisse, bezogene Teile usw.) die Substanz des Erzeugnisses. Die Aufgabe des Betriebes, das „Sachziel", besteht darin, diese Substanz in bestimmter Weise zu gestalten. Und dieses Gestalten erfolgt mit Hilfe geeigneter Potentialfaktoren. Die Leistungen jener Faktoren bestehen darin, die Substanz auf die verschiedenste Art zu bearbeiten, verarbeiten, kontrollieren, montieren, transportieren usw. oder auch Ort und Raum zur Verfügung zu stellen, damit diese Tätigkeiten überhaupt möglich sind. Durch jene Leistungen wird der Substanz des Erzeugnisses nichts hinzugefügt. Damit ist der wichtigste Unterschied zwischen den Potentialfaktoren und den die Substanz des Produktes bildenden Stoffe herausgestellt.

Die Betriebsmittel im engeren Sinne (Schmiermittel, Kühlmittel, Kraftstoffe, Energien usw.) unterscheiden sich von den beiden Faktoren. Mit den Potentialfaktoren haben sie gemeinsam, daß sie den Erzeugnissen keine Substanz hinzufügen. Sie unterscheiden sich voneinander, weil die Potentialfaktoren Leistungen zur Verfügung stellen, die Betriebsmittel mit ihrer Substanz in den Produktionsprozeß eingehen. Während die Stoffe jedoch die Substanz des Produktes bilden, dient die der Betriebsmittel unmittelbar den Potentialfaktoren und ermöglicht in Verbindung mit den eigenen Kräften oder als Unterstützung der Kräfte der Potentialfaktoren deren spezifische Leistung im Produktionsprozeß.

Damit haben wir die drei Einwirkungsbereiche gekennzeichnet, in denen die Kostenbestimmungsfaktoren die Verzehre beeinflussen. Alle Bereiche sind voneinander abhängig und wirken aufeinander ein. Sie sind in der Verwaltung ebenso anzutreffen wie in der Fertigung. Ihre Unterschiede liegen nicht in ihrer allgemeinen Benennung, sondern in ihrer konkreten Ausgestaltung begründet.

c) Die Berichtigung der Vergleichsgrundlagen

Die zweite Stufe der Kostenanalyse nimmt sich vor allem des bewerteten Mengengerüstes an, das heißt der Kosten, die auf der ersten Stufe von den Preiseinflüssen bereinigt worden sind. Gegenüber der ersten Stufe ziehen wir die quantifizierten Kostenbestimmungsgründe, die z. B. durch technische Verbrauchsmessungen ermittelt werden, in unsere Betrachtung ein. Aus der Quantifizierung der Kosteneinwirkungsfaktoren und ihren Wirkweisen läßt sich mit den Methoden der Unternehmensforschung (Operations-Research) die optimale Kosteneinflußgrößenkonstellation des Maßstabs errechnen. Das bedeutet, daß die Konstellation der Einflußgrößen eines gegebenen Betriebsobjekts ein Kostenniveau hervorruft, das, auf die Leistungseinheit bezogen, die niedrigsten Kosten ergibt. Bezeichnen wir die quantifizierten Kostenbestimmungsgrößen mit x, y, z, die zugehörigen Proportionalitätskonstanten mit b, c, e, und die additive Konstante, die die Wirkungen aller nicht berücksichtigten Größen repräsentiert, mit a, dann erhalten wir für den Maßstab eine Funktionsgleichung in der vereinfachten Form

$$a_o + b_o x_o + c_o y_o + e_o z_o = K_o,$$

in der durch den Index o auf die optimale Konstellation der Einflußgrößen und die Minimalkostenkombination hingewiesen wird. Weicht die Konstellation der effektiven Kosteneinwirkungsfaktoren von der optimalen ab, dann ergibt sich eine Gleichung, durch welche die Sollkosten (K_s) bei den im Ist wirksam gewordenen Einflußgrößen errechnet werden können. Die bei den Einwirkungsfaktoren sich ergebenden Veränderungen können sich auf die quantifizierten und/oder nicht quantifizierten Einflußgrößen beziehen. Die additive Konstante und die Proportionalitätskonstanten der obigen Gleichung bleiben erhalten, wenn nur die quantifizierten Kostenbestimmungsgründe eine Veränderung aufweisen. Im anderen Falle ändern sich diese Konstanten. Haben sich die quantifizierten und nicht quantifizierten Faktoren verändert und dadurch das Kostenniveau beeinflußt, dann lautet die korrigierte Maßstabkostenfunktion

$$a_s + b_s x_i + c_s y_i + e_s z_i = K_s.$$

Der Index i weist auf die Ist-Kostenbestimmungsgründe, der Index s auf die Korrektur der Maßstabkonstanten durch nicht quantifizierte Einwirkungsfaktoren hin. Wir können die Symbole des Auswertungsvorgangs der ersten Stufe erweitern und die bisherige Differenz $K_i — K_o = dk$ aufspalten in die Abweichungen $K_s — K_o = dk^I$ und $K_i — K_s = dk^{II}$, aus denen sich die Summe $dk = dk^I + dk^{II}$ ergibt.

$$\left.\begin{array}{r} a_o + b_o x_o + c_o y_o + e_o z_o = K_o \\ a_s + b_s x_i + c_s y_i + e_s z_i = K_s \\ K_i \end{array}\right\} dk \qquad \begin{array}{l} \left.\right\} dk^I \\ \left.\right\} dk^{II} \end{array}$$

Mit Hilfe dieser Gleichungen lassen sich vor allem Aussagen erzielen über die Kostenabweichung dk^I. Da die optimale Kosteneinflußgrößenkonstellation auf die Optimierung der Maßstabkosten K_o ausgerichtet ist, stellen die einzelnen Größen der ursprünglichen Maßstabkostenfunktion weder Mindest- noch Höchstwerte dar. Ihre Werte sind so gewählt, daß sie zusammen das Kostenoptimum ergeben. Die Einzelabweichungen der obigen Gleichungen können deshalb positiv oder negativ sein, so daß sich Kompensationswirkungen einstellen. Aus diesem Grunde müssen die Kostendifferenzen sowohl einzeln als auch im Zusammenhang betrachtet werden. Sie lassen die Wirkungen der quantifizierten Einflußgrößen unmittelbar erkennen. Die Wirkungen der nicht quantifizierten Faktoren sind ebenfalls zu erkennen, wenn die Maßstabkorrektur sukzessiv für alle Bestimmungsgrößen vorgenommen und die Einzelbeträge gesondert ausgewiesen werden. Auf diese Weise wird ersichtlich, welche Ursachen die Einzel- und Gesamtabweichungen hervorgerufen haben und in welchem Maße das geschehen ist. Ferner soll durch die Untersuchung offenbar werden, ob die Wirkungen jener Faktoren zwangsläufig sind, wie sie sich vermeiden oder beeinflussen lassen, welches die Folgen solcher dispositiver Eingriffe sind und wer für sie verantwortlich ist. Aus der Beobachtung der im Ist wirksam gewordenen Kosteneinflußgrößen im Zeitablauf ist ersichtlich, mit welcher Regelmäßigkeit die Variationen auftreten, ob Gesetzmäßigkeiten vorliegen, welchen Wahrscheinlichkeitsgrad diese besitzen, ob sie wirksam gesteuert werden können usw.

In der Regel werden sich trotz der sukzessiv oder simultan durchgeführten Anpassung der Vergleichsgrundlage an das tatsächliche Betriebsgeschehen Restabweichungen (K_i—K_s = dk^{II}) ergeben. Diese als Verbrauchsabweichungen bezeichneten Kostendifferenzen beruhen darauf, daß

1. die erfolgten Berichtigungen nur näherungsweise die Wirkungen der erfaßten Einflußgrößenvariationen eliminieren,
2. die Anpassung des Maßstabs nicht in allen Einwirkungsbereichen einer Kosteneinflußgröße erfolgt,
3. die Kosteneinflußgröße oder die sie repräsentierenden Bezugsgrößen nicht richtig quantifiziert sind,
4. die Verknüpfungen der Kosteneinflußgrößen nicht oder nicht richtig erfaßt sind,
5. Kosteneinwirkungsfaktoren eingewirkt haben, die bisher unerkannt oder nicht quantifiziert sind.

Es kann nicht die Aufgabe der Kostenanalyse sein, bis in die feinsten Kostenabhängigkeiten vorzudringen, um jede Abweichung durch die Ermittlung ihrer Ursachen aufzuklären. Wenn wir auch in der dritten

Stufe der Analyse in dieser Richtung einen Schritt weiter gehen, so geschieht das nicht aus diesem Grunde. Auch dort werden nicht geklärte Differenzen auftreten. Die Verbrauchsabweichung als Differenz zwischen der korrigierten Vergleichsgrundlage und dem Vergleichsobjekt muß in der zweiten Phase dieser Stufe sorgfältig beobachtet werden. Stellt sie noch einen erheblichen Prozentsatz der berichtigten Maßstabkosten dar, dann muß ermittelt werden, auf welche Ursachen die Differenz zurückzuführen ist. Die Verbrauchsabweichungen müssen auf ein erträgliches Maß herabgemindert werden. Allerdings ist bei der Auswertung die Wirtschaftlichkeitsgrenze zu beachten. Sie liegt dort, wo die zusätzlichen Erkenntnisse sich durch den erhöhten Aufwand für die Untersuchung nicht mehr rechtfertigen lassen. Wo die Grenze tatsächlich liegt, kann nur im einzelnen Fall entschieden werden. Es ist zu überlegen, ob sie durch den Ansatz von Verfahren mit vermindertem Feinheitsgrad hinausgeschoben werden kann. Ob es sich bei der Verbrauchsabweichung um vermeidbaren Mehrverbrauch handelt, ist eingehend zu prüfen. Die Betrachtung der Verbrauchsabweichung darf nicht von der Beantwortung der Frage ablenken, ob nicht auch die berücksichtigten Kosteneinflußgrößen in Richtung auf die optimale Kostengestaltung hätten beeinflußt werden können.

d) Die Bedeutung der Maßstabbeschaffenheit

Zur Vergleichsgrundlage zählen wir nicht nur den Maßstab im engeren Sinne, den Kostenbetrag. Ihr gehört außerdem die in der Kostenfunktion zum Ausdruck kommende Kostenabhängigkeit an. Die additive Konstante, die Proportionalitätskonstanten und die Kosteneinflußgrößen einschließlich ihrer Konstellation sind Teile der Vergleichsgrundlage. Aus ihnen läßt sich der maßstäbliche Kostenbetrag errechnen. Die Qualität der gesamten Vergleichsgrundlage ist entscheidend für den Aussagewert der Einzel-, der Teil- und der Gesamtabweichungen.

In der ursprünglichen Maßstabkostengleichung können sich hinter den Kostenbeeinflussungsfaktoren Größen verschiedenen Inhalts verbergen. Zunächst kann es sich um Faktoren handeln, die einem früheren Abrechnungszeitraum entnommen sind. Die seinerzeitige Kosteneinflußgrößenkonstellation braucht nicht mit der optimalen übereinzustimmen. In der Regel ist nicht bekannt, wie weit man davon entfernt ist. Für die Auswertung der Kostenrechnung steht somit ein Maßstab zur Verfügung, dessen Normcharakter nicht einwandfrei ist. Man vermag lediglich festzustellen, ob die auszuwertende Rechnung günstiger oder ungünstiger als die Maßstabrechnung ist. Die Abweichungen können positiv oder negativ sein, wenn als Maßstab die günstigste Vergangenheitsrechnung herangezogen wird. Aus den Ergebnissen lassen sich vielleicht

Entwicklungstendenzen erkennen, sie geben aber nicht zu erkennen, wie weit der Betrieb von einer optimalen Kostengestaltung entfernt ist. Aus den Istkosten und den Kostenbestimmungsgründen kann die Ermittlung einer optimalen Kosteneinflußgrößenkonstellation mit Hilfe der Operations-Research-Methoden versucht werden, wenn die Kostenabhängigkeiten und die Einflußfaktorenverknüpfungen bekannt sind. Ob auf diese Weise eine aussagefähige Auswertung erzielt wird, hängt ab von der richtig erkannten und vollständig erfaßten Kosteneinflußgrößenverknüpfung sowie einer der Minimalkostenkombination entsprechenden Wirkweise der Kostenbestimmungsgründe usw. Das Problem ist schwierig zu lösen, wenn an die Stelle der linearen Kostenfunktion eine solche höheren Grades tritt. Mit bestimmten Methoden der Maßstabermittlung, die wir auch auf der dritten Stufe der Kostenanalyse einsetzen, lassen sich aus den Istkosten Näherungslösungen ermitteln. Doch die Errechnung von Kostenfunktionen höheren Grades läßt das Ziel, die Ermittlung einer optimalen Kosteneinflußgrößenkonstellation, nicht in jedem Falle erreichen, da uns zur Zeit noch nicht für jede Funktionsart Lösungsbestimmungen zur Verfügung stehen. Dieses Problem tritt bei den Sollkosten ebenfalls auf. Die Problematik der Istkosten als Vergleichsgrundlage wird geringer, je mehr es gelingt, mit verbesserten Methoden der Maßstabbildung die Kostenabhängigkeiten wirklichkeitsgetreu zu erfassen. Das Ergebnis der Kostenanalyse, die Ermittlung der Verantwortlichkeiten für die Abweichungen und die Anleitung zur Kostensteuerung durch die Auswertungsergebnisse sind um so fragwürdiger, je weniger es gelingt, die Kostenabhängigkeiten bei der Maßstabbildung richtig in den Griff zu bekommen.

Benutzt der Auswertende Sollkosten als Maßstab, die Optimalkosten darstellen, dann sind die Unsicherheiten beseitigt, die dem Istkostenmaßstab anhaften. Durch sie werden den Verzehren der auszuwertenden Rechnung echte Normgrößen gegenübergestellt. Sie lassen die optimale Kosteneinflußgrößenkonstellation eines gegebenen Betriebsobjekts und den günstigsten Kostenbetrag erkennen. Werden in die Kostenfunktion, die linear oder höheren Grades sein kann, die effektiven Größen der Einwirkungsfaktoren eingesetzt, so lassen die Abweichungen erkennen, wie weit man vom Optimum entfernt ist, welche Ursachen sie hervorgerufen haben, warum das betriebliche Geschehen nicht in die Richtung des Optimums gesteuert wurde und wer die Steuerung unterlassen hat. Die Kostenabweichung dk^l kann in die Einzelabweichungen, die den Kosteneinflußgrößen zugeordnet sind, zerlegt werden.

In der bisher geschilderten Phase der zweiten Stufe der Kostenanalyse ist K_o die ursprüngliche, K_s die modifizierte Vergleichsgrundlage, weil bei ihr die relevanten Ist-Einflußgrößen berücksichtigt sind. K_s wurde mit K_o verglichen. Die zweite Phase dieser Stufe kennzeichnet sich durch den Vergleich von K_i, dem Vergleichsobjekt, und K_s, der modifizierten Vergleichsgrundlage. Die zweite Gleichung

$$a_s + b_s x_i + c_s y_i + e_s z_i = K_s$$

unterscheidet sich von der ersten dadurch, daß in ihr die Kosteneinflußgrößen des Optimums ausgetauscht werden gegen die effektiv wirksam gewordenen. Mit Hilfe des korrigierten Maßstabs wird festgestellt, ob außer den im Ist ermittelten Kostenbestimmungsfaktoren noch andere Einflüsse wirksam geworden sind. Von ihrem Inhalt her weisen die korrigierten Maßstabkosten die gleichen Vorzüge und Nachteile auf, wie wir sie bei der ursprünglichen Vergleichsgrundlage beschrieben haben. Unsere Ausführungen über die Ist- und Sollkosten als Maßstab gelten hier ebenfalls. Es hat lediglich eine Anpassung an die Ist-Einflußgrößen stattgefunden. Daraus ist nicht zu schließen, daß alle in den Istkosten wirksam gewordenen Kostenbestimmungsgründe in die Vergleichsgrundlage einbezogen sind. Berücksichtigt sind nur die relevanten Faktoren in ihrer tatsächlichen Größe und mit ihrer maßstäblichen Wirkweise. Über die Kostenabweichung dk^{II} lassen sich aus den schon erörterten Gründen auf dieser Auswertungsstufe nur geringe Aussagen machen. Sie ist eine Restgröße, die sich ergeben kann, wenn man von der Gesamtabweichung (dk) die Differenz der ersten Phase (dk^{I}) subtrahiert.

e) Die wichtigsten Abweichungen bei der Maßstabkorrektur

Wir haben die Maßstabkorrektur schematisch an einer Kostenfunktionsgleichung demonstriert, ohne die angeführten Einflußgrößen zu benennen. Es geschah deshalb, weil aus den verschiedensten Gründen sich nicht alle Einwirkungsfaktoren in mathematische Formeln zwängen lassen. Außerdem müßte die Interdependenz jener Größen in dem mathematischen Ausdruck sichtbar gemacht werden, worunter wieder die Anschaulichkeit des Schemas leidet. Es ist nicht so, daß die Maßstabkorrektur in der Auswertungspraxis eine mit geringen Schwierigkeiten durchzuführende Abwandlung einer Gleichung darstellt. Ehe eine Maßstabberichtigung erfolgt, muß geklärt sein, auf welche Verzehrsarten die Einflußgrößen einwirken, wo und wann diese Verzehre entstanden sind. Wir bedürfen dazu einer Gliederung und Zerlegung der Kosten, wie wir sie bereits beschrieben haben.

Die Kosteneinflußgrößen im Betrieb treten in einer solchen Vielzahl auf und sind betriebsindividuell so verschieden, daß es unmöglich ist, sie vollzählig zu erfassen. Wir können hier lediglich eine begrenzte

Anzahl und diese nur allgemein darstellen. Der praktischen Kostenuntersuchung bleibt es vorbehalten, weitere Einflußgrößen in die Betrachtung einzubeziehen.

Ein Kostenverursachungsfaktor kann auf die Entstehung und Höhe eines Verzehrs oder verschiedene andere Einflußgrößen einwirken. „Es bedeutet ... eine außerordentliche Einschränkung des Gesichtsfeldes, wenn man die Produktionskosten lediglich von der Produktmenge abhängig sein läßt. Im Regelfall werden die Kosten in sehr viel bedeutsamerem Ausmaß von ganz anderen betrieblichen und außerbetrieblichen Tatsachen beeinflußt. Die technischen oder betriebsorganisatorischen Fähigkeiten der Betriebsleitung, der Leistungsgrad und der Leistungswille der Gefolgschaft, die Schwankungen und Veränderungen des technischen Wirkungsgrades des Betriebes, die Häufigkeit des Beschäftigungswechsels, insbesondere der Auftragsstückelung, die leichte oder schwere Umsteuerbarkeit des Betriebes auf Änderungen im Fertigungsprogramm, die tägliche Kleinarbeit in der Werkstatt und am Werkstück — das alles sind Faktoren, unter deren Beeinflussung die Kosten ständig stehen und die jene Fülle einander überschneidender, verstärkender oder ausgleichender Vorgänge im Kostengefüge der Unternehmen auslösen, die dieses ständig in Bewegung halten[46]."

Von den zu erstellenden Erzeugnissen eines Betriebes gehen Kosteneinflüsse aus, die wir als Wirkungen der Zusammensetzung des Fertigungsprogramms bezeichnen wollen. Basiert die Vergleichsgrundlage eines Kostenplatzes auf der Zusammensetzung eines Fertigungsprogramms, das von dem tatsächlich erstellten abweicht, dann ergeben sich Kostendifferenzen, die auf dieser Ursache beruhen. Das kann darin seinen Grund haben, daß andere Produkte abweichende Stoffkosten und/oder Umwandlungskosten hervorrufen, andere Auslastungsgrade der Potentialfaktoren herbeiführen als die im Maßstab berücksichtigten. Gelingt es, mit Hilfe der Operations-Research-Methoden, ein optimales Fertigungsprogramm[47] zu errechnen, so muß die Auswertung erkennen lassen, wie weit das tatsächliche Programm vom optimalen abweicht und welche Folgen sich daraus für die Kostengestaltung ergeben. Durch die Maßstabkorrektur werden die Schwankungen im Fertigungsprogramm eliminiert und damit der Bereich der verbleibenden Einflußfaktoren eingeengt.

Die Veränderung des Fertigungsprogramms kann dazu führen, daß Kosten entstehen, die im Maßstab bisher nicht berücksichtigt sind. Wird

---

[46] Gutenberg, E.: Grundsätzliches zum Problem der betriebswirtschaftlichen Leistungsbewertung und der Preisstellung, in: Festschrift für Kalveram, Berlin — Wien 1942, S. 321.

[47] Ein gewinnoptimales Fertigungsprogramm kann durchaus vom kostenoptimalen abweichen.

ein Programm geändert, weil z. B. ein eiliger Auftrag durchgezogen werden muß, dann kann es sein, daß die Fertigung ganz oder zum Teil unterbrochen wird, Umstellungen und neue Einstellungen an den sachlichen Potentialfaktoren durchgeführt werden, ein erneuter Anlauf erfolgt usw. Diese Kosten des Sortenwechsels treten zusätzlich in Erscheinung, während die im Maßstab enthaltenen, aber nicht entstandenen Kosten für die ausgefallenen Erzeugnisse fortfallen. Die Sortenwechselkosten erreichen in einigen Betrieben ein beträchtliches Ausmaß und sind um so höher, je häufiger die Zahl der Sortenwechsel, je schwieriger die Umstellungen sind und je länger der Wechsel dauert[48]. Die Sortenwechsel als Folge der Programmvariation dürfen bei der Korrektur der Vergleichsgrundlage nicht unberücksichtigt bleiben, obwohl sie oft schwer erfaßbar sind[49].

Die Einsatzzusammensetzung oder Güterwahl der Stoffe (in manchen Betrieben des Rezept)[50] ist eine Kosteneinflußgröße, die der Zusammensetzung des Fertigungsprogramms gegenübersteht. Variationen in der Einsatzzusammensetzung sind möglich, wenn für gleiche Erzeugnisse die Stoffe in unterschiedlichen Relationen eingesetzt werden können. Substitutionsmöglichkeiten sind in den verschiedensten Betrieben gegeben. So ist es z. B. in den Betrieben der Stahlerzeugung möglich, die Relationen zwischen den Einsatzstoffen Roheisen und Schrott in den Schmelzöfen zu verändern. Vor allem in der chemischen Industrie lassen sich Substitutionen bei den Einsatzstoffen vornehmen. Das Auswertungsergebnis wird verfälscht, wenn in den Maßstabkosten die Einsatzstoffe in einer Zusammensetzung enthalten sind, die nicht der tatsächlichen entspricht.

Die verschiedenartige Güterwahl wirkt sich zunächst auf die Stoffkosten aus, da sich die Mengen der eingesetzten Stoffe verändert haben. Bei konstanten Preisen sind die Abweichungen auf Verschiebungen im Mengengerüst zurückzuführen. Die optimale Güterwahl für ein bestimmtes Erzeugnis ist aber nur zu ermitteln, wenn die Stoffe zu Tagespreisen bewertet werden. Durch sie werden die Kompensationswirkungen der Substitutionsgüter erkennbar gemacht. Allerdings kann es zweckmäßig sein, diese Wirkungen durch Sonderrechnungen zu ermitteln. Die Mengenkontrolle wird durch den Ansatz der Tagespreise nicht verhindert.

---

[48] Beste, Th.: Fertigungsprogramm, in: Handwörterbuch der Betriebswirtschaft, Bd. I, 3. Auflage 1956, Sp. 1750.

[49] Beste, Th.: Die Mehrkosten bei der Herstellung ungängiger Erzeugnisse im Vergleich zur Herstellung vereinheitlichter Erzeugnisse, Köln 1957, S. 38 ff.

[50] Beste, Th.: Die kurzfristige Erfolgsrechnung, Köln 1962, S. 447.
Büchner, S.: Die Auswertung der Kostenrechnung in der Eisen schaffenden Industrie, Diss. Köln 1958, S. 63.

Nun beeinflußt die Einsatzzusammensetzung nicht nur die Einsatzkosten. Von der veränderten Stoffkombination ist unter anderem der Abfall und Ausschuß der Erzeugnisse abhängig. Die andersartige Güterwahl kann dazu führen, daß die Kosten im Bereich der Potentialfaktoren je Leistungseinheit bei gleichbleibender mengenmäßiger Auslastung dieser Faktoren sich verändern. Es kann außerdem eine Verschiebung des Kostenniveaus in der Beschaffung, Lagerung, Arbeitsvorbereitung und sonstigen Kostenstellen stattfinden. Die Einsatzzusammensetzung ist eine der wichtigsten Kostenbeeinflussungsfaktoren, deren Wirkungen bei der Maßstabkorrektur zu berücksichtigen sind. Gelingt es auch nicht, alle Einwirkungen dieser Größe zu erkennen und zu berücksichtigen, so sollte doch diesem Faktor bei der Kostenanalyse größte Aufmerksamkeit geschenkt werden.

Ähnlich wie bei den Potentialfaktoren gehen von der Art, Beschaffenheit, Güte der Erzeugnissubstanz Einflüsse auf die Kostengestaltung des Betriebes aus. Sie wirken auf die Verbrauchsfunktionen der Potentialfaktoren, auf den Ausfall und Abfall der Erzeugnisse ein. Die Interdependenz der Kosteneinflußgrößen ist oft schwer erkennbar und in Zahlen ausdrückbar. Die Wirkungen einer Kosteneinflußgröße stellen sich bei näherer Betrachtung häufig als Wechselwirkungen mehrerer Kostenbestimmungsgründe heraus und können nicht den einzelnen Ursachen zugeordnet werden. Aus diesem Grunde wird der Kostenmaßstab nie das Gewebe der Kostenabhängigkeiten vollständig darstellen können. Die Aufgabe der Kostenanalyse ist es, in die Kostenzusammenhänge so weit einzudringen, wie es das Auswertungsziel erfordert. Die Maßstabkorrektur ist notwendig, um die wichtigsten Einflußgrößen bis zu einem gewissen Grade aufzudecken.

Betrachten wir die wichtigsten Einwirkungsfaktoren, so ist zu ihnen ferner das Verfahren der Leistungserstellung zu rechnen. Wir verstehen darunter die Art und Weise der Leistungserstellung. Die kostenmäßige Wirkung eines solchen Verfahrens äußert sich in einer bestimmten Kostenfunktion des Kostenplatzes. Werden durch sie die Kosten in Abhängigkeit von der Leistung dargestellt, dann wirkt sich das Verfahren auf die Höhe der additiven Konstanten, der Proportionalitätskonstanten und den Funktionsgrad aus. Die Kostenfunktionen repräsentieren vor allem die Verbrauchsfunktionen der Potentialfaktoren, das heißt die Verzehre der von ihnen verbrauchten Betriebsmittel und den Selbstverbrauch in Form der Abschreibungen. Eine für die Kostenuntersuchung bedeutsame Verfahrensänderung liegt vor, wenn eine Variation der Kostenfunktion in den genannten Größen erfolgt, weil sich die Art und Weise der Leistungserstellung eines Kostenplatzes gewandelt hat. Die Verbrauchsfunktionen können verändert werden durch die Variation der technischen Eigenschaften des Aggregates, durch Steuerungen der Betriebsweise (z. B. Regelungen bei der Zufuhr von Energien bei Öfen), gleichzeitig mit den Verschiebungen der Kapazitätsgrenzen infolge eines Umbaues usw. Liegen Veränderungen dieser Art vor, die eine Abwandlung der Kostenfunktion erfordern, so haben wir es mit Verfahrensabweichungen in der Kostenanalyse zu tun. Eine der Verfahrensänderung ähnliche Abweichung liegt vor, wenn der Betrieb sein Lohnsystem umstellt und die Arbeitskräfte statt des bisherigen Zeitlohns einen Stücklohn erhalten. Auch diese Abweichung betrachten wir als Verfahrensabweichung. Das Verfahren übt seine Wirkung außer auf die Verbrauchsfunktionen auf die Stoffe aus. Es kann auf den Materialabfall und den Ausschuß einwirken. Hier drückt sich die Verfahrensänderung nicht in den Verbrauchsfunktionen der Potentialfaktoren, sondern in der Gesamtkostenfunktion des Kostenplatzes aus. Ferner kann das Verfahren einwirken auf die Art und Zusammensetzung der Einsatzstoffe, das Produktions- und das Fertigungsprogramm, die Betriebsgröße, die Beschäftigung und über diese Einflußgrößen indirekt auf die Kostengestaltung. Die mittelbaren Einwirkungen rechnen wir jedoch nicht dem veränderten Verfahren, sondern den unmittelbar einwirkenden Faktoren zu.

Wir haben lediglich die Kausalrichtung des Verfahrenseinflusses aufgezeigt. Auf der anderen Seite stellt nicht jede Abwandlung der Kostenfunktion eine Verfahrensänderung dar. Verfahrensänderungen liegen in diesem Teil der Auswertung nur vor, wenn durch sie unmittelbar Veränderungen im Bereich der Potentialfaktoren oder der Stoffsubstanz eintreten mit der Folge, daß die abgewandelte Kostenfunktion unter sonst gleichen Bedingungen zu höheren oder niedrigeren Kosten je Leistungseinheit gegenüber der Ausgangslage führt. Wirken andere Kosteneinflußgrößen zur gleichen Zeit ein, dann ist die veränderte Kostenfunktion nicht nur das Ergebnis eines anderen Verfahrens. Wir fassen in der Kostenanalyse den Verfahrensbegriff enger, als es in der Plankostenliteratur geschieht. Der Grund ist darin zu erblicken, daß wir hier auf die Kostenart je Kostenplatz abstellen, dort aber den gesamten Produktionsweg eines Erzeugnisses betrachten. Im Abschnitt über die Kostensynthese werden wir auf die übrigen, bisher nicht betrachteten Verfahrensänderungen eingehen, die dort als Arbeitsablaufabweichungen erscheinen.

Mit der Verfahrensabweichung ist häufig eine andere Kosteneinflußgröße verbunden, die wir als Kapazität bezeichnen. Auch sie bezieht sich auf die Potentialfaktoren. Die Kapazität eines Kostenplatzes läßt sich definieren als die aus dem Zusammenwirken der einander zugeordneten Potentialfaktoren resultierende Leistungsfähigkeit in einem Zeitraum bei einer bestimmten (maximalen oder optimalen) Intensität. Wir denken bei der Kostenanalyse an die sogenannte „mutierende“[51] Kapazitätsveränderung, bei der ein Potentialfaktor durch einen solchen mit einem größeren (kleineren) quantitativen und/oder qualitativen Leistungsvermögen ersetzt wird. Aber auch die stetige Veränderung der Kapazität eines Kostenplatzes stellt eine Einflußgröße dar. Beide Kapazitätsvariationen verschieben die Leistungsgrenzen der Potentialfaktoren und sind in die Maßstabkorrektur einzubeziehen. Die veränderte Leistungsfähigkeit wird vor allem eine Verlagerung der in bezug auf die Kosten optimalen Auslastung verursachen.

Je nach der Art, Beschaffenheit und Güte der Potentialfaktoren bzw. deren Leistungen entwickeln sich die empirischen Kostenfunktionen. Sie wandeln sich im Zeitablauf, denn der Zustand der Potentialfaktoren unterliegt erheblichen Veränderungen. Auf die sachlichen Potentialfaktoren wirken die Art, Beschaffenheit, Güte der erstellten Erzeugnisse, Werkzeuge usw. ein und beeinflussen ihre Verbrauchsfunktionen. Die Wartungen, Reparaturen, Überholungen usw. verlängern ihre Lebensdauer und erhöhen ihre im Laufe der Zeit absinkende qualitative Geeignetheit für die Leistungserstellung. Oszillieren diese Abweichungen um das jeweilige Kostenniveau, so werden sie nicht in die Maßstabkorrektur einbezogen. Nur bei Änderungen im beträchtlichen Ausmaß und bei einseitigen Verlagerungen muß die Maßstabberichtigung sie einbeziehen. Ob diese Gegebenheiten vorliegen und wie sich der Auswertende ihnen gegenüber verhalten soll, muß der konkrete Fall zeigen.

Während das Verfahren und die Kapazität Einflußgrößen sind, die an die betriebliche Existenz der Potentialfaktoren anknüpfen, entstehen im Bereich dieser Faktoren Kosten, die die Beschäftigung als Einflußfaktor besitzen. Die Art und Weise der Leistungserstellung und die Grenzen der Leistungsfähigkeit liegen fest, wenn der Leistungsvollzug beginnt. Die Wirkungen dieser Faktoren auf die Kostengestaltung sind bereits eingetreten bzw. treten ständig ein (fixe Kosten) oder sind in der Anlage latent vorhanden und werden offenbar, wenn die Beschäftigung als Wirkursache auftritt (variable Kosten). Die auf die Beschäftigungseinheit entfallenden variablen Kosten sind durch jene Größen in ihrer Höhe (Proportionalitätskonstante) bewirkt. Die Leistungsmenge übt lediglich eine Multiplikatorwirkung aus, wenn nicht auch sie an der Höhe der Proportionalitätskonstanten ihren Anteil hat. Wir werden der Beschäftigung in der Auswertung der Kostenrechnung einen gewissen Vorrang vor den übrigen Kosteneinflußgrößen einräumen, weil durch ihre Maßgröße das primäre Ziel des Betriebes, die Erstellung von Leistungen, quantifiziert wird. Aus diesem Grunde erfolgt eine besondere Einteilung der Kosten in Kostenkategorien, die bei der Kostenuntersuchung wertvolle Erkenntnisse vermittelt.

---

[51] Gutenberg, E.: a.a.O., S. 308.

Unter der Beschäftigung eines Kostenplatzes verstehen wir die aus dem Zusammenwirken seiner einander zugeordneten Potentialfaktoren resultierende effektive Leistungsmenge in einem Zeitraum. Die Beschäftigung (x) läßt sich mit Hilfe ihrer Komponenten Zeit (T) und Intensität (I) darstellen durch die Gleichung

$$I \cdot T = x$$

Die Vergleichsgrundlage muß zunächst an die tatsächliche Beschäftigung angepaßt werden, so daß den Istkosten ein Maßstab gegenübergestellt wird, der die Vergleichskosten für die effektive Leistungsmenge angibt. Da bei gleicher Leistungsmenge eine Kompensationswirkung ihrer Komponenten vorliegen kann, müssen unter Umständen die Kostenunterschiede einzeln ermittelt werden. Wenn wir die Abweichung des korrigierten Maßstabs von der optimalen Vergleichsgrundlage als Beschäftigungsabweichung bezeichnen, so deckt sich dieser Begriff nicht mit dem gleichen Ausdruck in der Plankostenliteratur. Dort werden unter Beschäftigungsabweichungen die nicht ausgenutzten fixen Kosten (Leerkosten)[52] verstanden. Diese Abweichung gibt wichtige Aufschlüsse über die Auslastung der Potentialfaktoren und Hinweise für die zukünftige Betriebspolitik. Wir wollen die Anpassung der Leerkosten an die tatsächliche Beschäftigung als Leerkostenabweichung bezeichnen und sie mit den Nutzkostenabweichungen als Teilgebiet der Maßstabkorrektur betrachten. Es ist jedoch zu beachten, daß alle bisherigen Korrekturen Anpassungen des Kostenniveaus der Vergleichsgrundlage darstellen, die durch die zugeordneten Kosteneinflußgrößenvariationen bewirkt sind. Bei den Leer- und Nutzkostenabweichungen handelt es sich nicht um Korrekturen im obigen Sinne. Die fixen Kosten bleiben von der Beschäftigung unbeeinflußt. Die veränderte Beschäftigung ist für die Leer- und Nutzkostenvariationen keine Wirkursache im Sinne der strengen Kausalität. Die Leer- und Nutzkosten geben lediglich an, welcher Teil der fixen Kosten bei der gegebenen effektiven Kapazitätsauslastung nicht genutzt ist.

5. Der Vergleich der berichtigten Maßstab- mit den Istkostenfunktionen

a) Das Wesen des Kostenfunktionenvergleichs

Die letzte Stufe der Kostenanalyse befaßt sich mit dem Vergleich zweier Kostenfunktionen. Zwar haben wir bereits im letzten Abschnitt Kostenfunktionen in den Vergleich einbezogen, aber wir haben nicht die Funktion ermittelt, da sie uns als Maßstab gegeben ist. Die Korrekturen

[52] Gutenberg, E.: a.a.O., S. 250.

der Vergleichsgrundlage betreffen auch nicht das Beziehungsverhältnis der Variablen zueinander, sondern ergeben sich aus den tatsächlichen Höhen der einbezogenen Kosteneinflußgrößen. In diesem Teil der Kostenanalyse wollen wir versuchen, für das Vergleichsobjekt Kostenfunktionen zu ermitteln und sie mit dem korrigierten Maßstab vergleichen. Das setzt voraus, daß wir tiefer in das Wesen der Kostenfunktionen und der Kosteneinflußgrößen eindringen, um zu wichtigen Erkenntnissen durch die Auswertung der Kostenrechnung zu gelangen.

Eine Kostenfunktion im mathematischen Sinne ist „eine Beziehung zwischen veränderlichen Größen, die in einem bestimmten Abhängigkeitsverhältnis stehen derart, daß jedem Wert der einen ein Wert der anderen eindeutig entspricht: $y = f(x)$, d. h. y ist eine Funktion von x“[53]. Die Kostenabhängigkeiten des Betriebes werden in dieser Weise mathematisch-quantitativ formuliert; allerdings sind die Beziehungen nicht nur funktionale, sondern mit gewissen Einschränkungen kausale. Die Begründung des Vorbehalts setzt eine Definition des Kausalitätsbegriffs voraus. Unter Kausalität versteht man „den Einfluß der Ursache auf ihre Wirkung und die sich darauf gründende Beziehung. Gewöhnlich meint man dabei den wirkursächlichen Zusammenhang ... Kausalität kann dann auch die Gesetzmäßigkeit bedeuten, mit der die Wirkung von der Ursache abhängt (Kausalitätsprinzip), oder die Ursache ihre Wirkung hervorbringt (Kausalsatz)“[54]. Der Kausalsatz oder das Kausalgesetz bedeutet die Anwendung des Kausalitätsprinzips auf das Geschehen in der unbelebten Natur. Die Naturkausalität besagt, „daß das Geschehen im untergeistigen Bereich mit notwendiger Gesetzmäßigkeit verläuft“, das heißt: „Sind in einem bestimmten Augenblick sämtliche Zustandsgrößen aller an einem Naturvorgang beteiligten Dinge bekannt, so ist dadurch auch sein weiterer Ablauf vollständig bestimmt[55].“ Das betriebliche Geschehen ist von solchen Naturkausalitäten durchwirkt. Man denke nur an die physikalischen Gesetze und der auf sie aufbauenden Technik. „Das in allen technischen Vorgängen vorherrschende Gesetz ist das Kausalgesetz, das Gesetz von Ursache und Wirkung: das Ereignis B tritt ein, weil ihm eine bestimmte Begebenheit A zugrunde liegt. Außer dem absolut strengen Kausalgesetz gibt es noch Gesetzmäßigkeiten, die dem Wahrscheinlichkeitsgesetz nahestehen, d. h. es liegt eine Verknüpfung zwischen Endwert und Einflußgrößen vor, die zwar nicht für alle Einzelfälle absolut gilt, aber in der Gesamtheit praktisch der strengen Gesetzmäßigkeit des Kausalgesetzes gleichkommt[56].“ Betrachtet man die betriebliche Kostengestaltung, so erkennt

[53] Brugger, W.: Philosophisches Wörterbuch, 10. Auflage, Freiburg 1963, S. 96.
[54] Brugger, W.: a.a.O., S. 160.
[55] Brugger, W.: a.a.O., S. 162.
[56] Stevens, H.: Einflußgrößen-Rechnung, Düsseldorf 1939, S. 7.

man, daß die bewerteten Verzehre die Wirkungen bestimmter Ursachen sind, die wir als Kosteneinflußgrößen bezeichnen. Sie wirken mit notwendiger Gesetzmäßigkeit auf die Kosten ein und können in einer mathematischen Gleichung dargestellt werden, wenn ihre Quantifizierung gelingt. Wie nun aber in der unbelebten Natur eine Ursache im untergeistigen Bereich unter gleichen Bedingungen mit notwendiger Gesetzmäßigkeit stets die gleiche Wirkung herbeiführt, so geschieht es auch mit den Kosteneinflußgrößen in bezug auf die Kosten, sofern die Ursache ebenfalls dem untergeistigen Bereich angehört. Nun können aber die Bedingungen, unter denen eine Größe einwirkt, durch menschliches Handeln verändert werden. Das hat zur Folge, daß der Mensch die Einwirkung einer Kosteneinflußgröße im Betrieb geschehen oder nicht geschehen, daß er über die Veränderung der Bedingungen ihre Wirkweise gestalten kann. Diese Erkenntnis macht die Auswertung der Kostenrechnung schwierig. Das menschliche Handeln unterliegt nicht den strengen mit der Naturkausalität verbundenen Gesetzmäßigkeiten. Wir werden vom menschlichen Handeln als eine die Kosten beeinflussende Größe zunächst abstrahieren und ihr einen eigenen Abschnitt widmen. Wenn wir also von Kosteneinflußgrößen sprechen, dann sind die Dispositionen der Verantwortungsträger darunter nicht zu verstehen. Diese Einschränkungen sind beim Vergleich zweier Kostenfunktionen zu beachten.

Dem Kostenfunktionsvergleich liegen als Vergleichsgrößen die korrigierte Maßstabkostenfunktion und die Istkostenfunktion zugrunde. Die Gegenüberstellung beider Funktionen soll in der dritten Stufe der Kostenanalyse Aufschluß über die Differenz zwischen den Istkosten und den berichtigten Maßstabkosten geben. Für die Kostenuntersuchung in dieser Phase der Auswertung ergibt sich folgendes Bild, durch das die zur Verfügung stehenden Größen in ihrem Zusammenhang veranschaulicht werden:

$$\left.\begin{array}{l} \left.\begin{array}{l} a_o + b_o x_o + c_o y_o + e_o z_o = K_o \\ a_s + b_s x_i + c_s y_i + e_s z_i = K_s \end{array}\right\} dk^{\mathrm{I}} \\ \left.\begin{array}{l} a_i + b_i x_i + c_i y_i + e_i z_i \gtreqless K_i \end{array}\right\} dk^{\mathrm{II}} \end{array}\right\} dk$$

Wir haben den beiden ersten Gleichungen eine Ungleichung hinzugefügt, die nur in einem Sonderfall zu einer Gleichung führt bzw. zu einer Gleichung wird, wenn die Größe K_i etwas anderes darstellt als die Istkosten einer bestimmten Abrechnungsperiode. Aus den Istkosten K_i und den quantifizierten Kosteneinflußgrößen x, y, z einer Abrechnungsperiode kann die Kostenfunktion nicht ermittelt werden. Es müssen in diesem Falle mindestens vier Istkostenbeträge und die ihnen zugeordneten Kosteneinflußgrößen bekannt sein außer der Kenntnis der Funktionsart. Es sind deshalb die Istkosten mehrerer Abrechnungsperioden zur Bestimmung der Kostenfunktion als Hilfsmittel heranzuziehen oder — wie wir später zeigen werden — durch die Benutzung der Kostenelemente eines Abrechnungszeitraumes die Kostenabhängigkeiten zu errechnen. Je nach der Art der Funktionsermittlungsverfahren wird das Ergebnis der Gleichung beim Einsatz der Größen x_i, y_i, z_i die Istkostenhöhe K_i sein oder von ihr abweichen. Die Abweichungen allein lassen noch keinen Schluß auf den Wert der Funktionsermittlungsverfahren zu. Da wir auf dieses Problem später eingehen, wollen wir nur anmerken, daß wir der Größe K_s stets eine Größe K'_i gegenüberstellen, die sich aus der Auswertung ergibt. Damit verschwinden die Ungleichheitszeichen aus dem obigen Schema. Es ist zu beachten, daß K'_i von den effektiven Istkosten einer Abrechnungsperiode abweichen kann. Unser Schema lautet nunmehr:

$$\begin{array}{rl} a_o + b_o x_o + c_o y_o + e_o z_o = K_o & \\ a_s + b_s x_i + c_s y_i + c_s z_i = K_s & \\ a_i + b_i x_i + c_i y_i + e_i z_i = K'_i & \\ K_i & \end{array} \qquad \begin{array}{l} K_o \ldots K_s: dk^{\mathrm{I}} \\ K_s \ldots K'_i: dk^{\mathrm{III}} \\ K'_i \ldots K_i: dk^{\mathrm{IV}} \\ K_s \ldots K_i: dk^{\mathrm{II}} \\ dk^{\mathrm{I}} + dk^{\mathrm{II}}: dk \end{array}$$

Auf die Abweichungen dk^{IV} kommen wir in einem anderen Zusammenhang zurück. Die Abweichung des ermittelten Gleichungswertes (K'_i) von der korrigierten Vergleichsgrundlage (K_s) repräsentiert das Symbol dk^{III}, die der Istkosten vom letzten Gleichungswert der Ausdruck dk^{IV}.

Der Wert des Kostenfunktionenvergleichs hängt wie auf den übrigen Stufen der Kostenanalyse zunächst von der Vergleichsgrundlage ab. Die Vergleichsaussage ist anders zu beurteilen, wenn der Maßstab einer Kostenrechnung des gleichen oder der eines anderen Betriebsobjekts entnommen ist. In dieser Phase der Auswertung ist ferner die Brauchbarkeit der Istkostenfunktion als Vergleichsobjekt von Bedeutung. Je besser sie die tatsächlichen Gegebenheiten erkennen läßt, um so aussagefähiger wird die Kostenuntersuchung. Die Kostenabweichung

$$(a_i - a_s) + (b_i - b_s)x_i + (c_i - c_s)y_i + (e_i - e_s)z_i = dk^{\mathrm{III}}$$

läßt nicht nur erkennen, in welche Einzelabweichungen sie zerlegbar ist. Ist die Gleichung allgemeingültig, das heißt sind unter der gegebenen Betriebsbedingung die Größen a_i, b_i, c_i, e_i konstant, so kann die

Differenz dk^{III} und die sie ergebenden Einzelabweichungen für jede Höhe der Kosteneinflußgrößen und ihren Konstellationen errechnet werden. Bei diesen Auswertungsmöglichkeiten kommt es darauf an, sinnvolle Höhen der Kosteneinwirkungsfaktoren und Kosteneinflußgrößenkonstellationen zu wählen.

b) Die mit der Kosteneinflußgrößenrechnung verbundenen Probleme

aa) Die Kosteneinflußgrößenrechnung als Teilgebiet der Kostenanalyse

Die Kosteneinflußgrößenrechnung beschäftigt sich damit, die zwischen den Kostenbestimmungsgründen und den durch sie bewirkten Verzehren bestehenden Beziehungen zu ergründen. Die Erfassung der Kosten und der Kosteneinflußgrößen wird oft nicht von der Stelle vorgenommen, der die Auswertung der Kostenrechnung obliegt. Die Kosteneinflußgrößenrechnung als Teilgebiet der Kostenanalyse beginnt dort, wo die beiden Größen zueinander in Beziehung gesetzt werden, um ihre Abhängigkeit zu erkennen. Bei der Maßstabkorrektur ist die Kostenabhängigkeit bereits erkannt. Es erfolgt nur eine Anpassung der Vergleichsgrundlage gemäß der Höhe der Kosteneinflußgrößen und/oder ihrer Wirkungen infolge der durch dispositive Maßnahmen veränderten Betriebsbedingungen. Während die Maßstabkorrektur sich an die tatsächliche Kostenfunktion unter Wahrung der dem Maßstab zugrunde liegenden Abhängigkeitsverhältnisse herantastet, indem sie durch die Anpassung der unabhängigen Variablen und ihrer Wirkweisen die Höhe der abhängigen Variablen ermittelt, geht die Kosteneinflußgrößenrechnung umgekehrt vor. Sie nimmt ihren Ausgang von den Kosten, den Wirkungen der Ursachen, bezieht die effektiven Kosteneinflußgrößen in die Rechnung ein und schließt von der Betrachtung der Variationen jener relevanten Größen auf ihre Unabhängigkeit oder Abhängigkeit. Die Ergebnisse der Maßstabkorrektur und die der Kosteneinflußgrößenrechnung stimmen überein, wenn alle Kosteneinwirkungsfaktoren und ihre Wirkweisen bei gleichen betrieblichen Bedingungen richtig erfaßt werden. Die Vielfalt der in der Praxis auftretenden Einflußgrößen, die Schwierigkeiten bei der Isolierung der einzelnen Wirkweisen, die Eliminierung der auf menschlichen Handlungen beruhenden Einflüsse usw. machen die Bildung eines Maßstabs problematisch, der den tatsächlichen Gegebenheiten entspricht und zudem das Optimum erkennen läßt. Wenn die Vergleichsgrundlage einem anderen Zeitraum oder einem anderen Betriebsobjekt entnommen ist, lassen sich die Korrekturen nicht in der geforderten Weise vornehmen und bleiben auf die Anpassung der Einflußgrößenhöhen und einiger grober Berichtigungen der Proportionalitätskonstanten beschränkt. Die Kosteneinflußgrößenrechnung ist in mancher Hinsicht ebenfalls problematisch. Sie stellt jedoch eine Rechnung dar, die mit ihren Verfahren vom tatsächlichen Geschehen aus die Kostenfunktionen ermittelt. Je mehr sich die Maßstab- und die Istkostenfunktionen decken, um so größer ist die Sicherheit, daß die Auswertungsergebnisse richtig sind.

Die Kosteneinflußgrößenrechnung kann erst einsetzen, nachdem die folgenden Fragen beantwortet sind:

1. Welche Kosteneinflußfaktoren wirken in die betrieblichen Teilbereiche ein und welche von ihnen sind in die Untersuchung einzubeziehen?
2. Lassen sich die einbezogenen Faktoren quantifizieren oder für sie geeignete Ersatzgrößen finden, die die Einflußgrößenvariation richtig anzeigen? Sind jene Größen im Ist ohne Verletzung des Wirtschaftlichkeitsprinzips zu erfassen?
3. Treten die Kostenbestimmungsgründe einzeln auf oder sind sie mit anderen verknüpft? Welcher Art ist ihre Verknüpfung? Läßt sich die Wirkung jeder Ursache isolieren? Welche Interdependenzen bestehen zwischen den Einflußgrößen?
4. Welche Teile des Mengengerüstes bzw. welche Kostenarten unterliegen dem Einfluß welcher Einwirkungsfaktoren?
5. Welche Verfahren können eingesetzt werden, um aus den Veränderungen der quantifizierten Kosteneinflußgrößen und ihrer Wirkungen die Wirkweise zu erkennen? Welche Voraussetzungen erfordern jene Verfahren? Welches sind ihre Vor- und Nachteile hinsichtlich der Durchführung der Rechnung und im Hinblick auf das Auswertungsergebnis?

Die Korrektur der Vergleichsgrundlagen und das Rechnen mit den tatsächlichen Einflußgrößen stellen Auswertungsverfahren dar, die sich sinnvoll ergänzen. Die Schwächen der einzelnen Verfahren werden besser erkennbar und die durch sie bedingten Unrichtigkeiten im Auswertungsergebnis leichter aufgedeckt. Der Wert ihrer gegenseitigen Kontrolle für die Sicherheit der Auswertungsaussage ist beachtlich.

bb) Die Quantifizierbarkeit der Kosteneinflußgrößen

Bei der Quantifizierung eines Kostenbeeinflussungsfaktors geht es darum, die Ursache der Kostenentstehung und Kostenvariation in Zahlen auszudrücken. Da dieser Zahlenausdruck die unabhängige Variable in der Kostenfunktion darstellt, muß seine Höhe anzeigen, daß der betrachtete Faktor durch sein Auftreten in mehr oder minder starkem Maße die Kostenhöhe bewirkt hat. Zwischen der Ursache und ihrer Wirkung besteht eine Beziehung, die sich ermitteln läßt. Von der

Kausalität aus betrachtet, kann man diese Beziehung als die Wirkweise des die Kosten beeinflussenden Faktors bezeichnen. „Bei der Erklärung einer Wirkweise geht man oft nicht auf die eigentliche Ursache zurück — die nicht immer restlos erfaßt werden kann —, sondern setzt an Stelle von Ursache und Wirkung meßbare sogenannte ‚Einflußgrößen' und ‚Endwerte' und beschränkt sich auf die Darstellung der Abhängigkeit dieser Größen voneinander. Die kausale Verknüpfung wird also durch eine funktionale ersetzt[57]." Die Bezugsgröße als stellvertretende Ersatzgröße ist für die Kostenuntersuchung um so brauchbarer, je besser in ihrer jeweiligen Veränderung die Wirkung der Kostenursache zum Ausdruck gelangt. Bei der Wahl einer geeigneten Bezugsgröße muß die Forderung beachtet werden, daß zwischen der Kostenart und der Bezugsgröße ein sinnvoller korrelativer oder funktionaler Zusammenhang bestehen muß, „und zwar entweder eine kausale oder finale Beziehung oder zumindest ein sachlogisch sinnvolles Entsprechungsverhältnis"[58].

Betrachtet man die Kosteneinflußgrößen, so kann man erkennen, daß sie in zweifacher Weise auf die Kostengestaltung einzuwirken vermögen. Bezeichnen wir die Kosteneinflußgrößen als unabhängige Variable der Kostenfunktion, dann ist die Höhe der Kosten abhängig von der Größe des Einwirkungsfaktors. An dem Einflußfaktor Beschäftigung läßt sich diese Art der Einflußnahme leicht veranschaulichen. Die beschäftigungsabhängigen Kosten (v_k) sind in einem Abrechnungszeitraum um so höher, je größer die in Meter, Kilogramm usw. darstellbare Beschäftigungsmenge (x) ist. Kosten verursachende Größe ist hier die Leistungsmenge. Die Höhe der variablen Kosten ist bei gegebener Proportionalitätskonstanten (b) abhängig von der Höhe der Leistungsmenge

$$v_k = bx$$

Wir haben hier einen Einfluß auf die Kostengestaltung vorliegen, der von der Quantität eines die Kosten beeinflussenden Faktors abhängt. Die Höhe der Proportionalitätskonstanten oder — in diesem Falle die Höhe der variablen Einheitskosten — kann ebenfalls von der Quantität einer Kosteneinflußgröße bestimmt sein. Stellt v_k die variablen Energiekosten eines Ofens dar, dann ist b abhängig von der Höhe der Glühtemperaturen, so daß b ebenfalls durch eine Kostenfunktion dargestellt werden kann, bei der die Glühtemperatur die unabhängige Variable und ihre Höhe für die Größe b bestimmend ist. Die Quantifizierung einer Kosteneinflußgröße und ihre Eingliederung in die Kostenfunktion ist ohne Schwierigkeiten möglich, wenn die Quantität des Faktors für die Kostengestaltung von Bedeutung ist.

---

[57] Stevens, H.: a.a.O., S. 7 f.

[58] Riebel, P.: Die Gestaltung der Kostenrechnung für die Zwecke der Betriebskontrolle und Betriebsdisposition, ZfB. (1956), S. 283.

Es gibt nun Kostenbestimmungsgründe, deren Einwirkung auf die Verzehre von anderer Art ist als die soeben besprochene. Für die Kostengestaltung einer Maschine ist es z. B. nicht gleichgültig, ob sich die erstellte Leistungsmenge auf das Produkt A oder B bezieht. Bei gleicher Beschäftigung können die variablen Kosten des Erzeugnisses A höher sein als die des B und umgekehrt.

$$v_{kA} = bx_A \qquad\qquad v_{kB} = b'x_B$$

Die Proportionalitätskonstante ist in beiden Kostenfunktionen unterschiedlich. Die Größen b und b' sind nun nicht mehr abhängig von der Quantität eines Kosteneinwirkungsfaktors, sondern von der Beschaffenheit oder Qualität der Erzeugnisse. Die Produktart gehört zur Kosteneinflußgröße Produktions- bzw. Fertigungsprogramm, nicht aber zur Beschäftigung, die lediglich die Leistungsmenge umfaßt, ohne die Art der Leistung zu berücksichtigen. Das Fertigungsverfahren ist ebenfalls eine Einflußgröße qualitativer Art. Der Sortenwechsel übt seinen Einfluß auf die Kostengestaltung in zweifacher Weise aus. Der Einfluß ist qualitativer Natur, wenn die Umbaukosten von der Schwierigkeit des Wechsels abhängen; quantitativer Art ist die Einwirkung, die von der Anzahl der Sortenwechsel bestimmt wird. Kostenveränderungen, die auf qualitativer Variation einer Kosteneinflußgröße beruhen, sind nicht durch Funktionsgleichungen zu erfassen. Es ist fraglich, ob sich jene Veränderungen sinnvoll durch Ersatzgrößen ausdrücken lassen. Oft stellen solche Transformationen qualitativer Variationen einer Kosteneinflußgröße in quantitative bei näherem Zusehen quantitative Veränderungen dar, die einander vergleichbar gemacht werden. So kann z. B. beim Sortenwechsel nicht unbedingt auf eine Transformation qualitativer in quantitative Veränderungen eines Kosteneinwirkungsfaktors geschlossen werden, wenn die unterschiedlichen Zeiten des Sortenwechsels in die Betrachtung einbezogen werden, da die Umstellungszeit kein sicheres Indiz für die Umbauschwierigkeit ist.

Zusammenfassend können wir feststellen, daß die Variation der Kosteneinflußgrößenquantität und der -qualität auf das Kostenniveau einwirkt. Beide Variationsarten können in einem Abrechnungszeitraum bei bestimmten Kosteneinwirkungsfaktoren vorliegen. Die Auswirkungen der qualitativen Veränderungen können erfaßt werden und kommen in den unterschiedlichen Höhen der konstanten Größen einer Funktionsgleichung zum Ausdruck. Die funktionale Abhängigkeit der Kosten von den qualitativen Einflußgrößenveränderungen läßt sich zwar in allgemeinen mathematischen Symbolen, nicht aber in einer Funktionsgleichung darstellen, mit deren Hilfe die abhängige Variable beim Vorliegen der unabhängigen errechnet werden kann. Der Grund liegt darin, daß zwar die Wirkung der Ursache, jedoch nicht die Ursache selbst quantifizierbar ist. Die Kosteneinflußgrößenquantität kann im Gegensatz zu ihrer -qualität in Zahlen ausgedrückt werden. Bei bekannter Kostenfunktion lassen sich die Kosten ermitteln durch das Ausrechnen der Funktionsgleichung, in die jene Kosteneinflußgrößenquantitäten eingesetzt sind.

Durch die Unterscheidung der Kosteneinflußgrößenqualitäten und -quantitäten haben wir eine wichtige Voraussetzung geschaffen für den dritten Teil der Kostenanalyse. Wie wir noch im einzelnen darlegen werden, lassen sich die anzusetzenden Auswertungsverfahren stets anwenden, wenn man die Abhängigkeit der Kosten von den Einflußgrößenquantitäten ermitteln will. Werden alle Quantitätswirkungen erfaßt, so enthalten die Konstanten der Funktionsgleichung in der Regel nur die Wirkungen der Einflußgrößenqualitäten. Es ist jedoch nicht die Möglichkeit ausgeschlossen, daß die Höhe des zugeordneten Gewichts einer quantifizierten Einflußgröße von dieser selbst abhängt. Es können sich auch verschiedene Qualitätsgrade überlagern. Das ist vor allem der Fall, wenn die Istkostenfunktionen aus den Größen verschiedener Abrechnungsperioden ermittelt werden. Die Folge ist ein Ausgleich auf einem mittleren Niveau der Kosteneinflußgrößenqualitäten. Erstrebt man eine Kostenfunktion auf einem bestimmten Qualitätsniveau jeder einbezogenen Einflußgröße, dann müssen die Wirkungen unterschiedlicher Qualitäten der Kostenbestimmungsfaktoren eliminiert werden. Die Konstanten einer Kostenfunktionsgleichung enthalten ferner die Wirkungen der Kosteneinflußgrößenquantitäten, die nicht im Ansatz berücksichtigt sind.

Damit haben wir den Begriff der Wirkweisen der Kostenbestimmungsgründe erläutert. Unter einer Wirkweise der Kosteneinflußgröße bzw. Einflußfaktorengruppe verstehen wir die Wirkungen von Einflußgrößenqualitäten und -quantitäten, die sich in den Konstanten der Funktionsgleichungen niederschlagen. In welchem Maße die Konstanten jene Wirkungen beinhalten, hängt von der praktischen Ausgestaltung der Kosteneinflußgrößenrechnung ab.

cc) Die Verknüpfungen und Interdependenzen der Kosteneinwirkungsfaktoren

In einer konkreten Kostenfunktion finden die Wirkungen der Kosteneinflußgrößenquantitäten und -qualitäten ihren Niederschlag. Während die qualitativen Einwirkungen in den Koeffizienten der einbezogenen Einflußgrößenmengen und der additiven Konstanten zum Ausdruck gelangen, sind die quantitativen Einflüsse erst erkennbar durch die Multiplikation der Mengen jener Faktoren mit den ihnen zugeordneten Koeffizienten. Bei den quantitativen Einflüssen trifft das nur zu, wenn sich die Wirkungen nicht in den konstanten Größen der Funktionsgleichung niederschlagen. Durch die Verkettung der Einflußgrößenquantitäten und der in den Koeffizienten zum Ausdruck gelangenden -qualitäten üben beide einen Einfluß auf die Kostengestaltung aus, der nicht mehr genau den einzelnen Größen zurechenbar ist.

„Die Kosten eines bestimmten Zeitraumes sind stets das Ergebnis einer großen Zahl von Kostenbestimmungsfaktoren, die teils unabhängig voneinander, teils unter gegenseitiger Abhängigkeit auf die Kostengestaltung einwirken. Hierbei unterscheiden sich die einzelnen Bestimmungsfaktoren der Kosten sowohl durch die Art als auch vor allem durch die Größenordnung, in der sie die Kosten beeinflussen[59]." Wird nur eine Einflußgröße in die Kostenfunktion aufgenommen und quantifiziert, alle übrigen Einflußgrößenquantitäten und/oder -qualitäten in den Konstanten berücksichtigt, so haben wir es mit einer Gleichung ersten Grades oder einer linearen Kostenfunktion zu tun, wenn das Kosten verursachende Gewicht des quantifizierten Faktors, unabhängig von dessen Größe, konstant ist. Die Funktion ist nicht linear oder höheren Grades, wenn das Kosten hervorrufende Gewicht der Kosteneinflußgrößenquantität mit deren Höhe variiert[60]. In mathematischen Symbolen dargestellt, ergeben sich die Gleichungen

lineare Kostenfunktion	*nicht lineare Kostenfunktion*
$K = a + bx$	$K = a + bx^k$, [61]

in denen K die Kosten, a die additive Konstante, b das Gewicht der Kosten verursachenden Einflußgröße und k eine beliebige Potenz darstellt. In diesen Gleichungen sind nicht nur die Wirkungen des Kostenbestimmungsgrundes x, sondern auch die der übrigen Einflußfaktoren enthalten. Die letzteren sind nicht als quantifizierte, unabhängige Variable aufgeführt, sie gehen mit einer bestimmten Wirkweise in die konstanten Größen a und b ein.

Wenn wir von Verknüpfungen der Einwirkungsfaktoren in der Kostenfunktion sprechen, dann verstehen wir darunter die Art und Weise, in der mehrere Einflußgrößenquantitäten in der Funktionsgleichung sichtbar miteinander verbunden sind. Wir unterscheiden die „additive" und die „multiplikative" Verknüpfung[62] der die Kosten

---

[59] Kilger, W.: Der theoretische Aufbau der Kostenkontrolle, ZfB. (1959), S. 458.

[60] Vergleiche: Hall, R.: Das Rechnen mit Einflußgrößen im Stahlwerk, Köln 1959, S. 15 ff.

[61] Die Gleichungen dieses Abschnitts wurden mit geringfügigen Änderungen entnommen: Stevens, H.: a.a.O., S. 25 ff.

[62] Gutenberg, E.: Offene Fragen der Produktions- und Kostentheorie, ZfhF. (1956), S. 446.

bewirkenden Faktoren. Eine additive Verkettung liegt vor, wenn bei den einzelnen Einflußfaktoren die quantitativen Wirkungen ermittelt und ihnen vollständig zugerechnet werden können. Bei der multiplikativen Verknüpfung wirken mehrere Kosteneinflußgrößenquantitäten gemeinsam auf die Kostengestaltung ein, ohne daß der Einzeleinfluß vollkommen isoliert werden kann. Die Verknüpfungsarten lassen sich an folgenden Beispielen veranschaulichen:

additive Verknüpfungen	*multiplikative Verknüpfungen*
$K = a + bx^k + cy^m$	$K = a + bx^k y^m$
$K = a + b(x + c)^k$	$K = a + bx^{cy}$
$K = a + \frac{b}{(x + c)^k}$	$K = a + \frac{bx^k}{y^m}$

In den Gleichungen stellt y eine weitere Kosteneinflußgrößenquantität, c und m beliebige Konstante dar.

Nun können die Kostenbestimmungsfaktoren außer auf diese Weise noch auf eine andere Art miteinander verbunden sein, und zwar durch die zwischen ihnen bestehenden kausalen Gesetzmäßigkeiten[63]. Während die additiven und multiplikativen Verknüpfungen die äußere Verbundenheit der Kosteneinflußgrößenquantitäten erfassen, können wir nunmehr auch die Wirkungen der Kostenbeeinflussungsfaktoren auf andere Einflußgrößen in die Betrachtung einbeziehen. Sind zwei Kostenbestimmungsgründe (U_1 und U_2) sowohl durch die Wirkungen ihrer Qualität als auch ihrer Quantität voneinander unabhängig und beeinflussen sie sich nicht, so übt jeder Faktor seinen Einfluß auf die Kostengestaltung auf Grund seiner ihm immanenten Wirkkraft aus. Das schließt nicht aus, daß jede dieser Ursachen U_1 und U_2, die wir wegen ihrer unmittelbaren Einwirkung auf den Güterverzehr als Primärursachen bezeichnen, von Sekundärursachen (u_1 und u_2) beeinflußt werden, die nur mittelbar über die unmittelbaren Kostenbestimmungsgründe auf die Verzehre einwirken. Gewisse Beziehungen über die Ebene der Sekundärursachen ergeben sich, wenn u_1 sowohl auf U_1 und U_2 seinen Einfluß ausübt. Schwieriger gestaltet sich das Problem, wenn U_1 und U_2 aufeinander einwirken und miteinander in Konkurrenz stehen. Die Beeinflussung kann einseitig sein. Das Auftreten der einen Kosteneinflußgröße hat zur Folge, daß die andere nicht mehr auftritt oder in ihrer quantitativen und/oder qualitativen Wirkweise beeinträchtigt (gefördert) wird. Eine gegenseitige Beeinflussung liegt vor, wenn beide Kosteneinflußgrößen gegenseitig ihre Wirkweisen positiv oder

63 Rummel, K.: Einheitliche Kostenrechnung auf der Grundlage einer vorausgesetzten Proportionalität der Kosten zu betrieblichen Größen, Düsseldorf 1949, S. 2.

negativ beeinflussen. Aus der Stärke der Kompensationswirkungen ergeben sich der Entwicklungsgrad und die Entwicklungsrichtung der aus dem Verhalten der beiden Kostenbestimmungsgründe resultierenden Kostengestaltung. Auch in diesem Falle komplizieren die Sekundärursachen die Zusammenhänge.

Die additiven und multiplikativen Verknüpfungen der Kosteneinflußgrößen, die sich daraus ergebenden Arten der Kostenfunktionen und die gegenseitigen Beeinflussungen der Bestimmungsfaktoren auf Grund der zwischen ihnen bestehenden kausalen Gesetzmäßigkeiten sind bei der Ermittlung der empirischen Kostenfunktionen zu beachten. Zwar wird man nicht bei jeder Auswertung bis zu diesen letzten Feinheiten vordringen. Ob das notwendig ist, ergibt sich aus den durch die Auswertung zu gewinnenden Erkenntnissen. Es darf nicht verkannt werden, daß es Sonderuntersuchungen gibt, bei denen diese Ursachzusammenhänge beachtet werden müssen. Die Kenntnisse des Auswertenden werden in diesen Fällen nicht ausreichen, um die Auswertung richtig durchzuführen. Er muß sich des zuständigen betrieblichen Sachverständigen bedienen, der oft selbst die Anregung zu einer solchen Auswertung gegeben hat, zumindest aber ein eigenes Interesse am Auswertungsergebnis bekunden sollte. Die Erfahrungen und Kenntnisse des Sachverständigen werden dem Auswertenden helfen, den rechten Ansatz für die Kostenanalyse zu finden.

dd) Die Probleme des mathematischen Ansatzes bei der Ermittlung der Istkostenfunktion

Als Unterlagen für die Ermittlung der Istkostenfunktion stehen dem Auswertenden die Istkosten und die zugehörigen Kosteneinflußgrößen zur Verfügung. Die Wirkungen verschiedener Einflußgrößenqualitäten, die in den Istkosten enthalten sind, müssen eliminiert werden. Das bedeutet, daß die Istkosten vor der Ermittlung ihrer funktionalen Abhängigkeit, soweit es möglich ist, einem Niveau gleicher Kosteneinflußgrößenqualitäten angepaßt werden. Geschieht die Berichtigung nicht, so repräsentiert die Istkostenfunktion ein mittleres Niveau der verschiedenen Einflußgrößenqualitäten.

Die Darstellung der Kostenabhängigkeit von den Einflußgrößenquantitäten setzt voraus, daß der mathematische Ansatz richtig gewählt wird. Die empirisch ermittelte Kostenfunktion als „mathematisches Gesetz ist stets eine Annäherung an die wirklichen Verhältnisse, und es fragt sich lediglich, ob die Annäherung genau genug ist, um praktisch brauchbar zu sein[64]". Der Auswertungszweck entscheidet auch hier, ob

[64] Rummel, K.: Mathematisch-graphische Behandlung der Kostenprobleme, ZfB. (1931), S. 614.

auf dieser Stufe der Kostenanalyse mit einer linearen Kostenfunktion oder nur mit einer solchen höheren Grades das Ziel erreicht werden kann. „Man muß sich immer wieder fragen, innerhalb welcher Betrachtungsgrenzen ist eine Annäherung mit Rücksicht auf die Genauigkeit der praktischen Ergebnisse in dem gerade vorliegenden Fall noch zulässig. Je nach dem Zweck der Rechnung wird man ... zu sehr verschiedenen Toleranzen kommen[64].“ Der Aufwand der Kostenfunktionenermittlung ist abhängig von der Anzahl der in die Gleichung eingehenden Kosteneinflußgrößen und der erforderlichen Funktionsart sowie dem Umfang des Zahlenstoffs, aus dem die Gleichung ermittelt wird. Die mathematische Form für den Ansatz muß vorher bekannt sein. Über ihre Art entscheiden nicht die statistischen Methoden, sondern derjenige, der die Analyse durchführt. Da die Sachkenntnisse des Auswertenden in der Regel nicht ausreichen, um den richtigen Ansatz zu finden, sind die betrieblichen Sachverständigen (die Metallurgen, Betriebsleiter, Kaufleute usw.) zu Rate zu ziehen[65]. Mit ihrer Hilfe müssen Formen des Ansatzes gefunden werden, die mit hinreichender Genauigkeit dem Auswertungszweck genügen. Sind für die Form des Ansatzes keine Anhaltspunkte gegeben, so wird der Auswertende mehrere Ansätze durchrechnen müssen. Mit Hilfe geeigneter Prüfverfahren kann festgestellt werden, welche Art der ermittelten Kostenfunktionen den Sachverhalt am genauesten trifft. Schwierigkeiten ergeben sich durch die Einflußgrößenverknüpfung. Es sind jedoch Verfahren entwickelt worden, die die Wechselwirkungen jener Faktoren in die Betrachtung einbeziehen. Bei technischen Größen ist häufig nicht nur die mathematische Form der Kostenfunktion unbekannt, sondern oft zweifelhaft, ob eine solche Größe überhaupt einen die Kosten beeinflussenden Faktor darstellt. Auch für diese Fälle gibt es Prüfverfahren, die eine Beantwortung dieser Frage ermöglichen. Die Eleganz der mathematischen Methoden darf aber nicht zur kritiklosen Übernahme der Ergebnisse führen. In vielen Fällen wird die Formel ein Ergebnis liefern, dem man nicht unbedingt seine Richtigkeit ansieht. Der Ansatz kann nur erfolgen, wenn die sachlichen Zusammenhänge richtig erkannt und für diese Sachverhalte die geeigneten mathematischen Verfahren fachkundig ausgewählt sind. Der Auswertende muß sowohl mit den mathematischen Methoden, deren er sich bei der Untersuchung bedient, vertraut sein, ihre Vorzüge und Grenzen kennen als auch die sachlichen Zusammenhänge im betrieblichen Geschehen überblicken. Von seinen Kenntnissen auf beiden Gebieten und seinen Fähigkeiten hängt es ab, ob eine

---

[65] Bauer, W.; Stumpf, A.; Wartmann, R.: Einführung in die Technische Statistik (unter besonderer Berücksichtigung der Einflußgrößenrechnung, als Manuskript vervielfältigt (1956), S. 41.
Soom, E.: Anwendung der mathematischen Statistik in der Industrie, in: Industrielle Organisation, 22. Jg. (1953), S. 115.

Quantifizierung der Kostenabhängigkeiten mit hinreichender Genauigkeit gelingt. Daß die Lösung umfangreicher und schwieriger Probleme vielfach nur möglich ist, wenn geeignete Hilfsmittel zur Verfügung stehen, die vor allem die Rechenarbeit übernehmen, sei nebenbei erwähnt.

c) Die Aussagefähigkeit des Kostenfunktionenvergleichs

Der Kostenfunktionenvergleich erfolgt nach der Ermittlung der Istkostenfunktion. Aus den Funktionen sind nur die relevanten Kosteneinflußgrößenquantitäten ersichtlich. Die Wirkungen der nicht gesondert ausgewiesenen Einflußgrößenquantitäten und der -qualitäten kommen in den Konstanten zum Ausdruck. Der Kostenfunktionenvergleich kann sich auf die tatsächliche Höhe der Ist-Kosteneinflußgrößenquantitäten einer Abrechnungsperiode beziehen oder von ihr abweichende Mengen zum Gegenstand haben. Es können die Funktionsverläufe auch in einem bestimmten Intervall der Einflußgrößenquantitäten betrachtet werden.

Setzt man die Einwirkungsfaktoren der Istkostenfunkion in die Maßstabkostenfunktion ein und rechnet beide Gleichungen aus, so differieren die Kostenbeträge K_i' und K_s um dk^{III}. Wie wir bereits darlegten, kann die Funktionswertabweichung mit der Verbrauchsabweichung identisch sein oder sich von ihr unterscheiden. Die Abweichung der Funktionswerte muß auf ihre Ursachen hin untersucht werden. Da in beiden Funktionen die einbezogenen Einflußgrößenquantitäten in gleicher Höhe auftreten, können von ihnen keine Wirkungen auf die Abweichungen ausgehen, es sei denn, daß ihre Höhen einen Einfluß auf die Konstanten der Funktionsgleichung ausüben.

Die Funktionswertabweichung kann zurückzuführen sein auf die in beiden Funktionen enthaltenen Konstanten und damit auf die ihre Höhe beeinflussenden Bestimmungsgründe. Es kann sich bei diesen Ursachen um Einflußfaktorenquantitäten und/oder -qualitäten handeln, es können aber auch die Arten der Einwirkungsfaktorenverknüpfung sein, die in den Vergleichsgrößen unterschiedlich sind. Gelingt es, die Wirkungen den Ursachen oder den Ursachengruppen zuzuordnen, dann ist das Ziel der Analyse erreicht. Nur selten ist es notwendig und überhaupt möglich, die Wirkungen wiederum in Abhängigkeit von ihren Ursachen durch Funktionsgleichungen darzustellen. Das ist nur erreichbar für die nicht in die Istkostenfunktion einbezogenen Einflußgrößenquantitäten unter Berücksichtigung aller Probleme, die bei der Ermittlung einer Istkostenfunktion auftreten können.

Die Abweichung der Funktionswerte entsteht außerdem, wenn in der Istkostenfunktion mehr oder weniger Kosteneinflußgrößen bzw. solche verschiedener Art enthalten sind als in der Maßstabkostenfunktion. Nicht immer ist es möglich, nachträglich Korrekturen durchzuführen, weil die Verknüpfung mit anderen Einwirkungsfaktoren sie verhindert. Es kann ferner sein, daß eine solche Größe auf eine andere Weise bereits im Maßstab berücksichtigt ist. Die Zuordnung der Funktionswertabweichung muß aus diesen Gründen mit großer Vorsicht geschehen und darf erst erfolgen, wenn mit Sicherheit oder großer Wahrscheinlichkeit feststeht, daß eine vermutete Ursache tatsächlich die Kostenabweichung bewirkt hat.

Die Arten der Kostenfunktionen sind ebenfalls für die Höhe und die Abweichungen der Funktionswerte voneinander bedeutsam. In der Regel wird man die Istkostenfunktion der Maßstabkostenfunktion anpassen und für sie lineare oder gleichgradige höhere Funktionsarten wählen. In diesen Fällen ergeben sich keine Wirkungen aus unterschiedlichen Funktionsarten. Es kann allerdings gerechtfertigt sein — vor allem auf Grund der Ergebnisse der Prüfverfahren — für die Istkosten eine andere Funktionsart zu wählen als für die Maßstabkosten. Ob die Wirkung der veränderten Funktionsart eliminiert werden kann, hängt davon ab, welche weiteren Größen der Kostenfunktion Veränderungen unterworfen sind. Unter Umständen begnügt man sich mit Näherungslösungen, die jedoch um so fragwürdiger sind, je komplizierter und umfangreicher die Kostenfunktionen sind, je weiter ihre Ergebnisse voneinander abweichen, je größer die Kosteneinflußgrößeninterdependenz ist und je mehr Ursachen vorliegen, die die Konstanten der Funktion verändern. Aus diesen Gründen ist man häufig gezwungen, trotz der Mängel die Istkostenfunktion in der Art zu wählen, wie sie für den Maßstab vorliegt. Kann der Maßstab durch Korrekturen der Istkostenfunktionsart angepaßt oder ohne große Schwierigkeiten in der gewünschten Form neu gebildet werden, so sollte man diesen Methoden den Vorzug geben, um den Einfluß der unterschiedlichen Funktionsarten auszuschalten.

Der Vergleich zweier Kostenfunktionen kann zu dem Ergebnis führen, daß beide Funktionswerte die gleiche Höhe aufweisen. Dieser Fall ist bei gleicher Einflußgrößenkonstellation nicht nur denkbar, wenn beide Funktionen gleich große Konstante aufweisen, sondern wenn bei unterschiedlichen Höhen der Konstanten Kompensationswirkungen eintreten. Die positiven und negativen Differenzen der Konstanten gleichen sich bei bestimmten Konstellationen der Einwirkungsfaktoren aus oder lassen keine nennenswerte Abweichungen der Funktionswerte entstehen. Die Kostenanalyse darf die Veränderungen innerhalb der Kostenfunktionen nicht unbeachtet lassen. Sie muß die Glieder der Funktion und ihre Einzelgrößen in ihre Untersuchung einbeziehen, ihre Bewegungen und die sie verursachenden Faktoren aufdecken. Dabei darf nicht die Kosteneinflußgrößeninterdependenz unberücksichtigt bleiben. Ihre Kenntnis ermöglicht es, den Ursachen kompensatorischer Effekte nachzuspüren.

Wir haben den Kostenfunktionenvergleich betrachtet als einen Vergleich zweier Funktionswerte bei einer bestimmten Größe der Ist-Kosteneinflußgrößenquantitäten. Nun kann der Vergleich auch darin bestehen, daß man die Funktionen und ihre Werte für ein bestimmtes Intervall der Einflußgrößenquantitäten betrachtet. Enthalten die Funktionen nur eine unabhängige Variable, so kann das Mengenintervall jener Größe von 0 bis zu ihrer maximalen Größe betrachtet werden. Die Vergleiche werden schwieriger, wenn mehrere Kostenbestimmungsgründe quantifiziert und in den Funktionsgleichungen enthalten sind. Zwar können auch hier die maximal möglichen Intervalle beider Funktionen miteinander verglichen werden. Die Grenzen eines Intervalls werden von den niedrigsten und den höchsten Werten der unabhängigen Variablen gebildet, die bei der Ermittlung der Istkostenfunktionen mitgewirkt haben. Zum Unterschied von den Kostenfunktionen mit einem Einwirkungsfaktor tritt die Einflußgrößenkonstellation in Erscheinung. Sie ist in der Funktion mit einer unabhängigen Variablen zwar ebenfalls wirksam und kommt dort vor allem in der maximalen Größe jener Variablen zum Ausdruck. Hier muß jedoch beachtet werden, daß nicht jede denkbare Konstellation der Kostenbestimmungsgründe realisierbar ist. Die Einflußgrößeninterdependenz gibt Aufschluß über die möglichen Konstellationen. Da bei mehreren Kostenbestimmungsgründen jeder Einflußfaktor ein bestimmtes Mengenintervall durchlaufen kann, ist es zweckmäßig, eine Größe herauszugreifen, an jeder Stelle ihres Intervalls die entsprechende Konstellation der übrigen Einwirkungsfaktoren festzustellen und die ermittelten Werte in die Funktionsgleichung einzusetzen. Wir werden bei Kostenfunktionsgleichungen dieser Art stets die Beschäftigung als maßgebende Einflußgröße wählen, von der wiederum die effektive Leistung der Potentialfaktoren abhängt. Die Beschäftigung ist nicht nur von Bedeutung, weil durch sie das Betriebsziel, die Leistungserstellung, quantifiziert wird. Die Abhängigkeit der Kosten von der Beschäftigung und damit die Kenntnis der Kostenkategorien geben Aufschluß über die Höhe der von der Leistungserstellung abhängigen Verzehre, sie ermöglichen die Ermittlung der Gesamtdurchschnittskosten, der variablen Stückkosten, der Grenzkosten, der Leerkosten, der Nutzkosten usw. Der Kostenfunktionenvergleich kann sich auf diese aus der Gesamtkostenfunktion einer Kostenart des Kostenplatzes abgeleiteten Funktionen erstrecken.

Der Maßstab beim Kostenfunktionenvergleich kann dem gleichen Betriebsobjekt zugeordnet sein wie die Istkosten oder ist einem fremden Betriebsobjekt entnommen. Unsere Ausführungen über die Istkosten eines vergangenen Zeitraumes, die Sollkosten und die Kosten eines fremden Betriebsobjekts als Maßstab gelten ohne Einschränkung für die Aussagefähigkeit der Ergebnisse des Kostenfunktionenvergleichs. Bezüglich des Maßstabs beim Funktionenvergleich gelten auch unsere Anmerkungen zu den im Maßstab zum Ausdruck gelangenden Kostenabhängigkeiten bei der Analyse mit flexiblen Maßstäben, so daß wir lediglich Stellung zu nehmen brauchen zu den Wirkungen der Istkostenfunktionen auf das Auswertungsergebnis.

Die Auswertungsaussage wird beeinträchtigt durch alle Fehler der Istkostenrechnung, die auf unrichtigen Abgrenzungen, Erfassungen, Verrechnungen, Schlüsselungen der Verzehre usw. beruhen können. Störungen dieser Art sind in jeder Istkostenrechnung vorhanden und lassen sich nie ganz vermeiden. Sie verlieren für die Aussagefähigkeit des Auswertungsergebnisses an Bedeutung, je geringfügiger sie sind und je gleichmäßiger sie sich in den Ist- und den Maßstabkosten auswirken.

Die Kosteneinflußgrößenquantitäten und ihre Vollständigkeit beeinflussen die Auswertungsaussage. Das Ergebnis wird verfälscht, wenn nicht alle quantifizierbaren Größen richtig erfaßt werden, und zwar an dem Ort, an dem sie auf die Kostengestaltung einwirken. Die praktische Kostenuntersuchung bezieht in der Regel nur die wichtigsten Einflußgrößenquantitäten in ihre Betrachtung ein und nimmt dadurch bewußt Ungenauigkeiten in Kauf. Solange der Auswertungszweck mit hinreichender Genauigkeit erreicht wird, ist nichts gegen dieses Vorgehen einzuwenden. Die Wirtschaftlichkeit der Auswertung, die im Hinblick auf den gesetzten Zweck stets gewahrt sein muß, setzt häufig jene Grenze.

Die Verfahren zur Ergründung der Beziehung zwischen den Kosten und die sie bewirkenden Ursachen sind weitere Faktoren, die das Ergebnis der Kostenanalyse beeinflussen. Die sachlichen Zusammenhänge, die sich in den kausalen Gesetzmäßigkeiten äußern, dürfen nicht durch den Einsatz ungeeigneter Verfahren zerrissen werden. Das bedeutet keineswegs, daß nicht versucht werden kann, Kostenfunktionen höherer Ordnung durch Funktionen niederen Grades auszudrücken. Der Auswertungszweck entscheidet, wie weit die Vereinfachung gehen darf. Im Hinblick auf das Leistungsvermögen vieler Datenverarbeitsanlagen muß eine solche Vereinfachungsmöglichkeit geprüft werden. Durch sie können nicht nur komplizierte Programme und umfangreiche Programmierungsarbeiten vermieden, sondern in vielen Fällen vor allem die kleineren Datenverarbeitungsanlagen überhaupt erst für die Ermittlung der Istkostenfunktionen eingesetzt werden.

Dringt man beim Kostenfunktionenvergleich nicht bis zu den Kostenplätzen vor, begnügt man sich mit Kostenstellen, Abteilungen oder größeren betrieblichen Teileinheiten, dann können nicht alle Auswertungsmöglichkeiten ausgeschöpft werden. Die Anzahl der Kosteneinflußgrößen wird geringer und besteht oft nur noch in einer Größe, der Beschäftigung, die mehr oder minder genau durch eine meßbare Größe angegeben wird. Es besteht die Gefahr, daß die Kostenfunktionen nicht mehr stetig verlaufen, weil verschiedene Anpassungsprozesse stattgefunden haben. Allerdings kann auch der Kostenplatz gebrochene Funktionen aufweisen (wenn z. B. ein sachlicher Potentialfaktor von einer bestimmten Leistung an mit zwei statt mit einer menschlichen Arbeitskraft besetzt ist), jedoch ist in diesen Fällen die Maßstabkorrektur leichter durchzuführen, weil der Ort der Anpassung bekannt ist. Bei Gesamtkostenfunktionen des Betriebes, die nicht synthetisch ermittelt werden, sind die Anpassungsprozesse nicht immer augenscheinlich, sie können durch Kompensationswirkungen verdeckt sein oder tauchen bei der Ermittlung der Funktionen in den Konstanten unter. Damit soll nicht gesagt werden, daß sich die Ermittlung der Kostenfunktionen nur über die Kostenarten der Kostenplätze vollziehen darf. Aus den verschiedensten Gründen kann ein geringerer Feinheitsgrad geboten sein, der weniger Probleme aufwirft als eine Kostenanalyse für einen Kostenplatz. Unsere Ausführungen über die Kostenanalyse und ihre Stufen gelten sinngemäß für die Kostenuntersuchungen, die nicht bis zu den Kostenplätzen vordringen und sich auf grobere Gliederungen der Kostenrechnungen hinsichtlich der Kostenstellen und/oder der Kostenarten beschränken.

C. Die Kostensynthese

1. Das Problem

Die Kostensynthese ist eine Auswertungsmethode der Kostenrechnung, die zu der Kostenanalyse ergänzend hinzutritt. Beide Methoden bedingen einander. Die Kostensynthese geht von den Ergebnissen der Analyse aus und baut mit ihnen nach bestimmten Gesichtspunkten sythetische Teilgrößen auf. Da die Ergebnisse der Kostenanalyse durch den Vergleich der Maßstabkosten mit den Verzehren der auszuwertenden Rechnung gewonnen werden, zählen die Vergleichsgrößen ebenfalls zu den Bauelementen der Kostensynthese. Die Synthese kann auf jeder Stufe der Kostenanalyse einsetzen und die dort ermittelten Ergebnisse als Basis für weitere Untersuchungen benutzen.

Während die Kostenanalyse die nach Kostenarten je Kostenplatz gegliederten Verzehre nach ihren Bestimmungsgründen zerlegt und die Beziehungen zwischen den Kosteneinflußgrößen und den durch sie bewirkten Kosten erforscht, geht die Kostensynthese den umgekehrten Weg. Mit Hilfe der quantifizierten Kostenbestimmungsfaktoren und den ermittelten Kostenfunktionen — sofern die Analyse diese Ergebnisse erzielt — werden neue synthetische Teilgrößen nach bestimmten Merkmalen gebildet. Die synthetischen Teilgrößen ergeben die Kostenstrukturbilder. Für die Beurteilung des Kostenstrukturbildes der auszuwertenden Rechnung ist es erforderlich, die Vergleichsgrundlagen und die Vergleichsobjekte zu synthetischen Teilgrößen zusammenzufassen.

Die Teilgrößen der Kostensynthese sind zunächst bestimmte Systematisierungen, durch welche die Ergebnisse der Kostenanalyse zusammengefaßt und geordnet werden. Auf diese Weise werden die bisherigen Untersuchungsergebnisse übersichtlich dargestellt. Die Zusammenfassungen lassen erkennen, welche Höhe die Abweichungen der Kosten insgesamt erreichen, wo die Schwerpunkte der Kosteneinflußgrößenwirkung liegen, ob und in welchem Maße Abweichungskompensationen auftreten usw. Die Kenntnis dieser Tatsachen ist wichtig für unternehmerische Entscheidungen und die Feststellung der Verantwortlichkeiten für die Kostenvariation.

Die Zusammenfassung der analytisch ermittelten Ergebnisse durch die aufbauende Methode der Auswertung vermittelt Erkenntnisse, die mit Hilfe der Kostenanalyse allein nicht zu gewinnen sind. Sie ergeben sich bei der Betrachtung mehrerer Kostenarten und ihrer Einflußgrößen in den verschiedenen Kostenstellen, in denen sie auftreten. Die Abhängigkeit der Verzehre eines Kostenplatzes von den Geschehnissen in den übrigen Betriebsteilen kann bei der Kostenanalyse für den Kostenplatz nicht genügend berücksichtigt werden. Durch die Kostensynthese werden jene Wirkungen erkannt und erfaßt. Vergleicht man die Kostenstrukturbilder mehrerer Zeiträume miteinander, so ist ersichtlich, welchen Einfluß die „quantitativen Anpassungsprozesse“[66] auf das Kostenniveau ausgeübt haben. Die Kostensynthese gibt Aufschluß über die Wirkung einer solchen Anpassung auf die sythetischen Teilgrößen und die Kostengestaltung insgesamt.

Unsere Ausführungen über die Kostensynthese sind an die Voraussetzung gebunden, daß die Synthese gelingt, das heißt die analytisch ermittelten Ergebnisse sich zu synthetischen Teilgrößen zusammenfassen lassen. In der Synthese kann es nicht darum gehen, die Ergebnisse der Analyse aneinanderzureihen. Die synthetischen Teilgrößen entstehen aus der Verschmelzung der analytisch festgestellten Größen. Sie stellen eine Konzentration der analytisch ermittelten Ergebnisse dar, durch die jene Vielfalt der Resultate, die sich aus der Kostenanalyse ergeben, vereinheitlicht dargestellt wird, ohne daß sie an Aussagekraft verliert. Die Verschmelzung zweier Größen ist möglich, wenn sie entsprechend dem sie umschließenden Begriff gleichartig und in der gleichen Dimension

[66] Gutenberg, E.: Grundlagen der Betriebswirtschaftslehre, Bd. I, S. 267 ff.

ausgedrückt sind. Die Kosten sind in Geld ausgedrückte Güterverzehre und somit addierbar. In dieser Hinsicht birgt die Kostensynthese keine Probleme in sich. Anders verhält es sich, wenn die Verzehre in Abhängigkeit von den Einflußgrößenquantitäten dargestellt und in Kostenfunktionen zusammengefaßt werden sollen. Die quantifizierten Kosteneinwirkungsfaktoren müssen in den gleichen Maßeinheiten ausgedrückt sein, wenn man die Funktionsglieder zusammenfassen will. Ferner müssen in den zusammenfassenden Gliedern der Funktionen die entsprechenden Koeffizienten oder die Einflußgrößenquantitäten gleich groß sein.

$$\begin{array}{l} K' = a' + b_1 x' \\ K'' = a'' + b_1 x'' \\ \hline K = a + b_1(\Sigma x) \end{array} \qquad \text{oder} \qquad \begin{array}{l} K' = a' + b' x_1 \\ K'' = a'' + b'' x_1 \\ \hline K = a + (\Sigma b) x_1 \end{array}$$

Sind diese Voraussetzungen nicht erfüllt, dann ist eine Synthese der Kostenfunktionen auf diese Weise nicht möglich. Die Synthese gelingt nur für die additiven Konstanten. Eine andere Möglichkeit bietet sich an, wenn man von der Synthese der Kostenfunktionen abgeht und die sachlich zusammenhängenden Gliedwerte der einzelnen Funktionen miteinander verschmelzt. Errechnet man den Wert eines jeden Funktionsgliedes, so erhält man addierbare Größen.

$$\begin{array}{l} K_1 = a_1 + b_1 x_1 = a_1 + v_1 \\ \underline{K_2} = a_2 + b_2 x_2 = \underline{a_2 + v_2} \\ K \qquad\qquad\qquad\quad a + v \end{array}$$

Auf diese Weise lassen sich Kostenstrukturbilder erstellen, wenn andere Möglichkeiten versagen. Während die Kostensynthese eines Kostenplatzes häufig noch eine Synthese der Kostenfunktionen darstellt, lassen sich die Verzehre mehrerer Kostenstellen in der Regel nur auf die zuletzt beschriebene Art zusammenfassen.

Das Kostenstrukturbild eines Betriebes weicht in der Regel von dem als Maßstab betrachteten Strukturbild ab. Die Abweichungen werden durch die Wirkungen der Kosteneinflußgrößen hervorgerufen und diesen Faktoren zugeordnet. Die Kostensynthese muß im Gegensatz zur Kostenanalyse die Kostenstrukturverschiebungen unter einem besonderen Aspekt betrachten. Zu diesem Zweck müssen die Auswertungsergebnisse der Kostensynthese einen längeren Zeitraum hindurch beobachtet werden. Dabei kann sich ergeben, daß die Verschiebung der Kostenstruktur eine Erscheinung von Dauer ist, die wir als „Wandlung"[67] bezeichnen. Die Wandlung kann sich langsam oder schnell vollziehen, so daß wir von stetigen oder mutativen Kostenstrukturveränderungen sprechen können. Im Gegensatz zu den Wandlungen, die beständig in eine Richtung tendieren, stellen die „Schwankungen"[67] vorübergehende Veränderungen der Kostenstruktur dar. Die Ausgangsstruktur wird nach einer gewissen Zeit wieder erreicht. Ob die Arten der Strukturverschiebungen stets erkennbar sind, ist fraglich. Sie sind jedoch für unternehmerische Entscheidungen sehr wichtig. Dabei ist es nicht nur von Bedeutung, die Strukturverschiebungen des eigenen Betriebes und ihre Folgen zu erkennen. Im Vergleich mit den Strukturbildern eines gleichartigen Betriebes der Branche lassen sich Entwicklungsrichtungen ermitteln und Erkenntnisse gewinnen, denen sich die praktische Betriebspolitik nicht verschließen darf[68].

2. Die Kostenstrukturbilder

a) Das Wesen und die Arten der Kostenstrukturbilder

Unter einer Kostenstruktur verstehen wir die Zusammensetzung der Gesamtkosten aus ihren Teilen, die so geordnet sind, daß sie eine Einheit bilden. Die geordnete Einheit aller Teile der Gesamtkosten ist das Wesensmerkmal der Kostenstruktur. Das Ordnungsprinzip wird dem Auswertungszweck entsprechend gewählt. Der Zweck der Auswertung einer Kostenrechnung besteht darin, die Ursachen für die Kostenvariation und die Verantwortungsträger festzustellen. Die in der Kostenanalyse herausgefundenen Kostenabhängigkeiten müssen in der Kostensynthese erkennbar bleiben. Das Ordnungsprinzip der Kostenstruktur beeinträchtigt nicht die Darstellung der Kostenabhängigkeiten.

Die Strukturbilder können auf die verschiedenste Art zusammengestellt werden. Sie erfüllen stets die Bedingung, daß alle Kosten, die einem Strukturbild eingegliedert sind, einschließlich ihrer Untersuchungsergebnisse aus der Kostenanalyse sichtbar bleiben. Aus Gründen der Übersicht wird man die Darstellung aufgliedern und Teilungen vornehmen. Die technische Durchführung der Kostensynthese muß ein Höchstmaß an Beweglichkeit und Übersichtlichkeit gewährleisten. Die Synthese kann durchgeführt werden für die Kostenarten eines Kostenplatzes, sonstiger betrieblicher Teileinheiten oder für den gesamten Betrieb. Ordnungsprinzip für die Strukturbilder der Kostenentstehungsorte ist die Gliederung der Verzehre nach Kostenarten. Die Feinstteilung, die unter Umständen bis zu den homogenen Kostenarten je

---

[67] Beste, Th.: Verwaltungsaufbau und betriebliches Rechnungswesen, in: Festschrift für Schmalenbach, Leipzig 1933, S. 121.
[68] Schmalenbach, E.: Kostenrechnung und Preispolitik, Köln 1956, S. 19 f.

Kostenplatz hinabreicht, kann in andere Gliederungsschemata überführt werden, indem man die einzelnen Kostenarten bestimmten Begriffen zuordnet. Das geschieht, wenn die Kostenarten z. B. im Hinblick auf ihre Ersatzbedürftigkeit eingeteilt werden. Die Gesamtkosten eines Kostenplatzes werden in diesem Falle in „sofort ersatzbedürftige" und „nicht sofort ersatzbedürftige Kosten" gegliedert. Innerhalb dieser Kostengruppe erfolgt die Unterscheidung nach den zugeordneten Kostenarten. Ebenso können die Verzehre entsprechend ihrer Zurechnungsmöglichkeit auf die Kostenträger nach Einzel- und Gemeinkosten gruppiert werden. Auf diese Weise lassen sich die Kostenstrukturbilder aussagefähig gestalten. Die Abhängigkeit der Kosten von den Kosteneinflußgrößen wird in allen Gliederungen dargestellt, wenn die Kostenanalyse diese Beziehungen ermittelt hat. Fixe und variable Kosten bleiben in der Synthese erkennbar. Sie bleiben auch dann sichtbar, wenn andere Ordnungsprinzipien das Kostenstrukturbild bestimmen. Die Gesamtkosten einer Kostenart des Betriebes kann in Teile gegliedert werden, wie sie an den Kostenstellen oder Kostenplätzen entstanden sind. Ähnlich läßt sich die Struktur der Kostenarten eines gemeinsamen Oberbegriffs in ihrer Gesamtheit nach betrieblichen Teileinheiten ermitteln. Bei allen Gliederungsmöglichkeiten und verschiedenen Kombinationen, von denen hier nur einige wesentliche aufgezeigt sind, bleiben in der Kostensynthese die analytisch ermittelten Ergebnisse erkennbar. Trotz der in der Synthese durchgeführten Konzentration, kann auf sie stets zurückgegriffen werden. Dadurch wird der Vergleich der Strukturbilder sehr erleichtert, weil sofort die Art, die Ursache und der Ort der Abweichung erkennbar ist. Allerdings ist die Synthese angewiesen auf die Ergebnisse der Analyse. Ihr Feinheitsgrad und ihre Güte bestimmen die Aussagefähigkeit der synthetisch abgeleiteten Ergebnisse.

b) Der Kostenstrukturvergleich

aa) Die Stufen des Strukturvergleichs

Die Auswertung der Kostenrechnung in der Form der Kostenstrukturvergleiche vollzieht sich auf den gleichen Stufen, die auch das Vorgehen bei der Kostenanalyse kennzeichnen. Der Grund für dieses Vorgehen liegt darin, daß die Kostensynthese auf der Analyse aufbaut und keinen größeren Feinheitsgrad als diese erreichen kann. Die Grundzüge der Kostenanalyse kehren in den einzelnen Stadien der Kostensynthese wieder.

Der Vergleich zweier Kostenstrukturen macht die Gegenüberstellung der Maßstab- und Istkosten aller Kostenarten eines Kostenplatzes erforderlich. Das Grundschema der Kostensynthese enthält

a) die Maßstabkosten

b) die Istkosten

c) die Abweichungen

für jede einzelne Kostenart und die Gesamtkosten des Kostenplatzes, so daß sich eine schematische Darstellung gemäß Tabelle 1 ergibt.

Tabelle 1:

Istkosten	Bezeichnung der Kostenart	Maßstab-kosten	Abweichungen
K_{1i}	1	K_{1o}	dk_1
K_{2i}	2	K_{2o}	dk_2
K_{3i}	3	K_{3o}	dk_3
.	.	.	.
.	.	.	.
.	.	.	.
K_{ni}	n	K_{no}	dk_n
$\sum_{j=1}^{n} K_{ji}$		$\sum_{j=1}^{n} K_{jo}$	$\sum_{j=1}^{n} dk_j$

Das Schema gibt Aufschluß über die Struktur der Maßstabkosten, der Istkosten und der aus beiden Vergleichsgrößen resultierenden Abweichungen. Die aus ihm erkennbaren Größen der Kostenanalyse werden nicht isoliert, sondern in ihrer Gesamtheit betrachtet. Die Gesamtkosten und die Gesamtabweichungen in der Summenzeile können in ihrer Zusammensetzung erkannt werden. Dadurch wird es möglich, neben dem Gewicht einer Kosteneinflußgröße auch die Gewichtung der einzelnen Kostenarten und ihrer Abweichungen vorzunehmen. Die häufig auftretenden kompensatorischen Effekte lassen deutlich werden, daß nicht allein das Verhalten einer Kostenart des Kostenplatzes, sondern das aller Kostenarten auf das Kostenniveau von Bedeutung ist. Die Kostenanalyse vermag eine solche Antwort nicht zu geben. In der Regel genügt es nicht, sich auf den Einsatz der aufbauenden Methode für den Kostenplatz zu beschränken. Auch der Verantwortungsbereich des Kostenstellenleiters kann für die Kostensynthese zu klein sein. Ein Kostenplatz oder eine Kostenstelle des Betriebes steht immer mit anderen betrieblichen Teilbereichen im Zusammenhang. Daraus folgt, daß z. B. die gestiegenen Kosten einer Kostenstelle nicht immer von Nachteil für den Betrieb sein müssen. Das höhere Kostenniveau einer Kostenstelle kann durch ein Betriebsgeschehen hervorgerufen sein, das in anderen Bereichen eine Kostensenkung bewirkt, welche die Erhöhung überkompensiert. Die Kostensynthese umfaßt in diesen Fällen die Gesamtkosten der zu einem größeren Betriebsbereich gehörenden Kostenstellen. Die Konzentration der Vergleichsgrößen kann so weit fortschreiten, daß zuletzt die Kosten des gesamten Betriebes in wenigen Zahlen erfaßt und gegliedert sind. In der Regel wird es sinnvoll sein,

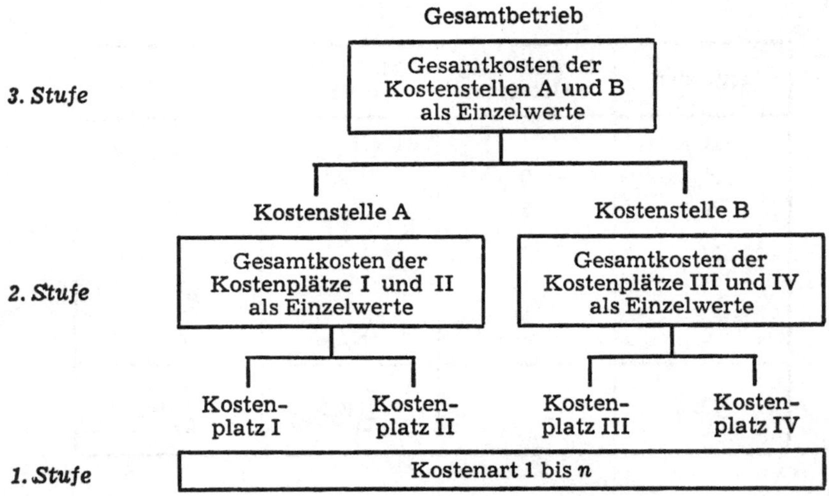

Abb. 1

den Betrieb in größere Teilbereiche zu unterteilen, so daß sich Stufungen ergeben und das Ergebnis von unten (Kostenplätze) nach oben (Gesamtbetrieb) aufgebaut werden kann, wie es die Abbildung 1 zeigt. Die erste Stufe baut das Strukturbild für die Kostenplätze auf und ergibt eine Struktur der Kostenarten. Die zweite Stufe nimmt nur die Summenzeilen der Strukturbilder jener Kostenplätze auf und ergibt eine Kostenstruktur der Kostenstelle nach Kostenplatzsummen. Entsprechend resultiert das Strukturbild des Gesamtbetriebs (3. Stufe) aus den Ergebnissen der zweiten Stufe. Die Stufenfolge und der Stufenaufbau brauchen nicht immer in dieser Form angestrebt zu werden. Es kann durchaus sinnvoll sein, die Kostenartenstruktur auf den höheren Stufen ebenfalls sichtbar zu machen. Die Unterteilung nach Verantwortungsbereichen erfolgt auch nach diesem Ordnungsprinzip. Schwierigkeiten treten auf, wenn die einzelnen Kostenarten nach ihrem Anfall in den Kostenstellen gegliedert werden. Diese Gliederung ist für die Ermittlung der Verantwortlichkeiten in bezug auf die Abweichungen nicht geeignet, weil die Vergleichbarkeit mit den übrigen Kostenarten innerhalb des Verantwortungsbereiches im Strukturbild nicht sichtbar ist. Aus diesem Grunde ziehen wir das oben dargestellte Schema für die Kostensynthese vor.

Die aufbauende Methode der Auswertung ist hinsichtlich ihres Feinheitsgrades ebenso wie die Kostenanalyse dreistufig. Der schematische Aufbau der Tabelle 1 bleibt in seinen Grundzügen erhalten und unterscheidet sich auf den in Betracht kommenden Stufen lediglich durch die Unterteilung der Spalten. Stets erfolgt die Gegenüberstellung der Vergleichsgrundlagen und Vergleichsobjekte. Aus beiden ergibt sich als dritte Größe die Kostenabweichung. Je nach der Art der analytisch ermittelten Ergebnisse erhalten wir mehr oder weniger fein gegliederte Kostenstrukturbilder. Der Feinheitsgrad kann bei der Kostensynthese eingeschränkt werden, wenn die Ergebnisse der Analyse mit hohem Feinheitsgrad vorliegen. Der umgekehrte Weg ist ausgeschlossen.

bb) Die Ergebnisse des Kostenstrukturvergleichs und ihre Aussagefähigkeit

Der Kostenstrukturvergleich kann tabellarisch in absoluten, relativen oder Indexzahlen und/oder schaubildlich in verschiedenen Formen dargestellt werden. Diese Möglichkeiten des Vergleichs haben bestimmte Vorzüge bei der Interpretation des Auswertungsergebnisses, weil sie, je nach ihrer Art, die eine oder die andere Erkenntnis aus dem Vergleich besonders hervorheben. Sie tragen dazu bei, die Aussagekraft der Kostensynthese zu erhöhen, wenn man sich ihrer in ihrer Gesamtheit bedient.

Da die Kostensynthese an die Ergebnisse der Kostenanalyse gebunden ist, gelten alle Vorbehalte gegen die analytisch ermittelten Ergebnisse auch für die der Kostensynthese. Die Aussagefähigkeit der Strukturvergleiche hängt ferner von dem Maßstab und seiner Transparenz ab. Wir können auch in dieser Hinsicht auf unsere Ausführungen über die Kostenanalyse verweisen.

Der Kostenstrukturvergleich läßt erkennen,

1. welches Gewicht die einzelnen Kostenarten, ihre Einzel- sowie Gesamtabweichungen und die Einflußfaktoren in der Struktur besitzen.
2. welche Ausgleichstendenzen innerhalb des Kostengefüges wirksam werden, welche Verschiebungen dadurch stattfinden und wie diese zu deuten sind.
3. ob Sprünge im Kostenniveau auftreten, welches ihre Ursachen sind (z. B. quantitative Anpassungsprozesse) und wo sie Gefügeverschiebungen hervorrufen.

4. wo im Betrieb kapazitive Disharmonien bestehen und welches ihre Wirkungen sind.
5. ob gewisse Verschiebungen in der Kostenstruktur vorliegen, die auf Wandlungen und/oder auf Schwankungen hinweisen. Vielfach ist eine Betrachtung über einen längeren Zeitraum notwendig.
6. wo gegebenenfalls besondere Einwirkungsschwerpunkte einzelner Kostenbestimmungsgründe vorliegen.
7. an welchen Stellen des Betriebs durch dispositive Eingriffe die Kosten wirksam gesteuert werden können und in welchem Ausmaß das geschehen kann.

Damit haben wir die wichtigsten Erkenntnisse aufgezählt, die durch die Kostensynthese zu gewinnen sind. Sie beziehen sich nicht nur auf die untersten Stufen der Kostensynthese, sondern sind auf den höheren Ebenen in gleicher Weise zu finden. Allerdings ist zu berücksichtigen, daß mit zunehmender Konzentration der Ergebnisse auf den oberen Stufen der Feinheitsgrad der Kostenstruktur abnimmt und dadurch die Aussagekraft der Auswertung beeinträchtigt wird. Die Kostensynthese sollte aus diesem Grunde so durchgeführt werden, daß jederzeit durch Rückwärtsschreiten auf die unteren Ebenen der Feinheitsgrad wieder hergestellt werden kann.

Die Kostensynthese liefert nur einen Teil der Aussagen, die eine Auswertung der Kostenrechnung erbringt. Für betriebspolitische Entscheidungen sind diese Untersuchungsergebnisse ebenfalls nur ein Teil der Informationen, die der Entscheidende benötigt. Die Ergebnisse der Kostensynthese sind in jene Informationen eingebaut. Der Auswertende muß dafür sorgen, daß seine Ergebnisse so wiedergegeben werden, daß sie als Information brauchbar sind und Fehlschlüsse aus ihnen nicht gezogen werden können.

D. Die Wirkungen der dispositiven Kostenbeeinflussung

1. Das Problem

Die Aufgabe der Kostenuntersuchung besteht nicht nur in der Aufdeckung der Kostenabhängigkeiten, sondern außerdem darin festzustellen, warum die ermittelten Einflußgrößen in der erkannten Weise eingewirkt haben, wer dafür verantwortlich ist, daß sich nicht eine andere Kostengestaltung vollzogen hat, die für den Betrieb günstiger ist. Wir haben bisher die Dispositionen der Verantwortungsträger nicht berücksichtigt. Nun müssen auch ihre Einwirkungen auf die Kosten betrachtet werden, damit offenbar wird, wie sich durch sie die Kosten beeinflussen lassen und in welchem Maße die Verantwortungsträger über ihr Tun Rechenschaft abzulegen haben. Die Ergebnisse der Kostenuntersuchung sollen ferner dazu dienen, den zuständigen Personen aller betrieblichen Instanzen bei ihrer zukünftigen Steuerung der Kosten behilflich zu sein.

Um dieses Ziel zu erreichen, müssen wir aus den bisherigen Ergebnissen ermitteln, in welchem Maße die Verzehre durch die Dispositionen der Verantwortungsträger beeinflußt sind und wann der Disponent für sein Handeln einstehen muß. Es kann hier nicht darum gehen, jeder betrieblichen Instanz bestimmte von ihr zu verantwortende Kostenabweichungen zuzuordnen. Mehr als es bisher geschehen ist, müssen wir das der praktischen Auswertung überlassen, und auch sie vermag in der Regel nicht von vornherein für jede Abrechnungsperiode die Zuordnung vorzunehmen, sondern muß von Fall zu Fall ihre Entscheidung treffen. Wir haben die Kostenbeeinflussung nur in ihren Grundzügen darzustellen, ihre Wirkungen aufzuzeigen und zu deuten. Die Kostenvariationen können aus den Ergebnissen der Kostensynthese und den aus ihnen ersichtlichen der Kostenanalyse entnommen werden. Das Problem besteht darin, diese Variationen der Verzehre mit dem Verhalten der verantwortlichen Personen in Verbindung zu bringen. Da die Disposition nicht als Einflußgröße quantifizierbar ist, können keine Funktionsgleichungen aufgestellt werden, so daß lediglich eine Zuordnung bestimmter Wirkungen zu einem bestimmten Verhalten des verantwortlichen Disponenten erfolgt.

2. Die dispositiven Kostenbeeinflussungen

Wenn wir von dispositiver Kostenbeeinflussung sprechen, so verstehen wir darunter Einwirkungen auf das Kostenniveau, die auf die Entscheidungen der Disponenten zurückzuführen sind. Die Entscheidung selbst, die Anordnung einer Maßnahme bewirkt keine Entstehung oder Variation der Kosten. Die Güterverzehre ergeben sich, wenn die angeordneten Maßnahmen durchgeführt, wenn die geplanten Akte realisiert werden. Die Ausführung der geplanten Maßnahmen äußert sich darin, daß die in der bisherigen Darstellung als Kosteneinflußgrößen bezeichneten Verursachungsfaktoren in ihrer betrieblichen Existenz und/oder ihrer Wirkweise beeinflußt werden. Das bedeutet im Hinblick auf die betriebliche Existenz der Kosteneinwirkungsfaktoren, daß durch das menschliche Eingreifen das Auftreten jener Größen im Betrieb ermöglicht oder verhindert wird. Durch das Ausgliedern von Potentialfaktoren aus dem Bereich der Leistungserstellung (z. B. die Beseitigung eines Kostenplatzes) ist es für die an die betriebliche Existenz dieser Faktoren gebundenen Kosteneinflußgrößen (Maschinenverschleiß durch Alterung, wirtschaftliche Überholung usw.) unmöglich geworden, (fixe) Kosten hervorzurufen. Ebenso ist es für die an die betriebliche Existenz und Leistung dieser Potentialfaktoren gebundenen Größen (z. B. die Beschäftigung) nicht möglich, auf die (variablen) Kosten einzuwirken, weil eine Leistung im Betrieb nicht existenter Potentialfaktoren undenkbar ist. In diesen Beispielen wird auf die Existenz der Kosteneinflußgrößen im Betrieb über die betriebliche Existenz ihrer Einwirkungsbereiche (Potentialfaktoren) Einfluß genommen. Wird diese Existenz einer Einwirkungsgröße nicht angetastet, so kann die Durchführung bestimmter Maßnahmen die Wirkweise einer Kosteneinflußgröße beeinflussen. Die Veränderung der Kosteneinflußgröße Güterwahl beim Einsatz der Stoffe hat zur Folge, daß das Kostenniveau gegenüber einer anderen Güterwahl unter Umständen angehoben oder gesenkt wird. Die qualitative Wirkweise jenes Kostenbestimmungsgrundes erfährt durch die Ausführung der Anordnung des Disponenten eine Veränderung. Ruft die durchgeführte Maßnahme eine Variation der Einflußgrößenquantität hervor, so wird in die quantitative Wirkweise eines solchen Faktors eingegriffen. Der Disponent vermag ferner auf die Dauer der betrieblichen Existenz bzw. Nichtexistenz oder der Wirkweise einer Kosteneinflußgröße seinen Einfluß auszuüben. Das Kostenniveau kann auf diese Weise beträchtlich verändert werden. Alle Beispiele zeigen, daß die dispositiven Eingriffe der verantwortlichen Personen die betriebliche Existenz und/oder die Wirkweisen der Kosteneinflußgrößen, denen wir bisher unsere Aufmerksamkeit widmeten, beeinflussen und über sie auf die Kostengestaltung einwirken. Unsere Ausführungen besitzen auch Gültigkeit für das betriebliche Geschehen in den Verwaltungen, im Vertrieb, in den Hilfskostenstellen usw. Sie werden nicht beeinträchtigt durch die Schwierigkeiten der Kosteneinflußgrößenquantifizierung in diesen Bereichen. Sind die Maßnahmen vollzogen und läuft das betriebliche Geschehen in dem durch sie geschaffenen Rahmen ab, so geschieht das mit um so größerer Gesetzmäßigkeit, je weniger der Ablauf durch menschliche Handlungen und/ oder durch Störungen höherer Gewalt beeinträchtigt werden.

Die Kosteneinflußgrößen, die bei der Kostenanalyse und -synthese auftreten, sind Kausalitätsfaktoren des „untergeistigen Bereichs". Wenn wir von der dispositiven Kostenbeeinflussung sprechen, werden Kausalitätsfaktoren des „geistigen Bereichs" betrachtet. Während die ersteren der strengen Naturgesetzmäßigkeit folgen, lassen sich die letzteren nicht in solche Gesetze kleiden. Es sind lediglich Regelmäßigkeiten, Tendenzen, wahrscheinliche Verläufe festzustellen, die aber nicht notwendige Abläufe zu sein brauchen. Die Ausnahmen und Abweichungen lassen immer wieder erkennen, daß die Abfolge der menschlichen Handlungen nicht Gesetzen von der Art der Naturgesetze folgt. Die praktische Kostenuntersuchung findet in den Ergebnissen der auszuwertenden

Kostenrechnung die Verursachungsfaktoren beider Bereiche in der Weise vor, daß die Größen des untergeistigen Bereichs von denen des geistigen Bereichs beeinflußt werden. Die ermittelten Abweichungen einschließlich der Maßstabberichtigungen werden den entsprechenden Kosteneinflußgrößen zugeordnet. Der Auswertende hat zu untersuchen, welche Wirkungen die Verursachungsfaktoren des geistigen Bereichs (dispositive Maßnahmen) auf das Kostenniveau über jene des untergeistigen Bereichs (Kosteneinflußgrößen) ausüben. Will man die Wirkungen der dispositiven Maßnahmen erkennen und sie an einer Norm messen, so geht der Auswertende zweckmäßig vom gegebenen Betrieb mit seinen Potentialfaktoren aus, dessen günstigste Kostensituation durch eine optimale Konstellation der Kosteneinflußgrößen charakterisiert ist. Die Einflußgrößen vermögen von sich aus eine Abweichung von dieser Norm, die bei Vorliegen der Voraussetzungen erreichbar ist, nicht herbeizuführen. Abweichungen ergeben sich, wenn durch menschliche Eingriffe die Einwirkungsfaktoren in ihrer betrieblichen Existenz und/oder Wirkweise beeinflußt werden. Der Auswertende versucht in diesem Teil der Kostenuntersuchung die Frage zu beantworten, warum eine oder mehrere Kosteneinflußgrößen nicht mehr oder nicht mehr in der optimalen Wirkweise das Kostenniveau beeinflussen. Uns interessiert, welche dieser Abweichungen auf durchgeführte oder unterlassene dispositive Maßnahmen der im Betrieb tätigen Menschen zurückgehen.

Ob eine Abweichung, die das Kostenniveau ungünstig beeinflußt, auf ein schuldhaftes Versagen des disponierenden Verantwortungsträgers zurückzuführen ist, kann an Hand der Kostendifferenzen aus verschiedenen Gründen nicht zuverlässig beurteilt werden.

1. Die Kostenabweichung ist nur eine Größe, die auf eine verschlechterte Situation des Betriebes hindeutet. Sie kann überkompensiert werden durch den ihr gegenüberstehenden Erlöszuwachs oder von günstiger werdenden Kostensituationen anderer Betriebsteile.
2. Eine ungünstigere Kostengestaltung gegenüber der optimalen Situation kann zurückzuführen sein auf Einflüsse, die außerhalb des Betriebes liegen (z. B. die Situation auf dem Absatz- und/oder dem Beschaffungsmarkt).
3. Zugunsten einer langfristigen Gewinnmaximierung wird kurzfristig ein ungünstiges Kostenniveau in Kauf genommen.
4. Die Ursachen der Kostenabweichungen können in anderen Abteilungen liegen als in jener, in der sie offenbar werden.

Die Gründe lassen sich um ein Vielfaches vermehren. Ihnen muß nachgegangen werden, ehe man von schuldhaftem Versagen sprechen kann. Wichtiger als die Beantwortung dieser Frage, die ohnehin recht schwierig ist, ist die Aufdeckung der Kostenbeeinflussungsmöglichkeiten. Die für die Kosten ihres Bereichs verantwortlichen Personen sind die Fachleute, die ihre Kosteneinflußgrößen kennen und sie für die Kostenuntersuchung bekanntgeben. Sie wissen, wie man sie dispositiv beeinflussen kann, welche Konstellationen möglich sind usw. Durch die Kostenuntersuchung wollen sie erfahren, welche Wirkungen ihre Dispositionen auf die Kostengestaltung ausüben, ob sie sich dem Optimum nähern, wann und wodurch sie sich von ihm entfernen, um für die Zukunft sich richtig verhalten zu können. Die Auswertung ist ihnen wichtig als Instrument der Kostensteuerung. Als Instrument der Kostensteuerung sollte sie den Vorrang besitzen gegenüber ihrer Aufgabe, Verantwortungsrechnung zu sein.

Die aus der Kostenanalyse und -synthese erkennbare Höhe der Abweichungen bezieht sich auf konkrete Situationen der Vergangenheit. Soll die Auswertung ein Instrument der Unternehmensführung sein, so ist sie das nur, wenn sie zukunftsgerichtet ist. Das Wesen der Kostensteuerung besteht darin, durch bewußtes Eingreifen der Verantwortungsträger den Kostenfluß so zu lenken, daß sich eine möglichst günstige Kostengestaltung ergibt, das heißt die Kosten je Leistungseinheit am niedrigsten sind. Die Kostensteuerung ist nicht mehr Aufgabe der Auswertung. Die Kostenuntersuchung ermöglicht es jedoch, die richtige Lenkung der Verzehre erkennbar zu machen, indem sie Hinweise gibt, wie sich die geplante Maßnahme auf das Kostenniveau auswirkt. Zwar zählt die Ausnutzung der Ergebnisse für bestimmte Zwecke ebenfalls nicht zur Auswertung. Um jedoch eine möglichst vielseitige Verwendung der Ergebnisse zu gewährleisten, müssen sie so beschaffen sein, daß sie den Anforderungen der Disponenten genügen. In der Auswertung haben wir es mit den eingetretenen Kostenbeeinflussungen zu tun. Unsere Aufgabe besteht darin, die Wirkungen der getroffenen und durchgeführten Maßnahmen den bisherigen Untersuchungen zu entnehmen und sie den Dispositionen zuzuordnen. Auf diese Weise können die Folgen eines dispositiven Eingriffs erkannt und für sie von den Verantwortungsträgern Rechenschaft gefordert werden. Es ist zu beachten, daß die Wirkungen sich auf wenige oder auf alle Bereiche des Betriebs erstrecken können. Das hängt nicht allein von der Instanzenhöhe ab, auf der sich die Entscheidung abspielt. Infolge der betrieblichen Interdependenz aller Orte der Kostenentstehung können sich die Maßnahmen eines Verantwortlichen auf solche Bereiche erstrecken, die nicht seiner Zuständigkeit unterliegen. Das geschieht nicht, weil er sich unbefugt eine solche Zuständigkeit anmaßt, sondern weil er in seinem Bereich Tatsachen schafft, die von den Leitern anderer Bereiche nicht ignoriert werden können. Allerdings sind die kostenmäßigen Wirkungen einer solchen Maßnahme nicht leicht in allen Bereichen aufzuspüren.

Tabelle 2:

K_i	Kostenart	K_o	Gesamtabweichung	Maßnahme		
				A	B	C
K_{1i}	1	K_{1o}	dk_1	A'_1	B'_1	C'_1
K_{2i}	2	K_{2o}	dk_2	A'_2	B'_2	C'_2
$K_{3}i$	3	K_{3o}	dk_3	A'_3	B'_3	C'_3
.	.	.	.	.	.	.
.	.	.	.	.	.	.
.	.	.	.	.	.	.
K_{ni}	n	K_{no}	dk_n	A'_n	B'_n	C'_n
$\sum_{j=1}^{n} K_{ji}$		$\sum_{j=1}^{n} K_{jo}$	$\sum_{j=1}^{n} dk_j$	$\sum_{j=1}^{n} A'_j$	$\sum_{j=1}^{n} B'_j$	$\sum_{j=1}^{n} C'_j$

Die Auswertung muß versuchen, diesen Wirkungen nachzugehen. Dabei kann nicht immer davon ausgegangen werden, daß die größte Kostenveränderung in der Abteilung auftritt, in der die Maßnahme durchgeführt wird, und daß die Wirkungen geringer werden, je weiter andere Bereiche von ihr entfernt sind. Es ist durchaus möglich, daß sich die Folgen erst auf späteren Stufen der Produktion zeigen.

Betrachtet man einen Kostenplatz im Hinblick auf seine Kostengestaltung, so lassen sich die in der Kostenanalyse und -synthese ermittelten Abweichungen nach den dispositiven Maßnahmen ordnen, die ihr Auftreten verursacht haben. Es ist zu erkennen, welche Kostenarten, welche Kostenkategorien durch eine Maßnahme am stärksten betroffen werden. Liegen mehrere dispositive Eingriffe vor, so ist ersichtlich, welche Maßnahmen die Schwerpunkte der Kostenabweichung bilden. Die Tabelle 2 zeigt ein solches Strukturbild für einen Kostenplatz. Die Abweichungen (A'_j, B'_j, C'_j) je Kostenart sind den einzelnen dispositiven Maßnahmen zugeordnet. Die Addition ergibt, in welcher Weise eine Maßnahme das Kostenniveau eines Kostenplatzes verändert hat. Voraussetzung ist, daß die Abweichungen den einzelnen Maßnahmen zugeordnet werden können. Stellt man die Summenzeilen aller Kostenplätze zusammen, dann erkennt man die Wirkungen eines dispositiven Eingriffs auf die Kostengestaltung in allen Bereichen.

Eine Verfeinerung des obigen Schemas läßt sich erzielen, wenn eine durch einen dispositiven Eingriff bedingte Kostenartenabweichung

(z. B. A'_j) auf die Glieder der Kostenfunktion aufgeteilt wird, wie wir es bei der Kostenanalyse und -synthese dargestellt haben. Diese Aufgliederung ist erforderlich, wenn erkennbar werden soll, welche Wirkungen dispositive Maßnahmen auf die Kostenkategorien ausüben. Die Durchführung betriebspolitischer Entscheidungen kann die Höhe der fixen und/oder variablen Kosten einer Kostenart, eines Kostenplatzes oder des gesamten Betriebes beeinflussen. Auf die Tatsache, daß fixe Kosten dispositiv beeinflußbar sind, hat Schmalenbach immer wieder hingewiesen[69]. Die Auswertung muß sichtbar machen, ob durch menschliche Eingriffe die fixen und variablen Kosten in eine Richtung variiert werden oder ob gegenläufige Bewegungen vorliegen, die auf Umwandlung fixer Kosten in variable und umgekehrt schließen lassen. Gehen wir von der Kostenfunktion $K = a + bx + cy + ez$ aus und unterstellen wir, daß x die Beschäftigungsmenge, y und z beliebige, von der Beschäftigung unabhängige Kosteneinflußgrößenquantitäten darstellen, so ergibt sich aus

$$K = a + cy + ez + bx \qquad a + cy + ez = f$$

$$K = f + bx,$$

wobei f die fixen, b die variablen Kosten je Beschäftigungseinheit repräsentieren. Die Entwicklung dieser Gleichung zeigt, daß die fixen Kosten keineswegs starr sind. Sie bewegen sich in unserem Falle mit den variierenden Einflußgrößenquantitäten y und z. Ihr Wesen besteht darin, daß sie nicht von der Beschäftigungsmenge x abhängen und durch ihre Veränderungen nicht beeinflußt werden. Die Bedeutung der Kostenkategorien für die unternehmerischen Entscheidungen veranlaßt uns, sie in ein erweitertes Schema der Tabelle 2 einzubeziehen. Dabei lehnen wir uns an die bei der Kostensynthese gegebene Darstellung an. Wir bezeichnen die getroffenen Maßnahmen mit römischen Ziffern, die Abweichungen je Funktionsglied mit g und die additiven Konstanten mit a'. Der Index deutet jeweils die Kostenart an, auf die sich die Abweichungen beziehen. Es sei noch einmal angemerkt, daß sich hinter den K'_i die Werte der Istkostenfunktionen verbergen, die von den tatsächlichen Istkosten einer Abrechnungsperiode abweichen können. Wir erhalten mit Hilfe dieser und der bereits bekannten Symbole das Schema der Tabelle 3 für einen Kostenplatz.

---

[69] Schmalenbach, E.: Über Verrechnungspreise, ZfhF. 3. Jg. (1908/09), S. 179. Schmalenbach, E.: Die wirtschaftliche Lage, in: Der praktische Betriebswirt 13. Jg. (1933), S. 101. Schmalenbach, E.: Der freien Wirtschaft zum Gedächtnis, Köln 1949, S. 109. Vergleiche im einzelnen zu der Frage nach der Beeinflussung fixer Kosten: Kürpick, H.: Die Lehre von den fixen Kosten, Köln und Opladen 1965, S. 176 ff.

Tabelle 3:

K'_i	Kosten-arten	K_o	$K'_i - K_o$	Maßnahmen											
				I				II				III			
				a	cy	ez	bx	a	cy	ez	bx	a	cy	ez	bx
K'_{1i}	1	K_{1o}	dk_1	$a_1'^{I}$	g_{1y}^{I}	g_{1z}^{I}	g_{1x}^{I}	$a_1'^{II}$	g_{1y}^{II}	g_{1z}^{II}	g_{1x}^{II}	$a_1'^{III}$	g_{1y}^{III}	g_{1z}^{III}	g_{1x}^{III}
K'_{2i}	2	K_{2o}	dk_2	$a_2'^{I}$	g_{2y}^{I}	g_{2z}^{I}	g_{2x}^{I}	$a_2'^{II}$	g_{2y}^{II}	g_{2z}^{II}	g_{2x}^{II}	$a_2'^{III}$	g_{2y}^{III}	g_{2z}^{III}	g_{2x}^{III}
K'_{3i}	3	K_{3o}	dk_3	$a_3'^{I}$	g_{3y}^{I}	g_{3z}^{I}	g_{3x}^{I}	$a_3'^{II}$	g_{3y}^{II}	g_{3z}^{II}	g_{3x}^{II}	$a_3'^{III}$	g_{3y}^{III}	g_{3z}^{III}	g_{3x}^{III}
.	.	.	.	.	.	.	.	.	.	.	.	.	.	.	.
.	.	.	.	.	.	.	.	.	.	.	.	.	.	.	.
.	.	.	.	.	.	.	.	.	.	.	.	.	.	.	.
K'_{ni}	n	K_{no}	dk_n	$a_n'^{I}$	g_{ny}^{I}	g_{nz}^{I}	g_{nx}^{I}	$a_n'^{II}$	g_{ny}^{II}	g_{nz}^{II}	g_{nx}^{II}	$a_n'^{III}$	g_{ny}^{III}	g_{nz}^{III}	g_{nx}^{III}
$\sum_{j=1}^{n} K'_{ji}$		$\sum_{j=1}^{n} K_{jo}$	$\sum_{j=1}^{n} dk_j$	$\sum_{j=1}^{n} a_j'^{I}$	$\sum_{j=1}^{n} g_{jy}^{I}$	$\sum_{j=1}^{n} g_{jz}^{I}$	$\sum_{j=1}^{n} g_{jx}^{I}$	$\sum_{j=1}^{n} a_j'^{II}$	$\sum_{j=1}^{n} g_{jy}^{II}$	$\sum_{j=1}^{n} g_{jz}^{II}$	$\sum_{j=1}^{n} g_{jx}^{II}$	$\sum_{j=1}^{n} a_j'^{III}$	$\sum_{j=1}^{n} g_{jy}^{III}$	$\sum_{j=1}^{n} g_{jz}^{III}$	$\sum_{j=1}^{n} g_{jx}^{III}$

Gelingt es, ein solches Schema aus den Ergebnissen der Kostenanalyse und -synthese zu entwickeln, dann können die Wirkungen der dispositiven Eingriffe auf die Kostengestaltung erkannt werden. Das Schema deckt nicht nur auf, wie groß der Anteil einer Maßnahme an den Kostenabweichungen ist. Es gibt außerdem Aufschluß über ihren Einfluß auf die Kostenart, die Kostenkategorien einer Kostenart und die Kostenartensumme. Ferner ist die durch sie bedingte Veränderung aller ausgewiesenen Funktionsglieder zu ersehen. Auf diese Weise läßt sich feststellen, wo die Einwirkungsschwerpunkte einer Maßnahme liegen und in welchem Maße sie Kompensationswirkungen der Abweichungen herbeiführt.

Auch das erweiterte Schema ermöglicht eine Zusammenfassung der Bilder mehrerer betrieblicher Teileinheiten, wenn die Voraussetzungen erfüllt werden, die bei der Kostensynthese gegeben sein müssen. Ob es gelingt, die Wirkungen einer durchgeführten Entscheidung auf die Kosten bis in ihren letzten Feinheiten nachzugehen, hängt von dem Feinheitsgrad der Kostenanalyse und -synthese ab. Die praktische Auswertung wird sich in der Regel mit geringeren Feinheitsgraden begnügen müssen. Die Wirtschaftlichkeit der Auswertung entscheidet, wie tief man in diese Zusammenhänge einzudringen hat.

Da die durch betriebspolitische Maßnahmen bedingten Kostenabweichungen schon bei der Kostenanalyse und -synthese auftreten, müssen sie dort bestimmten Kosteneinflußgrößen zugeordnet sein. Mit Ausnahme der Verbrauchsabweichung, die zwar benannt, aber keinem Kostenbestimmungsgrund zugeordnet ist, finden wir die Kostenunterschiede bestimmten Einflußgrößenvariationen zugerechnet. Das schließt nicht aus, daß einige Abweichungen vom Auswertenden nicht auf ihre Ursachen zurückgeführt werden können. In solchen Fällen ist eine Aufklärung nur in Zusammenarbeit mit den zuständigen Kostenstellenleitern möglich[70]. Die Durchführung der angeordneten Maßnahmen wirkt sich in den Kostendifferenzen aufgrund der variierenden Güterwahl, Produktions- und Fertigungsprogramme, Produktionsverfahren, Anzahl der Potentialfaktoren, Beschäftigung mit ihren Komponenten Intensität und Zeit sowie den übrigen Höhen der Kosteneinflußgrößenquantitäten aus. Die dispositiven Eingriffe beeinflussen die Verzehre nicht unmittelbar. Sie setzen vielmehr den Rahmen, innerhalb dessen die Einflußfaktoren wirken können. Das schließt nicht aus, daß der Rahmen im Laufe der Abrechnungsperiode verändert wird. Im betrieblichen Geschehen erfolgen ständig Eingriffe der Menschen, die die betriebliche Existenz und die Wirkweisen der Kosten beeinflussenden Faktoren beeinträchtigen oder fördern. Die Auswertung der Kosten-

---

[70] Gälweiler, A.: Die Auswertung der Ergebnisse beim Abrechnen mit Plankosten, ZfB. 24. Jg. (1954), S. 677.

rechnung muß sich auf die wesentlichen Dispositionen beschränken und ihren Einfluß auf das Kostenniveau herausstellen. Das setzt voraus, daß dem Auswertenden nicht nur die Kosteneinflußgrößen und ihre Wirkweisen, sondern auch die wesentlichen dispositiven Einwirkungen bekannt sind. Eine durchgeführte Maßnahme kann sich dabei auf mehrere Einwirkungsfaktoren beziehen und über deren Veränderungen Abweichungen hervorrufen. Bei der Zuordnung der Kostendifferenzen zu bestimmten betriebspolitischen Maßnahmen muß auf solche mehrfachgerichteten Wirkungen geachtet werden.

Sind die Kostenabweichungen als Folgen bestimmter betriebspolitischer Entscheidungen erkannt, so ergibt sich die Frage nach der Verantwortlichkeit für diese Differenzen. Grundsätzlich hat jeder Disponent, dem die Freiheit zum Handeln in dieser oder jener Richtung übertragen ist, für sein Tun oder Unterlassen in seinem Bereich einzustehen, wenn er hat handeln können und sollen. Aus diesem Grunde müssen die Verantwortungsträger ihre Dispositionen rechtfertigen, die sich in den Ergebnissen der Auswertung niederschlagen. Diese Rechtfertigung zu fordern ist aber nicht Aufgabe des Auswertenden, sondern derer, die sich der Untersuchungsergebnisse bedienen und die Rechtfertigung aufgrund ihrer Stellung im Betrieb fordern können. Sie entscheiden darüber, ob ein Versagen des Disponenten vorliegt oder nicht. Die Auswertung stellt ihre Unterlagen in der Form bereit, daß die Folgen der Disposition auf die Kostengestaltung erkennbar sind. Sie vermag nur die Abweichungen von der Norm festzustellen und zu sagen, ob das Ergebnis wesentlich oder unwesentlich von ihr abweicht. Nur in bezug auf die Kostengestaltung vermag sie zu sagen, ob die Situation kostenmäßig günstig oder ungünstig ist, ohne über das Verschulden selbst eine Aussage zu treffen. Ob der Kostenmaßstab die einzige Norm ist für das Verhalten des Disponenten, hängt von den Kriterien ab, nach denen er seine Dispositionen trifft. Liegen diese ganz oder zum Teil außerhalb des Kostenbereichs (z. B. Auftragslage und -struktur, Kundenwünsche, Lage des Beschaffungsmarktes, Erlöse, Finanzen usw.), so sind die Kosten nur ein mehr oder weniger bedeutsames Kriterium für sein Verhalten. Es ist aber stets zu prüfen, ob in der gegebenen Situation der Disponent nicht anders hätte disponieren können und sollen. Die Eliminierung bestimmter Einflüsse darf nicht dazu führen, daß sie von der Unternehmensleitung als unbeachtlich abgetan werden. Sie geben wertvolle Hinweise für die unternehmerischen Entscheidungen. Man kann prüfen, mit welchen Maßnahmen ihnen zu begegnen ist, ob es sinnvoll ist, sie zu ergreifen, welche sonstigen Folgen eintreten usw. Schaltet man für die zuständigen Verantwortungsträger jene Abweichungen aus, die sie nicht zu verantworten haben, so engt man die Kostendifferenzen auf solche ein, über die sie zur Rechenschaft gezogen werden können. Zu diesen Abweichungen zählt man in der

Literatur vor allem die Verbrauchsabweichungen und sieht sie als vermeidbar an. Häufig verbergen sich in den Verbrauchsabweichungen die Wirkungen von Kosteneinflußfaktoren, die durchaus nicht in der wünschenswerten Weise der Beeinflussung zugänglich sind. Es sind Einflußgrößen, die man bei der Maßstabkorrektur nicht erfaßt hat, weil man sie nicht erkannte oder in den Griff bekam. Sie können auch durch falsche Maßstabkostenansätze begründet sein. Der Auswertende hat gemeinsam mit den zuständigen Fachleuten des Betriebes nachzuforschen, wodurch diese Abweichungen entstanden sein können.

In unseren Ausführungen sind wir auf die in der ersten Stufe der Kostenanalyse eliminierten Preisabweichungen bisher nicht weiter eingegangen. Diese Kostendifferenzen stellen Kostenbestandteile dar, die durch die Variation bestimmter Einflußgrößen entstanden sind. Der größte Teil dieser Bestimmungsgründe wirkt von außen auf den Betrieb ein und kann nur selten dispositiv beeinflußt werden. Diese Möglichkeit ist um so eher gegeben, je stärker die Stellung des Unternehmens auf dem Beschaffungsmarkt, je günstiger die Marktsituation für das nachfragende Unternehmen ist usw. Daneben existiert eine Anzahl von Einwirkungsfaktoren auf die Preiskomponente, die durchaus durch die zuständigen Verantwortungsträger zu beeinflussen ist. In diesen Fällen läßt sich erkennen, in welchem Maße betriebspolitische Entscheidungen auf die Preiskomponenten einwirken. Wenn es auch schwierig ist, die Wirkungen dispositiver Maßnahmen auf die Höhe der Preiskomponente festzustellen, so lassen sich doch Einflüsse dieser Art erkennen. Zum Unterschied von den Mengenkomponenten sind die Einflußgrößen nur in Ausnahmefällen zu quantifizieren. Da die Istkosten aus Preis- und Mengenkomponenten bestehen, muß sich die Auswertung auch mit den Preisabweichungen beschäftigen.

IV. Die Anforderungen an die Auswertung einer Kostenrechnung

Die Auswertung erreicht ihren Zweck, wenn sie die betrieblichen Geschehnisse in ihren Wirkungen auf die Kostengestaltung richtig wiedergibt. Die Ergebnisse der Untersuchung müssen zuverlässig sein, wenn sie der Kontrolle der Betriebsgebarung dienen. „Mehr noch der Kontrollierte als der, welcher die Kontrolle veranlaßt, muß die Gewißheit haben können, daß ... (der Auswertung, der Verf.) im positiven wie im negativen Sinne nicht entgangen ist, was festzustellen ihre Aufgabe war, und daß es ihr gelungen ist, die Ursachen festgestellter

Abweichungen richtig zu deuten[71]." Die Richtigkeit der Auswertung hängt ab von der Richtigkeit der auszuwertenden Kostenrechnung, von der Wahl der benutzten Maßstäbe, von der Wahl der berücksichtigten Kosteneinflußgrößen, ihrer Vollständigkeit, Quantifizierbarkeit usw., von der Zuverlässigkeit der Auswertungsverfahren, den richtigen methodischen Ansätzen, der Berücksichtigung der Einflußgrößeninterdependenzen usw. Das Auswertungsziel wird verfehlt, wenn nicht die richtige Kostenrechnung gewählt wird. Grundsätzlich können zwei Arten von Fehlern in Betracht kommen, die das Auswertungsergebnis in mehr oder minder starkem Maße verfälschen oder gar unbrauchbar werden lassen. Zur ersten Gruppe zählen die Unrichtigkeiten, die bereits in den Auswertungsunterlagen enthalten sind. Sie sind am schwierigsten zu beseitigen, da das Zahlenmaterial in der Regel von anderen Stellen des Betriebes zusammengestellt wird. Der Auswertende muß „mit dem Inhalt der von ihm zu untersuchenden Rechnung vertraut sein und die Stärken und Schwächen ihrer Erfassungs- und Verteilungsverfahren kennen ..., wenn er Veränderungen im Aufbau ihrer Faktoren richtig deuten und die tatsächlichen Ursachen aufdecken (will) ..., die etwaige Abweichungen von ihrem Maßstabe herbeigeführt haben[72]." Die auswertende Stelle muß ihr Material überprüfen, ehe sie mit der Untersuchung beginnt, und Berichtigungen vornehmen, soweit sie sich als erforderlich erweisen. Der zweiten Gruppe gehören Fehler an, die im Bereich der Auswertung liegen und sich von den Rechenfehlern bis zur falschen Interpretation der Auswertungsergebnisse erstrecken. Während die reinen Rechenfehler durch zweckmäßige Kontrollen erkennbar werden, lassen sich die letzteren nur durch eine fachliche Überprüfung der Aussagen aufdecken.

Der Auswertende hat darauf zu achten, daß die Kostenuntersuchung nicht im Schematismus erstarrt. Büchner fordert von ihr, daß sie beweglich ist. Beweglichkeit bedeutet nach ihm, die Auswertung jeweils auf die Teile der Kostenrechnung zu erstrecken, in denen Unwirtschaftlichkeiten enthalten sind[73]. Die Orte der Unwirtschaftlichkeiten im Betrieb wechseln. Die Auswertung muß sich ohne Schwierigkeiten diesen Veränderungen anpassen können. Aus der Kostenrechnung wird man häufig ersehen, welche Verzehre der Untersuchung bedürfen. Es darf aber nicht verkannt werden, daß Kostenkompensationen bei den homogenen Kostenarten unter Umständen nicht aus der Gesamtsumme einer Kostenart ersichtlich sind. Die Beweglichkeit der Auswertung erstreckt sich nicht nur auf den Wechsel der Einsatzbereiche. Verände-

---

[71] Beste, Th.: Fertigungswirtschaft und Beschaffungswesen, in: Handbuch der Wirtschaftswissenschaften, Bd. I, Opladen 1958, S. 268.

[72] Beste, Th.: Die kurzfristige Erfolgsrechnung, Köln 1962, S. 485.

[73] Büchner, S.: Die Auswertung der Kostenrechnung in der Eisen schaffenden Industrie, Diss. Köln 1958, S. 12.

rungen des betrieblichen Geschehens bedingen nicht selten die Anwendung mehrerer Auswertungsverfahren. Dispositive Eingriffe der verantwortlichen Personen sind vielfach der Anlaß für jene Verfahrensvariationen. Grundsätzlich sollte das einfachere Verfahren dem komplizierteren vorgezogen werden, wenn es mit hinreichender Genauigkeit die gewünschten Ergebnisse erbringt.

Die soeben beantwortete Frage wirft das Problem der Wirtschaftlichkeit der Auswertung auf. Wenn die Auswertung das Ziel verfolgt, die Wirtschaftlichkeit der betrieblichen Leistungserstellung zu kontrollieren, dann darf ihr Vorgehen selbst nicht unwirtschaftlich sein. An sie werden ebenfalls die Maßstäbe der Wirtschaftlichkeit angelegt. Nun kann die Auswertung mit groben Verfahren und entsprechend wenig aussagefähigen Ergebnissen durchgeführt werden, oder sie bedient sich solcher Verfahren, die den Verursachungsfaktoren bis zu den kleinsten Orten der Kostenentstehung nachgehen. Wann die Grenze der Wirtschaftlichkeit überschritten wird, kann nicht generell gesagt werden. Sie wird bestimmt durch das Untersuchungsziel und liegt dort, wo die durch das angewandte Verfahren gewonnene zusätzliche Erkenntnis gegenüber der eines einfacheren Verfahrens den Aufwand an Kosten und Zeit nicht mehr rechtfertigt. Der Auswertende muß die Verfahren mit ihren Vorzügen und Schwächen kennen, um bei den ihm vorgegebenen Zielen stets das wirtschaftlichste einsetzen zu können.

Auf den Einsatz der Verfahren wirkt die gewünschte Schnelligkeit ein, mit der die Auswertung erfolgen soll. Umgekehrt ist die Schnelligkeit abhängig von

a) der Beherrschung der Auswertungsverfahren durch den Auswertenden.
b) der Sicherheit der Verfahrensanwendung auf den gegebenen Fall.
c) der Fertigstellung der Kostenrechnungen.
d) dem Beginn der vorbereitenden Arbeiten und ihrer Beendigung.
c) dem Einsatz maschineller Hilfsmittel.

Es sind nur einige wesentliche Faktoren aufgezählt, die auf die Schnelligkeit der Auswertung einwirken[74]. Die Auswertung kann ihre Ergebnisse schneller erbringen, wenn parallel mit der Erstellung der Kostenrechnungen und insbesondere der Mengengerüste die auswertenden Arbeiten durchgeführt werden können. Hohe Anforderungen an die Organisation und die Zusammenarbeit der zuständigen Stellen sind dabei unerläßliche Voraussetzungen.

---

[74] Büchner, S.: a.a.O., S. 12 ff. Beste, Th.: a.a.O., S. 482 ff.

Eine schnell und mit großer Sicherheit durchgeführte Auswertung der Kostenrechnung darf nicht zu der Anschauung verleiten, daß sie zwar ein variables, aber doch sehr formales Verfahren darstellt, um die Wirtschaftlichkeit des Betriebsgeschehens zu erkennen. Wenn der Auswertende sich nur auf seine Auswertungsverfahren und seine Kenntnis des Betriebes verläßt, wird er sehr schnell zu unbefriedigenden, wenn nicht gar falschen Ergebnissen gelangen. Die Ursache für das Versagen liegt in der mangelhaften „Betriebsnähe“[74] der Kostenuntersuchung. Der Auswertende kann nicht alle betrieblichen Geschehnisse des Abrechnungszeitraumes kennen, die auf die Kostengestaltung eingewirkt haben. Über die Konstellationen der Einwirkungsfaktoren, die Wirkungen der Einflußgrößenqualitäten und -quantitäten auf die Interdependenz jener Größen kann ihm nur der zuständige Fachmann Aufschluß geben. Der Auswertende tut gut daran, mit den Fachleuten des Betriebes in ständigem Kontakt zu stehen, um stets unterrichtet zu sein über das, was im Betrieb geschieht. Die Bedeutung dieser Verbindung mit dem Betrieb kann für die Auswertung der Kostenrechnung nicht überschätzt werden. Die genaue Kenntnis der Betriebsabläufe, der Kostenabhängigkeiten und Einflußgrößeninterdependenzen sind notwendige Voraussetzungen für ein aussagefähiges Auswertungsergebnis.

Die Wirkungen des tatsächlichen Betriebsgeschehens auf die Kostengestaltung kann um so besser erkannt werden, je häufiger die Kostenrechnungen erstellt und ihre Auswertungen vorgenommen werden, je kürzer die Abrechnungszeiträume sind. Es soll hier nicht verkannt werden, daß die Erfüllung dieser Forderung große Schwierigkeiten für die Kostenabgrenzung und -erfassung mit sich bringt. Die Kostenrechnungen der Zukunft werden, zumindest für bestimmte Kostenarten, kürzere Abrechnungszeiträume als einen Monat umfassen. Je mehr es der Technik gelingt, durch maschinelle Einrichtungen die relevanten Daten zu erfassen, desto kürzer werden die Abrechnungszeiträume für einige oder alle Kostenarten sein. Allerdings muß der gewählte Rechnungszeitraum sinnvoll sein. Diese Tendenz stellt an die Kostenuntersuchung hohe Anforderungen. Die kleineren Zeiträume können dazu dienen, eine bessere Zuordnung der Einflußgrößen zu den Verzehren herbeizuführen. Wie wir noch darlegen werden, kann eine monatliche Auswertung, die sich auf eine Kostenrechnung bezieht, die aus Rechnungen kleinerer Perioden (Wochen, Tage) besteht, wertvolle Verfeinerungen der Auswertungsergebnisse ermöglichen. Die Auswertungen können einmalig sein oder mehrmals vorkommen. Sonderuntersuchungen dürfen sich nicht störend auf die laufenden Untersuchungen auswirken. Die mehrmals vorkommenden Kostenuntersuchungen können regelmäßig oder unregelmäßig geschehen. Regelmäßige Auswertungen in kürzeren, gleichlangen Zeitabständen erfolgen, um die Betriebsgebarung zu kontrollieren. Die Ermittlung der Strukturunterschiede und Strukturverschiebungen bei verschiedenen Betriebsobjekten erfolgen häufig in unregelmäßigen Zeitabständen[75]. Die Auswertung muß den ihr aus der Häufigkeit und Regelmäßigkeit der Untersuchungen entstehenden Anforderungen gewachsen sein, wenn sie ein geeignetes Instrument der Unternehmensführung sein soll.

Zur Vermeidung von Unvollständigkeiten und Doppelarbeiten schlägt Büchner vor, die Auswertung systematisch vorzunehmen[75]. Das besagt nicht, daß jede Kostenart und jede Kostenstelle in die Auswertung einbezogen werden. Der Auswertungsplan kann sich auf die Schwerpunkte der Kostenrechnungen beziehen, die Unwirtschaftlichkeiten enthalten. Je nach der gewünschten Tiefe der Auswertung, kann die Untersuchung mehr oder weniger Kostenarten und Kostenstellen bzw. Kostenplätze umfassen. Sie sind notwendig, wenn alle Kosteneinflußgrößen, ihre Wirkungen und Interdependenzen aufgedeckt werden sollen. Für eine zukünftige Kostensteuerung an Hand der Auswertungsergebnisse sind diese Erkenntnisse unerläßlich.

Wir haben damit im Anschluß an Beste und Büchner die wichtigsten Anforderungen aufgezeigt, die an die Auswertung einer Kostenrechnung gestellt werden. Sie treten nicht selten in Konkurrenz miteinander, und der Auswertende muß sich unter Umständen zugunsten der einen oder anderen entscheiden. Er muß ständig nach Verbesserungsmöglichkeiten Ausschau halten, um die Aussagekraft seiner Untersuchungsergebnisse zu steigern, um die gesetzten Ziele leichter als bisher zu erreichen. Die Auswertung der Kostenrechnung verlangt den Einsatz qualifizierter Kräfte, die eine hinreichende Sicherheit der Ergebnisse gewährleisten, auf die unternehmerische Entscheidungen beruhen.

---

75 Vergleiche hierzu: Büchner, S.: a.a.O., S. 15; Beste, Th.: a.a.O., S. 483.

Zweiter Teil

ALLGEMEINE DARSTELLUNG DER AUSWERTUNG EINER KOSTENRECHNUNG

Vorbemerkungen

Unsere Ausführungen über die Grundlagen der Auswertung einer Kostenrechnung bilden das Fundament dieses zweiten Teiles. Wir haben uns nun mit der Auswertung im einzelnen zu befassen, die wir in drei Kapiteln darstellen. Der Auswertung voran gehen gewisse Vorbereitungen, die sich auf die Sichtung und Wertung des Zahlenmaterials, die Störungen in den Kostenrechnungen und auf die Gliederung des auszuwertenden Zahlenstoffs beziehen. Die Kostenuntersuchung beginnt nach Abschluß dieser vorbereitenden Tätigkeiten entsprechend der bereits dargestellten Methodik. Die betrieblichen Gegebenheiten, der vorliegende Zahlenstoff, die gewünschte Aussagefähigkeit der Auswertungsergebnisse und die technische Durchführbarkeit bestimmen die jeweils anzuwendenden Verfahren. Wir werden uns ausführlich mit ihnen beschäftigen und ihre Leistungsfähigkeit prüfen. Ihre konkrete Ausgestaltung, ihr Zuschnitt auf die betriebliche Wirklichkeit muß der praktischen Auswertung der Kostenrechnung vorbehalten bleiben. Der Ermittlung der Auswertungsergebnisse folgt als letztes Kapitel der Bericht über die Untersuchung und die Darstellung der Ergebnisse in der dem Informationsbedürfnis der Empfänger entsprechenden Weise. Der Auswertungsbericht muß inhaltlich so abgefaßt sein, daß alle überflüssigen Angaben vermieden, alle notwendigen dagegen enthalten sind. Unsere diesbezüglichen Darlegungen sind ebenfalls allgemein gehalten. Sie legen nur die Grundzüge fest. Die praktische Auswertung der Kostenrechnung muß den Weg finden, der der konkreten betrieblichen Situation gemäß ist.

Erstes Kapitel

Die Vorbereitung der Auswertung

I. Die Sichtung und Wertung des Zahlenmaterials

A. Die Auswahl der zu untersuchenden Kosten

Der Auswertende muß zu Beginn der Kostenuntersuchung wissen, welche Verzehre einer auswertungsbedürftigen Kostenrechnung er untersuchen soll. Die Geschäftsleitung bestimmt generell oder fallweise die zu erforschenden Sachverhalte. Die Entscheidung kann die auszuwertenden Rechnungen genau bestimmen oder bestimmte Kriterien angeben, die eine Auswertungsbedürftigkeit des Zahlenstoffs anzeigen.

Die auszuwertende Kostenrechnung kann zur Verfügung stehen in Form einer Rechnung, bei der bereits eine Zusammenfassung der Ergebnisse nach Kostenarten und/oder Kostenstellen erfolgt ist. Die Auswertung einer solchen Rechnung braucht nicht nutzlos zu sein. Sie kann durchaus den ihr gestellten Anforderungen genügen. Je mehr aber in ihr Zusammenfassungen erfolgt sind, um so weniger ist es möglich, die Auswertungsergebnisse in verfeinerter Form darzubieten. Der Betriebsabrechnungsbogen als Auswertungsgegenstand kann je nach seiner Aufgliederung der Untersuchung mehr oder weniger enge Grenzen setzen. Will der Auswertende allen Ursachen der Kostengestaltung nachgehen, so genügt eine, die Verzehre zusammenfassende Kostenrechnung nicht. In diesem Falle ist eine Rechnung erforderlich, die die Zusammensetzung der Kostenarten sowie die Mengen- und Preiskomponenten erkennen läßt. Vielfach wird man die Angaben nicht der tabellarischen Darstellung des Betriebsabrechnungsbogens, sondern einzelnen Aufstellungen oder Belegen entnehmen. Das gewünschte Auswertungsergebnis entscheidet darüber, ob man eine konzentrierte Rechnung auswertet oder auf weitere Einzelheiten eingeht, um in die Zusammenhänge einzudringen. Der Kostenrechner muß seine Rechnung so gestalten und der Auswertung zur Verfügung stellen, daß die Kostenuntersuchung einsetzen kann, ohne unnötige Vorarbeiten leisten zu müssen.

Wir sind davon ausgegangen, daß alle Kosten eines Abrechnungszeitraumes in die Auswertung einbezogen werden. Da wir aber der Auswertung eine kombinierte Kostenarten-Kostenstellenrechnung zugrunde legen, ergibt sich die Frage, ob alle Verzehre sich auf diese Weise erfassen lassen und welche Probleme sich durch die Kostenstellenrechnung ergeben. Vor allem beschäftigt uns die Frage, wie die Fertigungsstoffkosten in eine Kostenarten-Kostenstellenrechnung einzubeziehen sind. Wir tun gut daran, uns auf die Unterscheidung zu besinnen, die wir im ersten Teil dieser Arbeit getroffen haben. Wir sind von den Potentialfaktoren ausgegangen. Die mit ihnen in Verbindung stehenden Verzehre unterscheiden sich von denen, die mit der Substanz des Erzeugnisses zusammenhängen. Führt man eine kombinierte Kostenarten-Kostenstellenrechnung durch, dann lassen sich die Kosten der Potentialfaktoren ohne Schwierigkeiten in das Klassifikationsschema einordnen. Will man mit den Stoffen der Erzeugniseinheiten ebenso verfahren, dann ergibt sich das Problem, daß die Materialkosten bei jeder Kostenstelle als Verzehr angesetzt werden. Ein Ansatz der Stoffkosten auf jeder Kostenstelle, die das Erzeugnis durchläuft, verfälscht das Kostenbild, weil nicht die Kostenstelle die Materialkosten verursacht hat. Außerdem verhindert dieses Vorgehen die Errechnung der Gesamtkosten durch die Addition der Stellenkosten. Wir gehen deshalb für die Zwecke der Auswertung einen anderen Weg. Die Stoffe stellen die Substanz des Erzeugnisses dar. Durch den Betriebsprozeß wird der Stoff infolge der Be- und Verarbeitung in seiner Form verändert. Abfälle und Ausfälle vermindern die Stoffmenge. Die Minderung der Stoffquantität erfolgt an den einzelnen Kostenplätzen und ist dort durch den Leistungsvollzug verursacht. Aus diesem Grunde weisen wir die Minderungen der Stoffmengen als Güterverzehr der Kostenplätze aus. Ein Beispiel mag unser Vorgehen verdeutlichen. Ein Betrieb mit den drei Kostenstellen A, B und C setzt 1000 Mengeneinheiten Material zum Preis von 2 DM je Einheit ein, so daß die Materialeinsatzkosten 2000 DM betragen. Das Ausbringen beträgt auf der ersten Stufe 100 %, auf der zweiten 80 % und der dritten 50 % der Einsatzmenge. Verzichten wir auf die Einbeziehung der Verarbeitungs- oder Umwandlungskosten, so ergeben sich die Kosten je Erzeugniseinheit in jeder Kostenstelle aus der Tabelle 4.

Wir teilen nun den Ausfall nicht auf die restlichen Einheiten auf, sondern bringen ihn in die Kostenstellenrechnung zum gleichen Wert ein. Die Produktionseinheitskosten in jeder Stufe sind aus der Tabelle 5 zu ersehen.

Auf die Mengeneinheit entfällt der gleiche Kostenbetrag, eine Differenzierung nach ausgebrachter und ausgefallener Menge wird durch-

Tabelle 4:

Kostenstellen	A	B	C
Materialkosten	2000 DM	2000 DM	2000 DM
ausgebrachte Menge	1000 ME	800 ME	500 ME
Kosten je Erzeugniseinheit	2 DM/ME	2,5 DM/ME	4 DM/ME

Tabelle 5:

Kostenstellen	A	B	C
Materialkosten	2000 DM	1600 DM	1000 DM
Einsatzwert des ausgefallenen Materials	0 DM	400 DM	600 DM
ausgebrachte Menge	1000 ME	800 ME	500 ME
Ausfallmenge	0 ME	200 ME	300 ME
Materialkosten je Ausbringungsmengeneinheit	2 DM/ME	2 DM/ME	2 DM/ME
Materialkosten je Ausfallmengeneinheit	2 DM/ME	2 DM/ME	2 DM/ME

geführt. Es geht hier nicht um die Bewertung der Ausfallmenge als solcher, sondern um die Frage, wie hoch die Kosten der Ausfallmenge beim Einsatz sind. Setzt man von diesen Kosten den Wert der Ausfallmenge ab, so erhält man den Nettogüterverzehr des Kostenplatzes an Fertigstoffen. Unser Beispiel wurde gebildet für den Fall, daß nur eine Stoffart auftritt. In ähnlicher Weise verfahren wir, wenn mehrere Stoffarten gleichzeitig oder nacheinander während des Produktionsprozesses eingesetzt werden. Es muß geprüft werden, ob an einem Kostenplatz Mengen der zugeführten Stoffteile, der ursprünglich eingesetzten Stoffe und/oder Verbindungen von beiden aus- bzw. abfallen. Diese Probleme komplizieren in vielen Betrieben die richtige Erfassung der Stoffminderungen. Die Auswertung muß diese Schwierigkeiten meistern, um ein tieferes Eindringen in die Ursachen jener Verzehre zu ermöglichen.

Nun können sich bei den Stoffen auch Qualitätsminderungen ergeben, die ebenfalls Kosten darstellen und von einem Kostenplatz verursacht sein können. Um diese Verzehre ebenfalls in die kombinierte Kostenarten-Kostenstellenrechnung einzubeziehen, bewerten wir die Stoffmenge mit einem niedrigeren Preis für die verminderte Qualität. Im Gegensatz zum obigen Beispiel variieren wir den Preis der Stoffe und lassen die eingesetzte Menge unverändert. Treten beide Variationen gleichzeitig auf, so ist die Veränderung nicht mehr einem Faktor allein zuzurechnen, und es muß eine Aufteilung der Abweichungen in ähnlicher Weise erfolgen, wie wir sie bei der Ermittlung der Preis- und Mengenabweichungen vornehmen werden.

Eine weitere Schwierigkeit ergibt sich bei der Analyse der Allgemeinen Kostenstellen. Sie nehmen die Stellengemeinkosten auf, die nicht den einzelnen Kostenstellen oder -plätzen unmittelbar angelastet werden können. Die Belastung der einzelnen Stellen wird entweder nicht oder über eine Schlüsselung vorgenommen. Ähnlich verhält es sich mit einer Anzahl von Hilfskostenstellen. Die Verzehre stehen mit bestimmten Potentialfaktoren in Verbindung (z. B. die Meistergehälter, die Lichtkosten einer Werkstatt, die Handwaschmittel für die Arbeiter einer Abteilung). Aus Gründen einer wirtschaftlichen Kostenrechnung unterbleibt eine genaue Zurechnung der Kosten. Wir untersuchen die Kosten (Primärkosten) grundsätzlich an dem Kostenplatz oder der Kostenstelle, dem die Potentialfaktoren zugeordnet sind. Führt z. B. ein Schlosser eine Reparatur an einem Aggregat der Fertigungskostenstelle durch, dann erfolgt die Kostenuntersuchung für diese Verzehre in der Abteilung Schlosserei und nicht in der die Leistung empfangenden Stelle. Die Frage lautet: Warum sind die Kosten für diese Leistungen so hoch? Wird die Fertigungskostenstelle mit den Reparturkosten belastet, so weist sie diese Verzehre als Sekundärkosten aus, die nicht mehr ursprüngliche Kostenarten, sondern Summierungen von Verzehren darstellen. Die Frage lautet nun nicht mehr nach der Kostenhöhe, sondern nach dem Grund für die Reparatur, da die nach der Kostenhöhe bereits beantwortet ist. Wir werden auf diese Art mit allen sekundären Kostenarten verfahren.

Die Kosten der Verwaltung, des Vertriebs, der Beschaffung usw. werden wie die Verzehre der Allgemeinen Kostenstellen oder Fertigungsstellen analysiert. Auch hier lassen sich Kostenplätze bilden und die Verzehre entsprechend zuordnen. Die Wirtschaftlichkeit eines solchen Vorgehens muß im einzelnen Fall beachtet werden.

B. Die Auswahl der zu berücksichtigenden Kosteneinflußgrößen

Die Wahl der Kosteneinflußgrößen ist von Bedeutung, wenn die Auswertung über die erste Stufe der Kostenanalyse und -synthese hinausgeht. Die Kostenbestimmungsgründe, die mit den Verzehren in Verbindung gebracht werden, müssen sachlich, räumlich und zeitlich den Kosten zurechenbar sein. Die sachliche Zuordnung bezieht sich auf die Kostenart. Es können mit einer Verzehrsart nur die Einwirkungsfaktoren in Verbindung gebracht werden, die sie verursacht haben. In räumlicher Hinsicht bedeutet die Abgrenzung, daß der Kostenart einer Kostenstelle oder eines Kostenplatzes die Bestimmungsgründe zurechenbar sind, die auch tatsächlich an diesen Orten einwirken. Die Kosten und die sie bewirkenden Einflußfaktoren können einander nur gegenübergestellt werden, wenn sie dem gleichen Zeitraum angehören. Der Auswertende muß bei der Auswahl der Einflußgrößen ihre Zurechenbarkeit zu den Kosten berücksichtigen.

Die den Kosten zugeordneten Einwirkungsfaktoren sind zu werten, wenn über ihre Einbeziehung in die Untersuchung entschieden wird. Die Auswahl ist in den jeweiligen Situationen unterschiedlich. In der Regel wird man jene Faktoren zuerst berücksichtigen, die am stärksten das Kostenniveau beeinflussen, und mit geringer werdender Wirkung einer Größe ihr weniger Aufmerksamkeit schenken. Es kann jedoch sein, daß man eine Einflußgröße auch dann beobachtet, wenn ihr Einfluß gering ist. Der Grund für ihre Beachtung liegt darin, daß ihre Wirkweise durch dispositive Maßnahmen gesteuert werden kann, daß sie bei Substitutionen einen größeren Einfluß gewinnt usw. Die Wertung der Kosteneinflußgrößen geschieht, weil man nicht alle Bestimmungsgründe in die Untersuchung einbeziehen kann, die wichtigsten jedoch in ihr Berücksichtigung finden sollen.

Eine Kosteneinflußgröße kann in die Untersuchung eingehen, wenn sie und/oder ihre Wirkweise quantifizierbar ist. Sind die Mengen und die Wirkungen der Kostenbestimmungsgründe meßbar, so sprechen wir von Einflußgrößenquantitäten. Einflußgrößenqualitäten liegen vor, wenn lediglich die Wirkungen der Kostenbeeinflussungsfaktoren quantifizierbar sind. Bestehen die Möglichkeiten der Messung nicht, dann können jene Größen lediglich als Hinweise oder Vermutungen gelten, die der Erläuterung dienen, nicht aber zur Auswertung beitragen. Das Ergebnis kann mit ihrer Hilfe nicht verfeinert werden, wenn es nicht gelingt, sie in Zahlen auszudrücken.

Für die Untersuchung ist erforderlich, daß die effektiv einwirkenden Kosteneinflußgrößen erfaßbar sind. Die Kosteneinflußgrößenqualitäten äußern sich in ihren Wirkweisen, die wiederum aus der Kostenrechnung ersichtlich sind. Erforderlich für die Auswertung ist die Erfassung der Variationen jener Einflußgrößenqualitäten, damit jeder Qualitätsart ihre Wirkweise zurechenbar ist. Die Kosteneinflußgrößenquantitäten werden zahlenmäßig erfaßt und sind ebenfalls Bestandteile der Kostenuntersuchung. Der Auswertende nimmt die Erfassung nicht selbst vor. Sie erfolgt in anderen Abteilungen (z. B. den Stoffwirtschaftsstellen, den Meisterbüros usw.), und die Auswertungsstelle entnimmt sie deren Aufzeichnungen. Die richtige Auswahl und Erfassung der Kosteneinflußgrößen sowie ihre Wirkungen sind eine notwendige, wenn auch nicht hinreichende Voraussetzung für die Richtigkeit und damit die Aussagekraft der Auswertungsergebnisse.

C. Die Auswahl der für die Auswertung bedeutsamen Kostenmaßstäbe

Ähnlich den Kosteneinflußfaktoren muß sich der Maßstab sachlich und räumlich den Istkosten zuordnen lassen, um die Vergleichbarkeit der Größen zu gewährleisten. Wir sind bei unseren Überlegungen davon ausgegangen, daß dem Auswertenden drei Arten von Maßstäben zur Verfügung stehen können. Beziehen sich die Vergleichsgrundlagen auf den gleichen betrieblichen Gegenstand, so können die Istkosten einer vergangenen Periode oder die Sollkosten als Maßstab vorliegen. Entstammt der Maßstab einem anderen Betrieb, dann handelt es sich um maßstäbliche Verzehre, die einem anderen Betriebsobjekt zugeordnet sind. In der Regel wird der Auswertende nicht zwischen allen drei Vergleichsgrundlagen wählen können, da ihm nur eine gegeben ist. Eine echte Wahl zwischen den Maßstäben des gleichen und eines fremden Betriebsobjekts ist auch aus dem Grunde nicht gegeben, weil beide Vergleichsgrundlagen zu unterschiedlichen Aussagen führen, die nicht aus einer fehlerhaften Beschaffenheit, sondern aus ihrer Verschiedenartigkeit herrühren. Die Istkosten der Kostenrechnung einer anderen Abrechnungsperiode sind mit dem Mangel behaftet, daß sich aus ihnen nicht die optimale Kostengestaltung ersehen läßt. Auch wenn die wirkliche Kostengestaltung mit ihr übereinstimmt, ist sie nicht erkennbar, weil nicht mit Bestimmtheit gesagt werden kann, daß nicht doch noch ein günstigeres Kostenniveau erzielbar ist. Die Istkosten sind vor allem ungeeignet, wenn ihre Einflußgrößen nicht vorliegen und sie nicht in den Vergleich einbezogen werden können. Die Mängel des Istkostenmaßstabs sind vermeidbar durch den Ansatz von Sollkosten. Diese Verzehre sind auf das gegebene Betriebsobjekt zugeschnitten. Ihre Aussagekraft ist abhängig von der Art der Sollkosten. Wir sind ausgegangen von den

Sollkosten, die gebildet werden auf Grund der Minimalkostenkombination. Nur sie ermöglichen einen aussagefähigen Soll-Ist-Vergleich. Der Auswertende sollte dieser Vergleichsgrundlage gegenüber den Istkosten eines vergangenen Abrechnungszeitraums stets den Vorzug geben. Die Vergleichsgrundlage, die der Kostenrechnung eines anderen Betriebes entnommen ist, gibt die Wirkungen der Kosteneinflußgrößen in dem fremden Betriebsbereich wieder. Gelingt es, die Wirkungen jedes Beeinflussungsfaktors zu isolieren, so lassen sich bestimmte Erkenntnisse gewinnen, die mit Hilfe der Sollkosten nicht erzielt werden können. Es treten dabei die Wirkungen von Einflußfaktoren zutage (z. B. Standorteinflüsse), die nur durch die Verwendung dieses Maßstabs erkennbar werden. Der Auswertende muß zu Beginn der Kostenuntersuchung wissen, welcher Art seine Auswertungsergebnisse sein sollen. Ist die Frage beantwortet, so vermag er ohne Schwierigkeiten die Vergleichsgrundlage zu wählen, die für das Ergebnis die geeignetste ist.

Die vorhandenen Maßstäbe können unterschiedlich beschaffen sein. Die Vergleichsgrundlagen sind kostenrechnerische Ergebnisse, die von verschiedenen Stellen errechnet werden. Die gewünschten Auswertungsergebnisse und ihre Aussagefähigkeit entscheiden über die an die Vergleichsgrundlage zu stellenden Anforderungen. Je größer der Feinheitsgrad der Kostenuntersuchung ist, um so deutlicher muß der Maßstab zu erkennen geben, welche Faktoren seine Höhe hervorgerufen haben. Eine Kostenuntersuchung mit hoher Aussagekraft verlangt eine elastische Vergleichsgrundlage, die an die veränderlichen betrieblichen Situationen angepaßt werden kann. Enthält die Istkostenrechnung zusammengefaßte Kostenarten und Kostenplätze, so wird die Aussagefähigkeit der Auswertung nicht erhöht, wenn der Maßstab eine feinere Gliederung darstellt. In der Literatur über die Plankostenrechnung[1] wird häufig empfohlen, die Plankosten nach Kostenplätzen aufzustellen, die Istkosten nach Kostenstellen abzurechnen. Allerdings ist zu beachten, daß man bei Abweichungen doch wieder auf die Kostenplätze zurückgreifen muß, um die Ursachen zu erkennen[2]. Je nach der Art der gewünschten Auswertungsergebnisse wird man den Maßstab wählen, der mit hinreichender Genauigkeit und Sicherheit im Kostenvergleich das verlangte Resultat ermöglicht. Daneben kann das anzusetzende Verfahren von ausschlaggebender Bedeutung sein für den notwendigen Feinheitsgrad des auszuwählenden Maßstabs.

---

[1] Diercks, H.; Petzold F.: Plankostenrechnung in der Eisenindustrie, Archiv für das Eisenhüttenwesen 1953, S. 184 ff.

[2] Müller, H.: Die Plankostenrechnung und ihre Abhängigkeit vom Fertigungsverfahren, Diss. Köln 1954, S. 150.

II. Die Störfaktoren in den Zahlen der Kostenrechnung

A. Der Begriff und die Arten der Störfaktoren

„Die Genauigkeit einer Rechnung besteht ganz allgemein darin, daß man ein richtiges Ergebnis erhält[3]". Das Ergebnis der Auswertung einer Kostenrechnung kann auf zweifache Art unrichtig sein. Die Ursache liegt in der falschen Anwendung oder Handhabung eines Auswertungsverfahrens und/oder in den Unrichtigkeiten des Ausgangsmaterials. Wir betrachten hier nur die Fehler, die in der Kostenrechnung enthalten sind.

Als Störfaktoren in diesem Sinne bezeichnen wir jene sich im Kostenniveau niederschlagenden Fehler, die die wahre Kostenhöhe verschleiern und deshalb vor der Auswertung eliminiert werden müssen. Die Störfaktoren sind nicht zu verwechseln mit den Kosteneinflußgrößen, die die Kosten verursachen. In der Literatur werden auch sie gelegentlich als Störfaktoren benannt[4]. Durch sie werden die Kosten nicht falsch, sondern in ihrer Höhe bestimmt. Die Störfaktoren sind dagegen Geldbeträge, die in eine Kostenrechnung eingegangen sind, in Wirklichkeit aber nicht in sie gehören.

Die störenden Faktoren in einer Kostenrechnung sind verschiedener Art. Eine Kostenrechnung kann unrichtig werden durch eine falsche begriffliche Abgrenzung der Kosten. Die Abgrenzung bezieht sich auf die Maßstabverzehre und die Verzehre der auszuwertenden Rechnung. Es muß sich bei diesen Verzehren um Kosten handeln, es dürfen keine Aufwendungen sein, die sich nicht unter den allgemeinen Kostenbegriff subsumieren lassen. Zur begrifflichen Abgrenzung zählt der richtige Begriffsumfang für die Kostenart und die Kostenteile bzw. den Kostenplatz. Weichen die Begriffsumfänge der Vergleichsgrößen voneinander ab, dann ist ein sinnvoller Vergleich nicht möglich. Die Vergleichbarkeit der Größen ist gestört. Die klare und richtige, bei beiden Vergleichsgrößen einheitliche Umgrenzung der Begriffe muß „notwendigerweise erfüllt sein, weil andererseits schon das äußere Vergleichsergebnis falsch ... und natürlich für die Kausalforschung erst recht ohne jede Bedeutung ist[5]". Insbesondere sind die als Kosten ausgewiesenen Verzehre

---

[3] Rodenstock, R.: Die Genauigkeit der Kostenrechnung industrieller Betriebe, München 1949, S. 13.

[4] Kreis, H.: Die Ausschaltung von Störungseinflüssen bei der Auswertung der buchmäßigen Selbstkosten, in: Archiv für das Eisenhüttenwesen 9. Jg. (1935/36), S. 417.

[5] Kähler, E.: Das Problem der Vergleichbarkeit in der Kostenkontrolle, Diss. Leipzig 1935, S. 18.

zu überprüfen, ob sich in ihnen bilanz- und steuerpolitische Erwägungen (Bildung stiller Reserven) auswirken und die Kostengestaltung verzerren.

Zu den störenden Einflüssen auf die Zahlen der Kostenrechnung sind die Erhebungsfehler zu rechnen, die nicht auf der falschen begrifflichen Abgrenzung beruhen. Die Erfassungsfehler äußern sich in unrichtigen Kontierungen, Zahlenübertragungen, Uraufschreibungen, Zählungen, Messungen, Wägungen usw. Die Verarbeitung der Zahlen kann zu Rechenfehlern führen, die Verteilung von Kostensummen der Kostenstellen auf andere Kostenstellen oder Kostenträger kann infolge unrichtiger Schlüsselgrößen zu falschen Ergebnissen beitragen (allerdings wird es häufig schwierig sein anzugeben, welche Schlüsselgröße in dem fraglichen Fall die richtige ist). Eine Kostenrechnung wird unrichtig, wenn nicht verbrauchte Bestände entnommener Güter (Meisterlager) vorliegen. Das gleiche gilt für kleine Verbrauchsgegenstände, bei denen man die Ausgabe als Kosten betrachtet, ohne daß ein Güterverbrauch bereits stattgefunden hat. Die stoßweise Nachverrechnung der Instandhaltungskosten führt ebenfalls zu Unrichtigkeiten in der Kostenrechnung[6]. „Derjenige, der sich mit der Auswertung der Kosten befaßt, muß mit dem Inhalt der Kostenrechnung, insbesondere mit den Stärken und Schwächen der Erfassungs- und Verteilungsmethoden vertraut sein, wenn seine Arbeit erfolgreich sein soll. Sonst droht die Gefahr, daß er Kostenveränderungen falsch deutet und bei der Ursachenforschung zu falschen Ergebnissen gelangt[7].“ Fehler dieser Art finden sich nicht nur in den Zahlen der auszuwertenden Rechnung. Sie können ebenfalls in den Vergleichsmaßstäben enthalten sein. Die Vergleichsgrundlagen sind oft mit Unrichtigkeiten behaftet, wenn sie aus den Ergebnissen der Kostenrechnungen früherer Abrechnungszeiträume oder anderer Betriebe bestehen. Die Sollkosten können ähnliche Störungen beinhalten, wenn auch zuzugeben ist, daß sie viel weniger anfällig sind für Unrichtigkeiten dieser Art.

Zum Ausgangsmaterial der Kostenanalyse und -synthese auf der dritten Auswertungsstufe sind die Kosteneinflußgrößen zu zählen. Auch ihre Begriffe müssen klar definiert und einheitlich angewendet werden. Die Erfassung der Kosteneinwirkungsfaktoren unterliegt ähnlichen Störungen wie die der Kosten. Die Erhebung der Einflußgrößenquantitäten je Kostenplatz und Kostenart kann in ihrer meßbaren Größe und/oder in ihrer sachlichen und räumlichen Zuordnung unrichtig sein. Tritt eine zeitliche Abgrenzung innerhalb eines Abrechnungszeitraumes (bei den Kostenelementen) hinzu, so können sich durch sie weitere Störungen

---

[6] Müller, A.: Die Normalkostenrechnung als Hilfsmittel der Kostenauswertung, in: Archiv für das Eisenhüttenwesen 12. Jg. (1938/39), S. 309.

[7] Büchner, S.: a.a.O., S. 26.

ergeben. Die Einflußgrößenqualitäten sind nicht meßbar. Gemessen werden nur die Wirkungen dieser Faktoren. Für die Auswertung der Kostenrechnung muß festgehalten werden, welche Variationen der Einflußgrößenqualitäten stattgefunden haben. Erfaßt man sie unrichtig, dann ergibt sich trotz der richtigen Kostenrechnung ein falsches Auswertungsergebnis. Der Auswertende muß mit den Methoden der Einflußgrößenerfassung vertraut sein, wenn er nicht von dieser Seite unerwünschte Wirkungen auf das Auswertungsergebnis in Kauf nehmen will.

B. Die Wirkungen der Störfaktoren auf die Kostenhöhe

Die Störfaktoren besitzen die unangenehme Eigenschaft, daß sie nicht immer aus den Zahlen der Kostenrechnung erkennbar sind. Erkennbare Störungen wird der Kostenrechner aus seiner Rechnung eliminieren. Seine Erfahrung oder ein Vergleich der Ergebnisse mit denen früherer Perioden geben ihm oft einen Hinweis, ob die Rechnung grobe Fehler enthält oder nicht. Der Auswertende, der die betrieblichen Zusammenhänge kennt und die nötige Erfahrung besitzt, wird ebenfalls durch einen Vergleich der Kosten und ihrer Bestimmungsgrößen erkennen, ob die Kostenrechnung Mängel dieser Art aufweist. In diesen Fällen werden der Kostenrechner und der Auswertende die Fehlerquelle aufdecken und eine Korrektur durchführen. Ist eine Berichtigung nicht möglich oder nur mit großem Aufwand durchführbar, besteht auch die Möglichkeit der Fehlerschätzung nicht, so wird man auf die Auswertung des fehlerhaften Teiles der Kostenrechnung verzichten. In manchen Fällen zeigt erst das Auswertungsergebnis an, daß die Kosten oder die Einflußgrößen unrichtig erfaßt worden sind. Für den Auswertenden ist es wichtig zu wissen, daß ein bestimmtes fehlerhaftes Ergebnis nicht auf den Wirkungen irgendwelcher Bestimmungsgründe der Kosten, sondern auf Unrichtigkeiten in den Ausgangszahlen beruht. Schwerwiegend können die Fehler sein, wenn sie sich in mehreren Auswertungen unerkennbar niederschlagen und die Ergebnisse die Grundlage folgenschwerer unternehmerischer Entscheidungen bilden. Die relative Konstanz der Auswertungsergebnisse, darf den Auswertenden nicht in Sicherheit wiegen. Seine Aufmerksamkeit darf durch sie nicht getrübt werden. Die kritische Beurteilung des Auswertungsergebnisses durch ihn und die Sachverständigen des Betriebes muß auch erfolgen, wenn die Ergebnisse denen der früheren Zeiträume ähnlich sind.

Die Zahlen der Kostenrechnung werden mit Hilfe der Grundrechenarten ermittelt. Werden fehlerhafte Zahlen den Rechenregeln unterworfen, so ergibt sich die Frage, wie sich die Fehler in der Rechnung fortpflanzen. Die Gesetze der Fehlerfortpflanzung lassen sich ermitteln. Die wichtigsten stellen wir kurz dar. Wir gehen aus von den Kostenbeträgen a und b, die die genauen Zahlen repräsentieren, die Zahlen m_a und m_b sind die absoluten Fehler der Kostenbeträge, die fehlerhaften Kostenbeträge sind durch die Ausdrücke $(a \pm m_a)$ und $(b \pm m_b)$ gegeben. Die Wirkungen der Fehler auf das Additionsergebnis der beiden Kostenbeträge lassen sich durch folgende Gleichung veranschaulichen:

$$(a \pm m_a) \pm (b \pm m_b) = (a \pm b) \pm (m_a \pm m_b) \qquad ^{8)}$$

Aus der Gleichung ist ersichtlich, welche Wirkungen die Fehler bei Additionen und Subtraktionen auf das Ergebnis ausüben. Der maximal mögliche Fehler der Summe ist bei Abrundungen und unrichtigen Messungen gleich der Summe der Fehler der Summanden[9]. Sind die Vorzeichen verschieden, dann kompensieren sich die Fehler. Sie können sich ausgleichen oder, je nach der Höhe der einzelnen Fehler, einen positiven oder negativen, von Null abweichenden Wert ergeben. Für die Beurteilung des Fehlers ist es von Bedeutung, das Verhältnis des Fehlers zum Wert der Größe zu kennen, zu welcher der Fehler gehört. Der relative Fehler läßt sichtbar werden, welcher der beiden Kostenbezüge a und b genauer ist[9]. Drückt man den Fehler in einer Relativzahl (e) aus, so ergibt sich nach einigen Umformungen die Gleichung:

$$a(1 \pm e_a) \pm b(1 \pm e_b) = (a \pm b) \cdot \left(1 \pm \frac{ae_a \pm be_b}{a \pm b}\right),$$

in der $e_a = m_a : a$ und $e_b = m_b : b$ die Relationen zwischen den absoluten Fehlern m_a bzw. m_b und den wahren Werten a bzw. b darstellen. Wir bezeichnen die Größe e als relativen Fehler. Der Ausdruck $(ae_a \pm be_b) : (a \pm b)$ gibt die prozentuale Veränderung des Wertes $(a \pm b)$ durch die Fehler m_a und m_b bei einer Addition oder Subtraktion an. Außerdem ist erkennbar, wieviel Prozent des richtigen Wertes auf die einzelnen Glieder entfällt.

Sind die beiden Kostengrößen multiplikativ miteinander verbunden, so erhalten wir das Ergebnis:

$$(a \pm m_a)(b \pm m_b) = ab \pm (bm_a + am_b \pm m_a m_b).$$

Die Abweichung des Ergebnisses vom wahren Wert (ab) stellt eine Summe von drei Größen dar. Im Gegensatz zur Addition und Subtraktion

---

[8] Die aufgeführten Gleichungen wurden mit einigen Änderungen entnommen: Hürlimann, W.: Die Genauigkeit in der Kostenrechnung, in: Die Unternehmung 9. Jg. (1955), S. 46 ff.
Messerschmitt, E.: Kritische Studie zur Theorie und Praxis des Betriebsvergleichs, Diss. München 1952, S. 93.

[9] Schroeder, R.: Praktische Einführung in die Nomographie, München 1951, S. 25.

bestehen die Glieder aus Produkten von absoluten Abweichungen und den richtigen Werten. Das letzte Glied ($m_a m_b$) kann bei Abrundungsfehlern fortgelassen werden, da es das Ergebnis nur unwesentlich beeinflußt. Die Multiplikation wirkt sich auf die Fehler aus, so daß eine Vervielfältigung der Abweichungen eintritt. Bei unterschiedlicher Richtung der Abweichungen treten ebenfalls Kompensationen auf wie bei der Addition und Subtraktion, allerdings tragen stets zwei Glieder das gleiche und ein Glied das entgegengesetzte Vorzeichen. Betrachtet man die Fehler relativ und bezieht man die Relationen in die Betrachtung ein, dann ergibt sich bei der Benutzung der gleichen Symbole:

$$a(1 \pm e_a) \cdot b(1 \pm e_b) = ab(1 \pm e_a \pm e_b + e_a e_b)$$

Vernachlässigt man das letzte Glied ($e_a e_b$), so ist erkennbar, daß der relative Fehler eines Produkts höchstens gleich ist der Summe der relativen Fehler der Faktoren[10].

Der maximal mögliche Fehler des Quotienten $(a \pm m_a) : (b \pm m_b)$ wird ermittelt aus den maximal möglichen Fehlern des Produktes der beiden Größen und dem Quadrat des Devisors. Der gesamte Fehler ist stets kleiner als der Ausdruck

$$\pm \frac{am_b + bm_a}{b^2} > F$$

Für die Ermittlung der relativen Fehler eines Quotienten, einer Potenz und einer Wurzel gelten folgende Regeln:

1. „Der relative Fehler eines Quotienten ist höchstens gleich der Summe der relativen Fehler des Zählers und des Nenners.
2. Der relative Fehler einer Potenz ist gleich dem relativen Fehler der Basis multipliziert mit dem Potenzexponenten.
3. Der relative Fehler einer Wurzel ist gleich dem relativen Fehler des Radikanden dividiert durch den Wurzelexponenten[10]."

Die Gleichungen lassen erkennen, welche Auswirkungen die Fehler in den erfaßten Ausgangsgrößen haben und in welcher Weise sie sich in diesen Verbindungen fortpflanzen.

Für die Auswertung der Kostenrechnung ist der einseitig wirkende Fehler stets problematisch, weil er in jedem Falle die Auswertungsergebnisse verfälscht. Gleichen sich die positiven und die negativen Fehler aus, so bleibt die Auswertung richtig, wenn die Kostenbeträge keine Aufspaltung in die Summanden (bei Additionen) oder Faktoren bei Multiplikationen) erfahren. Die Auswertung führt dagegen zu unrichtigen Ergebnissen, wenn die Teile des Kostenbetrages einer genaueren Untersuchung unterzogen werden.

---

[10] Schroeder, R.: a.a.O., S. 25 f.

Die Kostenrechnungen und die Aufzeichnungen über die Kostenbestimmungsgründe werden immer mit Fehlern der verschiedensten Art behaftet sein. Die Auswertung der Kostenrechnung erleidet um so weniger Schaden, je genauer der Auswertende die Fehler und ihre Wirkungen kennt und je geringfügiger die auftretenden Unrichtigkeiten sind. Werden die Auswertungsverfahren auf unrichtige Kostenrechnungen angesetzt, so brauchen die Ergebnisse nicht wertlos zu sein. Dem Auswertenden obliegt es, die Fehler in seinen Ausgangszahlen aufzuspüren, sie zu beseitigen oder die Ergebnisse zu berichtigen. Keineswegs darf er sich dazu verleiten lassen, Ergebnisse als richtig weiterzugeben, die zu völlig falschen Schlüssen führen, weil sie auf fehlerhaften Zahlen aufbauen. Die Störungen können am leichtesten aus dem Ausgangsmaterial beseitigt werden. Es ist wesentlich schwieriger, die in der Kostenrechnung enthaltenen Fehler durch eine Berichtigung der Auswertungsergebnisse zu eliminieren. Nachträgliche Korrekturen des Vergleichsergebnisses erfolgen in der Weise, daß man die Wirkungen der Unrichtigkeiten in der Kostenrechnung auf das Auswertungsergebnis auf anderem Wege ermittelt und das Ergebnis um diese berichtigt[11]. Lassen sich Korrekturen nicht durchführen, so muß unter Umständen eine Auswertung unterbleiben. Je folgenschwerer die Entscheidungen sind, die auf den Auswertungsergebnissen basieren, um so sicherer muß die Richtigkeit jener Resultate verbürgt sein.

III. Die Gliederung des Zahlenstoffs

A. Die Bestimmung der Kostengliederung durch die Auswertungsmethoden

Die Ordnung der Verzehre in den Kostenrechnungen kann nicht immer in der Auswertung beibehalten werden. Vor allem die Gliederungen der Kostenrechnungen, die anderen Zwecken als denen der Auswertung dienen, müssen umgestaltet werden. Die Änderung ist um so leichter zu vollziehen, wenn die Kosten auf Datenträger der Datenverarbeitungsanlagen gespeichert sind und auf Grund ihrer Angaben nach den erforderlichen Merkmalen umgruppiert werden können. Die Ordnung der Verzehre nach Kostenstellen bzw. Kostenplätzen und Kostenarten ist für unsere Zwecke am geeignetsten. Wir haben damit eine sachliche und räumliche Gliederung der Kosten vorgenommen.

Betrachten wir die beiden Auswertungsmethoden Kostenanalyse und Kostensynthese, dann ist zu erkennen, daß für die Kostenanalyse die Gliederungsmöglichkeiten begrenzter sind als für die Kostensynthese.

---

11 Kähler, E.: a.a.O., S. 20.

Die sachliche und räumliche Aufteilung der Verzehre und der Kosteneinwirkungsfaktoren ist die Voraussetzung für die Erforschung der Zusammenhänge zwischen den Kosten und den sie bewirkenden Faktoren. Verläßt die Auswertung diese Gliederung, so können die Kostenabhängigkeiten nicht mehr mit hinreichender Genauigkeit erkannt werden. Die räumliche und sachliche Ordnung der Verzehre und Kosteneinwirkungsfaktoren muß bei der Kostenanalyse unter Umständen durch das Kriterium der Zeit weiter unterteilt werden. Gemeint ist hier nicht der Abrechnungszeitraum, der schon im allgemeinen Kostenbegriff berücksichtigt ist. Es kann sich bei der Analyse als notwendig erweisen, den Abrechnungszeitraum weiter zu unterteilen in Zeiträume, die wir als Elementarzeiträume bezeichnet haben. Sie dienen dazu, die Kostenelemente einer homogenen Kostenart zu erfassen und sie den sie bewirkenden Kosteneinflußgrößen zuzuordnen, die ebenfalls in dem betreffenden Elementarzeitraum aufgetreten sind. Das Ergebnis besteht aus einer Kostensumme für den Abrechnungszeitraum, die sich aus den Kostenelementen, das heißt den homogenen Kostenarten der einzelnen Elementarzeiträume zusammensetzt, und den entsprechend summierten Kosteneinflußgrößenquantitäten.

Die durch die Auswertungsverfahren der Kostenanalyse bedingte Begrenzung der Stoffgliederung besteht für die Kostensynthese nicht. Im ersten Teil dieser Darstellung haben wir die verschiedenen Gliederungsmöglichkeiten bei der Kostensynthese angedeutet. Die Kostensynthese ist auf allen Stufen der Untersuchung in der Lage, sich den Bedürfnissen des Betriebes anzupassen. Wenn wir diesen Teil der Auswertung nur an einer Art der Gliederung demonstrieren, so ist der Grund darin zu erblicken, daß die Ergebnisse der verschiedenartigen Strukturbilder zwar zu unterschiedlichen Aussagen führen, die Durchführung der Synthese nach verschiedenen Gesichtspunkten jedoch keine wesentlichen Probleme mit sich bringt, die nicht schon bei der darzustellenden Gliederungsart auftreten. Die von uns vorgenommene Ordnung der Kostenstrukturbilder soll dem Auswertungszweck dienen. Sie läßt die Ergebnisse der Kostenanalyse ebenfalls erkennen. Aus diesem Grunde muß die sachliche und räumliche Einteilung der Verzehre beibehalten werden. Sie ist in den synthetischen Teilgrößen enthalten, die in sachlicher und räumlicher Hinsicht Oberbegriffe darstellen, unter die sich die feineren Unterteilungen subsumieren lassen. Die Gliederung der Kosten im synthetischen Teil der Auswertung hängt ab von der Art, in der die Kostenanalyse ihre Ergebnisse darbietet. Da die Resultate der Analyse nach verschiedenen Gesichtspunkten zu synthetischen Teilgrößen verarbeitet werden können, hat die Kostensynthese kaum einen Einfluß auf die Gliederung des Zahlenstoffs zu Beginn der Auswertung. Es darf jedoch nicht verkannt werden, daß der von uns definierte Auswertungszweck den Ablauf der Auswertung vorschreibt und die jeweilige Ordnung des Zahlenmaterials ihm angepaßt ist.

B. Die Zusammenhänge zwischen der Kostengliederung und dem Feinheitsgrad der Auswertungsergebnisse

Die drei Stufen der Kostenanalyse führen zu ganz bestimmten Auswertungsaussagen. Die erste Stufe erfordert neben der sachlichen und räumlichen Gliederung der Verzehre die Erkennbarkeit der Kostenkomponenten Menge und Preis. Die sachliche und räumliche Unterteilung kann von einem groben Schema bis zu den feinsten Ordnungen der homogenen Kostenarten der Kostenplätze sich erstrecken. Homogene Kostenarten sind die Voraussetzung für die Erkennbarkeit der Kostenkomponenten. Mit zunehmendem (abnehmendem) Feinheitsgrad der Kostengliederung nimmt der Feinheitsgrad der Ergebnisse der ersten Auswertungsstufe zu (*ab*). Die Kostensynthese vermag die analytisch ermittelten Ergebnisse nicht zu verfeinern.

Die zweite Stufe der Kostenanalyse stellt zunächst höhere Anforderungen an die Gliederung der Maßstabkosten und die der Kosteneinflußgrößen. Eine Kostenanalyse der zweiten Stufe ist kaum möglich, wenn die Verzehre nicht nach Kostenarten und Kostenstellen gegliedert sind. Das Rechnen mit Kosteneinflußgrößen wird um so schwieriger, je mehr Kostenarten und Kostenplätze zusammengefaßt werden. Mit der Kostenzusammenfassung vor der Durchführung der analytischen Untersuchungen nimmt die Aussagefähigkeit der Auswertungsergebnisse ab. Die Ordnung der Kosten wird erschwert durch die Einbeziehung der Kosteneinflußgrößen. Die Gliederung muß erkennen lassen, welche Kostenarten den einzelnen Einwirkungsfaktoren zugeordnet sind und umgekehrt. Die Zuordnung bezieht sich sowohl auf die Ist- als auch auf die Soll-Kostenbestimmungsgründe. Sieht man von der Einordnung der Einflußfaktoren ab, so ergibt sich kaum ein Unterschied gegenüber der Kostengliederung der ersten Stufe. Im Gegensatz zu ihr ist eine Feinstgliederung aber die Voraussetzung für das Erreichen der zweiten Stufe. Während im ersten Fall eine grobe Einteilung den Feinheitsgrad des Auswertungsergebnisses beeinflußt, ist mit ihr ein Auswertungsergebnis, das alle Einflußgrößen berücksichtigt, nicht möglich.

Diese Ausführungen gelten für die dritte Auswertungsstufe sinngemäß. Nur eine Feinstgliederung der Kosten ist in der Lage, in vollem Umfang das Rechnen mit Kosteneinflußgrößen zu ermöglichen. Die letzte Auswertungsstufe ist auch der Ort, an dem eine weitere Unterteilung der Verzehre und Einflußgrößen nach Elementarzeiträumen am zweckmäßigsten durchzuführen ist. Allerdings kann dieses zusätzliche Einteilungskriterium auf anderen Stufen ebenfalls beachtet werden und dort wichtige Erkenntnisse ermöglichen. Es soll mit diesen Darlegungen keineswegs gesagt werden, daß jede Kostenuntersuchung diesen Feinheitsgrad erreichen muß. Die tatsächlichen Bedürfnisse des Betriebes bestimmen den Feinheitsgrad der analytischen Untersuchungen. Die in die Tiefe gehende Auswertung der Kostenrechnung, die die Kosteneinflußgrößen und ihre Wirkungen in den Griff bekommen will, kann auf einen hohen Feinheitsgrad nicht verzichten.

Entscheidend für die Zusammenhänge zwischen dem Feinheitsgrad der Kostengliederung zu Beginn der Untersuchung und dem der Auswertungsergebnisse sind die Anforderungen der Kostenanalyse, die ihrerseits abhängen von den gewünschten Ergebnissen. Die Kostensynthese übt auf die Gliederung des Ausgangsmaterials keinen nennenswerten Einfluß aus, da sie ihre Kostenstrukturbilder aus den Resultaten der Analyse aufbaut. Über den Feinheitsgrad der Analyse kann sie nicht hinausgehen.

Zweites Kapitel

Die Durchführung der Auswertung einer Kostenrechnung

I. Die Kostenanalyse

A. Die Darstellung der kostenanalytischen Verfahren

1. Die Kostenanalyse mit Hilfe starrer Vergleichsmaßstäbe

a) Die Kostenabweichungen

Wir gehen bei der Auswertung der Kostenrechnung von räumlich und sachlich gegliederten Güterverzehren aus, die in Geld ausgedrückt, das heißt bewertet sind. Liegt ein in gleicher Weise geordneter Maßstab vor, so können die vergleichbaren Kosten einander gegenübergestellt werden, um ihre Abweichungen zu ermitteln. Die Vergleichsgrößen können eine oder mehrere Kostenarten homogener oder heterogener Art sowie eine oder mehrere Kostenstellen umfassen. Die Gesamtabweichung aller Kosten des Betriebes von der Summe aller Maßstabkosten läßt sich in Abweichungen der Kostenstellen bzw. Kostenplätze (wenn wir von größeren betrieblichen Teileinheiten absehen) und innerhalb der Orte der Kostenentstehung nach Kostenarten zerlegen. Die Aufgliederung der Gesamtabweichungen zeigt das Schema der Abbildung 2. Das Schaubild

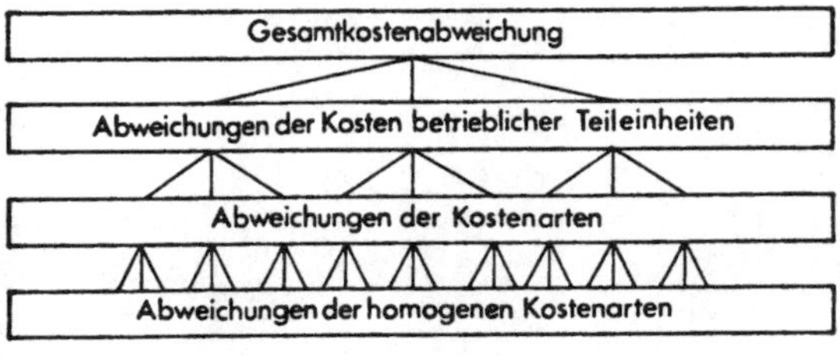

Abb. 2

verdeutlicht nicht das Vorgehen der Kostenanalyse. Die Analyse erstreckt sich nur auf eine der skizzierten Stufen. Es wird nicht eine untere Ebene aus einer oberen abgeleitet, sondern sofort das entsprechend aufbereitete Material der gewählten Ebene untersucht und damit der Feinheitsgrad für die Ergebnisse dieser Auswertungsphase bestimmt. Die Ermittlung der Abweichungen für die übergeordneten Ebenen ist Aufgabe der Kostensynthese.

Die Abweichungsermittlung in diesem Stadium der Kostenanalyse stellt eine Subtraktion der Maßstabkosten von den Istkosten dar. Die Subtraktion bezieht sich in der Regel auf die absoluten Kostenbeträge. Das Ergebnis besagt, um wieviel Geldeinheiten die Istkosten höher oder niedriger sind als die Maßstabkosten. Der absolute Abweichungsbetrag ist in seiner Aussagefähigkeit von minderer Bedeutung, wenn nicht eine der Vergleichsgrößen angegeben ist. Um dem Differenzbetrag eine größere Aussagekraft zu verleihen, fügt man seinem absoluten Wert den relativen bei, indem man die Abweichung in Prozenten der Maßstabkosten ausdrückt. Bezeichnen wir die Abweichung einer Kostenart j mit dk_j, die Maßstabkosten mit K_{jo}, so können wir schreiben

$$r_j = 100 \cdot \frac{dk_j}{K_{jo}} = \frac{K_{ji} - K_{jo}}{K_{jo}} \cdot 100 = \left(\frac{K_{ji}}{K_{jo}} - 1\right) 100 \, .$$

r_j drückt die Abweichung in Prozenten aus, K_{ji} repräsentiert die Istkosten. Wir können diesen Vergleichsvorgang auch in der Indexschreibweise veranschaulichen und den Quotienten $K_{ji} : K_{jo}$ in einer Indexziffer q_j darstellen:

$$q_j = \frac{K_{ji}}{K_{jo}} \, .$$

Das Vergleichsergebnis ist in der ersten Phase dieser Auswertungsstufe für alle zu untersuchenden Kostenarten stets auf diese Weise zu ermitteln. Es gibt lediglich kund, daß Kostendifferenzen zwischen den Vergleichsgrößen bestehen. Gibt es keine Möglichkeit, die Auswertungsaussagen zu vertiefen, indem man eine Zerlegung der Abweichungen durchführt, dann wird man Überlegungen anstellen, um die Ursachen für die Differenzen zu ergründen. In vielen Fällen wird man die Kostenbestimmungsgründe mit mehr oder weniger großer Sicherheit finden. Die Abweichungen werden der Ursache oder den Ursachenkomplexen zugeordnet. Die Beziehung zwischen den Kosten und den sie verursachenden Faktoren wird vermutet, aber nicht konkret gefaßt, obwohl es vielleicht möglich ist, die Zusammenhänge sicherer in den Griff zu bekommen. Es kann nicht grundsätzlich gesagt werden, daß man alle Kostenabhängigkeiten zu erfassen und in mathematische Formeln zu kleiden vermag. In jedem Betrieb gibt es eine große Anzahl von Einflußgrößen, deren Einwirkung auf die Kostengestaltung nicht berechenbar ist. In diesen Fällen wird auf die vermuteten Kostenbestimmungsfaktoren in den Erläuterungen zu den Abweichungen hingewiesen. Ist der Auswertende nur in der Lage, diese Abweichungen zu ermitteln und einige Andeutungen über die vermuteten Einflußgrößen zu machen, dann ist die Auswertung kaum geeignet, als Instrument der Kostensteuerung und zur Ermittlung der Verantwortlichkeit für die Kostendifferenzen zu dienen.

Handelt es sich bei den vermuteten Bestimmungsgründen um nicht quantifizierbare Einflußgrößen, so erlangen die Aussagen als Ergänzung zu den weiteren Ergebnissen der Untersuchung Bedeutung. Der Auswertende tut gut daran, sie nach Innen- und Außeneinflüssen zu unterscheiden. Diese für die Betriebspolitik wichtige Klassifizierung deckt sich mit der Unterscheidung in beeinflußbare und unbeeinflußbare Einwirkungsfaktoren[1]. Da das Kriterium für die Einteilung in Innen- und Außeneinflüsse in der Beeinflußbarkeit liegt, können Inneneinflüsse außerhalb des Betriebes auftreten und auf seine Kosten einwirken, während Außeneinflüsse auch innerhalb des Betriebes gegeben sein können. Trotz der vielfachen Überschneidungen und der Abgrenzungsschwierigkeiten sollte eine Zuordnung unter möglichst genauer Benennung oder Umschreibung des Einflusses vorgenommen werden.

Die Maßstabkosten können auf die verschiedenste Weise gebildet werden. Die Zahlen der Vergangenheit des eigenen oder des fremden Betriebes können Mittelwerte, häufigste Werte, Zentralwerte sein, die selbst wieder Modifikationen aufweisen. Jeder Wert weist bestimmte Eigenschaften auf im Hinblick auf die Schwankungen der Einzelwerte. Je nach der Art, in der sie gebildet werden, reagieren sie mehr oder weniger stark auf die Schwankungen der Einzelwerte. Das Individuelle der Einzelwerte geht bei der Bildung von Mittelwerten verloren und ist auch bei den häufigsten oder den Zentralwerten nicht mehr vorhanden, wenn sie zu Klassen zusammengefaßte Einzelwerte enthalten. Die erste Phase der ersten Auswertungsstufe stellt die Abweichung der Istkosten von diesen Werten fest. Nun können die Maßstabkosten durch weitere Zahlengrößen ergänzt werden, die für die Abweichungsaussage von Bedeutung sind. Wir wollen drei wichtige Arten des Maßstabs erwähnen, die aus mehreren Einzelgrößen gebildet sind.

Der häufigste Wert oder Modus — auch dichtester Wert genannt — ist der Wert einer Zahlenreihe, der am häufigsten vorkommt. Er ist gegen Extremwerte unempfindlich. Je öfter dieser Wert in einer Zahlenreihe erscheint, um so größer ist die Wahrscheinlichkeit, daß er dem wahren Wert nahekommt. Ist eine Häufung der Kostenbeträge nicht zu

---

[1] Beste, Th.: Verwaltungsaufbau und betriebliches Rechnungswesen, in: Festschrift für Schmalenbach, Leipzig 1933, S. 121.
Müller, A.: Die Kostenanalyse im Eisenhüttenwesen, Düsseldorf 1934, S. 78 ff.

erkennen, so kann daraus geschlossen werden, daß mehrere Kosteneinflußgrößen eingewirkt haben[2]. Der häufigste Wert kann durch die Spannweite ergänzt werden. Die Spannweite läßt die Differenz zwischen dem höchsten und dem niedrigsten Einzelwert erkennen[3]. Bei der Auswertung ist durch die ergänzende Angabe der Spannweite ersichtlich, ob die Istkosten innerhalb oder außerhalb der Maßstabkostenspannweite liegen, ob sie sich an der Grenze der Spannweite befinden usw.

Der Zentralwert oder Medianwert einer Reihe von Kostenbeträgen kann ebenfalls als Maßstab verwendet werden. „Ordnet man alle statistischen Elemente nach der Größe des Merkmals x in einer Reihe an, dann bestimmt der Wert M die Mitte dieser Reihe, so daß gleich viele Elemente sich rechts und links von dem mit $x = M$ behaftetem Element bzw. der mit M bezeichneten Stelle (zwischen zwei Elementen) der Reihe befinden[3].“ Der Zentralwert kann ergänzt werden durch die durchschnittliche Abweichung, die wir mit $d(K^o)$ bezeichnen. Bildet man die Abweichung $(K^i - K^o)$ der einzelnen Elemente K^i von einem Merkmalswert K^o und addiert man die einzelnen Abweichungen, so erhält man die durchschnittliche Abweichung, wenn man die Summe durch die Anzahl der Elemente (N) dividiert. Da nun in der statistischen Masse der Merkmalswert der Kosten K^i mit einer bestimmten Häufigkeit m_i auftritt, sind die absoluten Differenzen $(K^i - K^o)$ mit m_i zu multiplizieren, so daß sich ergibt

$$d(K^o) = \frac{1}{N} \sum_{i=1}^{k} m_i \, | K^i - K^o | ,$$

wenn N die Anzahl der Elemente i bis k darstellt. Bei Verschiebungen des Bezugspunktes K^o bleibt $d(K^o)$ erhalten, wenn der Bezugspunkt durch den Medianwert repräsentiert wird. Außerdem läßt sich nachweisen, daß es sich bei der auf $K^o = M$ bezogenen durchschnittlichen Abweichung um deren Kleinstwert handelt[4]. Auch beim Medianwert und der durchschnittlichen Abweichung kann festgestellt werden, ob die Istkosten innerhalb des Grenzbereiches $d(K^o)$ liegen. Für die Auswertungsaussage ist es wichtig, wo die Istkosten innerhalb des Grenzbereiches liegen, ob sie in der Nähe des Zentralwertes oder an den Grenzen zu finden sind. Im Gegensatz zu dem häufigsten Wert und der Spannweite weist die Verteilung immer einen Medianwert auf, um den sich die Merkmalswerte innerhalb der Grenzen der durchschnittlichen Abweichung scharen. Allerdings ist die durchschnittliche Abweichung nicht frei von Mängeln. Ändert sich die statistische Masse,

---

[2] Schnettler, A.: Betriebsvergleich, 3. Auflage, Stuttgart 1961, S. 66.
[3] Gebelein, H.: Zahl und Wirklichkeit, 2. Auflage, Heidelberg 1949, S. 7.
[4] Gebelein, H.: a.a.O., S. 8 f.

so erfolgt eine sprunghafte Veränderung des Zentralwertes. Dieser Wert kann beträchtlichen Schwankungen unterliegen, wenn die statistische Masse sich geringfügig verändert. Auf der anderen Seite vermögen stärkere Variationen der einzelnen Elemente unter Umständen den Medianwert nicht oder nur unwesentlich zu beeinflussen, so lange sie die Anordnung in der Mitte nicht beeinträchtigen. Für den Vergleich zweier verschiedener statistischer Aufnahmen ist der Zentralwert und die durchschnittliche Abweichung nicht geeignet[5].

Als dritte Maßstabgröße, die aus einer Reihe von Kostenbeträgen gewählt wird, kennen wir den Mittelwert. Er wird ergänzt durch die Streuung. Der Mittelwert unterscheidet sich vom häufigsten Wert und dem Zentralwert durch die Art der Ermittlung. Während er durch den Vergleich zweier statistischer Massen festgestellt wird, ergeben sich die beiden anderen Werte durch „Musterung“[6]. Der Mittelwert $\bar{a}$ errechnet sich nach der Formel

$$\bar{a} = \frac{1}{N} \sum_{i=1}^{k} m_i K^i = \sum_{i=1}^{k} h_i K^i$$

Verwendet man zur Vereinfachung eine glatte Zahl K^o und anstelle der absoluten Häufigkeit (m_i) die relative (h_i), so ergibt sich

$$\bar{a} = K^o + \frac{1}{N} \sum_{i=1}^{k} m_i (K^i - K^o) = K^o + \sum_{i=1}^{k} h_i (K^i - K^o)$$

Der Mittelwert wird durch die Streuung (s) ergänzt, die die Schwankungen der Einzelwerte um den Mittelwert beschreibt. Unter der Streuung einer Stichprobe verstehen wir die Wurzel aus dem Quotienten, dessen Zähler die Summe aller quadrierten Abweichungen der einzelnen Elemente von dem Durchschnitt dieser Elemente und dessen Nenner durch den um eine Einheit geminderten Umfang der Stichprobe gebildet wird.

$$\pm s = \sqrt{\frac{\sum m_i (K^i - \bar{a})^2}{N - 1}}$$

Daß in diesem Ausdruck $N - 1$ statt N im Nenner steht, hat seinen Grund in folgendem: Mit Hilfe der Mathematischen Statistik läßt sich nachweisen, daß der unbekannte Wert der Standardabweichung einer Grundgesamtheit (σ^2) durch den Ausdruck $\Sigma m_i (K^i - \bar{a})^2 : (N - 1)$ besser wiedergegeben wird als durch die Größe $\Sigma m_i (K^i - \bar{a})^2 : N$. „Außerdem würde sonst ein einzelner Meßwert die falsche Schätzung $0 : 1 = 0$ er-

---

[5] Gebelein, H.: a.a.O., S. 10.
[6] Gebelein, H.: a.a.O., S. 11.

geben, während in Wahrheit σ^2 vorliegt; 0 : 0 ist dagegen unbestimmt[7]." Wählt man als Bezugspunkt den Mittelwert, so nimmt das mittlere Abweichungsquadrat den kleinsten Wert an. Sind für die Maßstabkosten die jeweiligen Streuungen angegeben, dann können die Istkosten danach beurteilt werden, ob sie innerhalb des Streubereichs liegen. Der Streubereich, der enger oder weiter gezogen werden kann, gibt gleichzeitig die statistische Sicherheit an. Bei zwei statistischen Aufnahmen können Vergleiche angestellt werden, die erkennen lassen, ob die Abweichungen von den Mittelwerten nur zufällig oder ob sie sachlich begründet sind[8].

Die Bildung der Maßstäbe und ihrer Ergänzungszahlen gehört nicht zum Bereich der Auswertung einer Kostenrechnung, so daß hier nur auf die Gestalt der Vergleichsgrundlage hinzuweisen ist, wie sie sich dem Auswertenden darbietet. Die Bildung von Mittelwerten, die Herausnahme von dichtesten Werten oder Zentralwerten mit den beschriebenen Ergänzungen aus den Kosten vergangener Perioden ist problematisch, wenn die Verzehre nicht um ein bestimmtes Niveau pendeln, sondern eine Entwicklungsreihe darstellen. Der Kostenvergleich führt dann leicht zu unrichtigen Ergebnissen. Es soll nicht verkannt werden, daß diese Art der Maßstabgestaltung für einige Kostenstellen und Kostenplätze sinnvoll ist und zu besseren Auswertungsaussagen führt als bei der Heranziehung von Durchschnittskosten als Maßstab, die dieser Ergänzungen entbehren.

b) Die Preis- und Mengenabweichungen

aa) Die Zerlegung der Kostenabweichungen

Wir haben die Kosten definiert als bewerteten Güterverzehr zur Erstellung von Leistungen. Während der Güterverzehr auf einen mengenmäßigen Verbrauch eines Gutes hindeutet, kann von Kosten so lange nicht gesprochen werden, als diese Verzehre nicht bewertet sind. Die Kosten entstehen durch die multiplikative Verbindung der beiden Komponenten Menge und Preis. Weichen zwei Kostenartenbeträge voneinander ab, so ist die Differenz auf die unterschiedlichen Mengen- und/oder Preiskomponenten zurückzuführen. Für die Auswertung muß nun die Frage beantwortet werden, ob die Kostenabweichung in die Abweichungen der Komponenten und die aus ihnen resultierenden Preis- und Mengenabweichungen zerlegbar ist.

Die Aufspaltung der Kostendifferenz in die Preis- und Mengenabweichung ist an die Voraussetzung gebunden, daß die Kostenarten sich aus

---

[7] Bauer, W., Stumpf, A., Wartmann, R.: Einführung in die Technische Statistik unter besonderer Berücksichtigung der Einflußgrößenrechnung, Teil I als Manuskript vervielfältigt, 1956, S. 11.

[8] Dies. a.a.O., S. 28 f.

diesen Komponenten zusammensetzen. Wenn die Prämisse auch durch die Kostendefinition erfüllt zu sein scheint, so finden sich in der Literatur doch für einige Kostenarten Bedenken, während für andere die Kostenzusammensetzung unzweifelhaft ist. Der Gutsbegriff umfaßt sowohl die materiellen als die immateriellen (Arbeitsleistungen, Rechte) sowie die nominalen Güter (Geld, Forderungen). „Ferner ist die allen Güterbeständen anhaftende abstrakte Vorrätigkeit hinzuzurechnen, deren zeitlicher Verzehr im Zins seinen Niederschlag findet. Dabei ist der Mengenbegriff als Umfang des Güterverbrauchs so weit auszudehnen, daß z. B. auch Arbeitszeiten sowie Mengen an Nominalgütern und Kapitalnutzungen darunter fallen[9].“ Zu den Kosten zählen die Abschreibungen, Zinsen, bestimmte öffentliche Abgaben, Gehälter, kalkulatorische Mieten, kalkulatorische Wagnisse usw. Diese Kostenarten bringen für die Abweichungszerlegung besondere Probleme mit sich, weil der Mengenbegriff bei diesen Verzehren einer tieferen Interpretation bedarf und spezifische Maßstäbe für die verzehrte Menge in der Regel nicht gegeben sind. Der übliche Mengenbegriff sieht die Quantitäten real und drückt sie aus in Kilogramm, Meter, Liter, Stunden usw. Dieser Mengenbegriff ist für die Kostenrechnung und ihre Auswertung zu eng. „Man muß nicht immer und unbedingt Mengen realiter sehen, sondern auch als Wertungen, Kapitalmengen, Nutzungen usw. erkennen können[10].“ Bei den Zinskosten handelt es sich um die Verteilung der durch den Zinsfuß bewerteten abstrakten Vorrätigkeit der Güterbestände. Sie kann nur in Werten dargestellt werden. Ähnlich verhält es sich mit den Abschreibungen, die als Verteilung der Nutzungsmengen einer Anlage angesehen werden kann. Der Abschreibungswert trägt den Charakter eines Festwertes, der beim Übergang zu anderen Bewertungsmethoden verändert werden muß. Kosiol spricht in diesen Fällen von einer „preisfixierten Mengenrechnung“[10]. Wir schließen uns dieser Auffassung Kosiols an. Erweitern wir die Begriffe auf diese Weise, dann lassen sich alle Kostenarten aus den beiden Komponenten bestehend denken. Will man erkennen, aus welchen Gründen die Verzehre variieren, wird man nicht umhin können, die Kostenkomponenten auf diese Art zu interpretieren. Die kalkulatorischen Kostenarten werden in der praktischen Kostenuntersuchung häufig für beide Vergleichsgrößen in gleicher Höhe angesetzt, so daß sich keine Kostenabweichungen ergeben[11].

---

[9] Kosiol, E.: Kostenrechnung und Betriebsbuchhaltung, in: Handbuch der Wirtschaftswissenschaften 1958, S. 631.

[10] Kosiol, E.: Die Stellung der Plankostenrechnung im betrieblichen Rechnungswesen, in: Zielbewußte Betriebsführung durch Plankostenrechnung, Berlin 1953, S. 62.

[11] Medicke, W.: Die Plankosten- insbesondere die Anwendung des Lochkartenverfahrens für den Soll-Ist-Kostenvergleich, ADL-Nachrichten (1959), S. 253.

Die Ermittlung der Preis- und Mengenabweichungen setzt voraus, daß die Komponenten der Maßstabkosten und der Istkosten bekannt sind. Bezeichnen wir die Mengenkomponenten mit m, die Preiskomponenten mit p, dann ergibt die Zerlegung der Kostenabweichung dk

$$\begin{aligned} p_i \cdot m_i &= K_i \\ p_o \cdot m_o &= \underline{K_o} \\ & \quad dk \end{aligned}$$

durch das Einsetzen der Ausdrücke $p_i = p_o + dp$ und $m_i = m_o + dm$ in die erste Gleichung nach einigen Umformungen

$$\begin{aligned} (p_o + dp) \cdot (m_o + dm) &= K_i \\ p_o \cdot m_o &= K_o \\ \hline dpm_o + p_o dm + dpdm &= dk \end{aligned}$$

In diesen Gleichungen deuten die Indizes auf die Ist- (i) bzw. Maßstabkosten (o) hin. Durch dp werden die Abweichung der Preis-, durch dm die Abweichung der Mengenkomponente von den Maßstabgrößen dargestellt. Als Ergebnis der Kostenzerlegung taucht in der Gleichung der Ausdruck $dpdm$ auf, der das Multiplikationsergebnis der beiden Komponentenabweichungen beinhaltet. Diese Größe läßt sich mathematisch nicht eindeutig den beiden übrigen Abweichungen zuordnen und ergibt sich aus der Tatsache, daß die Komponenten nicht nur einzeln, sondern auch in ihrem Zusammenwirken die Kostenhöhe beeinflussen. Wir können deshalb nur die Gesamtwirkung dk der Komponentenvariation, nicht aber die Einzelwirkungen der Preis- und Mengenänderungen genau ermitteln, wenn beide Komponenten Abweichungen vom Maßstab aufweisen. Eine Näherungslösung ist gegeben, wenn wir die Größe $dpdm$ in zwei Summanden zerlegen, die annähernd die in diesem Ausdruck enthaltenen Einwirkungen der Kostenkomponenten ergeben. Man findet diese Summanden, indem man die Größe $dpdm$ durch die Summe ihrer Faktoren ($dp + dm$) dividiert und den Wert dieses Quotienten (u) mit den Summanden des Nenners multipliziert.

$$\frac{dpdm}{dp + dm} = u$$

$$dpdm = udp + udm$$

Damit sind die Teile der Preis- und die der Mengenabweichung in diesem Ausdruck näherungsweise errechnet[12]. Wir können die Kosten-

[12] Vergleiche hierzu: Hall, R.: Das Rechnen mit Einflußgrößen im Stahlwerk, Köln 1959, S. 43 f.

abweichung dk in die Mengen- (MA) und die Preisabweichung (PA) zerlegen und erhalten:

$$\begin{array}{r} dpm_0 + udp \ = PA \\ \underline{p_0dm + udm = MA} \\ dk \end{array}$$

Dieses Verfahren der Abweichungszerlegung in Preis- und Mengenabweichung bei gleichzeitiger Veränderung beider Komponenten, das wir als Verfahren I bezeichnen wollen, wird in der Literatur und Praxis seltener angewendet. Durch die Anwendung zweier anderer Verfahren erspart man sich die Zerlegung des Ausdrucks $dpdm$, nimmt dafür aber die Ungenauigkeit in Kauf, daß diese Größe der Preis- oder der Mengenabweichung zugeschlagen wird. Für spätere Vergleiche der Auswertungsergebnisse über einen längeren Zeitraum empfiehlt es sich, das einmal gewählte Verfahren beizubehalten, damit keine Einwirkung des Zerlegungsverfahrens auf das Auswertungsergebnis stattfindet.

Die beiden nunmehr zu besprechenden Verfahren unterscheiden sich voneinander durch die Reihenfolge der Abweichungsermittlung. Die Höhen der ermittelten Abweichungen dieser Verfahren — und des bereits besprochenen Verfahrens — sind verschieden groß. Kilger bezeichnet diese Art der Abweichungszerlegung als das Verfahren der „kumulativen Abweichungsaufspaltung“[13]. Die Abweichungsüberschneidungen werden rechentechnisch ausgeschaltet, indem die Reihenfolge der Abweichungsermittlung festgelegt wird. Das bedeutet keineswegs, daß Abweichungsüberschneidungen nicht vorhanden sind. „Die Abweichungsüberschneidung bleibt auch bei dieser Methode bestehen, die strittigen Abweichungsteile gehen aber (im Gegensatz zu dem noch zu besprechenden Verfahren der ‚alternativen‘ Abweichungszerlegung, der Verf.) immer ausschließlich in die vorab errechnete Abweichung ein, werden also nur einmal erfaßt ... Da jeweils in den zuerst errechneten Abweichungen die meisten Überschneidungsabweichungen hängen bleiben, ist für die kumulative Methode die Reihenfolge von großer Bedeutung. Man wählt dieselbe, soweit es rechentechnisch möglich ist, so, daß man möglichst die außerbetrieblich bedingten Kostenbestimmungsfaktoren, insbesondere die Preisabweichungen, zuerst abfängt[14].“ Verwenden wir die bekannten Symbole, so ergeben sich nebenstehende Ergebnisse bei der unterschiedlichen Reihenfolge der Abweichungen.

---

[13] Kilger, W.: Der theoretische Aufbau der Kostenkontrolle, ZfB. (1959), S. 463 f.

[14] Kilger, W.: a.a.O., S. 466.

	Verfahren II_1	Verfahren II_2
a)	$p_i \cdot m_i = K_i$	$p_i \cdot m_i = K_i$
	$p_o \cdot m_o = K_o$	$p_o \cdot m_o = K_o$
	dk	dk
b)	$p_i \cdot m_i = K_i$	$p_i \cdot m_i = K_i$
	$p_o \cdot m_i = K'_i$	$p_i \cdot m_o = K'_o$
	PA^{II_1}	MA^{II_2}
c)	$p_o \cdot m_i = K'_i$	$p_i \cdot m_o = K'_o$
	$p_o \cdot m_o = K_o$	$p_o \cdot m_o = K_o$
	MA^{II_1}	PA^{II_2}

Bei diesen Verfahren taucht das Produkt aus den Faktoren Preisabweichungen und Mengenabweichungen nicht mehr auf. Diese Größe ist beim Verfahren II_1 völlig in der Preisabweichung PA^{II_1}, beim Verfahren II_2 in der Mengenabweichung MA^{II_2} enthalten, während sie beim Verfahren I auf die Preis- und Mengenabweichung aufgeteilt wird. Bei den zuletzt dargestellten Verfahren wird also der nicht exakt aufteilbare Betrag *dpdm* der Abweichung zugerechnet, die zuerst ermittelt wird.

Stellt man das Vergleichsobjekt der Vergleichsgrundlage gegenüber, dann kann es sein, daß beide Kostenbeträge übereinstimmen. Dieses Ergebnis läßt nicht erkennen, ob die Kostenkomponenten beider Größen übereinstimmen. Infolge der kompensatorischen Effekte können sich die Komponentendifferenzen in ihren Wirkungen ausgleichen oder lediglich eine unbedeutende Abweichung hervorrufen. Der Auswertende muß sich in diesem Falle eingehend mit den Ursachen befassen und vor allem das Mengengerüst der Kostenart in die Untersuchung einbeziehen.

Bei der Kostenanalyse ergibt sich nun für die Lohnkosten eine Besonderheit, wenn es sich um Akkordlöhne handelt. Die Lohnkosten weisen ebenfalls eine Preis- und eine Mengenkomponente auf, die aus dem Lohnsatz und der Zeit bzw. einem anderen Mengenausdruck (Stück, Kilogramm, Meter usw.) bestehen. Da sich nun bei einem reinen Zeitakkord die gezahlten Lohnbeträge bei gegebenen Lohnsätzen nach der Höhe der vorgegebenen Sollzeit richten, die Istzeiten häufig nicht erfaßt werden, treten keine Mengenabweichungen auf. Für die Auswertung müssen die Istzeiten ebenfalls erfaßt werden, wenn nicht auf wichtige Auswertungsaussagen verzichtet werden soll. Die Untersuchung dieser Zeitabweichungen gibt wichtige Aufschlüsse über den

Leistungsgrad der Arbeiter je Kostenplatz und die Maschinen- bzw. die Arbeitsplatzbesetzungszeit[15].

Zu einem anderen Ergebnis als bei dem Verfahren der kumulativen Aufspaltung der Abweichungen gelangt man bei der „alternativen" Abweichungszerlegung[16]. Bei diesem Verfahren subtrahiert man von den Istkosten alternativ theoretisch errechnete Maßstabkosten und erhält eine Preisabweichung, wenn die maßstäbliche Verbrauchsmenge mit der Istmenge übereinstimmt, die Preise aber abweichen, und eine Mengenabweichung bei gleichem Preisansatz, aber verschiedenen Mengengerüsten.

$$K_i - p_i m_o = p_i m_i - p_i m_o = p_i(m_i - m_o) = \text{Mengenabweichung}$$

$$K_i - p_o m_i = p_i m_i - p_o m_i = m_i(p_i - p_o) = \text{Preisabweichung} \;.$$

Das komplexe Zusammenwirken der Komponentenvariation führt zu einem zweimaligen Einbeziehen der mit der Preisabweichung bewerteten Mengenabweichung *dpdm,* die nunmehr in der Preis- und in der Mengenabweichung enthalten ist. Die Folge davon ist, daß die Summe der ermittelten Mengen- und Preisabweichungen um *dpdm* höher ist als die Kostenabweichung *dk.* Diese Wirkung der Abweichungsüberschneidung läßt sich bei der Anwendung des alternativen Verfahrens nicht vermeiden. Die Überschneidung ist zwar bei der kumulativen Abweichungszerlegung ebenfalls vorhanden, doch ist sie auf eine Abweichungsart eingeschränkt und läßt keine Differenz zwischen der Summe der Einzelabweichungen und der Gesamtabweichung entstehen[16]. Aus diesem Grunde ist das kumulative Zerlegungsverfahren dem alternativen vorzuziehen.

Im Gegensatz zu der Abweichungszerlegung der absoluten Zahlen ist bei der Darstellung in Indexzahlen keine Aufteilung des Multiplikationsergebnisses der Komponentendifferenzen erforderlich. Bezeichnen wir den Preisindex $(p_i : p_o)$ mit *PI,* den Mengenindex $(m_i : m_o)$ mit *MI* und den Abweichungsindex mit *dkI,* dann lassen sich die obigen Ergebnisse ausdrücken durch die Gleichung

$$PI \cdot MI = dkI \;.$$

Aus den Gliedern dieser Gleichung lassen sich die relative Kostenabweichung und die relativen Komponentenabweichungen unmittelbar ablesen, wenn man die Werte dieser Ausdrücke um eine Einheit vermindert bzw. sie von der Ziffer 1 subtrahiert bei Zahlengrößen kleiner als 1 und das Ergebnis mit 100 multipliziert. Die relative Kostenab-

[15] Kilger, W.: Flexible Plankostenrechnung, a.a.O., S. 259; Käfer, K.: Standardkostenrechnung, Zürich 1955, S. 130 f.

[16] Kilger, W.: Der theoretische Aufbau der Kostenkontrolle, ZfB. (1959), S. 463 f.

weichung, gemessen durch eine Indexzahl, ergibt sich somit als Produkt der Indizes der Preis- und Mengenkomponenten der Kosten. Die Darstellung der Kosten- bzw. der Preis- und Mengenabweichungen in absoluten Zahlen ist die häufigere. Der Auswertende tut gut daran, seine Ergebnisse auch in Relativzahlen auszudrücken. Die relativen Preis- und Mengenabweichungen sind identisch mit den zugehörigen relativen Komponentenabweichungen, denn es ist

$$\frac{m_i(p_i - p_o)}{p_o m_i} = \frac{p_i}{p_o} - 1$$

$$\frac{p_o(m_i - m_o)}{p_o m_o} = \frac{m_i}{m_o} - 1$$

Beide Darstellungsweisen bilden eine sinnvolle Ergänzung. Ein absoluter Abweichungsbetrag ist in seiner Aussage von geringerem Wert, wenn er nicht zu einer Basis in Beziehung gesetzt wird. Es ist ein Unterschied, ob eine Mengenabweichung in Höhe von 10 DM einer Basiszahl von 1000 DM oder einer solchen von 100 DM angehört. Umgekehrt ist die Aussagekraft eines Auswertungsergebnisses gering, wenn man zwar die prozentuale Abweichung der Kosten kennt, aber nicht weiß, wie hoch der absolute Betrag ist, dem der Prozentsatz zugeordnet werden muß. Nur eine Verbindung mit ihr kann die Bedeutung dieser Abweichung für die Kostengestaltung erkennen lassen.

Derjenige, der eine Kostenrechnung auswertet, wird aus Gründen der Sicherheit seiner Ergebnisse und der Ermittlung der Entwicklungstendenzen jener Abweichungen die Untersuchungsergebnisse der auszuwertenden Rechnung mit denen früherer Perioden vergleichen. Der Vergleich kann geschehen durch die Gegenüberstellung der absoluten oder der relativen Zahlen in einer Tabelle oder in einer graphischen Darstellung. Wir wollen hier nur die graphische Darstellung in der Gestalt eines Liniendiagramms herausgreifen. Sie kann erfolgen mit Hilfe arithmetischer oder halblogarithmischer Teilung der Achsenmaßstäbe. Wir wählen für unsere Darstellung die halblogarithmische Teilung der Ordinate und die arithmetische der Abszisse sowie die beiderseitige arithmetische Teilung. Für den ersten Fall der Darstellung lauten die Gleichungen

$$\log p_i + \log m_i = \log K_i$$

$$\log p_o + \log m_o = \log K_o$$

und für die Indexgleichung

$$\log PI + \log MI = \log dkI \; .$$

Wir haben die Multiplikation der Faktoren in die Addition ihrer Logarithmen überführt und erhalten das folgende graphische Bild:

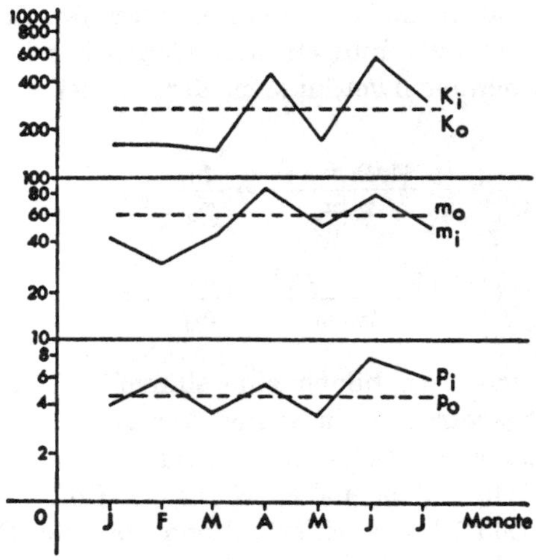

Abb. 3

Die Abbildung 3 verdeutlicht die Entstehung von K_i (K_o) durch die Summierung der Ordinaten von p_i (p_o) und m_i (m_o), ausgedrückt in deren Logarithmen, und gibt das Verhältnis an, das zwischen dem Produkt und seinen Faktoren besteht. Es handelt sich hier um eine Addition graphischer Intervalle. Da die Ordinate logarithmisch geteilt ist, muß auf den Zyklus geachtet werden, in dem eine Summe abgetragen wird. Der Vorteil der graphischen Darstellung mit halblogarithmischer Teilung der Ordinate besteht darin, daß sie das Wachstumstempo der Kurven erkennen läßt. Die Kurven zeigen „ohne alle Umrechnung in Prozente die relativen Schwankungen und relativen Größen, unabhängig von der Bewegung und von der Standhöhe dieser Größen"[17]. Aus der Abbildung sind die relativen Schwankungen der Kostenkomponenten und der Kosten, die tatsächlich entstanden sind, zu ersehen sowie ihr relativer Abstand zu den entsprechenden Größen der Maßstabkosten. Die absolute Kostenabweichung läßt sich nicht unmittelbar anschaulich aus einer halblogarithmischen Darstellung erkennen. Ferner sind die Preis- und Mengenabweichungen nicht ersichtlich, da die Addition zweier Größen nicht logarithmisch durchführbar ist. Die relative Preis- und Mengenabweichung ist zu ersehen, wenn

[17] Bysow, L. A.: Graphische Methoden in der Planung, Statistik und Erfassung, 2. Auflage, Berlin 1955, S. 171.

die Gleichungen *b* (c) der Verfahren I und II gemäß dem Beispiel in Abbildung 3 dargestellt werden. Die absoluten Abweichungen können graphisch auf zweifache Weise im Liniendiagramm in ihrer Entwicklung beobachtet werden. In beiden Fällen sind die Ordinaten und die Abszissen arithmetisch geteilt. Die Abbildungen 4 a und 4 b zeigen die

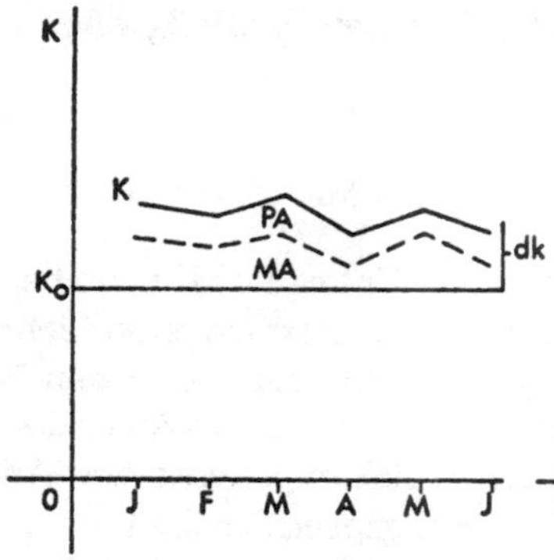

Abb. 4 a

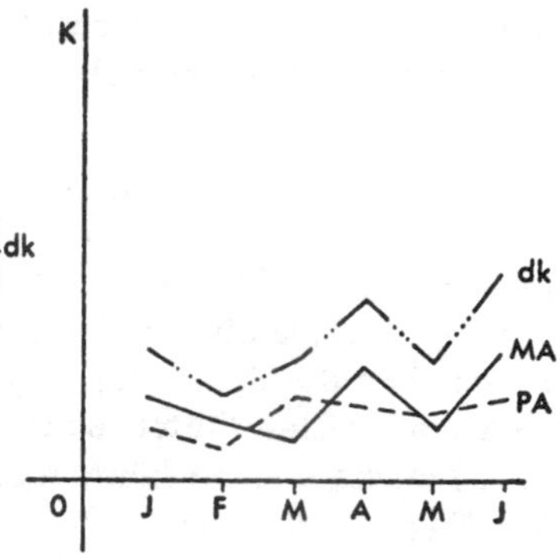

Abb 4 b

Kosten- und die Einzelabweichungen in zwei Formen. Die Abbildung 4 a enthält zusätzlich die Vergleichsgrößen (K_i, K_o) und teilt die Fläche zwischen den beiden Kostenkurven (Kostenabweichung) in die Preis- und Mengenabweichung. In der Abbildung 4 b sind nur die absoluten Beträge der drei Abweichungen über die jeweiligen Monate abgetragen. Es ist zu beachten, daß in beiden Schaubildern lediglich die Ordinaten der Kurvenpunkte von Bedeutung sind, die dem jeweiligen Monat angehören. Den Abbildungen ist zu entnehmen, wie sich die Abweichungen, gemessen in absoluten Beträgen, im Zeitablauf entwickelt haben.

Die graphischen Darstellungen, die in der Regel durch tabellarische Aufzeichnungen ergänzt werden, gelangen zur Anwendung, wenn eine laufende Auswertung der Kostenrechnung erfolgt. Dabei brauchen die Maßstabkosten und ihre Komponenten nicht über alle Zeiträume konstant zu bleiben, wie wir es aus Gründen der vereinfachten Darstellung in den Abbildungen 3 und 4 a angenommen haben. Beiden Vergleichsgrößen und ihren Komponenten können Entwicklungstendenzen zugrunde liegen. Die graphischen und tabellarischen Darstellungen für mehrere Abrechnungsperioden sollen dazu dienen, auf Entwicklungstendenzen der Kosten, der Kostenabweichungen, der Preis- und Mengenkomponenten, der Preis- und Mengenabweichungen aufmerksam zu machen, die noch nicht deutlich genug vom Auswertenden erkannt worden sind. Erst in zweiter Linie sind es die Hilfsmittel der Berichterstattung, die auf ihre Weise dem Empfänger der Ergebnisse die Entwicklung der Kostengestaltung veranschaulichen. Es ist stets zu beachten, daß die Beobachtung mehrerer Auswertungsergebnisse aus diesen beiden Gründen erfolgt: sie soll erstens aufmerksam machen auf die Kosteneinwirkungsfaktoren, die der Auswertende bisher nicht in den Griff bekommen hat, und zweitens dem Empfänger berichten, wie die bereits erkannten oder nicht erkannten Einflußgrößen auf die Kostengestaltung eingewirkt haben.

bb) Die Interpretation der Preisabweichungen

Preisabweichungen sind die mit dem Unterschied zwischen dem Istpreis und dem Maßstabpreis bewerteten Gütermengenverzehre. Sie umfassen nicht nur die Preise im engeren Sinne für die in den Betrieb eingehenden materiellen Güter, sondern auch die Lohnsätze, den Zinsfuß usw. Die Maßstabkosten können als Preiskomponente den Anschaffungs-, den Tages- oder einen Verrechnungspreis enthalten. Der tatsächliche Güterverkehr kann ebenfalls zu einem dieser drei Preise angesetzt werden. Eine Preisabweichung entsteht nicht, so lange den Vergleichsgrößen gleich hohe Preiskomponenten zugrunde liegen. Die Preisabweichung ist um so größer, je größer der Unterschied zwischen den beiden Preisansätzen und je größer die Mengenkomponente ist, mit der die Preisdifferenz multipliziert wird.

Die Preisabweichung ist wie die Mengenabweichung ein Bestandteil der Kosten. Die Ermittlung ihrer Ursachen und deren Bedeutung für die Kostengestaltung sind Teilgebiete der Auswertung einer Kostenrechnung. Wir haben bereits eine Unterscheidung der Kostenbestimmungsgründe nach Innen- und Außeneinflüsse getroffen. Dieser Einteilung bedienen wir uns bei der Untersuchung der Preisabweichungen. Die Ursachen der Preisabweichungen lassen sich kaum quantifizieren, so daß sich der Auswertende nur der verbalen Methode zur Darstellung dieser Kostenbestimmungsgründe bedienen kann. Die Ermittlung der Preiskomponente für die Maßstabkosten fällt nicht in das Gebiet der Auswertung. Der Auswertende muß jedoch ihren Inhalt kennen und das Verfahren, das zu ihrer Feststellung geführt hat, um die Preisabweichung richtig beurteilen zu können.

Betrachtet man die Ursachen der Preisvariation, so können als Außeneinflüsse in Erscheinung treten[18]

1. die Änderungen des Geldwertes.

[18] Beste, Th.: Die kurzfristige Erfolgsrechnung, a.a.O., S. 429; Gater, R.: Behandlung von Preisschwankungen in der Plankostenrechnung, ZfB. 23. Jg. (1953), S. 26; Käfer, K.: Standardkostenrechnung, a.a.O., S. 99.

2. die Bewegungen auf den in- und ausländischen Beschaffungsmärkten (einschließlich des Geld-, Devisen-, Verkehrs-, Versicherungs- und Arbeitsmarktes) infolge von Schwankungen und Strukturwandlungen, die nicht nur wirtschaftlich, sondern auch politisch bedingt sein können.
3. die Eingriffe der öffentlichen Hand durch die Steuer- und Sozialgesetzgebung sowie sonstige Belastungen der Wirtschaft durch den Staat.
4. das Eingreifen der dem Betrieb übergeordneten Tarifpartner (Arbeitgeberverbände und Gewerkschaften) in bezug auf die Lohn- und Gehaltsänderungen.
5. der technisch-wirtschaftliche Fortschritt.

Die wesentlichen Außeneinflüsse sind diesen fünf Punkten zurechenbar. Es können lediglich ihre Wirkungen erkannt, nicht aber sie selbst quantifiziert werden. In der Regel wird der einzelne Betrieb keinen Einfluß auf diese Faktoren ausüben können. Das schließt nicht aus, daß ein Betrieb infolge seiner Größe oder seiner Stellung auf dem Markt nicht doch einen mehr oder weniger großen Einfluß auf eine der angeführten Preiseinflußgrößen geltend machen kann. In einem solchen Fall liegt dann kein Außen-, sondern ein Inneneinfluß vor. Der Betrieb kann nicht nur versuchen, durch aktives Eingreifen Einfluß auf die Faktoren zu gewinnen. Da der Wirkungsbereich jener Faktoren begrenzt ist, vermag er sich unter Umständen den ungünstigen Einflüssen auf seine Preise zu entziehen, indem er z. B. seinen Standort verlagert. Je nach der Art des Betriebes sind die Möglichkeiten mehr oder weniger begrenzt. Aus der Verantwortungsrechnung scheiden die Außeneinflüsse aus.

Die beschriebenen Außeneinflüsse lassen sich feststellen, wenn die Preise verschiedener Abrechnungsperioden in die Auswertung einbezogen werden. Nun kann die Vergleichsgrundlage einem anderen Betrieb entnommen sein, und es ergeben sich beim Ansatz der Tagespreise für beide Vergleichsgrößen Preisdifferenzen. Abweichungen dieser Art treten bei Betriebsvergleichen immer in Erscheinung. Unter den Preisabweichungen befinden sich solche, die ebenfalls als Außeneinflüsse zu betrachten sind bzw. ihnen doch sehr nahekommen. Die Standorte der Betriebe können preisbeeinflussend wirken. Vom Standort abhängig sind z. B. die Hebesätze der Gewerbesteuer, unter Umständen die Löhne und Gehälter der Arbeitnehmer, die Transportkostensätze für die ein- und ausgehenden Güter, regional begrenzte staatliche Förderungsmaßnahmen (z. B. Notstandsgebiete) usw. Im Gegensatz zu den oben genannten Außeneinflüssen kann der Betrieb unter Umständen seine Betriebsstätten leichter verlagern und sich den ungünstigen Einflüssen auf seine Preise entziehen. Im einzelnen Fall ist zu entscheiden, ob hier Außen- oder schon Inneneinflüsse vorliegen. Das gilt auch für andere Abweichungsursachen. So hängt z. B. der Preis für die Güter unter anderem von der eingekauften Menge ab. Weichen die Betriebsgrößen erheblich voneinander ab, so kann der höhere Preis für den kleineren Betrieb seine Ursache in einer geringeren Bezugsmenge finden. Aus Wirtschaftlichkeitsgründen ist der kleinere Betrieb gehindert, größere Mengen zu beziehen. In ähnlicher Weise mag die Preishöhe bedingt sein durch die finanzielle Situation des Betriebes. In der Regel ist der Preis höher, wenn der Betrieb sich von seinem Lieferanten einen Kredit einräumen läßt. Seine finanzielle Situation, die er vielleicht zur Zeit nicht beeinflussen kann, ist ausschlaggebend für die Preiskomponente seiner Kosten. Diese Beispiele mögen genügen, um zu zeigen, daß Preisbestimmungsgründe vorliegen können, die den Außeneinflüssen gleichzusetzen sind. Ferner verdeutlichen die Beispiele, daß es in der praktischen Auswertung einer Kostenrechnung schwierig ist, die Grenze zwischen den Außen- und den Inneneinflüssen eindeutig zu ziehen. Es werden immer Grenzfälle verbleiben, die sich nicht genau zuordnen lassen.

Die Inneneinflüsse auf die Preisgestaltung sind für die Auswertung von größerer Bedeutung als die Außeneinflüsse, weil bei ihnen die Frage nach der Verantwortlichkeit beantwortet werden muß. Da die Innen- und Außeneinflüsse auf die Preiskomponenten der Kosten nicht quantifizierbar und die Preisabweichungen nicht nach den beiden Einflußarten zerlegbar sind, ergibt sich die Schwierigkeit, die Verantwortungsträger zu kontrollieren. Eine eindeutige Zuordnung ist nur möglich, wenn die Preisvariation entweder auf Innen- oder auf Außeneinflüsse zurückzuführen ist. Treten beide gleichzeitig auf, dann ist eine Trennung kaum möglich. Aus diesem Grunde wird es problematisch, die zuständigen Personen für die Abweichungen voll verantwortlich zu machen. Gelingt die Kontrolle nicht vollkommen, so ist darin kein Grund zu erblicken, die Preisabweichungen unbeachtet zu lassen. Es genügt, wenn der Auswertende bzw. die zuständigen Verantwortungsträger sich Gedanken über die möglichen Ursachen der Preisabweichungen machen und die erkannten Bestimmungsgründe im Auswertungsbericht neben den jeweiligen Preisabweichungen in wenigen Worten vermerken. Ob es sinnvoll ist, auf die nicht konkret erfaßbaren Preisbeeinflussungsfaktoren mit Hilfe von Prämien für die verantwortlichen Personen einzuwirken und dadurch eine Senkung der Preisabweichungen herbeizuführen, kann nicht generell entschieden werden.

Als bedeutsamste Inneneinflüsse auf die Höhe der Preiskomponenten der Kosten treten auf[19]

---

[19] Beste, Th.: a.a.O., S. 429.
Gater, R.: a.a.O., S. 26. — Fortsetzung S. 131.

1. der Lieferantenwechsel;
2. die Transportwege und -mittel;
3. die Substitutionen und Qualitätsveränderungen;
4. die Ausnutzung der Beschaffungsgelegenheiten durch die richtige Wahl des Beschaffungszeitpunktes;
5. der Bezug großer und kleiner Mengen;
6. die Dringlichkeit des Bedarfs;
7. die Lohnsatzvariationen infolge veränderter Produktion;
8. die freiwilligen Tariferhöhungen durch die Betriebsleistung;
9. die erhöhten Löhne für Überstunden, die veränderte Zusammensetzung der Lohngruppen;
10. Variationen in der Bewertung von Vorräten, soweit sie nicht auf Außeneinflüsse beruhen (z. B. die Abwertungen beim Einsatzmaterial in Stahlwerken);
11. die Einflüsse der Leistungen vorgelagerter Kostenstellen auf die Höhe der sekundären Kostenarten.

In der Regel treffen mehrere Inneneinflüsse zusammen und wirken mit den Außeneinflüssen gemeinsam auf die Preiskomponenten der Kosten ein. Da die Inneneinflüsse durch die Disposition der zuständigen Verantwortungsträger bedingt sind, müssen sie nach Möglichkeit durch die Auswertung der Kostenrechnung ermittelt werden. Häufig wird die Untersuchung nur den Komplex der Einflüsse aufdecken, der eine Variation der Preiskomponenten bewirkt hat. Beobachtet man die Auswertungsergebnisse mehrerer Zeiträume, dann läßt sich erkennen, ob die Abweichung unverändert fortbesteht oder ob sie in eine für den Betrieb günstige oder ungünstige Richtung tendiert. Gelingt es, durch die Untersuchung die Ursachen der Preisabweichungen mit dem erforderlichen Feinheitsgrad sichtbar zu machen, dann ist eine wesentliche Voraussetzung geschaffen für die zukünftige Steuerung des Kostenniveaus auf diesem Teilgebiet. Die verantwortlichen Personen ersehen, welche Wirkungen von den Außen- und Inneneinflüssen auf die Kostengestaltung ausgehen. Sie können in Zukunft versuchen, über die Inneneinflüsse auf die Höhe der Preiskomponente der Kosten einzuwirken. Die Verminderung der Preisabweichungen bei der Anwendung des gleichen Ermittlungsverfahrens sollte nur als Erfolg der Dispositionen der verantwortlichen Personen gewertet werden, wenn keine Außeneinflüsse mitgewirkt oder diese nur negative Einflüsse ausgeübt haben,

---

Käfer, K.: a.a.O., S. 99.
Agthe, K.: Die Abweichungen in der Plankostenrechnung, Freiburg 1958, S. 108.
Kilger, W.: Flexible Plankostenrechnung, a.a.O., S. 70.

das heißt die Senkung der Preisabweichungen über die Inneneinflüsse zustande gekommen ist.

Wichtige Aufschlüsse gibt eine Preisabweichung, wenn die Maßstabkomponente einem fremden Betrieb entnommen ist. Stellt der Tagespreis in beiden Betrieben die Preiskomponente der Vergleichsgröße dar, so ist die Preisabweichung um so aufschlußreicher, je gleichmäßiger sich die Außeneinflüsse in beiden Preisen niederschlagen. Die Differenz zwischen den beiden Preisen und die Preisabweichung beruhen dann auf Inneneinflüsse. Gelingt es, durch die Auswertung die Abweichungsursachen festzustellen, dann ist das Auswertungsergebnis besser zur Kostensteuerung geeignet als die vergleichende Betrachtung der Größen des eigenen Betriebs. Da die Preiskomponenten Bestandteile der Kosten sind, muß die Voraussetzung erfüllt sein, daß der Inhalt der Kostenarten beider Betriebe gleich ist, die Kostenplätze vergleichbar sind und das Untersuchungsergebnis nicht durch die Verfahren der Kostenrechnung beeinträchtigt ist. Die Probleme des Betriebsvergleichs sind oft dargestellt worden. Sie treten bei der Auswertung der Kostenrechnung in Erscheinung, wenn die Verzehre anderer Betriebe als Maßstab gewählt werden. In der Regel steht einem Betrieb dieser Maßstab nicht oder nicht in der gewünschten Form zur Verfügung, so daß er keine Verfeinerung der Auswertungsaussage herbeizuführen vermag.

cc) Die Deutung der Mengenabweichungen

Die Mengenabweichungen sind Kostenbeträge. Sie entstehen bei den kumulativen Verfahren durch die Multiplikation der Preiskomponenten mit den Differenzen zwischen den Mengenkomponenten. Der Preis kann den Istkosten oder den Maßstabkosten entnommen sein. Da die Preiskomponenten für das Vergleichsobjekt und die Vergleichsgrundlage die gleichen Höhen aufweisen, bestimmen sie die Kosten- und die Abweichungshöhen. Von ihnen gehen aber keine Schwankungen der Vergleichsgrößen aus, weil sie konstant sind. Für die Untersuchung des Mengengerüstes der Kosten und der Mengenabweichungen ist es von untergeordneter Bedeutung, ob der Tagespreis, der Anschaffungspreis oder irgendein Verrechnungspreis zum Ansatz gelangt. Weichen die Verrechnungspreise von den Tageswerten ab, so fragt es sich, ob diese Wertansätze unterschiedliche Gewichtungen der Mengenabweichungen hervorrufen. Stellt die Gesamtheit der anzusetzenden Tagespreise lediglich eine gleichgerichtete und gleichmäßige Verschiebung aller anzuwendenden Verrechnungspreise (oder auch Anschaffungspreise) dar, so tritt keine Änderung in der Gewichtung einer Abweichung ein. Die Gewichtung verändert sich, wenn sich die Tagespreise nicht gleichgerichtet und/oder ungleichmäßig entwickeln. Die Höhe der Mengenabweichung ist von Bedeutung für die Kostensteuerung, wenn der Kostenstellenleiter oder sonstige, die Verantwortung tragende Personen Substitutionen zwischen mehreren Güterarten vornehmen können. Substitutionen können nicht nur bei den Stoffen, den Betriebsmitteln usw., sondern auch bei den Arbeitskräften möglich sein. Der Tageswert als Preiskomponente verliert seine Bedeutung hinsichtlich der Lenkung, sobald keine Substitutionsmöglichkeiten gegeben bzw. die vorhandenen erschöpft sind[20]. Einige Autoren[21] sehen in dem Ansatz nicht wirklichkeitsgetreuer Verrechnungspreise eine Verzerrung der betrieblichen Kostengestaltung. Für die Kontrolle des Betriebes ist die Höhe des Preisansatzes unwichtig. Durch die Verrechnungspreise kann sich nur ein höheres oder niedrigeres Kostenniveau ergeben, als es der Wirklichkeit entspricht. Der vergleichenden Betrachtung der Verzehre entstehen dadurch keine Hindernisse. Der gleiche Wertansatz bei den Kosten mehrerer Vergleichsperioden ermöglicht erst die einwandfreie Beurteilung der Größen. Da die Verrechnungspreise von Zeit zu Zeit den Tagespreisen angepaßt werden, verliert das Argument seine Zugkraft, weil sich dann keine großen Verzerrungen ergeben. Außerdem bestehen Möglichkeiten, die Verbindung zwischen den Tagespreisen und den Verrechnungspreisen mit Hilfe von Indexrechnungen herzustellen.

Die Auswertung der Kostenrechnung befaßt sich vor allem mit der Untersuchung der Mengenabweichungen. Da die Preis- und Mengenkomponenten Bestandteile der Kosten sind, beeinflussen sie zwar die Höhe des Kostenniveaus, sie sind jedoch keine Kosteneinflußgrößen in unserem Sinne. Als solche haben wir jene Ursachen bezeichnet, welche die Komponenten und deren Höhen bewirken. Bei der Untersuchung der Mengenabweichungen sind alle Einflüsse ausgeschaltet, die sich über die Veränderungen der Preiskomponenten ergeben. Die Kostenmengenabweichungen finden ihre Begründung in der Wirksamkeit der verschiedensten Einflußgrößen, die von den Kostenstellenleitern beeinflußbar oder unbeeinflußbar sind. Ihnen im einzelnen nachzugehen, die Kostenabhängigkeiten zu quantifizieren, ist Aufgabe der zweiten und dritten Stufe der Kostenanalyse. Dringt der Auswertende nicht tiefer in die Zusammenhänge ein, so kann er in dieser letzten Phase der ersten Stufe versuchen, die Ursachen für die Mengenabweichungen herauszufinden und sie wie die Preisabweichungen nach Innen- und Außeneinflüssen klassifizieren. Zu den Außeneinflüssen zählen auch die Wirkfaktoren, die zwar beeinflußbar sind, deren Beeinflussung aber wirtschaftlich unvernünftig ist. Die Gruppierung der Kosteneinflußgrößen nach ihrer Beeinflußbarkeit setzt voraus, daß jede Größe zurechenbar

---

[20] Beste, Th.: Die kurzfristige Erfolgsrechnung, a.a.O., S. 429.
[21] Geil, H.: Die Plankostenrechnung im Industriebetrieb unter Berücksichtigung des Beschaffungs- und Absatzbereiches, Diss. Marburg 1944, S. 29.

ist. Es sind in der konkreten Situation nicht nur die Grenzfälle gegeben, die eine eindeutige Zuordnung verhindern. Eine Anzahl von Kostenbestimmungsfaktoren läßt sich beiden Gruppen zuordnen. Da auf dieser Stufe keine weitere Zerlegung erfolgt, ist eine genaue Zurechnung nicht möglich.

Die bewerteten Verbrauchsmengen der auszuwertenden Kostenrechnung werden einer entsprechenden Maßstabgröße gegenübergestellt, um die Mengenabweichung zu errechnen. Die Vergleichsgrundlage ist gleichzeitig eine Normgröße. Liegt dem Maßstab ein Soll-Mengengerüst zugrunde, dann ist dem verantwortlichen Kostenstellenleiter eine Norm gegeben, an der seine Leistung in bezug auf seine Kostensteuerung beurteilt werden kann. Ob er die Mengenabweichung voll oder teilweise zu vertreten hat, hängt von der Richtigkeit des Maßstabs und der konkreten Betriebssituation im Abrechnungszeitraum ab. Benutzt man die Verzehre vergangener Perioden als Maßstab, so ergibt sich in der Regel keine geeignete Beurteilungsnorm, weil auf dieser Stufe der Kostenanalyse nicht erkennbar ist, welche Einflußgrößen das Maßstabkostenniveau hervorgerufen haben. Ähnlich verhält es sich mit Vergleichsgrundlagen, die fremden Betrieben entnommen sind, wenn sie nicht erkennen lassen, welche Faktoren die Kostenhöhe bewirkt haben.

Nun gibt es Kostenstellen und Kostenplätze, deren Verzehre nur auf der ersten Stufe der Kostenanalyse untersucht werden können. Zu diesen Bereichen zählen die Allgemeinen Kostenstellen, die Verwaltungs- und Vertriebskostenstellen, die Beschaffungskostenstellen usw. Diese Orte der Kostenentstehung unterscheiden sich deutlich von denen der Fertigung. Die Leistungen jener Bereiche sind im Gegensatz zu denen der Fertigung zum großen Teil abstrakt, sie sind sinnfällig nicht faßbar und nicht dinglich nachzuweisen. „Sie sind mit technischen Maßeinheiten nicht zu messen, da sie keine körperliche Form aufweisen und auch keine physikalische Energie darstellen. Sie sind geistige Leistungen, auf welche die für den Fertigungsbereich entwickelten Gedankengänge nicht ohne weiteres zutreffen[22].“ Das schließt nicht aus, daß es auch dort Kosten gibt, die sich unmittelbar aus einer Tätigkeit ergeben. Diese Verzehre resultieren aus sich ständig in ähnlicher Form wiederholenden Vorgängen. Die Kosten für solche Tätigkeiten sind erfaßbar und die Tätigkeiten selbst meßbar, „sie können aber nicht auf die eigentliche Leistung von Beschaffung und Absatz bezogen werden, sondern immer nur auf die die Kosten verursachenden Leistungen, also auf die Niederschrift eines Briefes, die Eintragung in eine Kartei, die Beförderung eines Briefes, die im Auto zurückgelegten Kilometer“[23]. Die neuesten Untersuchungen

---

[22] Geil, H.: a.a.O., S. 132.
[23] Geil, H.: a.a.O., S. 133.

einiger amerikanischer Autoren[24] haben ergeben, daß etwa 60 % der Tätigkeiten in Verwaltungen unterhalb der Stellung eines Büroleiters meßbar sind. Messungen dieser Art sind in jenen Betriebsteilen selten anzutreffen. Aus diesem Grunde geschieht die Auswertung der Kostenrechnungen dieser Bereiche mit Hilfe unkorrigierbarer oder starrer Maßstabkosten. Die Vergleichszahlen sind vielfach Vergangenheitszahlen, die unter Berücksichtigung des Personalstandes und durch systematische Untersuchungen als Vergleichsgrundlagen geeignet gemacht werden[25]. Sind die Kosten je Kostenplatz ermittelt und nach Kostenarten aufgegliedert, so lassen sich die Kostenschwankungen ohne große Schwierigkeiten erkennen und auf ihre Ursachen zurückführen. Die Kostenanalyse erreicht ihren höchsten Feinheitsgrad in diesen Bereichen, wenn sie für den einzelnen Arbeitsplatz durchgeführt wird. Die Beobachtung der Mengenabweichungen der Verzehre jener Kostenstellen in verschiedenen Zeiträumen unter Berücksichtigung des jeweiligen Personalstandes gibt Hinweise auf mögliche Kostenbestimmungsgründe. Die Kostenanalyse trägt dazu bei, die Kosten auch auf diesem betrieblichen Sektor zu steuern. Die Steuerung selbst kann mit den Methoden durchgeführt werden, wie sie z. B. von Birn, Crossan und Eastwood[24] dargestellt sind.

2. Der Kostenvergleich mit Hilfe flexibler Maßstäbe

a) Die Vergleichsgrundlage

Die zweite Stufe der Kostenanalyse geht von Kosten aus, bei denen das Mengengerüst der Vergleichsgrundlage und des Vergleichsobjekts mit gleichen Preisen bewertet ist. Die Preisschwankungen und die aus ihnen resultierenden Preisabweichungen werden bereits auf der ersten Stufe der Kostenanalyse eliminiert. Die Kostendifferenzen beruhen auf den abweichenden Mengenkomponenten.

Um die Mengenabweichungen einer genaueren Untersuchung unterziehen zu können, nehmen wir Korrekturen an den Maßstabkosten vor. Die Änderungen wirken sich auf die Höhe der Maßstabkosten aus. Die Maßstabkostenfunktion einer Kostenart besteht in der Regel aus mehreren Teilgliedern. Die Einfügung der Kosteneinflußgrößenquantitäten in die Kostenfunktion ermöglicht es, die Kosten (als abhängige Variable) in Abhängigkeit von den quantifizierten Einwirkungsfaktoren (als unabhängige Variable) darzustellen. Da wir die Einflußgrößenqualitäten nicht ziffernmäßig fassen, sondern nur in ihren Wirkungen

---

[24] Birn, S. A.; Crossan, R. M.; Eastwood, R. W.: Wege zur Senkung und Kontrolle der Verwaltungskosten, Berlin 1964.

[25] Agthe, K.: Kostenplanung und Kostenkontrolle im Industriebetrieb, Baden-Baden 1963, S. 169 ff.
Matz, A.: Plankostenrechnung, Wiesbaden 1954, S. 208 ff.

festhalten können, finden sie in der additiven Konstanten und in den Gewichten der Einflußgrößenquantitäten einer Kostenfunktion ihren Niederschlag. Die Maßstabkostenkorrektur erfolgt in der Weise, daß, ausgehend von der optimalen Konstellation der Einflußgrößenquantitäten und -qualitäten, eine Anpassung an die Ist-Konstellation der Einwirkungsfaktoren erfolgt und die Abweichungen einzeln und insgesamt ermittelt werden. Vergleichsgrößen sind in der zweiten Stufe der Kostenanalyse die optimalen und die korrigierten Maßstabkosten. Die Istkosten treten erst in der zweiten Phase dieser Stufe in Erscheinung.

An dieser Stelle weisen wir auf die für die Auswertung der Kostenrechnung wichtige Gliederung der Verzehre in fixe und variable Kosten hin. Die Kostenarten eines Kostenplatzes zergliedern wir in Kostenkategorien. Unterscheidungskriterium ist die Abhängigkeit der Verzehre von der Beschäftigung. Sind die Kosten von der Beschäftigung unabhängig, so sprechen wir von fixen, im anderen Falle von variablen Kosten. Die Beschäftigungsmenge ist gleichzeitig eine quantifizierte Kosteneinflußgröße, die wir mit dem Symbol x kennzeichnen. Die Einteilung der Verzehre in fixe und variable Kosten ist vorrangig, weil sie für betriebspolitische Entscheidungen von größter Bedeutung ist. Häufig ist die Beschäftigung die einzige Kosteneinflußgröße, die quantifiziert werden kann. Da die Leistungen der Potentialfaktoren abhängig sind von der Beschäftigung, sind die variablen Verbrauchsmengen der Potentialfaktoren über die Leistungen jener Faktoren mittelbar abhängig von der Beschäftigung[26]. Obwohl die Beschäftigung auf verschiedene Weise gemessen werden kann, beschränken wir uns auf ihre Messung durch die Produktmenge.

Die Kostenfunktionen für die Vergleichsgrundlage sind linear oder höheren Grades, sie enthalten eine oder mehrere unabhängige Variable, die unterschiedlich miteinander verknüpft sein können. Da die Kostenfunktionen nicht alle Kostenbestimmungsgründe berücksichtigen, handelt es sich um Funktionen, die den Einfluß der Einwirkungsfaktoren auf die Maßstabkosten näherungsweise wiedergeben. In der Regel versucht man, mit linearen Funktionen auszukommen. Wir werden in erster Linie mit dieser Funktionsart arbeiten; bei Funktionen höheren Grades gelingt es oft, sie zu linearisieren, um auf diese Weise eine brauchbare Näherungsfunkton zu erhalten.

b) Die Durchführung der Maßstabkorrektur

aa) Die Voraussetzungen

Die Berichtigung des Kostenmaßstabs verfolgt den Zweck, den Korrekturbetrag, der durch zwei Kosteneinflußgrößenkonstellationen entsteht,

---

[26] Gutenberg, E.: Grundlagen der Betriebswirtschaftslehre, a.a.O., S. 220.

an Hand der Einflußgrößenvariationen in Einzelabweichungen aufzuspalten. Die Einzelabweichungen werden den Kostenbestimmungsgrößen zugeordnet. Ob eine Maßstabberichtigung durchführbar ist, mit welcher Güte und mit welchem Genauigkeitsgrad das geschehen kann, hängt unter anderem von der Erfüllung einiger Prämissen ab. Die Berichtigung des Kostenmaßstabs ist möglich, wenn folgende Bedingungen erfüllt sind:

1. Die Vergleichsgrundlage, deren Mengengerüst mit den gleichen Preisen bewertet ist wie das der Istkosten, muß die relevanten Kosteneinflußgrößenquantitäten erkennen lassen.
2. Die Konstellationen der Einflußgrößenquantitäten und -qualitäten für die Ausgangsgrößen müssen bekannt sein.
3. Der Auswertende muß die Einflußgrößenkonstellationen des Istzustandes kennen.
4. Die Wirkung jeder zu berücksichtigenden Einflußgröße muß bekannt sein.

Der Auswertende kann in der Regel nicht alle Angaben der Kostenrechnung entnehmen. Selbst die Ist-Konstellationen der Kostenbestimmungsgründe sind anderen Aufzeichnungen zu entnehmen. Während in der ersten Stufe der Kostenanalyse die Einflußgrößen nur in den Erläuterungen zu den Abweichungen erwähnt werden, sind sie hier zahlenmäßig in ihren Wirkungen und/oder in ihrer Größe zu erfassen. Teilt man die Kostenfunktionsglieder den Kostenkategorien zu, dann muß der Auswertende wissen, ob die fixen und/oder die variablen Kostenbestandteile von einem Bestimmungsfaktor beeinflußt werden, ob alle oder nur ein Teil der einer Kategorie zugeteilten Funktionsglieder variiert werden usw. Die Auswertung muß trotz aller Verfeinerung wirtschaftlich bleiben. Die Grenze der Wirtschaftlichkeit ist nur im einzelnen Fall bestimmbar. Durch den Einsatz von Datenerfassungs- und -verarbeitungsanlagen kann sie hinausgeschoben werden. Da die Auswertung außerdem die Sonderuntersuchungen umfaßt, müssen wir die verfeinerten Auswertungsmöglichkeiten darstellen, die durchaus wirtschaftlich sein können. Der Auswertende muß beurteilen, wann seine Untersuchung die Grenzen der Wirtschaftlichkeit erreicht.

Sind die dargestellten Voraussetzungen gegeben, dann ist es für die technische Durchführung der Analyse unerheblich, ob die Vergleichsgrundlagen einem fremden oder dem eigenen Betrieb (als Istkosten vergangener Perioden oder als Sollkosten) entnommen werden. Der Inhalt des Maßstabs gewinnt bei der Interpretation der Abweichungen, das heißt der Korrekturen, Bedeutung. Auf die Durchführung der Korrektur übt er keinen Einfluß aus.

bb) Allgemeine Darstellung der Maßstabberichtigung

Zunächst stellen wir die Berichtigung des Maßstabs allgemein dar, bevor wir auf die einzelnen Arten der Korrektur eingehen. Wir wählen als Beispiel eine lineare Kostenfunktion mit mehreren Kosteneinflußgrößen von der Art:

$$a_o + b_o y_o + c_o x_o = K_o \ .$$

In dieser Gleichung stellen a die additive Konstante, b das Gewicht der Einflußgröße y, c das Gewicht der Einflußgröße x und K die Kosten dar. Der Index (o) deutet auf die Ausgangskonstellation der Einwirkungsfaktoren hin. Die konstanten Größen a, b und c sind Kostenbeträge, die aus einer Mengen- und einer Preiskomponente bestehen. Da die Preiskomponente stets die gleiche Höhe aufweist, können die Schwankungen der konstanten Größen nur auf Variationen der Mengenkomponente zurückzuführen sein. Aus diesem Grunde arbeiten wir auf dieser Stufe der Kostenanalyse nur mit den Kostenträgern, die sich als einheitlich bewertete Mengengerüste präsentieren. Die Gleichung des korrigierten Maßstabs weist die gleichen Symbole auf mit Ausnahme des Index, der mit s bei den Gewichten, mit i bei den Bestimmungsgründen gekennzeichnet wird. Subtrahiert man beide Gleichungen, so erhält man:

$$\begin{array}{l} a_s + b_s y_i + c_s x_i = K_s \\ \underline{a_o + b_o y_o + c_o x_o = K_o} \\ a' + g_y + g_x = dk^{\mathrm{II}} \ . \end{array}$$

Die Kostenabweichung dk^{II} ist in drei Teilabweichungen aufgeteilt. Die Teilabweichungen entstehen bei jedem Glied der Kostenfunktion. Beruht eine Abweichung auf der Veränderung einer ausgewiesenen Einflußgrößenquantität, so tritt die Differenz bei dem Glied der Kostenfunktion in Erscheinung, dem der Einwirkungsfaktor zugeordnet ist. Enthalten mehrere Glieder diesen Faktor, dann treten bei denen Abweichungen auf, die ihn enthalten. Ist die Einflußgrößenquantität nicht sichtbar, so wirkt sich ihre Variation in einer Veränderung der Gewichte aller Einflußgrößenquantitäten und/oder der additiven Konstanten aus. Für die Kosteneinflußgrößenqualitäten gilt das gleiche wie für die nicht ausgewiesenen Einflußgrößenquantitäten.

Die Zerlegung der Einzelabweichungen wird mit Hilfe der Verfahren vorgenommen, die wir bei der Ermittlung d er Preis- und Mengenabweichungen angewandt haben. Die Aufspaltung erfolgt, indem die Abweichung der Einzelglieder entsprechend der ursprünglichen Konstellation der Einflußgrößen und der Istkonstellation aufgeteilt wird. Es ergeben sich bei der Anwendung des kumulativen Verfahrens der Abweichungsaufspaltung

$$(a_s - a_o) + (b_s - b_o)y_i + b_o(y_i - y_o) + (c_s - c_o)x_i + c_o(x_i - x_o) = dk^{II} .$$

Die Gleichung läßt erkennen, in welcher Höhe die Maßstabkorrekturen auf die Abweichungen der additiven Konstanten bzw. der Gewichte der Kosteneinflußgrößenquantitäten zurückzuführen sind und wie hoch der Anteil ist, der auf die Variation jeder Einflußgrößenquantität entfällt. Die Unterschiede können in absoluten Beträgen und in Relativzahlen dargestellt werden. Die auf der ersten Stufe der Kostenanalyse benutzten Verfahren sind analog anwendbar.

Die soeben beschriebene Abweichungszerlegung birgt den Nachteil in sich, daß sie nicht erkennen läßt, ob die Komponentenabweichungen der einzelnen Glieder auf der Variation einer oder mehrerer Einwirkungsfaktoren beruhen. Die Abweichungszerlegung muß erkennen lassen, welche Einzelkorrekturen sich ausgewirkt und zum berichtigten Maßstab geführt haben. Bei der Anwendung des kumulativen Verfahrens gehen wir in der Weise vor, daß wir nacheinander in einer festgelegten Reihenfolge zuerst die Korrekturen der Einflußgrößengewichte und dann die der Einflußgrößenquantitäten vornehmen.

1. $a_o + b_o y_o + c_o x_o = K_o$

2. $a_1 + b_1 y_o + c_1 x_o = K_1$

3. $a_2 + b_2 y_o + c_2 x_o = K_2$

4. $a_3 + b_3 y_o + c_3 x_o = K_3$

5. $a_3 + b_3 y_i + c_3 x_i = K_i$

Die berichtigte Maßstabkostenfunktion in ihrer endgültigen Fassung ergibt sich aus dem vorstehenden Gleichungssystem durch die Anpassung an vier Einflußgrößenvariationen, die wir der Einfachheit halber auf alle Funktionsglieder bezogen haben. Man erhält die Wirkungen jeder Kosteneinflußgrößenvariation, wenn man die Gleichung 1 von der Gleichung 2, die Gleichung 2 von der Gleichung 3 usw. subtrahiert unter der Voraussetzung, daß jede folgende Gleichung aus der vorhergehenden durch den Einfluß nur eines Einwirkungsfaktors entsteht. Bei additiver Verknüpfung der Kosteneinflußgrößen ist es ohne Schwierigkeiten möglich, den Einzeleinfluß zu ermitteln. Die Interdependenz der Einflußgrößen bietet ebenfalls keine Probleme, wenn zwei Einflußgrößen zwar gleichzeitig variieren, ihre Einwirkung auf die Kostengestaltung jedoch über verschiedene Glieder einer Kostenfunktion erfolgt. Variieren z. B. die Größen y und x in den Funktionen infolge ihrer Interdependenz gemeinsam, so ist nach wie vor zu erkennen, welcher Korrekturbetrag durch jeden Faktor hervorgerufen wird. Multiplikative Verknüpfungen der Einflußgrößen bergen das Problem der unlösbären Aufteilung eines Produktes auf seine Faktoren in sich, das heißt die Aufteilung des Produktes in Summanden, die an die Stelle der Faktoren treten. Dieses Problem tauchte bereits bei der Ermittlung der Preis- und Mengenabweichungen auf. Es wurde dort durch Näherungsverfahren gelöst. Zu Näherungslösungen können wir mit den gleichen Verfahren bei der Zerlegung einer Kostenabweichung gelangen, der mehrere, in einer multiplikativen Verbindung miteinander stehenden Kosteneinflußgrößenveränderungen gegenüberstehen. Wir wählen als Beispiel zwei Kostenfunktionen ohne additive Konstanten mit dem Proportionalitätsfaktor b und den Einflußgrößenquantitäten y und x. Die Gleichungen lauten

$$\left.\begin{aligned} b_o y_o x_o &= K_o \\ b_s y_s x_s &= K_s \end{aligned}\right\} dk$$

Die Zerlegung der Kostenabweichung dk erfolgt nach den Verfahren der kumulativen Abweichungsaufspaltung auf folgende Weise:

$$\begin{aligned} b_s y_s x_s &= K_s \\ - b_o y_s x_s &= K'_s \quad = dk_b \end{aligned}$$

$$\begin{aligned} b_o y_s x_s &= K'_s \\ - b_o y_o x_s &= K''_s \quad = dk_y \end{aligned}$$

$$\begin{aligned} b_o y_o x_s &= K''_s \\ - b_o y_o x_o &= K_o \quad = dk_x \end{aligned}$$

Das Beispiel zeigt, wie nacheinander von links nach rechts fortschreitend die Einflüsse der einzelnen Faktoren eliminiert und die durch sie hervorgerufenen Kostenabweichungen ausgewiesen werden. Es ist stets zu beachten, daß es sich hier um Näherungsverfahren handelt. Die Abweichungsüberschneidungen sind in den zwei ersten Kostendifferenzen dk_b und dk_y enthalten. Die Reihenfolge der Abweichungsermittlung muß festgelegt werden, wenn man die Vergleichbarkeit der Einzelabweichungen mehrerer Perioden gewährleisten will. Sie verhindert, daß Differenzen auftreten, die in ihrer Höhe durch das Verfahren der Kostenanalyse bedingt sind.

Für die auf dieser Stufe der Kostenanalyse durchzuführende Untersuchung der Leer- und Nutzkosten des ursprünglichen und des berichtigten Kostenmaßstabs ist die Zuordnung der Kostenfunktionsglieder zu den fixen und variablen Kosten erforderlich. Die Untersuchung kann durchaus ergeben, daß ein Kostenbestimmungsfaktor mit Ausnahme der Beschäftigungsmenge oder einer von ihr abhängigen Einflußgröße sowohl auf die fixen als auch auf die variablen Kosten je Beschäftigungseinheit einwirkt. Die Wirkungen der fixen Kosten bzw. der Leer- und Nutzkosten müssen wir eingehend untersuchen, weil sie und ihre Entwicklungstendenzen für die unternehmerischen Entscheidungen von großer Bedeutung sind.

Die allgemeine Darstellung der Maßstabberichtigung hat die Aufgabe, den Weg zu zeigen, auf dem die Anpassung der Vergleichsgrundlage an das tatsächliche Betriebsgeschehen erfolgt. Wir haben uns im folgenden Abschnitt mit den wesentlichsten Arten der Maßstabkorrektur zu befassen. Dabei müssen wir uns auf einige wichtige Berichtigungen beschränken und die konkrete Durchführung für den einzelnen Betrieb der praktischen Auswertung überlassen.

cc) Die Arten der durch die einwirkenden Kosteneinflußgrößen bedingten Korrekturen und ihre Aussagen

α) Die Verfahrensänderung

Unter einem Verfahren im Sinne eines Herstellungsverfahrens versteht man die Art und Weise der Leistungserstellung. Für die Kostenanalyse sind die Verfahrensänderungen relevant, die auf die Verbrauchsfunktionen der Potentialfaktoren eines Kostenplatzes und das Ausbringen unmittelbar einwirken und eine Korrektur der Vergleichsgrundlage erfordern. Die hier zu erwähnenden Verfahrensabweichungen betreffen nur den betrachteten Kostenplatz. Da wir es mit einer kombinierten Kostenarten-Kostenstellenrechnung zu tun haben, werden auf dieser Stufe der Kostenanalyse nicht die Verfahrensabweichungen für die Kostenträgerrechnung untersucht, die entstehen, wenn ein Kostenträger anstatt des Kostenplatzes A den Kostenplatz B durchläuft und dadurch Abweichungen im Arbeitsablauf hervorruft. Diese Kostendifferenzen erfassen wir bei der Kostensynthese, die aus den kostenarten-kostenstellenweise ermittelten Ergebnissen synthetisch die Auswertung von Kostenträgerrechnungen vornimmt. Ferner rechnen wir nicht jene Abweichungen eines Kostenplatzes zu der Untersuchung, die infolge einer Zeitverkürzung für die einzelnen Kostenträger auftreten. Diese Unterschiede beruhen darauf, daß die Höhe der Beschäftigung durch das Verfahren beeinflußt werden kann und auf diese Weise Kostendifferenzen entstehen. Da wir den Verfahrensbegriff auf den Kostenplatz bzw. die Leistungen der Potentialfaktoren einschränken, untersuchen wir an dieser Stelle nicht jene „Verfahrensabweichungen", die mit der Einsatzzusammensetzung in Verbindung stehen. In der Stahlindustrie spricht man z. B. vom Roheisen-Schrott- und Schrott-

Roheisen-Verfahren bei der Erschmelzung von Siemens-Martin-Stählen. Es handelt sich hier um die Kosteneinflußgröße Güterwahl, die wir im nächsten Abschnitt untersuchen.

Das Verfahren ist ein Kostenbestimmungsgrund, der zu den Einflußgrößenqualitäten zählt und sich in den konstanten Größen der Kostenfunktion auswirkt. Jede Verfahrensänderung erfordert eine Korrektur der additiven Konstanten und der Gewichte der Kosteneinflußgrößenquantitäten. „Praktisch geht man meist so vor, daß man von einem optimalen ... Verfahren der Kostengüterkombination ausgeht und dann die ... (Maßstabkosten, der Verf.) für die verschiedenen vorkommenden Änderungen variiert[27]". Die Verfahrensabweichungen an einem Kostenplatz bzw. im Bereich der Potentialfaktoren können bedingt sein

a) durch Umstellungen, Umbau und Ausbau der Maschinen,

b) durch Veränderungen im Lohnsystem (z. B. Übergang vom Zeitlohn zum Akkordlohn),

c) durch organisatorische Veränderungen innerhalb eines Kostenplatzes bei gleichen Potentialfaktoren.

Der größte Teil der Verfahrensabweichungen in der von uns gekennzeichneten Art läßt sich den Punkten dieser Aufzählung zuordnen.

Die Verfahrensänderung kann das Niveau der fixen und/oder der variablen Kosten beeinflussen. Der Umbau und Ausbau der Maschinen verändert die Verbrauchsfunktionen dieser Potentialfaktoren. Die Korrektur der Kostenfunktionen kann darin bestehen, daß

a) die konstanten Größen der Funktion verändert werden, und zwar entweder in gleicher oder verschiedener Richtung,

b) die Verbrauchsfunktion sich wandelt

   1. von einer Funktion niederen in eine solche höheren Grades und umgekehrt,

   2. innerhalb der nicht linearen Funktionen durch den Wechsel der Funktionsarten,

c) der Umfang der Kostenfunktionen enger oder weiter wird.

Stellt man die fixen und variablen Kosten graphisch dar, indem man die Kostenfunktionen vor und nach der Korrektur einzeichnet, so liegt die Kurve der berichtigten Maßstabkostenfunktion über der der optimalen Maßstabkosten, wenn die Höhe der fixen Kosten unverändert bleibt. Das Vorhandensein fixer und variabler Kosten kann dazu führen, daß der Begriff der optimalen Maßstabkosten nur zutrifft für einen bestimmten Bereich der Einflußgrößenkonstellationen. Die Höhe der Beschäftigungsmenge ist vielfach die Größe, die die Grenze kenn-

[27] Kosiol, E.: Plankostenrechnung als Instrument moderner Unternehmensführung, Berlin 1956, S. 43.

zeichnet. Ein anderes Verfahren löst das bisher als optimal betrachtete ab, wenn die Grenze überschritten wird. Durch das unterschiedliche Niveau der fixen und variablen Kosten bei den einzelnen Verfahren ergibt die graphische Darstellung das Bild mehrerer sich schneidender Stück- und Gesamtkostenkurven[28]. Die Wirkungen zeigen sich sehr deutlich, wenn eine Korrektur des Entlohnungssystems erfolgt, die an Stelle der Zeitlöhne (= fixe, von der Beschäftigung unabhängige Kosten) die Akkordlöhne (=variable Kosten) treten läßt. Die Schaubilder zeigen, bei welcher Beschäftigungsmenge in bezug auf die Lohnkosten das neue Entlohnungsverfahren günstiger ist als das andere. Für die Betriebspolitik ist es wichtig zu wissen, wie hoch vor allem die fixen Kosten sind und wie sich ihr Niveau auf bestimmte Entscheidungen auswirkt. Über die Abbaufähigkeit der fixen Kosten ist damit noch keine Aussage getroffen. Das Wesen der fixen Kosten besteht in ihrer Unabhängigkeit von der Beschäftigung. Ihre Beeinflußbarkeit steht mit ihrer begrifflichen Definition in keinem Zusammenhang.

Bei der Interpretation der Verfahrensabweichungen ist die Einflußgrößenkonstellation der ursprünglichen Maßstabkosten zu beachten. Sie bezieht sich auf die Konstellation der Einflußgrößen eines Beschäftigungsintervalles oder auf die günstigste Einflußgrößenkonstellation einschließlich der Beschäftigung. Die Korrektur kann die Anpassung der Kostenfunktion eines kleineren Beschäftigungsintervalls an ein größeres bezwecken und umgekehrt. Handelt es sich in beiden Fällen jeweils um die in den zugeordneten Beschäftigungsintervallen mögliche optimale Maßstabkostenfunktion und deren günstigste Einflußgrößenkonstellationen, so zeigt die Abweichung an, um welchen Betrag die Kosten gesenkt (erhöht) werden, wenn beim Übergang von einem Beschäftigungsintervall zu einem anderen die optimale Einflußgrößenkonstellation erreicht wird. Besteht für den Kostenplatz ein Fertigungsverfahren, das bei günstigster Konstellation aller Einflußgrößen als Maßstab dienen kann, so drücken alle Unterschiede der Kosten aus, welche Wirkungen die Abweichung des effektiven Verfahrens von dem optimalen des Kostenplatzes auf die Kostengestaltung ausübt.

Die Verfahrensvariation macht ihren Einfluß nicht nur auf die Verbrauchsfunktion der Potentialfaktoren geltend. Sie vermag auch auf das Ausbringen einzuwirken und über den Stoffabfall und den Produktausfall auf die bewerteten Verzehre einzuwirken. Ob eine Abweichung von den Kosten des optimalen Verfahrens sinnvoll ist oder nicht, kann an den Kostenabweichungen allein nicht beurteilt werden. Es wird durch die Kostenanalyse lediglich festgestellt, daß infolge einer Verfahrensänderung die Kosten sich ungünstig entwickelt haben. Daß die ungün-

---

[28] Kürpick, H.: Die Lehre von den fixen Kosten, Köln und Opladen 1965, S. 134 ff.

stige Kostengestaltung z. B. durch einen höheren Erlös überkompensiert wird und dieser nur entstehen kann, wenn man zu einem anderen Verfahren übergeht, kann die Auswertung der Kostenrechnung nicht zeigen. Für die Beurteilung der Verfahrensabweichung und die Ermittlung der Verantwortlichkeit für jenen Eingriff müssen noch andere Maßstäbe herangezogen werden, die der Kostenrechnung nicht zu entnehmen sind.

Die Verfahrensabweichungen lassen sich am sichersten feststellen, wenn die Maßstabkosten auf Sollkosten basieren, denen eine Minimalkostenkombination zugrunde liegt. Die Korrekturmöglichkeit muß gegeben sein. Sie besteht darin, daß entweder für die notwendige Berichtigung die erforderlichen Korrekturbeträge in Form von Zu- und Abschlägen bekannt sind oder für jedes andersartige Verfahren die Maßstabkosten zur Verfügung stehen, so daß die Differenz sich errechnen läßt. Diese Möglichkeiten sind bei den Istkosten vergangener Perioden oder den Kosten eines fremden Betriebes als Maßstab kaum gegeben. Berichtigungen können in solchen Fällen nur mit großen Schwierigkeiten durchgeführt werden. Vor allem setzt die Wirtschaftlichkeit der Auswertung jenen Korrekturmöglichkeiten sehr schnell eine Grenze.

β) Die Veränderung der Einsatzzusammensetzung

Zu den Einflußgrößenqualitäten zählt der Kostenbestimmungsgrund Einsatzzusammensetzung oder Güterwahl. Er erstreckt sich auf die eingesetzten Stoffe, kann jedoch auch die Verbrauchsfunktionen der Potentialfaktoren beeinflussen. Der veränderte Materialeinsatz wirkt in verschiedener Hinsicht auf die Kostengestaltung ein:

a) „Es werden die bisherigen Materialsorten benutzt, jedoch in einem anderen Mischungsverhältnis als bisher (Mischungsabweichungen)[29]."

b) Bei gleichen Verbrauchsmengen der Stoffe wirkt sich die Qualitätsvariation über die Preiskomponente aus, so daß sich die Veränderung der Stoffqualität in einer Preisabweichung äußert.

c) Die Verbrauchsmengen der Potentialfaktoren werden von der Güterwahl um so mehr beeinflußt, je abhängiger sie sind von der Art der zu verarbeitenden Stoffe und ihrem Zustand beim Einsatz (Vergleiche das Roheisen-Schrott- und das Schrott-Roheisen-Verfahren in der Stahlindustrie. Bei erhöhtem Einsatz an flüssigem Roheisen verringert sich die Schmelzdauer, so daß eine Senkung der Verarbeitungskosten gegenüber dem verstärkten Schrotteinsatz eintritt)[30].

---

[29] Agthe, K.: Die Abweichungen in der Plankostenrechnung, Freiburg 1958, S. 36.

[30] Diercks, H.; Petzold, F.: Plankostenrechnung in der Eisenindustrie? Archiv

d) Die veränderte Güterwahl bewirkt häufig ein verändertes Ausbringen.

e) Die Interdependenz der Kosteneinflußgrößen macht sich bemerkbar, wenn die Einsatzzusammensetzung auf andere Kostenbestimmungsfaktoren einwirkt und über sie das Kostenniveau beeinflußt. Wir denken vor allem an den Einfluß der Güterwahl bei den Einsatzstoffen auf die Höhe der Beschäftigung.

Der Auswertende muß prüfen, welche Kostenarten am stärksten durch die Güterwahl beeinflußt werden. Ob es gelingt, die günstigste Einsatzzusammensetzung zu ermitteln und sie für die effektive Güterwahl als Maßstab anzusetzen, hängt von der Art des einzelnen Betriebes ab. Müller[31] weist für die Hüttenbetriebe darauf hin, daß die Abbrandverluste für die einzelnen Einsatzstoffe kaum bestimmbar und die metallurgischen Verhaltensweisen der eingesetzten Stoffe bei allen vorkommenden Mischungsverhältnissen sich nur unter großen Schwierigkeiten ermitteln lassen. Ist es nicht möglich, optimale Einsatzzusammensetzungen zu errechnen, so besteht die Möglichkeit, eine andere Güterwahl als Vergleichsgrundlage zu wählen. Die Korrektur der Vergleichsgrundlage erfolgt, indem man eine Anpassung der Güterwahl, die dem Maßstab zugrunde liegt, an die tatsächlich getroffene in dem Stoffkostenansatz berücksichtigt. Rocker ermittelt in ähnlicher Weise das „Fabrikationsergebnis" für die Betriebe der Edelstahlindustrie. Als Vergleichsgrundlagen dienen ihm die für jede Stahlgüte ermittelten Soll-Schmelzen, in denen die rezeptmäßige Güterwahl, der Abbrand, das Ausbringen und der Schrottrücklauf, zu Richtpreisen bewertet, ihren Niederschlag finden. Das Vergleichsobjekt wird durch die mit den gleichen Preisen bewertete Istschmelze gebildet. Der Vergleich beider Größen ergibt das Fabrikationsergebnis. Die Abweichungsursachen sind in erster Linie in den Rezeptabweichungen bei den Schmelzbetrieben bzw. in den Abweichungen vom vorgesehenen Einsatz (gewalzte statt geschmiedete Blöcke, gedrehte Blöcke statt Rohblöcke usw.) bei den Fertigungsbetrieben sowie in den Variationen des Ausbringens, des Ausschusses und der Nacharbeit zu erblicken[32]. Ein anderes Verfahren der Korrektur läßt sich den Ausführungen Müllers entnehmen. Er verwendet zur Bildung der Vergleichsgrundlage nur eine Stoffart, die den Grundstoff repräsentiert. Von dem Wert des tatsächlichen Einsatzes subtrahiert er den Wert für die gleiche Menge des Grundstoffs. Die Preis- und Mengenabweichungen werden einzeln

---

für das Eisenhüttenwesen (1953), S. 189.

[31] Müller, A.: Die Isolierung der Einflüsse auf die Selbstkosten im Eisenhüttenwesen, Diss. Köln 1933, S. 52.

[32] Rocker, W.: Grundsätzliches zur Plankostenabrechnung und ihre Anwendung in der Edelstahlindustrie, Stahl u. Eisen (1952), S. 140.

erfaßt. Verwenden wir ein von Müller angeführtes Beispiel[33], in dem Preisabweichungen bereits eliminiert oder nicht vorhanden sind, so ergibt sich bei gleichbleibender Gesamteinsatzmenge:

a) *tatsächliche Güterwahl:*

240 kg	von Gut A zu 300 DM/t	=	72 DM
260 kg	von Gut B zu 200 DM/t	=	52 DM
500 kg			124 DM

b) *Güterwahl der Vergleichsgrundlage:*

200 kg	von Gut A zu 300 DM/t	=	60 DM
300 kg	von Gut B zu 200 DM/t	=	60 DM
500 kg			120 DM

c) *Maßstabkorrektur infolge veränderter Güterwahl:*

240 kg	von Gut A zu 300 DM/t	=	72 DM
200 kg	von Gut A zu 300 DM/t	=	60 DM
+ 40 kg			+ 12 DM
260 kg	von Gut B zu 200 DM/t	=	52 DM
300 kg	von Gut B zu 200 DM/t	=	60 DM
— 40 kg			— 8 DM

Auf die Probleme der Wahl eines reinen Grundstoffs hat Büchner hingewiesen. Da eine Schmelze außer dem Grundstoff noch andere Einsatz-, Zuschlags- und Zusatzstoffe enthält, beruht das Verfahren auf einer Fiktion. Schwierigkeiten entstehen dort, wo der Grundstoff nicht eindeutig bestimmbar ist. Ferner müssen die Einsatzstoffe auf den Grundstoff umgerechnet werden[34]. Die auf diese Weise sich ergebende Vereinfachung beeinträchtigt erheblich die Brauchbarkeit des Verfahrens für die Kostenanalyse in diesen Betrieben. Sind die Einsatzzusammensetzungen kompliziert, dann genügt das Verfahren nicht. Der Stoffeinsatz muß stets in seiner Gesamtheit gesehen werden, das heißt jeder einzelne Einsatz muß in seiner gesamten Zusammensetzung betrachtet und in seiner Wirkung auf die Kostengestaltung untersucht werden. Das im angeführten Beispiel benutzte Verfahren ist nur anwendbar, wenn der Einsatz lediglich aus einer Stoffart besteht oder, bei zusammengesetzten Stoffarten, keine Verschiebungen innerhalb der Zusammenfassungen eintreten. Sind die Einsatzstoffe vielgestaltig und weisen sie im Fertigungsprozeß unterschiedliche Verhaltensweisen auf, die oft nicht im voraus bestimmt werden können, dann müssen die Maßstab-

[33] Müller, A.: Kostenauswertung in Stahlwerken, a.a.O., S. 158.

[34] Büchner, S.: Die Auswertung der Kostenrechnung in der Eisen schaffenden Industrie, Diss. Köln 1958, S. 75 f.

korrekturen so ermittelt werden, daß alle Stoffeinsätze, je nach ihrer individuellen Art und ihrem Zustand beim Einsatz, Berücksichtigung finden. Die Kosteneinflußgröße Einsatzzusammensetzung ist für die Betriebe der Gummiindustrie, Stahlindustrie, Kunststoffindustrie, Textilindustrie, Lebensmittelindustrie usw. von großer Bedeutung. In diesen Industrien wurden je nach ihrer Eigenart Verfahren der Kostenrechnung entwickelt, die den Kostenbestimmungsgrund Güterwahl in die Rechnung einbeziehen.

Die veränderte Einsatzzusammensetzung wirkt sich in erster Linie auf die Stoffkosten der Erzeugnisse aus. Zu den Stoffkosten zählen auch die Verzehre, die infolge des Ausfalls, Abfalls, Abbrands usw. entstehen. Da die Kosten je nach der Art der eingesetzten Stoffe und dem Verhältnis, in dem sie zueinander stehen, verschieden sind, ist es wichtig, die Bedeutung der Einsatzzusammensetzung auf die Verzehre zu erkennen. Wir wollen die Maßstabkorrektur an Hand eines vereinfachten Beispiels durchführen und die Abweichung der Ausbringung auf Grund der veränderten Güterwahl für einen Kostenplatz aufzeigen. In der kombinierten Kostenarten-Kostenstellenrechnung ist der Ausfall nach Abzug der Gutschriften enthalten.

Tabelle 6:

	Einsatzgesamtkosten					
	ursprünglicher Maßstab			korrigierter Maßstab		
	t	DM/t	DM	t	DM/t	DM
1. *Einsatz*						
Materialart A	8	400,—	3200	4	400,—	1600
Materialart B	2	500,—	1000	5	500,—	2500
	10	420,—	4200	10	410,—	4100
2. Ausbringen (70 % bzw. 80 % des Einsatzes) ..	7	420,—	2940	8	410,—	3280
Ausfall an Ia-Produktion zum Einsatzwert	3	420,—	1260	2	410,—	820
	10	420,—	4200	10	410,—	4100
3. Aufteilung d. Ausfalls an Ia-Produktion ...	3	420,—	1260	2	410,—	820
a) Schrott	1	100,—	− 100	0,75	100,—	− 75
b) IIa-Produktion ...	2	200,—	− 400	1,25	200,—	− 250
Ausfallwert nach Abzug der Gutschriften	3	253,33	760	2	247,50	495

Der Tabelle 6 lassen sich die verschiedensten Abweichungen entnehmen. Nachdem die Materialarten *A* und *B* in beiden Vergleichsgrößen zu gleichen Preisen bewertet worden sind, ergeben sich unter Ziffer 1 beim Vergleich der Materialkosten lediglich Mengenabweichungen:

$$\begin{array}{lr} \text{Mengenabweichung für A:} & 400(4-8) = -1600 \\ \text{Mengenabweichung für B:} & 500(5-2) = \underline{+1500} \\ & \underline{\underline{-100}} \end{array}$$

Die Gesamtmengenabweichung in Höhe von − 100 DM stellt gleichzeitig die Kostenabweichung bei den Einsatzstoffen infolge der veränderten Güterwahl dar, die auch mit Hilfe der in den Summenzeilen ermittelten Mischpreisen erklärt werden kann.

$$(410 - 420)10 = -100$$

Die Ergebnisse unter Ziffer 2 zeigen für die ausgebrachte Ia-Produktion und die ausgefallene Ia-Erzeugung die Wirkungen der veränderten Güterwahl beim Einsatz (über den Mischpreis) und den Einfluß der Güterwahlvariation auf das Ausbringen (über die Mengen) an. Mit Hilfe des kumulativen Verfahrens der Abweichungsaufspaltung ergibt die Analyse folgende Ergebnisse:

a) *Gesamtabweichungen*

$$\begin{array}{rr@{\qquad}rr} 8 \times 410 = & 3280 & 2 \times 410 = & 820 \\ 7 \times 420 = & \underline{2940} & 3 \times 420 = & \underline{1260} \\ & \underline{\underline{+340}} & & \underline{\underline{-440}} \end{array}$$

b) *Abweichungen als Folge der veränderten Güterwahl beim Einsatz*

$$\begin{array}{rr@{\qquad}rr} 8 \times 410 = & 3280 & 2 \times 410 = & 820 \\ 8 \times 420 = & \underline{3360} & 2 \times 420 = & \underline{840} \\ & \underline{\underline{-80}} & & \underline{\underline{-20}} \end{array}$$

c) *Ausbringensabweichung infolge der variierten Einsatzzusammensetzung*

$$\begin{array}{rr@{\qquad}rr} 8 \times 420 = & 3360 & 2 \times 420 = & 840 \\ 7 \times 420 = & \underline{2940} & 3 \times 420 = & \underline{1260} \\ & \underline{\underline{+420}} & & \underline{\underline{-420}} \end{array}$$

An die Stelle des Ausfalls an Ia-Produktion treten die IIa-Produktion und der Schrott. Da beide „Erzeugnisse" für den Betrieb verwertbar sind, bringen wir ihre Werte als Gutschriften beim Ausfall an Ia-Produktion zum Ansatz. Werden diese Stoffe an anderen Kostenplätzen weiterverarbeitet, so ist mit ihnen wie bei den Einsatzstoffen zu verfahren. Wir haben diese Stoffe in der Gutschrift zu gleichen Preisen

Tabelle 7:

	Einsatzkosten je Tonne Ia-Erzeugung	
	ursprünglicher Maßstab	korrigierter Maßstab
1. Einsatzkosten je Tonne Ia-Produktion	420,— DM	410,— DM
2. Ausbringen	70 % des Einsatzes	80 % des Einsatzes
3. Einsatz	= 1,429 t	= 1,250 t
4. Ausfallmenge an Ia-Produktion ...	0,429 t	0,250 t
a) Schrott	10 % von 1,429 t = 0,1429 t	7,5 % von 1,250 t = 0,094 t
b) IIa-Produktion	20 % von 1,429 t = 0,2858 t	12,5 % von 1,250 t = 0,156 t
5. Einsatzkosten je Tonne Ausfall an Ia-Produktion ...	0,429 × 420 = 180,— DM	0,250 × 410 = 102,50 DM
davon:		
a) Schrott	0,1429 × 420 = 60,— DM	0,094 × 410 = 38,54 DM
b) IIa-Produktion	0,2858 × 420 = 120,— DM	0,156 × 410 = 63,96 DM
	0,429 180,— DM	0,250 102,50 DM
./. Gutschriften:		
a) Schrott	0,1429 × 100 = 14,29 DM	0,094 × 100 = 9,40 DM
b) IIa-Produktion	0,2858 × 200 = 57,16 DM	0,156 × 200 = 31,20 DM
Ausfallwert je Tonne Ia-Produktion nach Abzug der Gutschriften	0,429 108,55 DM	0,250 61,90 DM
6. Materialeinsatzkosten je Tonne Ausbringen	528,55 DM	471,90 DM

bewertet. Die Güterwahlvariation übt ihren Einfluß auch auf das Verhältnis von Schrott und IIa-Produktion aus. Die Mengenabweichungen für

Schrott	und	*IIa-Erzeugnisse*
0,75 × 100 = 75		1,25 × 200 = 250
1,— × 100 = 100		2,— × 200 = 400
− 25		− 150

sind auf diesen Kostenbestimmungsfaktor zurückzuführen.

Die Ziffer 3 weist den Ausfallwert nach Abzug der Gutschriften aus, wie er sich für die Einsatzkosten des ursprünglichen und des korrigierten Maßstabs ergibt. Unsere Ausführungen haben gezeigt, daß die Kosteneinflußgröße Güterwahl auf den Ausfallwert über die Zusammensetzung der Einsatzstoffe (Mischpreis), den Ausbringungsprozentsatz, das Verhältnis von IIa-Produktion und Schrott einwirkt.

Wir haben das Beispiel gebracht mit den Zahlen der Einsatzgesamtkosten. Die Werte lassen sich auch auf eine Einheit der ausgebrachten Ia-Produktion beziehen. In der Tabelle 7 weichen wir ebenso wie im obigen Beispiel von der üblichen Art ab, weil wir nur die Ausfälle der Stoffe in den Kostenstellen untersuchen, die verbleibende Stoffsubstanz der Ia-Erzeugnisse, nach wie vor zum Einzelpreis bewertet außerhalb der Stellenrechnung analysieren. Wir gehen in unserem Beispiel von den Mischpreisen aus und verwenden die bereits benutzten Zahlen.

Auch für dieses Beispiel können die Abweichungen beider Vergleichsgrößen ermittelt und ausgewiesen werden. Da die Technik der Abweichungsermittlung keine Besonderheiten gegenüber dem ersten Beispiel aufweist, verzichten wir auf die Abweichungsermittlung für die je Tonne Ia-Erzeugung aufgeführten Verzehre. Es sei lediglich angemerkt, daß bei der Interpretation jener Kostenunterschiede darauf zu achten ist, daß sich der Ausfall an Ia-Erzeugnissen auf eine Mengeneinheit (*t*) ausgebrachter Ia-Produktion bezieht.

In vielen Fällen empfiehlt es sich, die Relationen zwischen der Ia-Erzeugung, dem Ausfall und Abfall sowie der IIa-Produktion, die sich auf Grund der unterschiedlichen Einsatzzusammensetzungen im Soll und Ist ergeben, im Zeitablauf darzustellen. Die absoluten Einsatzmengen werden mit 100 % angesetzt und die aufgeführten Teilmengen in Prozenten des Einsatzes ausgedrückt. Die Tabelle 8 zeigt die Ent-

Tabelle 8:

Monat	Ist			Soll		
	Ia-Ausbringen %	Ausfall Abfall %	IIa-Ausbringen %	Ia-Ausbringen %	Ausfall Abfall %	IIa-Ausbringen %
1	65	30	5	70	10	20
2	50	25	25	55	35	10
3	75	20	5	85	10	5
4	90	10	0	90	5	5
.						
.						
.						

wicklung der einzelnen Prozentsätze im Zeitablauf. Der Tabelle kann eine Summenzeile angefügt werden, aus der die Durchschnittswerte der einzelnen Spalten zu ersehen sind. Für die graphische Darstellung des

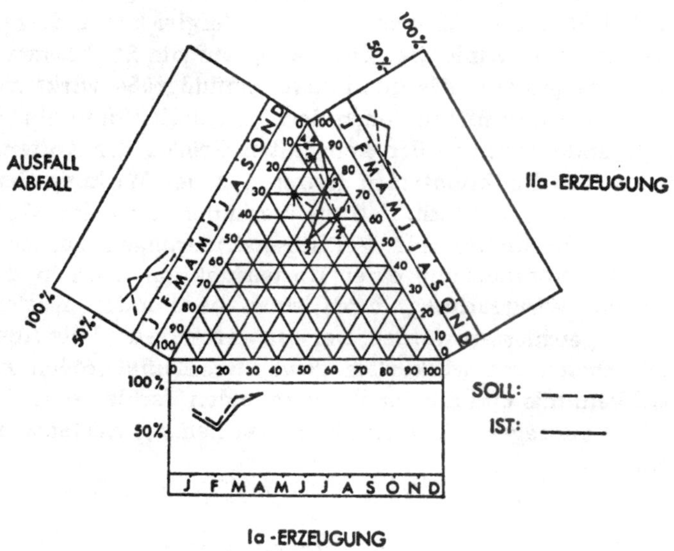

Abb. 5

Zusammenhangs dieser drei Größenpaare eignet sich besonders das Dreiecksdiagramm. Die drei Prozentsätze, die summiert stets 100 % ergeben, lassen sich als Punkt auf einem Netz darstellen, das die Gestalt eines gleichseitigen Dreiecks aufweist[35]. Aus jedem der in das Dreieck der Abbildung 5 eingezeichneten Punkte ist zu ersehen, wie hoch der relative Anteil jeder Größe ist. Den einzelnen Dreiecksseiten sind die Schaubilder der drei Größen angetragen, die die Entwicklung der prozentualen Anteile in den betreffenden Abrechnungszeiträumen anzeigen. Die Abbildung 5 läßt erkennen, daß für den Abrechnungszeitraum 1 (Januar) der prozentuale Anteil der IIa-Erzeugung nach dem Maßstab 20 %, der Ia-Produktion 70 % und des Ausfalls 10 % beträgt. Die je-

[35] Bysow, L. A.: a.a.O., S. 109: „Dieses Verfahren zur Darstellung von Strukturen gründet sich auf eine Eigenschaft des gleichseitigen Dreiecks: Die Summe der Lote, die von einem beliebigen Punkt des Dreiecks auf seine Seiten gefällt werden, ist eine konstante Größe und gleich der Höhe des Dreiecks.“

weiligen Prozentsätze sind auf der rechten Dreiecksseite abzulesen, wenn das angetragene Einzelfeld der betrachteten Größe vor dem Betrachter liegt. In das Schaubild sind die Maßstab- und die Istgrößen einbezogen, so daß die Veränderungen im Zeitablauf in allen Feldern ersichtlich sind.

Die Kosteneinflußgröße Einsatzzusammensetzung oder Güterwahl kann zu beträchtlichen Korrekturen der Vergleichsgrundlage führen. Wir haben in erster Linie die Einwirkung auf die Stoffkosten und das Ausbringen dargestellt. Als qualitative Einflußgröße wirkt sie außerdem auf die Verbrauchsfunktionen der Potentialfaktoren ein. Sie kann dort zu Veränderungen in den konstanten Größen der Kostenfunktion oder zu anderen Funktionsarten führen. An der Wirkung der Güterwahlvariation wird deutlich, daß die Veränderungen der Verbrauchsfunktionen nicht immer auf Verfahrensänderungen zurückzuführen sind. Aus der Veränderung einer Kostenfunktion kann in der Regel nicht auf die Verursachung durch einen bestimmten Kostenbestimmungsgrund geschlossen werden. Der Auswertende darf die Abweichungen nicht schematisch willkürlich gewählten Einflußgrößen zuordnen. Seine Sachkenntnis und die der ihn beratenden Fachleute des Betriebes müssen dazu beitragen, die wirklichen Ursachen der Kostenvariation zu erkennen.

γ) Die Fertigungsprogrammvariation

Während das Produktionsprogramm eine Aufzählung der Erzeugnisse darstellt, „die das Unternehmen herstellen will oder mit seinen sachlichen und persönlichen Mitteln, herzustellen vermag", gibt das Fertigungsprogramm Aufschluß darüber, welche genau bestimmten Erzeugnisse des Produktionsprogramms „der Betrieb innerhalb eines gewissen Zeitraums fertigen soll"[36]. Die Vergleichsgrundlage bedarf einer Korrektur, wenn sich das tatsächliche Fertigungsprogramm unterscheidet von dem, das dem Maßstab zugrunde liegt, und die veränderte Situation auf die Kostengestaltung Einfluß nimmt. Kosten beeinflussende Programmänderungen können sich äußern

a) in der qualitativen Zusammensetzung der an einem Kostenplatz zu fertigenden Produkte. Anstelle der Erzeugnisse E_1, E_2, E_3, E_4 wird das Programm E_2, E_4, E_5, E_6 gefertigt.

b) in der quantitativen Zusammensetzung der Erzeugnisse. Bei gleichen Produktarten werden die einzelnen Erzeugnisse in anderen

[36] Beste, Th.: Fertigungswirtschaft und Beschaffungswesen, in: Handbuch der Wirtschaftswissenschaften, Opladen 1958, S. 136, 204.

Mengen hergestellt als es die ursprüngliche Vergleichsgrundlage vorsieht.

c) in der zeitlichen Abfolge der Fertigung. Bei gleicher qualitativer und quantitativer Zusammensetzung des Fertigungsprogramms können die einzelnen Produkte in verschiedener Reihenfolge gefertigt werden. Der zeitliche Aufbau des Fertigungsprogramms trägt ebenfalls zur Erhöhung oder Senkung des Kostenniveaus bei.

Die Fertigungsprogrammveränderung ist nicht identisch mit der Variation der Güterwahl bei den Stoffen. Zwar kann die Programmvariation eine Veränderung der Güterwahl zur Folge haben, es ist jedoch denkbar und kommt häufig in der Praxis vor, daß mit gleichen Einsatzzusammensetzungen unterschiedliche Fertigungsprogramme abgewickelt werden. Umgekehrt kann es sein, daß ein bestimmtes Fertigungsprogramm mit verschiedenen Einsatzzusammensetzungen durchführbar ist. Aus diesen Gründen behandeln wir beide Kostenbestimmungsfaktoren getrennt.

Die Fertigungsprogrammvariation wirkt direkt und über die Einflußgrößeninterdependenz indirekt auf die Verzehre ein, und zwar sowohl auf die Verbrauchsmengen der Potentialfaktoren als auch auf die Stoffkosten der Erzeugnisse. Das dem Maßstab zugrunde liegende Fertigungsprogramm kann dem eines vergangenen Zeitraums, eines fremden Betriebs oder eines optimalen Programms entsprechen, das durch besondere Berechnungen ermittelt wird. Ein optimales Fertigungsprogramm kann ein solches sein, das die niedrigsten Kosten hervorruft oder einen maximalen Gewinn kurz- oder langfristig ermöglicht. Der Auswertende muß wissen, worauf der Maßstab beruht, wenn die Abweichungen richtig gedeutet werden sollen.

Die qualitativen Veränderungen des Fertigungsprogramms bestehen darin, daß anstelle der ursprünglich vorgesehenen Produktarten andere gefertigt werden. In der Kostenfunktion treten Veränderungen ein. Werden z. B. an einem Kostenplatz innerhalb eines Rechnungszeitraumes die Erzeugnisarten $A, B, C, \dots Z$ in den Mengen $x_A, x_B, x_C, \dots x_Z$ gefertigt, so ergibt sich die Frage, ob die Kostenfunktion durch gewisse Umformungen vereinfacht werden kann. Ist eine Kostenfunktion gegeben in der Form

$$K = a + b_A x_A + b_B x_B + b_C x_C + \dots + b_Z x_Z \; ,$$

in der a die fixen, b die variablen Kosten je Produkteinheit darstellen, dann lassen sich folgende Umformungen vornehmen. Es ist

$$x_A + x_B + x_C + \dots + x_Z = X$$

und

$$\frac{x_A + x_B + x_C + \dots + x_Z}{X} = 1 \; .$$

Die einzelnen Quotienten bezeichnen wir als Äquivalenzziffern. Sie bilden die Relation zwischen der einzelnen Produktmenge und der Gesamterzeugung. Setzt man diese Größen in die Kostenfunktion ein, so lautet diese in der veränderten Form:

$$K = a + \left(\frac{b_A x_A}{X} + \frac{b_B x_B}{X} + \frac{b_C x_C}{X} + \ldots + \frac{b_Z x_Z}{X}\right) X$$

Wird die Produktart B als Basis gewählt, so hat die Funktion das Aussehen:

$$K = a + \left(\frac{b_A x_A}{x_B} + b_B + \frac{b_C x_C}{x_B} + \ldots + \frac{b_Z x_Z}{x_B}\right) x_B$$

Wir haben die Äquivalenzziffern aus den Produktmengen gebildet und mit ihnen die Proportionalitätskonstanten der Kostenfunktion verändert. Bei jeder Veränderung des Fertigungsprogramms müssen die Äquivalenzziffern neu errechnet werden. Um diesen Nachteil zu vermeiden, geht man in der Regel einen anderen Weg und bildet die Äquivalenzziffern mit Hilfe der Proportionalitätskonstanten. Es ist

$$b_A + b_B + b_C + \ldots + b_Z = b$$

und

$$\frac{b_A + b_B + b_C + \ldots + b_Z}{b} = 1 .$$

Diese Größen sind in die ursprüngliche Kostenfunktion einzusetzen und wir erhalten

$$K = a + b \left(\frac{b_A}{b} x_A + \frac{b_B}{b} x_B + \frac{b_C}{b} x_C + \ldots + \frac{b_Z}{b} x_Z\right)$$

Die Funktion lautet, wenn das Erzeugnis B als Basis gewählt wird:

$$K = a + b_B \left(\frac{b_A}{b_B} x_A + x_B + \frac{b_C}{b_B} x_C + \ldots + \frac{b_Z}{b_B} x_Z\right)$$

Die Ausdrücke $(b_A x_A) : b$, $(b_A x_A) : b_B$ usw. bezeichnen wir als Rechnungseinheiten. Durch sie wird eine rechnerische Gleichheit der Erzeugnisse herbeigeführt. Die Fertigungsprogrammvariation kommt in der Höhe der Rechnungseinheiten zum Ausdruck.

Die Gegenüberstellung der ursprünglichen und der berichtigten Maßstabkostenfunktion ergibt folgendes Bild, wenn anstelle des Erzeugnisses A das Produkt E gefertigt wird und das Erzeugnis B die Basis der Kostenfunktion darstellt.

$$K_s = a + b_B \left(0 \qquad + x_B + \frac{b_C}{b_B} x_C + \frac{b_D}{b_B} x_D + \frac{b_E}{b_B} x_E\right)$$

$$K_o = a + b_B \left(\frac{b_A}{b_B} x_A + x_B + \frac{b_C}{b_B} x_C + \frac{b_D}{b_B} x_D + 0 \qquad\right)$$

$$dk = \qquad b_B \left(\frac{b_E}{b_B} x_E - \frac{b_A}{b_B} x_A\right)$$

Die Höhe der Maßstabkorrektur entspricht der Differenz der Rechnungseinheiten beider Erzeugnisse multipliziert mit den variablen Kosten je erzeugte Einheit des Basisproduktes. Sind die absoluten Erzeugnismengen der beiden Produkte A und E gleich groß ($x_A = x_E$), so ist die Kostenabweichung gleich der Differenz der variablen Kosten je Einheit ($b_E - b_A$) der beiden Erzeugnisse multipliziert mit der Menge x_E oder x_A. Allerdings ist zu beachten, daß die Programmänderung Schwankungen der Sortenwechselkosten verursachen kann, die in diesem Beispiel nicht berücksichtigt sind.

Ist die Anzahl der verschiedenartigen Erzeugnisse, die einen Kostenplatz durchlaufen, groß, dann lassen sich die Kostenfunktionen vereinfachen, wenn mehrere Sorten zusammengefaßt werden können. Das kann grundsätzlich geschehen, wenn mehrere Sorten gleiche oder annähernd gleiche variable Kosten aufweisen. Die Gruppierung läßt sich unter steter Beachtung dieses Grundsatzes schrittweise durchführen, indem man mit der Materialqualität beginnt und weitere Einengungen durch die Zusammenfassung nach sonstigen Sortenmerkmalen vornimmt. „Die Grenze für die Zusammenfassung verschiedener Sorten zu einer Sortengruppe ist immer dann erreicht, wenn durch eine weitere Zusammenfassung eine erhebliche Störung in die Rechnung hineingetragen und dadurch die Erreichung des gesteckten Zieles gefährdet würde[37]. Die Zusammenfassungen haben stets den Nachteil, daß sie das individuelle Verhalten der einzelnen Größen nicht erkennen lassen. Die summierten Sorten lassen nicht mehr die Zahl der Sortenwechsel und die Höhe der mit jedem von ihnen verbundenen Kosten erkennen. Ob Zusammenfassungen möglich und wünschenswert sind, muß im einzelnen Fall entschieden werden.

Die Ursachen für die Kostenveränderungen sind in der qualitativen Programmvariation begründet. Die Andersartigkeit der gefertigten Erzeugnisse gegenüber der ursprünglich vorgesehenen Produktion wirkt auf die Stoffkosten ein, wenn andere Qualitäten, andere Dimensionen, Stoffe anderer Art und Beschaffenheit eingesetzt werden müssen. Die

[37] Maurer, A.: Die Bedeutung der Sortenwahl für die Wirtschaftlichkeit in einem Hammerwerk, Diss. Köln 1951, S. 48.

Verarbeitungskosten variieren, wenn diese Produkte höhere oder geringere Anforderungen an die Verarbeitung stellen. Die Verzehre sind um so größer, je höhere Anforderungen an das Erzeugnis gestellt werden. Die andersartigen Stoffe können andere Verbrauchsfunktionen der Potentialfaktoren bedingen. In der Regel werden Veränderungen der Fertigungsprogramme die Höhe der Sortenwechselkosten beeinflussen. Die Sortenwechselkosten sind um so höher, je schwieriger der Sortenwechsel ist, je länger er andauert und je häufiger er erfolgt. Sind es die sogenannten „eiligen Aufträge", die eine Programmänderung bedingen, so können erhebliche Schwankungen des Kostenniveaus die Folge sein, nicht nur, weil Sortenwechselkosten entstehen, sondern weil sie Unruhe in den Betriebsablauf hineintragen, die sich kostenerhöhend auswirkt. Die Auswertung der Kostenrechnung muß diese Ursachen der Kostenschwankungen aufdecken und ermitteln, wer für sie die Verantwortung trägt.

Bei der Variation des Fertigungsprogramms haben wir unterstellt, daß die Korrektur der Vergleichsgrundlage hervorgerufen wird durch die qualitativen Verschiebungen in bezug auf die zu fertigenden Erzeugnisse bei konstanter Erzeugnismenge (Beschäftigung). Das Fertigungsprogramm hat einen entscheidenden Einfluß auf die Auslastung der Potentialfaktoren eines Kostenplatzes. Wir wollen dieses Problem in einem anderen Abschnitt gesondert untersuchen. An dieser Stelle interessieren uns die durch die Programmveränderung entstehenden Sortenwechselkosten in ihrer Höhe, während wir ihre Wirkungen in die Untersuchung der fixen Kosten einbeziehen.

Sorten sind artgleiche Produkte, die sich nur in unwesentlichen Eigenschaften wie Qualität, Maß, Form, Farbe usw. voneinander unterscheiden[38]. Sortenwechselkosten entstehen dort, wo mehrere Sorten innerhalb eines Abrechnungszeitraumes einen Kostenplatz durchlaufen und Umstellungen, Umbauten, Stillstandzeiten usw. an den Fertigungseinrichtungen erforderlich sind. Es entstehen in der Zeit des Sortenwechsels Verzehre, die in Kauf genommen werden, um die Anlage für die zu fertigenden Sorten wieder in einen für sie betriebsbereiten Zustand zu versetzen. Die Höhe der Sortenwechselkosten ist abhängig von der Anzahl der Sortenwechsel, die ihrerseits mit der Sortenvielfalt[39] in Zusammenhang steht, der Schwierigkeit des Sortenwechsels und der Sortenschaltung. Verzehre, die den Sortenwechselkosten ähnlich sind, können auch bei der Herstellung nur einer Produktart entstehen, wenn nach einer bestimmten Erzeugnismenge die Werkzeuge eines Aggregates ausgewechselt werden müssen, sei es, daß sie zu sehr abgenutzt sind

---

[38] Beste, Th.: a.a.O., S. 157.

[39] v. Kortzfleisch, G.: Untersuchungen über die Sortenvielfaltkosten und Auswertung ihrer Ergebnisse für unternehmerische Entscheidungen, in Rationalisierung (1958), S. 240 ff.

und dadurch die Belastung der Maschine zu groß wird, sei es, daß die Qualität des Erzeugnisses darunter leidet. Die Sortenwechselkosten sind von der Auflagenhöhe der einzelnen Sorten unabhängig. Wir haben bisher in der Kostenanalyse die Untersuchung für die einzelnen Kostenarten der Kostenplätze durchgeführt. Die Sortenwechselkosten eines Kostenplatzes bestehen aus vielen Kostenarten. Sie beziehen sich auf die Kostenarten, Kostenstellen und außerdem auf eine bestimmte Funktion, die innerhalb der Kostenstelle ausgeübt wird. Zu ihnen rechnen die Lohn-, Material-, Energie-, Transport-, Anlaufkosten usw. Neben den primären Kostenarten sind sekundäre enthalten, die an ihren Ursprungsstellen analysiert werden. Da die Sortenwechselkosten in erster Linie abhängig sind von den Leistungen der Potentialfaktoren (Einrichter, Schlosser usw., die den Wechsel durchführen), die anderen Kostenstellen zugeordnet sind, ergibt sich die Frage, ob für die Sortenwechselkosten Funktionsgleichungen ermittelt werden können. Kostenfunktionen dieser Art lassen sich bilden, wenn die Verzehre in Abhängigkeit von der Anzahl, den Zeiten der Sortenwechsel usw. dargestellt werden. Sortenwechselkosten sind in bezug auf die Beschäftigung des Kostenplatzes fixe Kosten. Der Fixkostencharakter dieser Verzehre wird nicht dadurch verändert, daß man die Verzehre in einen von der Rüstzeit abhängigen und einen von ihr unabhängigen Teil aufspaltet. Die Rüstzeit läßt sich nicht zu der Beschäftigung in Beziehung setzen. Die Beschäftigung der Produktionsstätten und die Beschäftigung der den Umbau durchführenden Personen sind nicht auf einen gemeinsamen Nenner zu bringen, da die Inhalte beider Begriffe trotz gleicher Bezeichnung unterschiedlich sind. Während durch die Beschäftigungsmenge der Produktionsstätten das primäre Ziel des Betriebes, die Leistungserstellung, quantifiziert wird, sind die Leistungen der den Umbau durchführenden Arbeitskräfte nicht der mengenmäßige Ausdruck für das Betriebsziel. Ihre Leistungen dienen ihm nur mittelbar. Die Sortenwechselkosten sind fixe Kosten, da sie von der Beschäftigung unabhängig sind. Es „ist kein ursächlicher Zusammenhang zwischen den Bereitschaftskosten und den Erzeugniseinheiten oder den ‚Aufträgen an sich' oder den ‚Posten an sich' nachweisbar, und zwar auch dann nicht, wenn wir uns auf die erzeugnismengen-orientierten Bereitschaftskosten oder auf die auftragszahl- bzw. postenzahl-orientierten Bereitschaftskosten beschränken“[40].

Durch den Sortenwechsel treten an einem Kostenplatz Rüstzeiten auf, die die mögliche Ausführungszeit mindern. Die Beschäftigungsmenge vermindert sich bei gleichbleibender Intensität, je größer die Zahl der Sortenwechsel innerhalb des Rechnungszeitraums ist und je länger sie

---

[40] Riebel, P.: Das Problem der minimalen Auftragsgröße, ZfHF. (1960), S. 658.

andauern. Kilger errechnet die Abweichungen infolge des Sortenwechsels nach der Formel[41]

$$dS = \left\{ \text{Ist-Rüststunden} \; ./. \; \text{Ist-Fertigungsstunden} \times \frac{\textit{Planrüst-Std.}}{\text{Planfertig.-Stunden}} \right\} \times \begin{matrix}\text{Proportionale}\\ \text{Kosten je}\\ \text{Rüststunde}\end{matrix}$$

Anstelle des Quotienten (Planrüststunden : Planfertigungsstunden) können wir den Ausdruck (Maßstabrüststunden : Maßstabfertigungsstunden) setzen und ihn als Maßstabrüstzeitrelation bezeichnen. Die Bewertung des Ausdrucks erfolgt zu den variablen Kosten je Rüststunde. Die fixen Kosten der ausführenden Kostenstelle fallen unabhängig von der Beschäftigung und unabhängig von der Seriengröße an. Die Abweichungsermittlung bei schwankenden Seriengrößen auf der Basis der Vollkosten ist fehlerhaft, weil die Rüstzeitabweichungen mit fixen und von der Leistung der die Umstellung durchführenden Potentialfaktoren abhängigen Kosten bewertet werden. Durch ein solches Vorgehen werden die tatsächlichen Kostenminderungen und -erhöhungen verdeckt durch die Veränderung der verrechneten fixen Kosten[41]. Die durch den Sortenwechsel bedingte Einwirkung auf die Auslastung des quantitativen Leistungspotentials eines Kostenplatzes beeinflußt das Niveau der variablen Kosten und der Leerkosten. Da wir diese Abweichungen im nächsten Abschnitt gesondert untersuchen, verzichten wir an dieser Stelle auf die weitere Analyse der durch den Sortenwechsel bedingten Verzehre.

Das Fertigungsprogramm kann für einen Kostenplatz insofern geändert werden, als die programmgemäße Reihenfolge der Produkterstellung im tatsächlichen Betriebsgeschehen nicht so eingehalten wird, wie es dem ursprünglichen Programm und der Vergleichsgrundlage zugrunde liegt. Die Programmvariation äußert sich in der veränderten „Sortenschaltung“[42]. Die Interdependenz der im Abrechnungszeitraum zu fertigenden Sorten wirkt auf die Höhe der Sortenwechselkosten ein. So wird z. B. der Walzplan eines Röhrenwalzwerks nicht willkürlich hintereinander Rohre mit großen und kleinen Dimensionen walzen. Man wird die Sorten nach Möglichkeit so „schalten“, daß ein Wechsel von einer Sorte zu einer anderen in der geringsten Zeit und mit den niedrigsten Kosten geschehen kann. Dieses Ziel wird um so leichter erreicht, je weniger Walzensätze ausgetauscht und umgestellt werden müssen. Die durch den Sortenwechsel bedingte Unterbrechung der Produktion

[41] Kilger, W.: Produktionsplanung einschließlich Planung des Fertigungsprogramms, in: Dynamische Betriebsplanung zur Anpassung an wirtschaftliche Wechsellagen, Wiesbaden 1959, S. 81; Kilger, W.: Flexible Plankostenrechnung, a.a.O., S. 538.

[42] Gutenberg, E.: Sortenproblem und Losgröße, in: Handwörterbuch der Betriebswirtschaftslehre, Bd. III, Stuttgart 1960, Sp. 4905.

wirkt sich auf die Auslastung der Kostenplätze am wenigsten aus, je besser es der Arbeitsvorbereitung und den Betriebsleitern gelingt, zu einer optimalen Sortenschaltung zu gelangen. Betriebliche Störungen, eilige Aufträge und sonstige Unwägbarkeiten führen immer wieder zu Abweichungen von den vorgesehenen Fertigungsplänen. Erst recht treten Abweichungen in Erscheinung, wenn die Fertigungsprogramme vergangener Perioden oder fremder Betriebe als Vergleichsgrundlage in die Auswertung der Kostenrechnung einbezogen werden. Die Maßstabkosten bedürfen bei abweichender Sortenschaltung der Korrektur, wenn sie die Vergleichsgrundlage beeinflußt. Berichtigungen sind erforderlich bei Hebung oder Senkung des Sortenwechselkostenniveaus und/oder Verlängerung bzw. Verkürzung der Rüstzeiten, das heißt Verkürzung bzw. Verlängerung der Ausführungszeiten.

Die Ursachen der Fertigungsprogrammänderungen sind wichtig für die Ermittlung der Verantwortlichkeit. Der Auswertende kann sie gliedern nach Innen- und Außeneinflüsse. Die Kostenuntersuchung vermag nur zu zeigen, welche Wirkungen von der Fertigungsprogrammvariation auf die Kostengestaltung ausgehen. Es sei lediglich angemerkt, daß dieser Kostenbestimmungsgrund wie alle Einflußgrößen, die auf die Höhe der Beschäftigung einwirken, die betriebliche Leistungserstellung beeinflußt und je nach der Höhe der für die Leistungen erzielten Preise auch über die Mengenkomponente der Erlöse auf den Betriebserfolg einwirkt. Beruhen die Programmvariationen auf Inneneinflüsse, dann sollte den Verantwortungsträgern vor Augen geführt werden, welchen Einfluß ihr Verhalten auf den Erfolg des Abrechnungszeitraumes ausgeübt hat. Voraussetzung ist jedoch, daß die Vergleichsgrundlage geeignet ist, als Norm für das dispositive Eingreifen der Verantwortlichen zu gelten.

δ) Die Beschäftigungsänderung

Die Beschäftigung zählt zu den wichtigsten Kosteneinflußgrößen. Wir verstehen darunter die durch die Leistungen der Potentialfaktoren eines Kostenplatzes erstellte oder verarbeitete Erzeugnismenge. Die Kapazität des Kostenplatzes wird gebildet durch die in Erzeugnismengen ausgedrückte Leistungspotenz der Potentialfaktoren, die sich aus ihrem Zusammenwirken ergibt. Die Abhängigkeit der Kosten von der Beschäftigung bildet das wichtige Kriterium für die Klassifizierung der bewerteten Verzehre in fixe und variable Kosten. Da sich die Beschäftigung nur auf die Höhe der variablen Kosten auswirkt, können nur sie von der Beschäftigungsvariation betroffen werden. Aus diesem Grunde müssen wir unterscheiden zwischen dem Einfluß der Beschäftigung auf die variablen Kosten im Sinne einer Wirkursache und der Untersuchung der Leer- und Nutzkosten, die mit Hilfe der Beschäftigung vorgenommen wird. Die zuletzt genannten Verzehre sind Teile der fixen Kosten, die durch die Beschäftigung nicht verursacht werden. In der Literatur über die Plankostenrechnung bezeichnet man die Leerkostenabweichungen als Beschäftigungsabweichungen. Wir wollen den Ausdruck Beschäftigungsabweichungen nur für die Differenzen zweier Beträge der variablen Kosten verwenden und durch ihn andeuten, daß der Kostenunterschied durch die Einflußgröße Beschäftigung verursacht ist. Die Untersuchung der Leer- und Nutzkostenabweichungen nehmen wir im Anschluß an die Analyse der Wirkungen der Beschäftigungsvariation vor.

Die Beschäftigung, gemessen an der gefertigten Produktmenge, ist ein Kostenbestimmungsfaktor, der in erster Linie den Einflußgrößenquantitäten zuzurechnen ist. Sie beeinflußt in vielen Fällen nicht den konstanten Faktor bzw. die konstanten Faktoren, die ihr als Gewicht zugeordnet sind. In der Funktionsgleichung stellt sie im Gegensatz zu den bisher dargestellten Einflußgrößen eine quantifizierbare, unabhängige Variable dar. Betrachtet man die Vergleichsgrundlage und das Vergleichsobjekt, dann muß eine Maßstabkorrektur vorgenommen werden, wenn den Vergleichsgrößen unterschiedliche Beschäftigungen zugrunde liegen. Bezeichnen wir die variablen Kosten mit K_v, die Proportionalitätskonstante mit b und die Beschäftigung mit x, so erhalten wir die Beschäftigungsabweichung BA aus den Gleichungen:

$$bx_s = K_{vs}$$

$$bx_o = K_{vo}$$

$$\overline{b(x_s - x_o) = BA}$$

Die Indizes deuten auf die ursprüngliche (o) und die berichtigte Maßstabgröße (s) hin. Wird die Beschäftigung durch die Mengen mehrerer Erzeugnisse gebildet, dann erfolgt eine Umrechnung mit Hilfe der Äquivalenzziffern in der bereits beschriebenen Weise.

Nun kann es geschehen, daß die Höhe der Beschäftigung ihren Einfluß auch auf die Gewichtung geltend macht. Diese Veränderung äußert sich in dem Potenzexponenten von x. Ergeben sich die variablen Kosten z. B. nach der Gleichung $K_v = bx^3$, dann können wir eine mit x schwankende Gewichtung dieser Einflußgröße vornehmen und die relevanten Abweichungen berechnen. Nach dem Einsetzen des Ausdrucks $p = bx^2$ in die Gleichung erhalten wir

$$\left(bx_s^2\right)x_s = K_{vs} = p_s x_s$$

$$\left(bx_o^2\right)x_o = K_{vo} = p_o x_o$$

$$\overline{\qquad BA \qquad}$$

Die Größe p drückt das von der Beschäftigung abhängige variable Gewicht aus. Die Zerlegung der Beschäftigungsabweichung erbringt die Abweichungen der variablen Kosten infolge der unterschiedlichen Gewichtung: $x_s(p_s - p_o)$ und die Abweichungen als bewertete Differenz der abweichenden Beschäftigungsmengen: $p_o(x_s - x_o)$. Die Einzelabweichungen erlangen eine erhöhte Aussagekraft, wenn sie nur innerhalb bestimmter Beschäftigungsintervalle auftreten. Die „intensitätsmäßige Anpassung“[43] eines Kostenplatzes kann zu derartigen höheren Graden der Kostenfunktion führen.

Wir haben die Beschäftigung (x) dargestellt durch die gefertigten Produktmengen. Die Beschäftigung kann ferner ausgedrückt werden durch die Intensität oder Durchlaufgeschwindigkeit (I) und die Zeit (T), so daß wir schreiben können

$$x = I \cdot T.$$

Bei konstanter Zeit ist die Produktmenge abhängig von der Intensität. Variiert man die beiden Größen I und T in entgegengesetzter Richtung, dann sind Kompensationswirkungen möglich, die die Beschäftigungsmenge unverändert lassen. Der Einfluß beider Größen auf die variablen Kosten ermitteln wir mit Hilfe des kumulativen Verfahrens der Abweichungsaufspaltung. Setzen wir anstelle der Größe x den Ausdruck IT in die obigen Gleichungen ein, dann läßt sich die Abweichungszerlegung durchführen und man erhält die Teilabweichungen, die wir als Zeit- und Intensitätsabweichungen bezeichnen.

1. $$bI_oT_o = K_{vo}$$
$$bI_sT_s = K_{vs}$$
$$\overline{BA} = \text{Beschäftigungsabweichung}$$

2. $$bI_oT_o = K_{vo}$$
$$bI_sT_o = K'_s$$
$$\overline{dI_v} = \text{Intensitätsabweichung}$$

3. $$bI_sT_o = K'_{vs}$$
$$bI_sT_s = K_{vs}$$
$$\overline{dT_v} = \text{Zeitabweichung}$$

$$dT_v + dI_v = BA$$

Die Einzelabweichungen zeigen, wie sich die Maßstabkorrektur auf die Kostengestaltung auswirkt und wodurch sie bedingt ist. Die variierende

[43] Gutenberg, E.: Grundlagen der Betriebswirtschaftslehre, Bd. I. Heidelberg-Berlin-Göttingen 1958, S. 243 ff.

Beschäftigung mit ihren Komponenten Intensität und Zeit übt einen erheblichen Einfluß auf das Niveau der variablen Kosten aus. Die Aussagefähigkeit der Abweichungen ist von Bedeutung, wenn die ursprünglichen Maßstabkosten auf der Basis der optimalen Beschäftigung errechnet werden. Sie geben an, wie die tatsächliche Beschäftigung, indem sie sich von ihrer optimalen Größe entfernt, das Kostenniveau beeinflußt. Der Verantwortungsträger muß darlegen, warum die Einzelabweichungen aufgetreten sind. Für die Deutung des Auswertungsergebnisses ist es z. B. wesentlich, ob eine Zeitabweichung durch die veränderte Länge der Abrechnungsperiode (unterschiedliche Monatstage, Sonn- und Feiertage usw.) oder durch veränderte Anzahl der Sortenwechsel, Sortenwechselzeiten, Störungszeiten usw. verursacht worden ist.

Die Maßstabkosten können auch in der Weise aufgebaut sein, daß sie nicht die Abhängigkeit der Kosten von der Beschäftigung, sondern von einer ihrer Komponenten (in der Regel die Fertigungsstunden) erkennen lassen. In diesen Fällen geht die andere Komponente mit der Proportionalitätskonstanten eine multiplikative Verbindung ein. Das Produkt der beiden Größen bildet die Gewichtung der als unabhängige Variable verbleibenden Beschäftigungskomponente. Aus der Kostenfunktion $K = a + bIT$ wird durch den Einsatz von $w = bI$

$$K = a + wT.$$

Für alle vorkommenden Intensitäten bestehen Kostenfunktionen, die sich durch die unterschiedliche Höhe von w unterscheiden. Die Maßstabberichtigung ist ohne Schwierigkeiten möglich und ergibt eine Intensitätsabweichung bei den variablen Kosten in Höhe von

$$(w_s - w_o)\, T = dI_v.$$

In dieser Gleichung repräsentiert w_o den proportionalen Kostensatz der ursprünglichen Vergleichsgrundlage und w_s den der korrigierten Maßstabkosten bzw. der Istkosten. In der Größe w_s ist die Durchschnittsintensität der Abrechnungsperiode enthalten. Will man die Intensitätsschwankungen partieweise erfassen, dann muß die durchschnittliche Intensität jeder Partie ermittelt und eingesetzt werden. Durch die Korrektur der Maßstabkosten aufgrund der veränderten Intensität werden aus den Verbrauchsabweichungen die Intensitätsabweichungen als Schwankungen der variablen Kosten eliminiert[44].

Die Korrektur der Vergleichsgrundlage aufgrund der schwankenden Beschäftigung ist durchführbar mit Hilfe des Variators, der für die Plankostenrechnung entwickelt worden ist. Der Variator ist eine Meßziffer, die angibt, um wieviel Prozent die Kosten sinken (ansteigen), wenn die Beschäftigung, gemessen an der Beschäftigung der Ausgangs-

[44] Kilger, W., Flexible Plankostenrechnung, a.a.O., S. 535.

basis (z. B. Optimalbeschäftigung), um 10 % zurückgeht (sich erhöht). Die Variatoren gemäß dieser Definition gelten nur unter bestimmten Voraussetzungen. Ihre Gültigkeit ist geknüpft an eine lineare Kostenfunktion, an eine bestimmte Kapazitätsauslastung als Basisgröße und an die Richtigkeit der dieser Größe zugeordneten Gesamtkosten sowie deren Einteilung in fixe und variable Kosten. Diese Bedingungen haben zur Folge, daß für jeden Kostenplatz und jede Kostenart der Variator ermittelt werden muß. Die in der Literatur zu findenden Variatorentabellen für die Kostenarten sind für die Auswertung einer Kostenrechnung unbrauchbar. Betragen die variablen Kosten bei der Beschäftigung der ursprünglichen Vergleichsgrundlage (x) K_v, die fixen Kosten F, dann errechnet sich der Variator (V) nach der Formel

$$V = \frac{K_{vx}}{F + K_{vx}} \cdot 10$$

Koller bezeichnet den Variator als Außenvariator, wenn er sich auf die gesamten Stellenkosten, als Innenvariator, wenn er sich auf die einzelne Kostenart bezieht[45]. Mit Hilfe des Variators läßt sich die Maßstabkorrektur unschwer durchführen. Es ist

$$K_s = K_o \left(1 - 0{,}1\, V \cdot \frac{dx}{x}\right),$$

wobei wir durch dx die absolute Veränderung der Beschäftigung kennzeichnen. Aus dieser Gleichung ist die Beschäftigungsabweichung zu ersehen. Sie beträgt, in einer Formel ausgedrückt,

$$K_o \cdot 0{,}1\, V \cdot \frac{dx}{x} = BA.$$

Der soeben dargestellte Variator ist nur anwendbar bei linearem Kostenverlauf. Liegen nicht lineare Kostenfunktionen vor, die auch nicht näherungsweise linearisiert werden können, so müssen auch die Variatoren höheren Grades sein. Im einzelnen Fall ist zu entscheiden, ob die Maßstabkorrektur mit Variatoren höheren Grades erfolgen kann und muß. Gleichzeitig muß entschieden werden, wie der Maßstab beschaffen sein muß. Als Beispiel für einen nicht linearen Variator sei der von Michel dargestellte „Exponentialvariator“[46] erwähnt, dessen Formel lautet:

$$K_s = \frac{K_o}{1 + 0{,}1\, V \frac{dx}{x}},$$

[45] Koller, H.: Organisation der Plankostenrechnung, in: Schriftenreihe der AGPLAN, Bd. 5. Wiesbaden 1961, S. 56.

[46] Michel, E.: Handbuch der Plankostenrechnung, Berlin 1937, S. 151.

wenn wir ihn unmittelbar mit der Maßstabkorrektur verbinden. Wann diese Form des Variators benutzt werden kann, ergibt sich im konkreten Fall. In der Regel wird man sich bemühen, mit linearen Variatoren auszukommen. Die Maßstabberichtigung darf jedoch nicht schematisch erfolgen. Es ist stets zu prüfen, ob der Variator die betrieblichen Gegebenheiten richtig wiedergibt. Da die Kostenfunktionen fast immer durch Näherungsgleichungen dargestellt werden, ist zu prüfen, ob für alle Schwankungsbereiche der unabhängigen Variablen der gleiche Variator in Frage kommt. Bei negativem Ergebnis dieser Prüfung ist zu untersuchen, ob nicht für bestimmte Beschäftigungsintervalle mit linearen Variatoren die Maßstabkorrekturen durchgeführt werden können. Dabei ergeben sich für bestimmte Grenzpunkte zwei Variatoren. Die Berichtigung erfolgt mit mehreren Variatoren, die nur in den ihnen zugeordneten Beschäftigungsintervallen Gültigkeit besitzen. Durch die Einführung von Variatoren kann die Durchführung der Maßstabberichtigungen sehr vereinfacht werden. Sie sind jedoch nur geeignet für Auswertungen, denen Sollkosten als Vergleichsgrundlage dienen. Die Kosten vergangener Zeiträume und fremder Betriebe können in der Regel nicht in der gewünschten Weise berichtigt werden, weil sich in ihnen eine große Anzahl von Einflußgrößen auswirkt, die nicht klar genug erkannt und erfaßt worden sind. Vergleichsgrößen dieser Art bedürfen häufig einer Korrektur, die nur mit großem Aufwand vollziehbar ist und damit die Untersuchung unwirtschaftlich macht. Aus diesem Grunde nimmt man bei jenen Vergleichsgrößen nur grobe Berichtigungen vor, durch die besondere Kosten verursachende Geschehnisse eliminiert werden. Aber auch diese Berichtigung erfolgt oft nicht an Hand genauer Unterlagen, sondern beruht auf mehr oder weniger genauen Schätzungen. Der Auswertende wird ohne die Schätzung nicht auskommen. Die Untersuchungsergebnisse brauchen durch dieses Verfahren der Maßstabkorrektur nicht ungenau zu werden. Eine richtig angewandte Schätzung durch einen sachverständigen Auswertenden erbringt häufig bessere und schnellere Resultate als die mit großem Aufwand betriebenen Verfahren der Kostenanalyse. Dem Auswertenden bleibt die Entscheidung überlassen, wann er zur Schätzung greifen darf und wann die Anwendung anderer, vielfach aufwendigerer Verfahren gerechtfertigt ist. Als Regel mag gelten, daß die Untersuchungsverfahren um so kostspieliger sein dürfen, je höher der Wert der zu gewinnenden Erkenntnisse veranschlagt ist. Auf der anderen Seite verlangt die Wirtschaftlichkeit der Auswertung, daß ein weniger aufwendiges Verfahren der Maßstabkorrektur vorzuziehen ist, wenn es die gleichen Erkenntnisse unter der Wertung und Würdigung sonstiger Umstände (gleiche Sicherheit und Schnelligkeit der Ergebnisse) vermittelt.

ε) Die Korrektur der „Leer-" und „Nutzkosten"

Bei dieser Kostenkorrektur handelt es sich um eine Berichtigung, die das Kostenniveau nicht beeinflußt. Die fixen Kosten sind von der Höhe der Beschäftigung unabhängig. Es stellt sich für den Betrieb oder den Kostenplatz die Frage, ob die in ihm wirkenden Potentialfaktoren in ihrer Leistungsfähigkeit voll ausgelastet sind. Die fixen Kosten bezeichnet man bei voller Kapazitätsauslastung als „Nutzkosten", beim Betriebsstillstand als „Leerkosten"[47]. Ist ein Teil der Kapazität genutzt, so kann nur ein entsprechender Teil der fixen Kosten Nutzkosten sein, während der verbleibende Rest Leerkosten darstellt.

Für die Auswertung der Kostenrechnung ist die Untersuchung der Leerkosten von Bedeutung, weil sie wichtige Hinweise für betriebspolitische Entscheidungen gibt. Da die Nutzkosten das Gegenstück zu den Leerkosten darstellen und die Addition beider Größen stets die Fixkostenhöhe ergibt, kann von den Ergebnissen der Leerkostenanalyse sofort auf die Ergebnisse der Nutzkostenanalyse geschlossen werden.

Die nicht genutzten beschäftigungsunabhängigen Verzehre können gegliedert werden in

a) Leerkosten der nicht genutzten quantitativen Kapazität

b) Leerkosten der nicht genutzten qualitativen Kapazität.

Die Leerkosten nicht genutzter quantitativer Kapazität geben in ihrem absoluten Betrag an, in welcher Höhe die fixen Kosten unausgenutzt bleiben. Als Relativzahl drücken sie den prozentualen Anteil der Leerkosten an den fixen Kosten aus. Die Leerkosten lassen sich für jede Kostenart eines Kostenplatzes ermitteln. Bezeichnen wir die fixen Kosten mit Q, die Leerkosten mit K_l, die Nutzkosten mit K_n, die Kapazität des Kostenplatzes mit m und die quantitative Ausnutzung (Beschäftigung) mit x, dann können wir schreiben

$$Q = K_l + K_n$$

$$K_{l(x)} = (m - x)\frac{Q}{m}$$

$$K_{n(x)} = x\frac{Q}{m}\,.$$

Da der Zunahme (Abnahme) der Leerkosten eine entsprechende Abnahme (Zunahme) der Nutzkosten gegenübersteht, werden die fixen Kosten in ihrer Höhe durch die Variation dieser Größen nicht beeinflußt.

---

[47] Gutenberg, E.: Grundlagen der Betriebswirtschaftslehre, a.a.O., S. 250 f.

Die ermittelten Leerkosten sind identisch mit den in der Plankostenrechnung errechneten Beschäftigungsabweichungen. Die Beschäftigungsabweichungen lassen sich aus der Differenz zwischen den Sollkosten der Istbeschäftigung $(Q + bx)$ und den Plankosten der Istbeschäftigung $\left(\frac{Q + bm}{m} \cdot x\right)$ ermitteln, so daß sich nach einigen Umformungen der Gleichungen ergibt:

$$\frac{Q}{m}(m - x) + \frac{bxm - bxm}{m} = K_{l(x)}.$$

Dieser Ausdruck ist mit der oben abgeleiteten Gleichung identisch, da das zweite Glied $(bxm - bxm) : m = O$ ist. Bei Kostenfunktionen höheren Grades enthält die Plankostenfunktion die variablen Kosten und die Nutzkosten. Die Sollkostenfunktion und die Plankostenfunktion sind gleichen Grades. Da die Ermittlung der Leerkosten in diesem Fall umständlicher ist, benutzen wir grundsätzlich das von Gutenberg entwickelte Verfahren der Leerkostenerrechnung, das wir zuerst dargestellt haben.

Der Vergleich zweier Leerkostenfunktionen gibt Aufschluß über ihre Abweichungen. Bei gleichem Fixkostenbetrag (Q) und gleicher quantitativer Kapazität beträgt die Leerkostenabweichung

$$dK_l = (x_o - x_s)\frac{Q}{m},$$

wenn die Symbole x_o die Beschäftigung der ursprünglichen Vergleichsgrundlage, x_s die des korrigierten Maßstabs repräsentiert. Ist x_o mit der Kapazität (m) identisch, dann entspricht die Leerkostenabweichung der Höhe der errechneten Leerkosten. Die Identität beider Größen resultiert daraus, daß bei der Beschäftigung des ursprünglichen Maßstabs keine ungenutzten Fixkosten auftreten.

In einem anderen Zusammenhang haben wir die Beschäftigungsmenge ausgedrückt durch die Intensität und die Zeit $(x = IT)$. Die veränderte Form können wir bei der Leerkostenanalyse ebenfalls verwenden und erhalten

$$(I_o T_o - I_s T_s)\frac{Q}{I_o T_o} = dK_l$$

Die Erweiterung der Leerkostengleichung ermöglicht den getrennten Ausweis jener Teilabweichungen, die durch die nicht ausgelastete Kapazität entstanden sind, weil sich die Intensität oder die Fertigungszeit verändert hat. Wir errechnen diese Teilabweichungen auf folgende Weise:

$$(I_o T_o - I_s T_o) \cdot \frac{Q}{I_o T_o} = dI_l$$

$$(I_sT_o - I_sT_s) \cdot \frac{Q}{I_oT_o} = dT_l$$

Die Leerkostenabweichungen in ihrer Aufteilung lassen erkennen, wodurch die Schwankungen der Kapazitätsausnutzung bedingt sind, das heißt in welchem Maße die Differenzen in den nicht ausgenutzten fixen Kosten auf Änderungen der Intensität und der Fertigungszeit zurückzuführen sind. Die Abweichungen zeigen zwar nicht, welche Gründe für die Variation jener Größen bestimmend sind; sie machen jedoch darauf aufmerksam, daß durch dispositive Eingriffe eine bessere Ausnutzung der quantitativen Kapazität und damit der fixen Kosten erreicht werden kann. Die Leerkostenabweichungen einschließlich ihrer Teilabweichungen eignen sich hervorragend als Wegweiser der dispositiven Kostensteuerung.

Im letzten Abschnitt haben wir bei der Darlegung der Beschäftigungsvariation ebenfalls Zeit- und Intensitätsabweichungen ermittelt. Jene Abweichungen bezogen sich nur auf die variablen Kosten. Bei den Leerkostenabweichungen handelt es sich nicht um Korrekturen, die das Kostenniveau verändern. Dieser wichtige Unterschied, der letztlich im Wesen der Kostenkategorien begründet ist, veranlaßt uns, auf den in der Literatur zu findenden Begriff der Intensitätsabweichung einzugehen.

Bezeichnen wir in einer Plankostenrechnung den Plankostenverrechnungssatz mit $q = (Q + bm) : m$, die Sollbeschäftigung mit I_oT_o und die Istbeschäftigung mit I_sT_o. Aus den beiden Beschäftigungsgrößen ist ersichtlich, daß die effektive Fertigungszeit mit der geplanten übereinstimmt, Abweichungen dagegen bei der Intensität vorliegen. Als Intensitätsabweichung wird häufig der Ausdruck

$$q(I_oT_o - I_sT_o) = IA$$

angesehen[48]. Ersetzt man q durch $(Q + bI_oT_o) : I_oT_o$, so erhält man nach dem Multiplizieren und einigen Umformungen bei linearer Kostenfunktion:

$$\underbrace{\frac{Q}{I_oT_o}(I_oT_o - I_sT_o)}_{dI_l} + \underbrace{b(I_oT_o - I_sT_o)}_{dI_v} = IA$$

In dieser Gleichung finden wir die Leerkostenabweichungen (dI_e) und die Intensitätsabweichungen bei den variablen Kosten (dI_v) wieder. Da die Intensität als Wirkursache im Sinne der strengen Kausalität

[48] Matz, A.: Plankostenrechnung, Wiesbaden 1954, S. 118 ff.

nur die Höhe der variablen Kosten beeinflußt, werden bei der Intensitätsabweichung IA Leerkosten einbezogen, die zwar rechnerisch mit der Intensitätsschwankung in Beziehung gebracht werden, keineswegs aber als Fixkostenbestandteile durch diesen Einwirkungsfaktor verursacht sind. Zum gleichen Ergebnis gelangt Kilger, der ebenfalls die Intensitätsabweichung IA in zwei grundverschiedene Teile zerlegt, einen echten Mehrverbrauch oder Minderverbrauch und einer Abweichung in der Fixkostendeckung[49]. Wir haben in unseren Beispielen die Intensitäten und die Fertigungszeiten ausgewiesen. Die Ergebnisse sind im Grunde die gleichen, wenn wir die Beschäftigung durch Mengen- und Zeitgrößen ausdrücken und die Abweichung der Ist- von der Sollbeschäftigung betrachten. Reale Intensitätsabweichungen lassen sich nicht ermitteln, wenn eine Kostenart nur von der Höhe der Sollbeschäftigung (z. B. der Sollfertigungszeiten) abhängt. Es entsteht zwar eine Differenz zwischen den Sollfertigungsstunden der Istproduktion und den Istfertigungsstunden der Istproduktion, sie zieht jedoch keine Änderungen des Kostenniveaus nach sich[49].

Bei unseren Betrachtungen der fixen Kosten sind wir von der Maximalkapazität des Kostenplatzes ausgegangen, die sich aus der quantitativen Leistungsfähigkeit seiner Potentialfaktoren ergibt. Der Kostenplatz ist ein Teilbereich des ganzen Betriebes und steht mit anderen Kostenplätzen in Beziehung. Betriebliche Geschehnisse an einem Kostenplatz können sich auf alle vor- und nachgelagerten Kostenstellen mehr oder minder stark auswirken. Für die Leerkostenanalyse sind bei den Wirkungen auf die Beschäftigungshöhe vor allem jene Einflüsse von Bedeutung, die durch die Kapazitäten anderer Kostenplätze bedingt sind. Stimmen die Kapazitäten der vor- und nachgelagerten Kostenplätze nicht überein, so bestimmt sich die Auslastung der größer dimensionierten Kostenplätze nach der quantitativen Kapazität des Engpaßsektors, wenn nicht auf andere Weise die Überkapazitäten beseitigt oder ausgenutzt werden können. Wir sprechen von einem nicht harmonisch aufgebauten Betrieb, wenn die Kapazitäten seiner Teileinheiten nicht übereinstimmen. Da wir die Leerkostenanalyse auf der Maximalkapazität aufbauen, ergibt sich die Frage, welcher Teil der Leerkosten kapazitiv überdimensionierter Kostenplätze dem disharmonischen Betriebsaufbau zuzurechnen sind. Die Maximalkapazität eines Kostenplatzes sei m. Infolge des nicht harmonischen Aufbaus der Teilkapazitäten kann die quantitative Leistungsfähigkeit des Kostenplatzes nur zu $(m - dm)$ ausgelastet werden. Setzen wir in die Formel zur Errechnung der Leerkosten diese Größe anstelle der Beschäftigung ein, dann ergeben sich die Leerkosten infolge des disharmonischen Betriebsaufbaus

---

[49] Kilger, W.: Flexible Plankostenrechnung, a.a.O., S. 532 f.

$$H_l = dm \cdot \frac{Q}{m} \, .$$

Man kann die Größe $(m - dm)$ als Ausdruck der quantitativen Kapazität der Kostenstelle auffassen und auf dieser Basis die Leerkosten ermitteln. Die Folge davon ist, daß in der Auswertung nicht mehr die Leerkosten der disharmonischen Kapazitätsabstimmung sichtbar sind und damit ein wichtiges Signal für das dispositive Eingreifen in die Kostengestaltung nicht erscheint. Anders verhält es sich, wenn man die fixen Kosten auf beide Basen bezieht und für jede Beschäftigung die Leerkosten ermittelt. Die Abweichungen zwischen zwei Leerkostenbeträgen einer bestimmten Beschäftigung $(x \leqq m - dm)$

$$dH'_l = \frac{dm}{m^2 - mdm} \cdot Qx$$

kann als Leerkostenabweichung infolge des disharmonischen Betriebsaufbaus angesehen werden. Diese Abweichung hat den Nachteil, daß sie mit zunehmender oder abnehmender Beschäftigung variiert. Ihr Gewicht wird um so geringer, je kleiner die Beschäftigung ist. Die bei der Kapazitätsausnutzung $(m - dm)$ ermittelte Leerkostenabweichung wird durch die neu gewählte Basis zur Ermittlung der nicht ausgenutzten fixen Kosten bei abnehmender Beschäftigung auf die Leerkosten und Nutzkosten aufgeteilt. Aus sachlichen Gründen ist diese Aufteilung nicht gerechtfertigt. Die Leerkosten aufgrund des disharmonischen Betriebsaufbaus bleiben bestehen, so lange sich keine Verschiebung der Engpaßkapazität ergibt. Um der Kostensteuerung in der Auswertung der Kostenrechnung ein wirksames Instrument für betriebspolitische Entscheidungen zu geben, müssen die Leerkosten des disharmonischen Betriebsaufbaus stets in voller Höhe ausgewiesen werden. Wir nehmen eine Trennung der Leerkosten vor und schreiben

$$K_l = \frac{Q\left(1 - \frac{dm}{m}\right)}{m - dm} \, (m - dm - x) + dm \, \frac{Q}{m}$$

$$K_n = x \, \frac{Q}{m} \, .$$

Das erste Glied der Leerkostengleichung enthält die nicht ausgenutzten fixen Kosten auf der Auslastungsbasis $(m - dm)$, die von den auf disharmonischem Betriebsaufbau beruhenden Leerkosten $(dmQ : m)$ befreit sind. Die Nutzkosten sind auf der Basis der Maximalkapazität errechnet und werden von der Leerkostenaufspaltung nicht betroffen.

Verschiebt sich die Engpaßkapazität, das heißt wird durch dispositive Maßnahmen die Disharmonie im Betriebsaufbau vermindert, dann verändern sich die beiden Größen der Leerkostenabweichung in entgegengesetzter Richtung, so daß der einen Größe der Betrag zuwächst um den sich die andere verringert. Die Gesamtleerkosten K_l für eine bestimmte Beschäftigung werden durch die Substitution nicht berührt. Die Abweichungen, die an beiden Funktionsgliedern ablesbar sind, wenn die Leerkostenfunktionen in dieser Form vor und nach der Anpassung einander gegenübergestellt werden, geben Aufschluß über die Wirkungen des Anpassungsprozesses auf die Fixkostenausnutzung.

Die Korrektur der Vergleichsgrundlage kann dazu führen, daß das Niveau des fixen Kostenbestandteils gegenüber der Ausgangslage bei gleichbleibender Beschäftigung angehoben oder gesenkt wird. Die Differenz der Leerkosten bei den einzelnen Beschäftigungsgraden ist auf die Erhöhung der fixen Kosten zurückzuführen. Der zusätzliche Fixkostenbetrag teilt sich entsprechend der Kapazitätsauslastung auf die Leerkosten und Nutzkosten auf. Allgemein ist festzustellen, daß sich mit zunehmender Fixkostenhöhe des Kostenplatzes bei gleicher quantitativer Leistungsfähigkeit die Leerkosten eines bestimmten Beschäftigungsgrades erhöhen und umgekehrt. Bei gleichem Fixkostenniveau sind die einem bestimmten Beschäftigungsgrad zugeordneten Leerkosten um so höher (niedriger), je größer (kleiner) die Kapazität des Kostenplatzes ist. Wählt man nicht die Maximalkapazität, sondern setzt man an ihre Stelle die kostenoptimale Auslastung als Basis, dann werden die Leerkosten beim Überschreiten dieser Grenzen negativ und sind auch bei den übrigen Auslastungsgraden niedriger als bei der Leerkostenerrechnung auf der Basis der Maximalkapazität.

Die Leerkosten der nicht genutzten qualitativen Kapazität sind wesentlich schwieriger zu erfassen als die der nicht genutzten quantitativen Leistungsfähigkeit. Die Schwierigkeiten liegen in der Ermittlung der qualitativen Geeignetheit der Potentialfaktoren für die Erstellung bestimmter Leistungen. Es muß entschieden werden, ob z. B. menschliche Arbeitskräfte oder maschinelle Anlagen nicht besser eingesetzt werden können zur Erstellung von Leistungen, die höhere Anforderungen an die qualitative Leistungsfähigkeit stellen als die bisher erstellten. Gelingt es, diese Frage zu beantworten, dann muß geklärt werden, welcher Teil der Kosten dieser Potentialfaktoren als qualitative Leerkosten angesehen werden kann. Es muß ein Vergleich stattfinden zwischen den Kosten der eingesetzten Potentialfaktoren und den Kosten jener Potentialfaktoren, die unter gleichen Bedingungen noch imstande sind, die gewünschten Leistungen zu erbringen. Bei den qualitativen Leerkosten müssen die variablen Kosten in die Betrachtung einbezogen werden, da sich die qualitative Leistungsfähigkeit der

Potentialfaktoren auf sie ebenfalls auswirkt. Sie äußern sich bei den beschäftigungsabhängigen Verzehren in der unterschiedlichen Höhe der Gewichtung der Beschäftigungsgröße. Wir wollen den Problemen der qualitativen Leerkosten nicht weiter nachgehen und verweisen auf unsere Ausführungen, die wir an anderer Stelle zu diesem Fragenkreis gemacht haben[50].

An die Ermittlung der Leerkostenabweichung schließt sich die Frage an, welche Ursachen die geringere Beschäftigung und damit die geringere Ausnutzung der fixen Kosten und ihrer Degressionswirkung hervorgerufen haben. Es empfiehlt sich, die Ursachen nach Innen- und Außeneinflüssen zu trennen und gleichzeitig die Verantwortlichkeit zu kennzeichnen. Die geringere Auslastung des Kostenplatzes kann bedingt sein durch die Saison, die Mode, die Konjunktur, eine mangelhaft funktionierende Arbeitsvorbereitung, schlechte Wartung der Produktionsmittel, unterlassene Reparaturen, Stockungen infolge des Versagens des innerbetrieblichen Transportwesens, Disharmonien im Kapazitätsaufbau, Überdimensionierungen der Potentialfaktoren auf Grund einer Bedarfsüberschätzung oder eingetretener Nachfrageverschiebungen, Störungen in den vor- und nachgelagerten betrieblichen Teileinheiten usw.[51]. Die Aufzählung enthält nur die wichtigsten Gründe der verminderten Kapazitätsauslastung. Der Auswertende muß sich mit ihnen auseinandersetzen. Dabei hat er zu berücksichtigen, daß nicht alle Störungen, die in einer Kostenstelle auftreten, vom Stellenleiter zu verantworten sind. Die Ursachen liegen vielleicht in anderen Stellen und bleiben dort verborgen, weil sich an jenen Stellen keine Wirkungen auf die Kostengestaltung zeigen. Eine bewußte Steuerung der Kosten ist nur möglich, wenn die Arten und die Ursachen der Störungen des betrieblichen Ablaufs aufgedeckt werden. Die Auswertung der Kostenrechnung zeigt die Folgen der Störungen auf und läßt ihre Bedeutung für die Kostengestaltung erkennen. Den verantwortlichen Personen obliegt es, den Nutzen aus den Auswertungsergebnissen zu ziehen und die betrieblichen Prozesse an Hand dieses Kontrollinstrumentes wirtschaftlich zu gestalten.

c) Die Gegenüberstellung der Istkosten und der berichtigten Maßstabkosten

Die Korrektur der Maßstabkosten verfolgt den Zweck, die Kosteneinflußgrößen der ursprünglichen Vergleichsgrundlage durch die sich im tatsächlichen Betriebsgeschehen ergebenden zu ersetzen und dadurch eine Anpassung des Kostenniveaus zu erreichen. Die Maßstabberichti-

---

[50] Kürpick, H.: Die Lehre von den fixen Kosten, Köln und Opladen 1965, S. 95 f.

[51] Beste, Th.: Die kurzfristige Erfolgsrechnung, a.a.O., S. 433 f.; Baldus, G.: Die Theorie der Leerkosten und ihre Bedeutung für die Betriebspolitik und Kostenrechnung, Diss. Würzburg 1958, S. 151 f.

gungen werden möglichst als Einzelabweichungen erfaßt. Ihre Aussagefähigkeit ist vom Inhalt der Vergleichsgrundlage und von der Genauigkeit abhängig, mit der sie ermittelt werden.

Die Maßstabkorrektur schließt nicht aus, daß trotz der Anpassung der Vergleichsgrundlage an die Verzehre des tatsächlichen Betriebsablaufs Differenzen zwischen den Istkosten und den berichtigten Maßstabkosten auftreten. Die von den Einflüssen der korrigierten Faktoren bereinigten Kostenunterschiede bezeichnen wir als Verbrauchsabweichungen. Damit fassen wir den Begriff der Verbrauchsabweichungen enger, als er häufig dargestellt wird. Die Korrekturbeträge fassen wir nicht unter den Begriff der Verbrauchsabweichungen, so daß nach unserer Auffassung die Anpassung der Vergleichsgrundlage keine Zerlegung der Verbrauchsabweichungen in Einzelabweichungen darstellt. Die Verbrauchsabweichung ist eine Restgröße, die nach der durchgeführten Kostenkorrektur ermittelt wird und keine weitere Aufteilung in der Kostenanalyse erfährt.

Die Verbrauchsabweichungen sind wie die Differenzen bei den Maßstabkorrekturen bewertete Mengenabweichungen. Ihre Ursache liegt darin, daß es neben den bereits durchgeführten Berichtigungen noch quantitative und/oder qualitative Kostenbestimmungsgründe gibt, die noch nicht in die Betrachtung einbezogen sind. Die Abweichungen können außerdem begründet sein durch Ungenauigkeiten in den Kostenrechnungen oder Maßstabkorrekturen. Aus Gründen der Wirtschaftlichkeit der Auswertung vermeidet man es in der Regel, diesen Kostendifferenzen im einzelnen nachzugehen und läßt es mit der Erfassung der Einzelabweichungen der wesentlichen Kostenbestimmungsgründe bewenden, faßt jedoch alle übrigen Wirkungen auf das Kostenniveau zusammen unter dem Ausdruck der Verbrauchsabweichungen. Die Aussagefähigkeit der Auswertungsergebnisse ist um so größer, je geringer die Verbrauchsabweichungen sind und je größer der Anteil der Kostendifferenzen ist, der auf die Einzelabweichungen entfällt. Es darf nicht verkannt werden, daß sich unter den Einflußfaktoren, die in die Verbrauchsabweichung ganz oder teilweise eingehen, solche befinden können, die mit den berücksichtigten Größen im Zusammenhang stehen. Die diesen zugeordneten Abweichungen sind dann infolge der unbeachtet gebliebenen Interdependenz unrichtig ausgewiesen. Der Auswertende muß den Verbrauchsabweichungen um so größere Aufmerksamkeit schenken, je größer ihr relativer Anteil, gemessen an den Maßstabkosten, ist und je stärker ihre Schwankungen von Periode zu Periode sind. Ergeben sich beim Vergleich der korrigierten Vergleichsgrundlage mit den Istkosten keine Verbrauchsabweichungen, dann kann aus dieser Tatsache nicht mit Sicherheit geschlossen werden, daß außer den eliminierten Kostenbestimmungsfaktoren keine weiteren auf die Kostengestaltung eingewirkt haben. Der Vergleich der Kostenbeträge zeigt nicht unmittelbar an, ob Kompensationswirkungen nicht berücksichtigter Einflußgrößen einen Ausgleich positiver und negativer Abweichungen hervorgerufen haben. Zwar kann man der Ansicht sein, daß die Ausgleichstendenzen zu begrüßen sind, weil sie das Schwanken des Kostenniveaus verhindern. Die Auswertung der Kostenrechnung soll jedoch der zukünftigen Kostensteuerung dienen. Dazu ist es notwendig, daß die zuständigen Verantwortungsträger des Betriebes, die durch ihre Dispositionen in den Wirkungszusammenhang der Einflußgrößen einzugreifen vermögen, erkennen können, welche Einflüsse sie über die veränderten Kosteneinflußgrößenkonstellationen im einzelnen auf die Kostengestaltung ausüben. Treten kompensatorische Effekte auf, dann sind die Wirkungen nicht mehr erkennbar. Sind jedoch die einzelnen positiven und negativen Abweichungen bekannt, so können die zuständigen Fachleute überlegen, ob nicht durch günstigere Kombinationen eine Konstellation der Einflußgrößen bewirkt werden kann, die zu Kostensenkungen führt. Unter dem Aspekt der Kostensteuerung ist es wichtig, die kompensatorischen Wirkungen auf das Kostenniveau zu erkennen.

Die Verbrauchsabweichung einer Kostenart eines Kostenplatzes kann sich beziehen auf ihren fixen und/oder ihren variablen Bestandteil. Betrachtet man z. B. die Kostenart Schmiermittel eines Aggregates, so lassen genaue Verbrauchsmessungen erkennen, daß ein Teil dieser Verzehre von der Beschäftigung unabhängig und ein Teil von ihr abhängig ist, das heißt mit der Beschäftigungsvariation schwankt. Der an diesem Aggregat beschäftigte Arbeiter kann durch sein Tun die Höhe des variablen und/oder des fixen Schmiermittelverbrauchs beeinflussen. Aber auch andere Einflußgrößen, die nicht in die Maßstabberichtigung einbezogen sind, können Verbrauchsabweichungen beider Kostenkategorien bewirken. Solche Bestimmungsgründe können bei den Schmiermitteln die Temperaturschwankungen des Aggregates und der Luft, die Luftfeuchtigkeitsvariationen, säurehaltige Dämpfe und Veränderungen in ihrer Zusammensetzung sein. Für die Auswertungsaussage ist es von Bedeutung, welcher Kostenkategorie die Verbrauchsabweichung zuzuordnen ist. Sie wird zwar nicht durch die Beschäftigung hervorgerufen, ist jedoch aus diesem Grunde noch nicht als zu den fixen Kosten gehörend zu betrachten. Die sie bewirkende qualitative und/oder quantitative Einflußgröße kann eine Veränderung in der Gewichtung der Beschäftigung hervorrufen und damit eine Erhöhung der auf die Beschäftigungseinheit entfallenden Kosten verursachen, die ihrerseits über ihre multiplikative Verbindung mit der Beschäftigung die Verbrauchsabweichung des variablen Kostenartenbestandteils bewirkt. In der zweiten Phase dieser Auswertungsstufe kann eine Zuordnung der Verbrauchsabweichungen zu den Kostenkategorien nicht vorgenommen werden, weil zwar die berichtigten Maßstabkosten, nicht aber die Istkosten ihre fixen und variablen Kostenbestandteile erkennen lassen. Die Zuordnung ist nur möglich bei reinen fixen und reinen variablen Kostenarten. Wir können an dieser Stelle nur die Verbrauchsabweichungen an Hand der Mengen- und Preiskomponenten ermitteln. Da wir die Einflüsse über die Preise schon auf der ersten Stufe der Kostenanalyse eliminiert haben, enthalten die Istkosten und die Maßstabkosten die gleiche Preiskomponente (p). Man erhält die Verbrauchsabweichung (VA) durch die Multiplikation der Differenz zwischen den Mengenkomponenten der Istkosten (m_i) und den korrigierten Maßstabkosten (m_s).

$$p(m_i - m_s) = VA$$

Zum gleichen Ergebnis gelangt man, wenn man die korrigierten Maßstabkosten (K_s) von den Istkosten (K_i) subtrahiert

$$K_i - K_s = VA$$

oder in der erweiterten Fassung, um die Komponentenabweichung zu erkennen

$$\begin{aligned} pm_i &= K_i \\ pm_s &= \underline{K_s} \\ & VA \end{aligned}$$

Wir haben die fixen und variablen Kosten in einer Summe (K_s) von den Istkosten subtrahiert. Zum gleichen Ergebnis gelangt man, wenn man die Verbrauchsabweichung durch die Subtraktion der Teilkosten ermittelt und sich die Gliederung der Maßstabkosten zunutze macht. Auf diese Weise ermittelt Hofer in Anlehnung an Plaut die Verbrauchsabweichung bei der Plankostenrechnung nach der Gleichung

$$(K_i - F) - bx_i = VA\ .$$

Dabei sind K_i die Istkosten, F die geplanten fixen Kosten, b die geplanten proportionalen Kosten je Beschäftigungseinheit, x_i die Istbeschäftigungsziffer. Der Ausdruck $K_i - F$ wird als Ist-Arbeitskosten, bx_i als Soll-Arbeitskosten bezeichnet[52]. Eine Zuordnung der Verbrauchsabweichungen zu den fixen und variablen Kostenartenbestandteilen gelingt auch auf diese Weise nicht.

Die Verbrauchsabweichung kann auf einen Fehler im Ansatz der Maßstabkosten zurückzuführen sein. Unrichtigkeiten dieser Art lassen sich durch eine Überprüfung der Maßstabkosten erkennen. Für die praktische Auswertung genügt in manchen Fällen das folgende Verfahren. Gehen wir von einem linearen Maßstabkostenansatz aus und

---

[52] Hofer, N.: Die Auswertung der Plankostenrechnung, Diss. Nürnberg 1955, S. 34.

unterstellen wir, daß sich die fixen Kosten im Ist nicht oder nur unwesentlich verändert haben, so können wir die „variablen“ Istkosten ermitteln, wenn wir von den Gesamtkosten die fixen Maßstabkosten subtrahieren. Wir vergleichen nun die Relationen

$$\frac{\text{Ist-Beschäftigung}}{\text{Soll-Beschäftigung}} \times 100 \qquad \text{und}$$

$$\frac{\text{„variable Istkosten“ bei Istbeschäftigung}}{\text{variable Sollkosten bei Sollbeschäftigung}} \times 100$$

im Zeitablauf an Hand einer graphischen Darstellung (Abb. 6). In diesem Schaubild sind die Beschäftigungsgrade und die Kostenrelationen

Monat	graphische Darstellung Beschäftigungsgrad: —— Kostenrelation: – – –	Beschäftigungsgrad	Kostenrelation
1		90 %	86 %
2		95 %	92 %
3		92 %	87 %
4		87 %	90 %
5		86 %	81 %
6		89 %	85 %
7		90 %	92 %
8		91 %	87 %
9		85 %	80 %
10		88 %	85 %
11		88 %	82 %
12		95 %	90 %

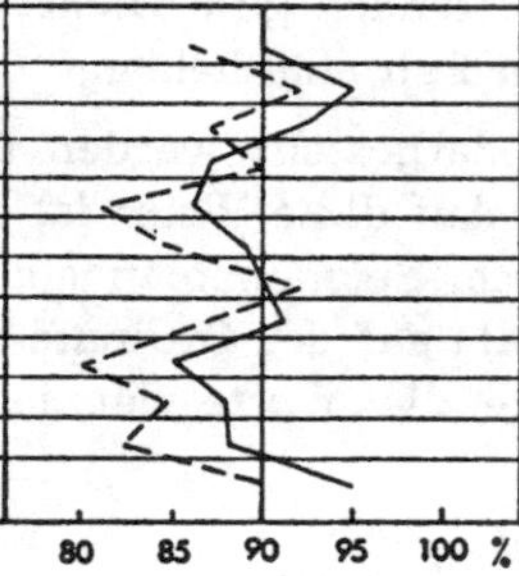

Abb. 6

für jeden Abrechnungszeitraum einander gegenübergestellt. Stimmen die Istkosten und Maßstabkosten je Beschäftigungseinheit überein, dann decken sich beide Kurvenzüge. Weichen sie voneinander ab, so entstehen Verbrauchsabweichungen bei den Kosten. Je nach dem gewählten Maßstab sind die Verbrauchsabweichungen positiv oder negativ bzw. nur positiv (Istkosten > Maßstabkosten). Bei positiven (negativen) Verbrauchsabweichungen ist der Beschäftigungsgrad kleiner (größer) als die ermittelte Kostenrelation.

$$\frac{(a_s \pm da)x_i}{a_s x_s} \neq \frac{x_i}{x_s}$$

Die Symbole bedeuten: a_s = Maßstabkosten je Beschäftigungseinheit, da = Verbrauchsabweichung je Beschäftigungseinheit, x_i = Istbeschäftigung, x_s = Maßstabbeschäftigung. Je besser sich beide Kurvenzüge angleichen, um so mehr stimmen die Vergleichsgrößen überein und um so besser ist die Vergleichsgrundlage. Zeigt das Schaubild gegenläufige Kurvenzüge, die außerdem noch weit ausladend sind, so liegen Mängel in den Maßstabkosten vor, die sie als Vergleichsgrundlage ungeeignet erscheinen lassen und zu einer Maßstabverbesserung auffordern. Unter Umständen muß ein mehrgliedriger Ansatz erfolgen, der mehr als eine Einflußgröße in sich aufnimmt. Unsere Prämissen in diesem Prüfverfahren sind eine lineare Kostenfunktion mit einer Einflußgrößenquantität und die Unterstellung, daß die fixen Maßstabkosten den fixen Istkosten entsprechen. Die Abweichungen der Kurvenzüge können durch die fixen Kosten hervorgerufen werden. Liegen Variationen der beschäftigungsunabhängigen Kosten vor, sind jedoch nur die fixen Kosten des Maßstabs bei der Subtraktion berücksichtigt, so entstehen daraus folgende Wirkungen auf die Kurvenverläufe: Sind die fixen Kosten zu hoch (niedrig) angesetzt, dann liegen die errechneten Kostenrelationen tiefer (höher), als es ihrem wahren Wert entspricht und die Kurve jener Prozentsätze verläuft in Abbildung 6 links (rechts) von ihrem richtigen Verlauf. Ob dieses Verfahren dem Auswertenden gute Dienste zu leisten vermag, muß er selbst im praktischen Fall entscheiden.

Die Verbrauchsabweichung kann auch dargestellt werden über die Relation der Istkosten zu den Sollkosten. Auf diese Weise ist ein Vergleich der relativen Abweichungen möglich. Setzt man in eine schaubildliche Darstellung mit einer Prozentskala auf der Ordinate und den Abrechnungszeiträumen auf der Abszisse die Werte der jeweiligen Quotienten

$$\frac{\text{Istkosten bei Istbeschäftigung}}{\text{Sollkosten bei Istbeschäftigung}} \times 100$$

ein, so ergibt bei einer linearen Kostenfunktion die Verbindung der Kurvenpunkte einen Kurvenzug, der je nach der Art der Maßstabkosten stets über der 100 % Geraden liegt oder um sie oszilliert, wie es die Abbildung 7 zeigt[53]. Trendartige Entwicklungen der Abweichungs-

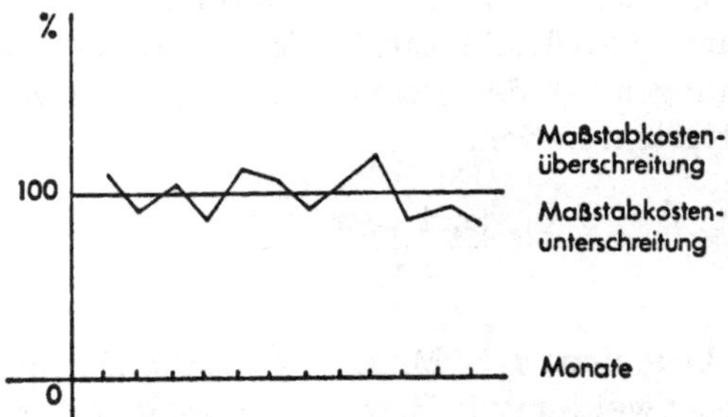

Abb. 7

kurve zeigen an, daß in den Istkosten Einflußgrößen wirksam geworden sind, die in den Maßstabkosten nicht oder nur ungenügend berücksichtigt sind. Die Beobachtung der Abweichungen im Zeitablauf kann dem Auswertenden wertvolle Hinweise geben, wenn die Gefahr droht, daß die Auswertungsergebnisse unrichtig werden.

Die Frage, ob die Verbrauchsabweichung ein Gradmesser für die Wirtschaftlichkeit des Betriebsgeschehens sein kann, haben wir schon mehrfach gestellt. Kilger[54] weist auf die vielen Unwägbarkeiten hin, die sich in der Verbrauchsabweichung als Restgröße niederschlagen. Eine besondere Untersuchung der Verbrauchsabweichung gibt Aufschluß darüber, welcher Teil der Differenzen vermeidbar ist bei verändertem Verhalten der zuständigen Verantwortungsträger und deshalb von diesen Personen zu verantworten ist. Es sei aber darauf hingewiesen, daß es Verbrauchsabweichungen gibt, die nicht oder nur teilweise den Verantwortungsträgern angelastet werden können, während andererseits Einzelabweichungen bei der Maßstabkorrektur von ihnen unter Umständen zu rechtfertigen sind. Der Wert der Einzelabweichungen und der Verbrauchsabweichung für die zukünftige Kostensteuerung wird nicht geschmälert, so lange aus den verschiedensten Kostenunterschieden die Ursachen erkennbar sind, auch wenn die Verantwortung für sie nicht immer deutlich bestimmbar ist.

3. Der Kostenfunktionenvergleich

a) Die Ermittlung der Kostenabhängigkeiten

aa) Das Problem

Die ersten Stufen der Kostenanalyse haben Vergleichsgrundlagen zur Voraussetzung, die der Auswertung in ihrer einfachen (erste Stufe) oder in ihrer entwickelteren Form (zweite Stufe) zur Verfügung stehen. Die Ermittlung der Maßstabkosten betrachten wir als nicht zur Auswertung der Kostenrechnung gehörend. Auf der zweiten Stufe der Kostenanalyse führen wir in erster Linie Maßstabkorrekturen durch, indem wir die Ist-Kosteneinflußgrößen des tatsächlichen Betriebsablaufs in die Untersuchung einbeziehen und die Wirkungen ihrer Abweichungen von den dem Maßstab zugrunde liegenden Einflußfaktoren mit Hilfe des bekannten Zusammenhangs zwischen den Maßstabkosten und den sie hervorrufenden Bestimmungsfaktoren auf das Kostenniveau ermitteln. Dazu ist erforderlich, daß dem Auswertenden außer der Vergleichsgrundlage der Zusammenhang zwischen den Maßstabkosten und den Einwirkungs-

[53] Wolter, A. M.: Ermittlung der besten Betriebsbeschäftigung und Sortenzusammensetzung in Walzwerken, in: Archiv für das Eisenhüttenwesen (1940/41), S. 80.

[54] Kilger, W.: Flexible Plankostenrechnung, a.a.O., S. 545.

größen bekannt ist. Nur auf diese Weise vermag er die Maßstabberichtigung zu vollziehen und die Einzelabweichungen als Korrekturbeträge zu errechnen.

Die Maßstabkorrektur beruht auf der Prämisse, daß die effektiven Einflußgrößen so auf die Kosten einwirken, wie es durch den Abhängigkeitsmechanismus zwischen den Maßstabkosten und den Einflußgrößen vorgezeichnet ist. Für den Auswertenden ergibt sich die Frage, ob die mit der Vergleichsgrundlage vorgegebene Kostenabhängigkeit mit der Wirklichkeit übereinstimmt. Um sie zu beantworten muß geprüft werden, ob bei der Kenntnis der Istkostenarten des Kostenplatzes einerseits, den Ist-Kosteneinflußgrößen des gleichen Kostenplatzes andererseits auf die Abhängigkeit dieser Größen geschlossen werden kann. Wir haben in unseren Ausführungen unterschieden zwischen den Wirkungen der Einflußgrößenquantitäten und der -qualitäten auf das Kostenniveau. Die Einflußgrößenqualitäten wirken sich nur auf die Höhe der konstanten Größen einer Kostenfunktion aus. Ferner bewirken die vorhandenen, aber nicht gesondert ausgewiesenen Einflußgrößenquantitäten unter Umständen eine Erhöhung oder Senkung der Konstanten, wenn sie in ihrer Höhe variieren und keine kompensatorischen Effekte auslösen. Die relevanten Einflußgrößenquantitäten sind in der Kostenfunktion als unabhängige Variable ausgewiesen. Weist man in der Kostenfunktion die Einflußgrößenquantitäten aus, dann werden die bewerteten Verbrauchsmengen einer Kostenart auf die Funktionglieder aufgeteilt. Liegen der Maßstabkosten- und der Istkostenfunktion gleichgradige Funktionen (z. B. lineare) zugrunde, dann können sich beide Funktionen bei gleichen Vorzeichen der einzelnen Glieder nur durch die Höhen der additiven Konstanten und/oder der Proportionalitätskonstanten voneinander unterscheiden. Da die Ermittlung der Istkostenfunktion im Rahmen der Kostenanalyse jedoch von der Maßstabkostenermittlung unabhängig ist, können sich Abweichungen in der Funktionsart und ihrer konkreten Ausgestaltung ergeben. Unterschiede dieser Art müssen bei der Interpretation der Ergebnisse des Kostenfunktionenvergleichs berücksichtigt werden.

Eine Kostenart wird nur ausnahmsweise von einer Einflußgrößenquantität als unabhängige Variable allein abhängen. Dieser Fall ist gegeben, wenn eine reine proportionale Kostenart in der Form $K_i = bx_i$ vorliegt. Bei ihr kann die Proportionalitätskonstante (b) ohne Schwierigkeiten ermittelt werden, wenn die Höhe der Kosten (K_i) und die Beschäftigung (x_i) bekannt sind. Das gleiche gilt für den anderen Grenzfall, bei dem keine Einflußgrößenquantitäten angesetzt werden. Die Istkosten sind hier mit der Höhe der additiven Konstanten identisch. In der Regel bestehen die Kostenfunktionen aus mehreren Unbekannten, so daß eine exakte Ermittlung der Unbekannten nur möglich ist, wenn die Anzahl der gegebenen Gleichungen mit der Anzahl der Unbekannten übereinstimmt. Dem Auswertenden stehen nur die Istkosten eines Kostenplatzes gegliedert nach Kostenarten in einer Summe zur Verfügung. Mit Hilfe eines Kostenwertes für eine Kostenart kann die Kostenfunktion nicht ermittelt werden, wenn mehrere Unbekannte zu errechnen sind. Aus diesem Grunde bedürfen wir mehrerer Istkostenwerte für die Ermittlung der Istkostenfunktion und den sich daran anschließenden Kostenfunktionenvergleich. Wir erhalten die erforderlichen Istkostenbeträge, wenn

1. für die Auswertung die Kosten mehrerer Abrechnungszeiträume vorliegen und die zugehörigen Einflußgrößenquantitäten bekannt sind.
2. die Kosten der Kostenrechnung eines Abrechnungszeitraumes (z. B. eines Monats) nach Elementarzeiträumen (z. B. Tage) dieser Periode getrennt erfaßt und in entsprechender Weise den Einflußgrößenquantitäten zugeordnet sind. Anstelle der Kostenarten haben wir es mit den zu Beginn dieser Arbeit erwähnten Elementen der Kostenarten zu tun. Von den Ergebnissen für die Elementarzeiträume wird eine Verbindung zum Abrechnungszeitraum hergestellt.

Die zuletzt geschilderte Möglichkeit gewinnt an Bedeutung, je mehr die Betriebe zur automatischen Datenerfassung übergehen. Die Entwicklung der Kostenrechnung in den Vereinigten Staaten zeigt deutlich den Trend zu einer kurzfristigeren Kostenrechnung als der üblichen Monatsrechnung[55]. Es soll keineswegs die Schwierigkeit der Kostenabgrenzung verkannt werden, die durch die Einführung von Elementarzeiträumen bei der Erfassung der Verzehre und ihrer Einflußgrößen entsteht. Jedoch gibt es eine Anzahl von Verzehren und Einflußgrößen, die einer automatischen oder halbautomatischen Datenerfassung durchaus zugänglich sind.

Wir haben nun die einzelnen Verfahren darzustellen, mit denen man die Istkostenfunktionen ermittelt. Dabei werden wir auch zu Ergebnissen gelangen, bei denen die ermittelten Istkosten trotz gleicher Einflußgrößenquantitäten und gleicher Funktionsart wie die korrigierten Maßstabkosten nicht mit den Istkosten einer auszuwertenden Kostenrechnung übereinstimmen. Der Grund für die fehlende Übereinstimmung ist darin zu erblicken, daß die Konstellationen der Einflußgrößenquantitäten und -qualitäten in den Istkosten anderer Abrechnungszeiträume effektiv andere sind als die im Durchschnitt ermittelten und keine oder keine genaue Korrektur auf eine einheitliche Konstellation hin

[55] Vergleiche auch den Vorschlag von Plaut, die beeinflußbaren Kostenarten dekadisch mit ihrem Maßstab zu vergleichen. Plaut, H. G.: Die Grenzplankostenrechnung in der Diskussion und ihre weitere Entwicklung, ZfB. (1958), S. 264.

erfolgt ist. Die effektiven Wirkungen der Einflußfaktoren summieren und kompensieren sich, während die zur Anwendung gelangenden Verfahren bewußt einen Ausgleich erzielen wollen. Wir kommen bei der Darstellung der einzelnen Verfahren auf diese Abweichungen zu sprechen und werden ihre Interpretation an den entsprechenden Stellen vornehmen.

bb) Die Schätzung der Beziehungen zwischen den Kosten und den Kosteneinflußgrößen

α) Die Schätzung der Wirkungen eines Kostenbestimmungsfaktors an Hand der Kosten- und Kosteneinflußgrößenvariation

Der Auswertende wird trotz der ihm zur Verfügung stehenden mathematischen Verfahren für die Ermittlung der Kostenfunktionen nicht auf das Schätzungsverfahren verzichten können. Er bedarf der Schätzung nicht nur, um den richtigen mathematischen Ansatz für andere Verfahren zu finden. Häufig wird er zu ihr greifen, wenn ihm der Ansatz anderer Verfahren zu aufwendig erscheint und er durch ihren Ansatz gegen den Grundsatz der Wirtschaftlichkeit verstößt, wenn die Abhängigkeitsbeziehung offensichtlich ist und mit relativ hoher Genauigkeit die Beziehung geschätzt werden kann. Die Schätzung ist ferner erforderlich, wenn der Einfluß qualitativer Kostenbestimmungsgründe eliminiert werden muß oder die Wirkungen nicht ausgewiesener Einflußgrößenquantitäten auszuschalten sind. Diese, keineswegs vollständige Aufzählung der Fälle, in denen die Schätzung angebracht erscheint, deuten darauf hin, daß es für den Auswertenden wichtig ist, sich in der Schätzung zu schulen, um auch ein Hilfsmittel zur Überprüfung der Untersuchungsergebnisse zu besitzen.

Die Abhängigkeit zweier Größen voneinander wird geschätzt, indem man von der Beobachtung der Variationen beider Größen und ihrer Ausmaße auf ihre Abhängigkeit schließt und den Zusammenhang quantifiziert. Der Auswertende kann die Schätzung in der Weise vornehmen, daß er die Werte der abhängigen Variablen und die der unabhängigen tabellarisch gegenüberstellt und aus dem Vergleich der einander zugeordneten Werte die ihm richtig erscheinenden Schätzzahlen entnimmt. Liegt eine größere Anzahl von Beobachtungen vor, dann kann die Sicherheit der Schätzung erhöht werden durch die Anwendung der graphischen Darstellung. Die graphische Darstellung zählt zu den ältesten Hilfsmitteln, deren man sich bei der Auswertung der Kostenrechnung bedient. Die erste Möglichkeit der graphischen Darstellung besteht darin, daß man in einem arithmetischen Koordinatenkreuz auf der Abszisse die Zeiträume in ihrer Abfolge und auf der Ordinate die Kosten und die Einflußgrößen abträgt. Aus den

Punkten der eingetragenen Werte für beide Variablen, die durch Linienzüge miteinander verbunden sind, und ihren Bewegungen wird auf die Abhängigkeit der beiden Größen geschlossen. Die Verbindung der Punkte jeder Kurve erfolgt in ihrer zeitlichen Reihenfolge. Stets sind jedoch die Bewegungen beider Kurven zu beobachten. Von ihnen ist

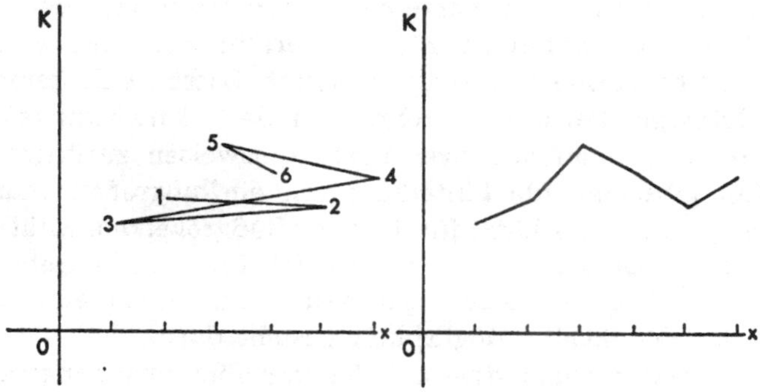

8 a 8 b

auf die Abhängigkeit zu schließen. Die Schätzung wird erleichtert, wenn man dazu übergeht, die unabhängige Variable auf der Abszisse nach ihrer Größe abzutragen und ihr entsprechend im Koordinatenfeld die abhängige Variable zuordnet. Die ursprünglichen schaubildlichen Darstellungen der Auswertung zeigen die Abbildungen 8 a und 8 b[56]. Die angefallenen Kosten sind in Abbildung 8 a in ihrer zeitlichen Reihenfolge miteinander verbunden. Die Abhängigkeit der Verzehre von der sie verursachenden Einflußgröße ist schwierig zu schätzen, da die Verbindungslinien einem anderen Prinzip, der zeitlichen Entwicklung, folgen. Aus diesem Grunde ist die Darstellung in Abbildung 8 b besser für die Schätzung geeignet. Sie zeigt den gleichen Aufbau wie die Abbildung 8 a, sie verbindet jedoch die Punkte nach der Höhe der unabhängigen Variablen. Auf diese Weise vermag der Auswertende die Kostenabhängigkeit leichter zu schätzen. Um auch die relative Entwicklung zu erkennen, kann er die Ordinate logarithmisch teilen. Halblogarithmische Schaubilder lassen sofort, ohne Umrechnung in Prozente, aus dem Kurvenverlauf das Wachstumstempo erkennen.

Will der Auswertende die Beziehung zwischen einer Kosteneinflußgröße und den Verzehren schätzen, dann muß er an Hand der vor-

[56] Schulz, C. E.: Die bildliche Auswertung der Selbstkosten, in: Archiv für das Eisenhüttenwesen, 2. Jg. (1928) S. 346.

liegenden Kostenrechnungsunterlagen und der quantifizierten Einflußgröße unter Anwendung der aufgezeigten Hilfsmittel zu erkennen suchen, ob die Verzehre auch auftreten, wenn die Einflußgrößenquantität den Wert 0 erreicht. Kann er mit Sicherheit diese Frage verneinen, so ist die Höhe der Kostenart nur von der Einflußgrößenquantität abhängig. Im umgekehrten Fall ist die Kostenart von ihr unabhängig. Handelt es sich bei der Einflußgröße um die Beschäftigung, dann geht es um die Zuordnung der Verzehre zu den fixen oder den variablen Kosten. Dieses Verfahren ist in der Literatur unter der Bezeichnung „buchtechnische Kostenauflösung" bekannt. Lassen sich keine eindeutigen Abhängigkeiten der Verzehre von dem Einwirkungsfaktor erkennen, so kann man auf zwei Verfahrensweisen zurückgreifen. Im ersten Fall gibt man die Einteilung von einflußgrößenabhängig und -unabhängig auf und schätzt für jede Einflußgrößenquantität die Höhe der Kostenart. Dieses Verfahren scheidet für unsere Betrachtungen aus, da keine Kostenfunktion ermittelt wird, die in eine Gleichung gekleidet ist. Die zweite Möglichkeit besteht darin, daß der von dem Einwirkungsfaktor abhängige und der von ihm unabhängige Kostenartenbestandteil geschätzt wird. Je nach dem Verlauf der abhängigen Kosten wird die Funktionsart und die Höhe der Konstanten geschätzt, die der unabhängigen Variablen zugeordnet ist. Legt der Schätzende die Kostenartenbestandteile auf Grund seiner Beobachtungen in absoluten und/oder relativen Zahlen, gemessen an dem Gesamtbetrag der Kostenart, fest, so findet eine Aufteilung des gesamten Betrages statt. Das Verhältnis der beiden Kostenteile zueinander schwankt bei variierender Einflußgrößenquantität. Bei der Beschäftigung als Einwirkungsfaktor verändern sich die variablen Kosten entsprechend ihren Schwankungen. Der Auswertende kann seine durch die Schätzung ermittelte Istkostenfunktion der Vergleichsgrundlage gegenüberstellen und die Abweichungen errechnen.

$$a_i + b_i x_i = K_i$$

$$a_s + b_s x_i = K_s$$

$$\overline{\hphantom{(a_i - a_s) + (b_i - b_s)x_i = dk^{III}}}$$

$$(a_i - a_s) + (b_i - b_s)x_i = dk^{III}$$

Die Kostenabweichung dk^{III} ist in eine Fixkostenabweichung und eine Differenz des variablen Bestandteils der Kostenart zerlegt. Der Auswertende kann den Schätzungsvorgang für jede Abrechnungsperiode wiederholen. Bei Anwendung der gleichen Prozentziffern wird sein Ergebnis falsch, wenn sich die Beschäftigung verändert. Die fixen Kosten sind zu hoch, die variablen zu niedrig und umgekehrt, wenn sich sonst keine Änderungen im Betriebsablauf vollzogen haben. Der Fehler wird vermieden, wenn er die Höhe der fixen Kosten aus seiner ersten Schätzung übernimmt und sie von den Istkosten der auszuwertenden Rechnung subtrahiert. Die Division der Restgröße durch die Beschäftigung ergibt wieder den konstanten Faktor, der die Beschäftigungsmenge gewichtet. Dieses Verfahren führt aber zu unrichtigen Ergebnissen, wenn sich zwar nicht die variablen Verzehre, jedoch die fixen Kosten verändern. Das gleiche gilt für ungleichmäßige Verschiebungen der konstanten Gleichungsgrößen. Der Auswertende kann die Verfahren nur anwenden, wenn er ihre Ergebnisse als Ausgangsgrößen benutzt und sich bei Veränderungen der betrieblichen Bedingungen durch Korrekturen an den Gliedern der Gleichung an die richtige Kostenfunktion herantastet. Diese Berichtigungen, die sich vor allem auf die Kostenartenbestandteile beziehen, muß der Auswertende auch in jenen Fällen vornehmen, in denen andere Verfahren angesetzt werden.

Bei dem Schätzungsverfahren dieser Art werden die Kostenunterschiede dk^{III} auf die fixen und variablen Kosten aufgeteilt. Die Istkosten der auszuwertenden Rechnung sind mit dem Funktionswert identisch. Der Auswertende kann auch in der Weise vorgehen, daß er seine einmal durchgeführte Schätzung der konstanten Größen (a, b) für alle späteren Auswertungen beibehält und lediglich die tatsächliche Einflußgrößenquantität als unabhängige Variable in die Funktionsgleichung einsetzt. Er geht davon aus, daß sich in den Istkosten stets eine große Anzahl nicht erfaßter und nicht erfaßbarer Kostenbestimmungsgründe, eine Anzahl Fehler in der Kostenermittlung usw. niederschlagen. Die tatsächlich ermittelten Istkosten der auszuwertenden Kostenrechnung werden aus diesen Gründen als nicht repräsentativ für die Wirkungen des Betriebsgeschehens auf das Kostenniveau angesehen. Man betrachtet eine Durchschnittsbeziehung zwischen den Kosten und der Einflußgrößenquantität als aussagefähiger, weil sich in ihr die unerfaßten Wirkungen auf die Kostengestaltung bis zu einem gewissen Grade ausgleichen. Der Auswertende schätzt in diesem Falle die Durchschnittsbeziehung und verwendet die ermittelte Istkostenfunktion so lange, bis die veränderten betrieblichen Verhältnisse eine Überprüfung und eine Korrektur erforderlich machen. Dieses Verfahren gewährleistet nicht die Übereinstimmung zwischen den Istkosten und dem Wert der Istkostenfunktion. Die Ungleichheit beider Kostenbeträge ist nur im Ausnahmefall nicht gegeben. Die Abweichungen der additiven Konstanten der Vergleichsfunktionen sind gleich, solange keine der beiden verändert wird. Unveränderlich sind unter der gleichen Voraussetzung die Differenzen der konstanten Faktoren, die der Einflußgröße zugeordnet sind. Beim Vergleich der Abweichungen mehrerer Abrechnungszeiträume sind die Schwankungen der Kostendifferenzen allein auf die veränderte Einflußgrößenquantität zurückzuführen. Der Kostenfunktionenvergleich zwischen den korrigierten Maßstabkosten und den auf diese Weise ermittelten „Istkosten" büßt an seiner Aussagekraft ein, weil in der berichtigten Vergleichsgrundlage die effektiv eingetretenen Variationen der Einflußgrößenquantitäten und -qualitäten der Periode berücksichtigt sind, während die Istkostenfunktion mit Ausnahme der einbezogenen Einflußgrößenquantitäten nicht die effektiven, sondern die durchschnittlichen Wirkungen der Faktoren in anderen Abrechnungsperioden oder Elementarzeiträumen einbezieht. Dieser Tatsache muß sich der Auswertende bei der Interpretation der Ergebnisse bewußt sein. Die Abweichung zwischen den Istkosten und dem Funktionswert darf nicht unbeachtet bleiben. Sie wird wertvoll, wenn man sie mit den Abweichungen anderer Zeiträume vergleicht. Bei gut geschätzten Beziehungen zwischen den Variablen sind die Istkosten gleichmäßig um die Funktionswerte verteilt. Der Auswertende kann zusätzlich zu den Istkostenfunktionen die Grenzen schätzen, innerhalb deren, gemessen an den Funktionswerten, die Istkosten schwanken dürfen, ohne die Auswertungsaussage zu beeinflussen. Wir bezeichnen diesen Bereich als Streubereich, der durch die Streugrenzen gekennzeichnet ist, und verwenden für ihn das Symbol $\pm s$, so daß die Istkostenfunktion lautet:

$$K_i \pm s = a + bx_i \pm s.$$

Überschreiten die Istkosten die Streugrenzen, so müssen die Ursachen dieses Kostenverhaltens ergründet werden. Die Überschreitungen können das Signal für die Abwandlung der Istkostenfunktion sein. Der Vergleich der Istkosten mit den Werten der Istkostenfunktion erlangt seine Bedeutung beim Zeitvergleich. Neben der Schwierigkeit des Schätzens der Funktion tritt das Problem auf, den Streubereich richtig zu kennzeichnen. Die Aussagefähigkeit der Istkostenfunktion verringert sich bei einseitiger Abweichung der Istkosten von den Funktionswerten, bei ständiger Überschreitung der Streugrenzen und bei zu großen Streubereichen.

Wird die Beschäftigung als einzige unabhängige Variable in die Betrachtung einbezogen, dann werden entweder die Gesamtkosten in einem Betrag oder die Höhen der in ihnen enthaltenen variablen Kosten geschätzt. Wir wollen nun der Frage nachgehen, welche Wirkungen sich ergeben, wenn bei der Zerlegung der Gesamtkosten in Kostenkategorien Fehlschätzungen vorkommen und damit die geschätzte Kostenfunktion fehlerhaft wird[57]. Sind die Kostenfunktionen linear und bezeichnen wir die richtigen Größen der Gleichung mit K, a und

---

[57] Vergleiche hierzu unsere Ausführungen über die Fehlerfortpflanzung auf Seite 107 ff.

b, ihre absoluten Fehler mit dK, da und db, dann hat die fehlerhafte Kostenfunktion das Aussehen

$$K \pm dK = (a \pm da) + (b \pm db)\, x$$

Die Kosten weisen stets einen Fehler in Höhe von

$$\pm\, dK = \pm\, da \pm (db)\, x$$

auf. Die Schätzungsfehler können sich auf alle oder auf einen Teil der Funktionsglieder erstrecken, sie können gleich- oder ungleichgerichtet sein und rufen bei abweichenden Vorzeichen der Fehlerbeträge kompensatorische Effekte hervor. Der Fehlerausgleich kann innerhalb des Kapazitätsbereichs des Kostenplatzes geschehen oder außerhalb dieses Intervalls liegen und damit unerreichbar sein. Der Fehler fällt bei Kompensationswirkungen um so weniger ins Gewicht, je mehr sich die betriebliche Auslastung dem Grad nähert, bei dem der richtige Kostenbetrag ausgewiesen wird. Vergleicht man die mit Unrichtigkeiten behaftete Istkostenfunktion mit der Maßstabkostenfunktion, so sind die wirklichen Abweichungen je nach der Art des Fehlers (positiv oder negativ) um den fehlerhaften Betrag höher oder niedriger, wenn man die einzelnen Funktionsglieder miteinander vergleicht. Vergleicht man die Summe aller Abweichungen der Einzelglieder, so wird die wirkliche Abweichung einseitig erhöht oder gemindert, wenn die Fehler nur positiv oder nur negativ sind. Bei positiver Kostenabweichung ($K_i > K_o$) und positivem Fehler ($+\, dK_i$), der sich aus positiven Fehlern der Einzelglieder zusammensetzt, ist die Kostenabweichung bei jeder Beschäftigung um die jeweilige Größe dK zu hoch. Der Fehler bleibt als Abweichung auch dann bestehen, wenn die Maßstabkosten in Wirklichkeit erreicht werden. Bei negativen Abweichungen verhält es sich umgekehrt, so daß die Maßstabkosten unter Umständen unterschritten werden. Die entgegengesetzten Richtungen der Fehler der Einzelglieder können von einer bestimmten Beschäftigung ab zu einem Vorzeichenwechsel des Gesamtfehlers führen, der sich je nach seiner Art und Höhe, wie bei den gleichgerichteten Fehlern ausgeführt, mehr oder weniger stark auf die Kostenabweichung auswirkt. Die Fehler bei den Gesamtkosten wirken sich ebenfalls bei den Stückkosten der betreffenden Kostenart, bei den Leerkosten usw. aus.

Der Schätzungsfehler kann sich ferner beziehen auf die Art der Kostenfunktion. Der Auswertende legt z. B. bei einer Kostenart eine lineare Funktion zugrunde, während eine nicht lineare Funktion den Sachverhalt besser treffen würde. Fehler dieser Art sind um so schwerwiegender, je breiter das Beschäftigungsintervall ist, in dem der Betrieb am häufigsten operiert. Die Auswertungsergebnisse können vollkommen unbrauchbar werden, wenn derartige Fehler auch in der

Funktion der Maßstabkosten enthalten sind. Es können ebenfalls kompensatorische Effekte auftreten oder sich trendartige Entwicklungen der Fehlerbeträge ergeben. Für die Aussagefähigkeit der Auswertungsergebnisse sind nicht nur die trendartigen Entwicklungen der Fehlerdifferenzen verhängnisvoll. Die Aussagekraft der Ergebnisse ist beeinträchtigt, wenn die Fehlerbeträge um die Funktionswerte schwanken. Der Auswertung ist am besten gedient, wenn die Wirkungen der fehlerhaften Schätzungen sich in der Weise auswirken, daß die Werte der geschätzten Kostenfunktion von den richtigen Größen so wenig wie möglich abweichen. Da die letzteren aber nicht bekannt sind, fehlt die Norm für die Richtigkeit der Schätzung. Hinweise erhält der Auswertende durch die Maßstabkostenfunktion, die Istkosten vergangener Perioden und die Istkosten der auszuwertenden Kostenrechnung.

β) Die Schätzung der Wirkungen mehrerer die Kosten beeinflussenden Größen durch die Beobachtung der Veränderungen von Kosten und Kosteneinwirkungsfaktoren

Die Schwierigkeiten bei der Schätzung der Kostenabhängigkeiten vergrößern sich, wenn die Istkostenfunktion mehrere Einflußgrößen als unabhängige Variable aufnehmen soll. Den Variationen mehrerer Einwirkungsfaktoren steht nur eine Kostenveränderung gegenüber, die das Ergebnis aller Variationen der Bestimmungsfaktoren darstellt. Bei zwei Einflußgrößenquantitäten kann eine dreidimensionale graphische Darstellung wichtige Aufschlüsse über den Beziehungszusammenhang geben. Das Verfahren versagt, wenn die Zahl der darzustellenden unabhängigen Variablen zwei überschreitet. Man kann bei zwei Einflußgrößenquantitäten auf die räumliche Darstellung verzichten und die Kosten im Koordinatenkreuz einmal über die erste, ein anderes Mal über die zweite unabhängige Variable abtragen. Es ist jedoch fraglich, ob aus dem erkennbaren Verlauf der „Punktwolke" in beiden Fällen die Kostenabhängigkeit erkannt und quantifiziert werden kann. Die Schätzung der Istkostenfunktion bei mehreren Einflußgrößenquantitäten ist immer problematisch und sollte nach Möglichkeit durch andere Verfahren ersetzt werden, wenn es nicht möglich ist, die Zahl der einzubeziehenden Einflußfaktoren auf eine Größe zu reduzieren.

Ferner gilt es zu bedenken, daß die Einflußgrößen nicht nur additiv, sondern auch multiplikativ miteinander verknüpft sein können. Es treten bei diesen Verbindungen unter Umständen Wechselwirkungen auf, die die Einzelwirkungen jedes Einwirkungsfaktors verstärken oder vermindern. Die Schätzung der Kostenabhängigkeiten wird erschwert durch das Auftreten gekoppelter Glieder und durch die zunehmende

Kompliziertheit jener Verbindungen. Da die Ergebnisse einer solchen Schätzung in hohem Maße unsicher sind und die Auswertung fragwürdig machen, verzichten wir auf ein tieferes Eindringen in die Probleme der Schätzung von Kostenabhängigkeiten bei mehreren Einflußgrößenquantitäten. In diesen Fällen setzen wir andere Verfahren an, die wir in den nächsten Abschnitten eingehend darstellen.

cc) Die mathematische und mathematisch-graphische Ermittlung des Zusammenhangs zwischen den Kosten und den Kosteneinflußgrößen

α) Die Beziehungen zwischen den Kosten und einem Kosteneinwirkungsfaktor

αα) Die Ermittlung der Kostenabhängigkeit durch die mathematisch-graphische Darstellung

Bei der Schätzung der Kostenabhängigkeit haben wir uns bereits der schaubildlichen Darstellung bedient, um aus dem Verlauf der Kosten ihre Abhängigkeit von einer Einflußgröße zu erkennen. Bei wenigen Vergleichswerten lassen sich die Kostenpunkte durch Linien miteinander verbinden. Liegt dagegen ein Kostenstreufeld vor, so vermögen wir nur eine Näherungskurve durch dieses Feld zu ziehen, die den Trend der Kostenentwicklung in Abhängigkeit von einem Einwirkungsfaktor, z. B. der Beschäftigung, angibt. Für die Darstellung der Kostenabhängigkeit ist nur die Ausgleichskurve mit ihren Einzelwerten und den zugehörigen Einflußgrößenquantitäten von Bedeutung. Verlängert man die Kurve in Richtung der Ordinatenachse, dann gibt der Schnittpunkt der Kurve mit dieser Achse die Höhe der Kosten an, die von der Beschäftigung unabhängig sind, sofern diese Einflußgröße als unabhängige Variable betrachtet wird. Die Extrapolation der Ausgleichskurve über die Ordinate des Kostenbetrages mit der kleinsten Beschäftigung hinaus ist grundsätzlich unzulässig. Man kann ein solches Vorgehen nur vertreten, wenn das Extrapolationsintervall verhältnismäßig klein ist und der gesamte Kostenverlauf mit großer Sicherheit erkennen läßt, daß die Funktion in diesem Bereich keinen wesentlich anderen Verlauf nehmen wird. Das gleiche gilt für die Extrapolation in entgegengesetzter Richtung, das heißt über die Kostenordinate der höchsten Beschäftigung hinaus.

Die Höhe der fixen Kosten ist die eine Größe (die additive Konstante) der Kostenfunktion. Die variablen Kosten sind am einfachsten aus den schaubildlichen Darstellungen bei linearen Kostenverläufen abzulesen (Abbildung 9). Der konstante Faktor, der der Beschäftigung (x) zugeordnet ist, entspricht dem Steigungsmaß der Kostengeraden, das in allen Punkten der Kurve gleich ist. Da die Kostenkurve mit der Tan-

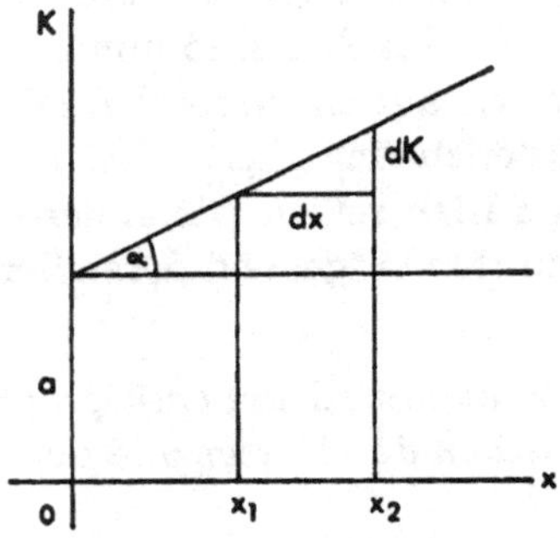

Abb. 9

gente an dieser Kurve identisch ist, bleibt die Gewichtung der Beschäftigung (b = proportionale Kosten je Beschäftigungseinheit) unverändert

$$tg\,\alpha = b = \frac{dK}{dx},$$

wenn dK die einer Erhöhung der Beschäftigung um dx zugeordnete Zunahme der variablen Kosten darstellt.

Bei gekrümmtem Kostenverlauf, wie ihn die Abbildung 10 zeigt, ergibt sich die Höhe der fixen Kosten ebenfalls durch den Schnittpunkt der Kurve mit der Ordinatenachse. Während in Abbildung 9 die Fixkostenhöhe gleichzeitig durch den Schnittpunkt der Tangente an irgendeinem Punkte der Kostenkurve mit der Kostenachse ermittelt wird, führt das Tangentenverfahren in Abbildung 10 zu unterschiedlichen fixen Kosten mit der einen Ausnahme, bei der die Tangente die Gesamtkostenkurve in dem Punkte berührt, in dem die u-förmig verlaufenden variablen Stückkosten am niedrigsten sind. Von dieser Ausnahme abgesehen, kann aus dem Anstiegsmaß der Tangente nicht die Höhe der variablen Kosten ermittelt werden. Unsere Ausführungen zeigen, daß

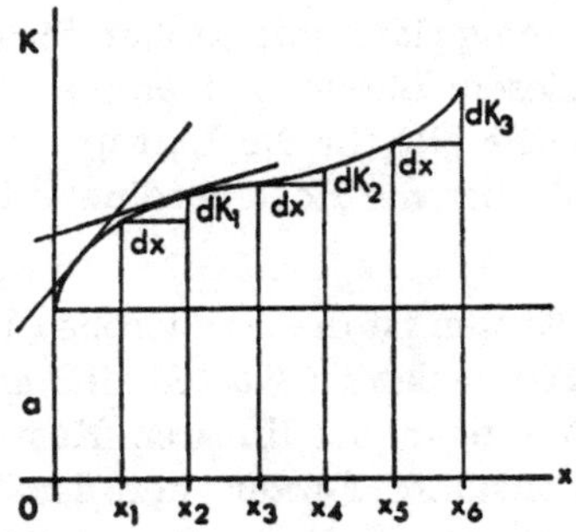

Abb. 10

die graphisch-mathematische Ermittlung des Kostenverlaufs nur bei linearer Kostenkurve durch das Tangentenverfahren zur Ableitung der Istkostenfunktionsgleichung in ihrer allgemeinen Form führen kann.

$\beta\beta$) Die Erfassung der Kostenabhängigkeit mit Hilfe des Grenzkostenverfahrens

Die Aufteilung der Gesamtkosten mit Hilfe der Grenzkosten bzw. der auf die Beschäftigungseinheit bezogenen Differenzkosten in fixe und variable Kosten wurde von Schmalenbach entwickelt. Seine Problemstellung lautet: „Wie kann man die Gesamtkosten beider Produktionsperioden derart in zwei Bestandteile zerlegen, daß der eine Bestandteil in beiden Perioden derselbe und der andere Bestandteil proportional der Produktmenge ist[58]?“ Bei der Anwendung des Verfahrens nimmt Schmalenbach eine Vereinfachung vor, indem er nicht von den Kosten einer zusätzlichen Beschäftigungseinheit, sondern von denen einer zusätzlichen Schicht ausgeht und unterstellt, daß die Gesamtkostenkurve in diesem Intervall linear verläuft.

Sind die Gesamtbeträge einer Kostenart dargestellt durch K_1 und K_2, die Beschäftigungsschichten durch x_1 und x_2, wobei $K_1 \leqq K_2$, $x_1 < x_2$ ist, so erhalten wir den „proportionalen Satz“[59] (b) nach der Gleichung

$$\frac{K_2 - K_1}{x_2 - x_1} = b$$

und die fixen Kosten (a) der linearen Istkostenfunktion

$$K_1 - bx_1 = K_2 - bx_2 = a.$$

Dieser allgemeine Ausdruck stellt eine Möglichkeit dar, die fixen Kosten zu ermitteln. Die Multiplikation der Grenzkosten (b) mit den Beschäftigungsgrößen x_1 und x_2 ergibt die diesen Größen zugeordneten variablen Kostenartenbestandteile. In gleicher Weise werden die fixen und variablen Kosten der übrigen Beschäftigungsschichten ermittelt.

Liegt der Kostenauflösung ein linearer Gesamtkostenverlauf zugrunde, dann gelangen wir bei diesem Verfahren zu den tatsächlichen fixen und variablen Kostenartenbestandteilen. Das Ergebnis stimmt mit dem des mathematisch-graphischen Verfahrens überein. Bei nicht linearer Kostenfunktion ist auf diese Weise eine Zerlegung der Kostenart in Kostenkategorien nicht möglich. Auch hier ist das Ergebnis identisch mit dem des graphischen Verfahrens bei Funktionen höheren Grades. Die Problematik der Kostenauflösung mit Hilfe des mathema-

---

[58] Kosiol, E.: Kostenauflösung und proportionaler Satz, ZfhF. (1928), S. 348.
[59] Schmalenbach, E.: Selbstkostenrechnung, ZfhF. 1919, S. 321.

tisch-graphischen Verfahrens und des Grenzkostensatzes ist in der Literatur über die Kostentheorie und Kostenrechnung ausführlich dargestellt worden, so daß sich ein näheres Eingehen darauf erübrigt[60]. Wir halten als Ergebnis lediglich fest, daß echte Fixkostenbestandteile durch diese Verfahren nur ermittelt werden können bei linearem Verlauf der Kostenfunktion.

Vergleicht man die Kosten in Abhängigkeit von der Beschäftigung, so zeigen sich auch bei Verzehren mit tendenziell linearer Abhängigkeit Schwankungen infolge sprunghafter Kostenveränderungen. Sprünge dieser Art ergeben sich aus den Ungenauigkeiten in der Kostenabgrenzung und -erfassung. Aus diesem Grunde empfiehlt es sich, die Kostensprünge zu beseitigen oder zu vermindern. Das kann geschehen, indem aus den Kostenbeträgen und den Einflußgrößenquantitäten Durchschnittswerte gebildet werden. Um die Kostenauflösung mit Hilfe des Grenzkostensatzes durchzuführen, sind zwei Kostenwerte und die Werte zweier Einflußgrößenquantitäten notwendig. Diese Werte können Mittelwerte sein, die gebildet werden, indem die nach der Größe der Beschäftigung geordneten Verzehre und Produktmengen in zwei Gruppen geteilt werden und aus jeder von ihnen ein Mittelwert errechnet wird. Der Mittelwert kann ein Durchschnittswert sein, der auf verschiedene Weisen gebildet werden kann. Auch ein gleitender Durchschnittswert kann in Frage kommen oder der Zentralwert bzw. der häufigste Wert. Diese Werte werden benutzt zur Feststellung des Grenzkostensatzes bei linearem Kostenverlauf, indem sie als Schwerpunkte des Streufeldes in die obigen Gleichungen eingesetzt werden. Bei der Anwendung des mathematisch-graphischen Verfahrens dienen jene Größen und ihre Eintragung in das Schaubild dazu, die Lage der Geraden zu bestimmen, um dadurch besser den Trend des Streufeldes zu erkennen.

$\gamma\gamma$) Das Newtonsche Interpolationsverfahren als Hilfsmittel zur Quantifizierung der Kostenabhängigkeit

Das Newtonsche Interpolationsverfahren zur Feststellung einer Kostenabhängigkeit wendet Gaube[61] an. Voraussetzung ist, daß die Kostenkurve stetig verläuft und sich durch eine Funktionsgleichung ausdrücken läßt. Diese Prämisse ist bei den Kostenarten eher erfüllt als bei zusammengefaßten Verzehren. Der Auswertende muß vor dem Ansatz des Verfahrens sich entscheiden, welche Funktionsart den Istkostenverlauf am besten beschreibt. Aus diesem Grunde ist es erforder-

---

60 Vergleiche hierzu: Kürpick, H.: Die Lehre von den fixen Kosten, Köln und Opladen 1965, S. 64 ff.

61 Gaube, H.: Die Auswertung von Kostendiagrammen, ZfHF (1955), S. 226 ff.

lich, den Trend des Streufeldes zu erkennen. Die graphische Darstellung der Istkosten in ihrer Abhängigkeit von der Beschäftigung gibt wichtige Aufschlüsse über die Art der Kostenfunktion.

Eine Kostenfunktion n-ten Grades von der Form

$$y = c_o + c_1x + c_2x^2 + c_3x^3 + \ldots + c_nx^n$$

bei der y und x bekannte Größen sind, enthält $n + 1$ Unbekannte, die durch die additive Konstante (c_o) und die Koeffizienten der unabhängigen Variablen (c_j) repräsentiert werden. Wir teilen die vorliegenden Istkosten und die Einflußgrößenquantitäten entsprechend der Anzahl der Unbekannten in $n + 1$ Gruppen, die zuvor nach der Höhe der Beschäftigung ausgerichtet sind, und errechnen für jede von ihnen das arithmetische Mittel. Aus der Tabelle 9 ist der Verlauf des Verfahrens ersichtlich. Die Tabelle enthält die Istkosten (y_j), die ihnen zugeordneten Beschäftigungsmengen (x_j) sowie die Gruppendurchschnitte ($\bar{y}$ und $\bar{x}$) für die Bereiche 0 bis n, die durch die Indizes der Durchschnitts-

Tabelle 9:

Variable	Gruppe					
	0	1	2	3	...	n
a) abhängige *Variable y*	y_1 y_2 y_3 y_4	y_5 y_6 y_7 y_8	y_9 y_{10} y_{11} y_{12}	y_{13} y_{14} y_{15} y_{16}	... ...	y_{m-3} y_{m-2} y_{m-1} y_m
	$\bar{y}_o$	$\bar{y}_1$	$\bar{y}_2$	$\bar{y}_3$	...	$\bar{y}_n$
b) unabhängige *Variable x*	x_1 x_2 x_3 x_4	x_5 x_6 x_7 x_8	x_9 x_{10} x_{11} x_{12}	x_{13} x_{14} x_{15} x_{16}	... ...	x_{m-3} x_{m-2} x_{m-1} x_m
	$\bar{x}_o$	$\bar{x}_1$	$\bar{x}_2$	$\bar{x}_3$	...	$\bar{x}_n$

werte angedeutet werden. Damit sind die Zahlenwerte gegeben, die für den Ansatz des Newtonschen Interpolationsverfahrens erforderlich sind. In ihrer allgemeinen Form lautet die Interpolationsformel:

$$f(x) = f(x_o) + f_1(x_1)(x - x_o) + f_2(x_2)(x - x_o)(x - x_1) + \ldots.$$
$$+ f_n(x_n)(x - x_o)(x - x_1)\ldots..(x - x_{n-1})$$

Die unbekannten Größen $f(x_o), f_1(x_1) \ldots f_n(x_n)$ ermitteln wir mit Hilfe der Gleichungen

$$f_1(x) = \frac{f(x) - f(x_o)}{x - x_o}$$

$$f_2(x) = \frac{f_1(x) - f_1(x_1)}{x - x_1}$$

$$\vdots \qquad \vdots$$

$$f_n(x) = \frac{f_{n-1}(x) - f_{n-1}(x_{n-1})}{x - x_{n-1}}$$

die wir zweckmäßigerweise in das folgende Schema überführen:

x_o	$y_o = f(x_o)$				
x_1	$y_1 = f(x_1)$	$f_1(x_1) = \frac{f(x_1) - f(x_o)}{x_1 - x_o}$			
x_2	$y_2 = f(x_2)$	$f_1(x_2) = \frac{f(x_2) - f(x_o)}{x_2 - x_o}$	$f_2(x_2) = \frac{f_1(x_2) - f_1(x_1)}{x_2 - x_1}$		
.		.	.	…	
.		.	.	…	
		.	.	…	
x_n	$y_n = f(x_n)$	$f_1(x_n) = \frac{f(x_n) - f(x_o)}{x_n - x_o}$	$f_2(x_n) = \frac{f_1(x_n) - f_1(x_1)}{x_n - x_1}$	…	$f_n(x_n) = \frac{f_{n-1}(x_n) - f_{n-1}(x_{n-1})}{x_n - x_{n-1}}$ [62]

Setzt man die errechneten Koeffizienten, die oberhalb der Treppenkurve verlaufen, in die allgemeine Interpolationsformel ein und multipliziert sie aus, so erhält man die Istkostenfunktion. Die Größe $y_o = f(x_o)$ ist bei der Ermittlung der Gesamtkostenfunktion mit den fixen Kosten identisch. Das Newtonsche Interpolationsverfahren ist auch

[62] Gebelein, H.: Zahl und Wirklichkeit, a.a.O., S. 129.

verwendbar für die Ermittlung der Durchschnittskostenkurve. Ferner ist es anwendbar, wenn nur wenige Istkostenwerte zur Verfügung stehen. Die Mindestzahl dieser Werte muß der Anzahl der Unbekannten entsprechen.

Das Ergebnis des Newtonschen Interpolationsverfahrens bietet sich dem Auswertenden in der Form eines Polynoms dar. In der Regel wird die Anzahl der Funktionsglieder gering sein. Ergeben sich jedoch umfangreiche vielgliedrige Ausdrücke, wie sie sich z. B. in der Form des allgemeinen Funktionsausdrucks darbieten, dann muß versucht werden, dem Auswertenden die Errechnung der Funktionswerte zu erleichtern. Legen wir unserer Betrachtung das Polynom

$$K = c_n x^n + c_{n-1} x^{n-1} + c_{n-2} x^{n-2} + \ldots + c_1 x + c_o$$

zugrunde und nehmen wir eine Umformung dieses Ausdrucks in

$$K = \{ \ldots [(c_n x + c_{n-1}) x + c_{n-2}] x + \ldots + c_1 \} x + c_o$$

vor, so können wir den Ausdruck mit Hilfe des Hornerschen Schemas am einfachsten berechnen, wenn die Größe x bekannt ist.

Tabelle 10 (Hornersches Schema):

Koeffizienten der Istkostengleichung ...	c_n	c_{n-1}	c_{n-2}	...	c_1	c_o
Hilfsgröße	—	$d_n x$	$d_{n-1} x$	...	$d_2 x$	$d_1 x$
Summe	d_n	d_{n-1}	d_{n-2}	...	d_1	$d_o = K$

Der Vorzug dieses Lösungsverfahrens besteht darin, daß bei allen Multiplikationen der gleiche Faktor x auftritt. Der Auswertende kann beim Einsatz einer Rechenmaschine mit einer Einstellung der Maschine arbeiten. Enthält das Polynom einige Potenzglieder nicht, dann ist anstelle ihrer Koeffizienten in der ersten Zeile der Wert Null einzusetzen[63].

Die Istkostenfunktion, die nach diesem Verfahren ermittelt wird, gilt nur für das Beschäftigungsintervall, für das die Kostenwerte vorliegen. Die Intervallgrenzen werden gebildet durch die größte und die kleinste Beschäftigungsmenge, für die Kosten oder Kostendurchschnitte vorliegen. Die Ergebnisse des Interpolationsverfahrens gewinnen an Genauigkeit, je mehr Kostenwerte typischer Punkte der Kostenkurve

[63] Gebelein, H.: a.a.O., S. 104.

in die Funktionsermittlung einbezogen werden, je dichter die Kostenwerte sich um die Ausgleichskurve scharen, je kleiner die zu interpolierenden Intervalle sind und genauer der Funktionsgrad gewählt wird. Ergänzend zur Funktionsermittlung kann der Auswertende die Abweichungen der Istkosten von den Funktionswerten in absoluten und/oder in relativen Zahlen errechnen.

δδ) Die Kosteneinflußgrößenrechnung nach Stevens als Verfahren zur Darstellung des Zusammenhangs zwischen Kosten und Kosten beeinflussendem Faktor

Betrachtet man die Abhängigkeit der Kosten von der Beschäftigung schaubildlich, so erhalten wir entweder eine fortlaufende Kurve oder ein Streufeld. Einer stetig verlaufenden Kurve liegt nur die Beschäftigung als quantifizierte Einflußgröße zugrunde, während alle übrigen Bestimmungsgründe in ihrer Wirkung konstant sind. Im Gegensatz zu den stetigen Kostenkurven stehen die Kostenstreufelder. Das Streufeld zeigt an, daß außer der Beschäftigungsmenge noch andere Einflußgrößenqualitäten und/oder -quantitäten während des Betriebsprozesses eingewirkt und durch ihre Schwankungen das Kostenniveau verändert haben. Ein Streufeld kann ferner bedeuten, daß die betrachtete Größe auf die Kostengestaltung keinen Einfluß ausübt[64], daß die Kostenbeträge durch Meßfehler verfälscht oder grundsätzlich unrichtig sind.

Die Ermittlung der Istkostenfunktionen in Abhängigkeit von einer Einflußgröße nach Stevens erfolgt mit Hilfe von Gleichungen, die in ihrem Wesen durch vier Grundformen gekennzeichnet sind. Stevens erweitert diese Grundformen durch die Hinzufügung der additiven Konstanten. Die erweiterten Grundformen sind rein rechnerisch bei Gleichungen höheren Grades für beliebige Werte der unabhängigen Variablen nicht lösbar. Lösungen ergeben sich nur für x-Werte, die bestimmte Bedingungen erfüllen. Für die übrigen Fälle und die Abweichungen von den Grundformen gibt es nur rechnerisch-schaubildliche und Näherungslösungen. Die letzteren stellen einfacher gebildete Gleichungen dar, für die Lösungsmöglichkeiten existieren. In den Tabellen 11 und 12 haben wir die Grundformen für die Istkostenfunktionen nach Stevens dargestellt und gleichzeitig die Lösungsbedingungen für die Ermittlung der Unbekannten aufgezeigt. Wir halten uns dabei eng an die Ausführungen von Stevens[65].

Der Ansatz dieser Grundgleichungen führt dazu, daß die Istkosten der auszuwertenden Kostenrechnung mit dem Funktionswert übereinstimmen, wenn sie in die Ausgangsgrößen hineingenommen werden.

---

64 Hall, R.: Das Rechnen mit Einflußgrößen im Stahlwerk, a.a.O., S. 15.
65 Stevens, H.: Einflußgrößenrechnung, Düsseldorf 1939, S. 14 ff.

Es entstehen keine Abweichungen zwischen den Istkosten und dem Funktionswert, der der effektiven Einflußgrößenquantität (z. B. der Istbeschäftigung) zugeordnet ist. Das gilt nicht, wenn die Grundgleichungen dazu benutzt werden, eine Ausgleichskurve durch das Streufeld zu legen. Die Ausgangsgrößen für die Ermittlung einer Ausgleichskurve durch ein Streufeld werden als Durchschnittswerte errechnet wie vor der Anwendung des Newtonschen Interpolationsverfahrens. Die Kosten werden nach der Höhe der unabhängigen Variablen geordnet und in Gruppen eingeteilt, deren Anzahl sich nach der Zahl der Unbekannten in der Funktionsgleichung richtet. Die Gruppendurchschnitte der Variablen werden als Ausgangsgrößen benutzt.

Die Überprüfung, ob die gewählte Grundgleichung dem Kostenverlauf in der Wirklichkeit entspricht, geschieht an Hand der graphischen Darstellung, die, je nach der gewünschten Aussage, auf Papieren mit den verschiedensten Teilungen erstellt werden kann. Verläuft die Prüfung nicht zufriedenstellend, dann muß ein anderer mathematischer Ansatz gefunden werden, der den Gegebenheiten besser Rechnung trägt. Das von Stevens angewendete Verfahren der Einflußgrößenrechnung ist um so unbedenklicher für die Ermittlung einer Ausgleichskurve, je weniger die Punkte eines Streufeldes streuen. Der Nachteil besteht bei diesen Verfahren darin, daß dem Auswertenden keine geeigneten Prüfverfahren zur Verfügung stehen, die ihm Aufschluß über die Sicherheit der ermittelten Ergebnisse geben. Liegen dagegen alle Kostenpunkte auf einer Kurve, das heißt sind die Verzehre allein von der Einflußgröße x abhängig, so ist das Problem für den Auswertenden gelöst, wenn er den richtigen Gleichungsansatz gewählt hat.

Funktionsgleichungen dieser Art können in einem Nomogramm dargestellt werden. Bleibt der Funktionsgrad erhalten, so können durch den richtigen Aufbau des Nomogramms auch Veränderungen in den konstanten Faktoren berücksichtigt werden. Gehen wir von einer erweiterten Grundform aus und haben wir als Istkostenfunktion ermittelt

$$K = a + bx^2,$$

dann läßt sich diese Gleichung folgendermaßen nomographisch darstellen (s. Abb. 11, S. 196).

Das Nomogramm zeigt im ersten Feld das variable Glied der Kostenfunktion, zu dem die additive Konstante im zweiten Feld addiert wird. Die eingezeichneten Kurven und Additionsstrahlen sind für verschiedene Werte von b bzw. a ermittelt, so daß der Auswertende das Nomogramm auch verwenden kann, wenn sich die konstanten Größen verändern. Der Vorteil der nomographischen Darstellung besteht darin,

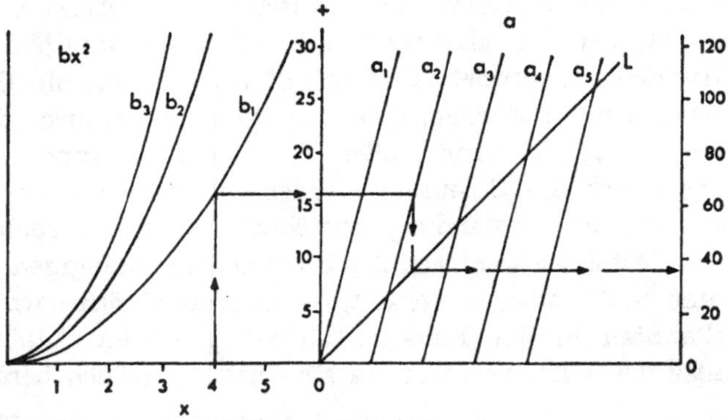

Abb. 11

daß mit ihrer Hilfe der Funktionswert der Istkostenfunktion bei gegebener Einflußgrößenquantität unverzüglich abgelesen werden kann und in seiner Zusammensetzung nach den Werten der einzelnen Funktionsglieder erkennbar ist. Die Nomographie findet bei der Auswertung der Kostenrechnung ein weites Anwendungsgebiet, „wenn es sich darum handelt, einen schnellen und aufschlußreichen Überblick über das Ausmaß der Wirkung verschiedener Einflußgrößen zu bekommen, sofern das aus der rechnerischen Darstellung oder aus der Formel nicht ohne weiteres zu ersehen ist. Dies trifft besonders dann zu, wenn man erkennen will, wie die Veränderung einzelner Glieder einer Rechnung, die sich nicht selten gegenseitig aufheben oder überlagern, das Ergebnis beeinflußt[66]."

εε) Die Ermittlung der Kostenfunktionen niederen und höheren Grades mit den Verfahren der Einfachkorrelationsrechnung

Die Istkosten der Kostenrechnungen verschiedener Rechnungszeiträume lassen nur ausnahmsweise eine eindeutige Abhängigkeit von einer Einflußgrößenquantität erkennen. Im betrieblichen Geschehen wirken die verschiedensten Faktoren auf die Kostengestaltung ein. Ihre Schwankungen rufen Veränderungen des Kostenniveaus hervor. Durch die Variationen der nicht erfaßten oder in ihren Wirkungen nicht eliminierten Einflußgrößen ergeben sich in der graphischen Darstellung Kostenstreufelder, wenn die Istkosten über einer Einflußgröße abgetragen werden. Es ist in diesen Fällen keine eindeutige Abhängigkeit der Verzehre von dem Einwirkungsfaktor zu erkennen. Trotz der fehlenden Eindeutigkeit ist es für den Auswertenden wichtig zu wissen,

---

[66] Diercks, H., Euler, H.: Praktische Nomographie, 2. Auflage 1942, S. 9 f.

welche Beziehung im Durchschnitt zwischen der abhängigen und unabhängigen Variablen besteht, von welcher Art und wie eng der durchschnittliche Zusammenhang ist. Vor allem in bezug auf die Beschäftigung ist die Antwort auf diese Frage von Bedeutung.

Die Auswertung der Kostenrechnung — und zu ihr gehört die Ermittlung der Istkostenfunktion — ist nicht nur auf die Vergangenheit, sondern in erster Linie auf die Zukunft gerichtet. Die Ergebnisse aus der Vergangenheit sollen für die zukünftige Kostensteuerung genutzt werden. Es bleibt aber bei sorgfältigster Kostenuntersuchung die Möglichkeit bestehen, „daß sich die Gesetzmäßigkeiten der Vergangenheit in der Zukunft nicht mehr einstellen werden. Wir müssen uns also stets der grundlegenden Annahmen und Methoden erinnern, uns stets vor Augen halten, auf wie unsicherem Grunde alle Schätzungen im Falle von Zeitreihen aufgebaut sind und sein müssen. Und vor allem dürfen wir nie in den unverzeihlichen Fehler verfallen, abgewandt von den lebendigen Ereignissen auf unserem Gebiet und taub gegen ihre beredte Mahnung, an unseren mathematisch-statistischen Schemata festzuhalten. Vielmehr müssen wir in stetem Kontakt mit den Ereignissen der Wirklichkeit stets überprüfen, ob die neue Sachlage nicht ganz andere Bedingungen geschaffen hat, unter denen wir unser Schema einfach nicht mehr brauchen können[67]."

Wir wollen nun den Zusammenhang zwischen den Kosten und einer mengenmäßig erfaßten Einflußgröße mit Hilfe der Korrelationsrechnung ermitteln. In der Darstellung wird der Einwirkungsfaktor durch die Produktmenge repräsentiert, so daß wir die Abhängigkeit der Verzehre von der Beschäftigung untersuchen.

Bevor der Auswertende beginnt, die Korrelationsrechnung anzuwenden, muß er sich Klarheit verschafft haben über die Funktionsart, in der die Beziehung zwischen den Variablen ausgedrückt werden soll. Die Funktionsart ist zunächst unbekannt, gegeben sind nur die Kostenbeträge und die Produktmengen als Einflußgrößenquantitäten. Die Funktionsart kann der Auswertende häufig der Maßstabkostenfunktion entnehmen. Die Vergleichsgrundlage ist für diesen Zweck besonders geeignet, wenn ihre Funktionsart durch technische Verbrauchsmessungen ermittelt wurde. Bestehen gegen die Übernahme dieser Funktionsart Bedenken (z. B. wenn sie einem fremden Betrieb entstammt), so bleibt die Möglichkeit der Schätzung, die durch eine Überprüfung durch die zuständigen Fachleute des Betriebes an Sicherheit gewinnt. Die Schätzung erfolgt an Hand einer graphischen Darstellung, in der die Istkosten auf der Ordinate, die Beschäftigung auf der Abszisse abgetragen werden. In Abbildung 12 zeigt das Streufeld der Istkostenwerte

[67] Richter-Altschäffer, H.: Einführung in die Korrelationsrechnung, Berlin 1931, S. 44.

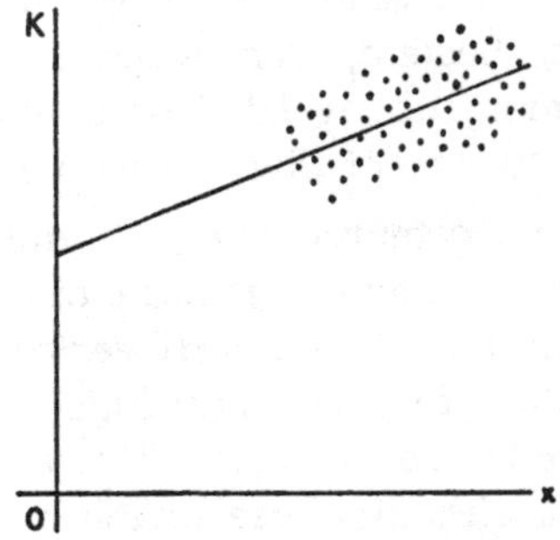

Abb. 12

seiner Tendenz nach einen linearen Verlauf, so daß ein linearer Ansatz der Regressionsgleichung gerechtfertigt erscheint. Wegen der großen Bedeutung linearer Funktionsgleichungen für die Auswertung der Kostenrechnung wählen wir zunächst die Darstellung der Funktionsermittlung durch die lineare Einfachkorrelationsrechnung.

Eine lineare Kostenfunktion mit den Variablen Y' (= Kosten) und X (= Produktmenge) lautet:

$$Y' = a + bX.$$

In dieser Gleichung ist a die additive Konstante (= fixe Kosten) und b der Richtungsfaktor (= proportionale Kosten je Produkteinheit). Der Untersuchung stehen die Istkosten der einzelnen Kostenrechnungen (Y_i) und die ihnen zugeordneten Produktmengen (X_i) zur Verfügung. Die vorliegenden Wertpaare der Variablen sind einer Stichprobe vergleichbar, die einer unbekannten Grundgesamtheit entnommen ist. Das bedeutet, daß weitere Stichproben gleichen Umfangs aus der gleichen Grundgesamtheit fast ausnahmslos unterschiedliche Werte von a und b ergeben. Da die Stichprobe uns nur ein unvollständiges Bild des der Grundgesamtheit zugrunde liegenden genauen Zusammenhangs vermittelt, ist ihr Ergebnis nur ein „Schätzungszusammenhang" des unbekannten „wahren" Zusammenhangs[68].

Es ergibt sich nun die Frage nach der „besten" Ausgleichsgeraden auf Grund der vorliegenden Stichprobe. Diese Ausgleichsgerade muß so liegen, „das heißt a und b müssen so ermittelt werden, daß die Unterschiede ... zwischen dem Meßwert Y und dem Ausgleichswert Y' möglichst klein werden. $Y - Y'$ wird positiv, wenn der Meßpunkt über

[68] Bauer, W., Stumpf, A., Wartmann, R.: Einführung in die technische Statistik, Teil III, a.a.O., S. 6.

der Geraden, und negativ, wenn der Meßpunkt unter der Geraden liegt. Da sich die Unterschiede aller N Meßpunkte aufheben, d. h.

$$S(Y - Y') = 0,$$

auch wenn die Absolutwerte /Y − Y'/ groß sind, benutzt man immer das positive Abweichungsquadrat $(Y - Y')^2$ und fordert, daß deren Summe Q_R ein Minimum wird („Methode der kleinsten Quadrate")

$$Q_R = S(Y - Y')^2 = S(Y - a - bX)^2 = \text{Minimum}\text{“}$$ [69].

Diese Bedingung ist erfüllt, wenn die Differentiation der Größe Q_R nach den Größen a und b Null ergibt. Nach der Durchführung der partiellen Ableitungen und einigen Umformungen erhalten wir die besten Parameter a und b der Regressionsgeraden durch die Gleichungen

$$b = \frac{S_{YX} - \frac{1}{N} S_Y S_X}{S_{XX} - \frac{1}{N} S_X S_X} = \frac{Q_{YX}}{Q_{XX}}$$

$$a = \frac{1}{N}(S_Y - bS_X)$$

Die Symbole der Gleichungen sind in der Tabelle 13 aufgeführt. Es bedeuten: S_X die Summe aller N gemessenen X-Werte, S_Y die Summe aller N gemessenen Y-Werte, S_{XX} die Summe der Quadrate aller N X-Werte, S_{YX} die Summe aller N Produkte YX, S_{YY} die Summe aller N Produkte YY, $S_{Y'}$ die Summe der N Ausgleichswerte Y' [70].

Tabelle 13:

Nr.	X	Y	XX	YY	XY	Y'	Y − Y'	(Y − Y')²
1	X_1	Y_1	X_1X_1	Y_1Y_1	X_1Y_1	Y'_1	$Y_1 - Y'_1$	$(Y_1 - Y'_1)^2$
2	X_2	Y_2	X_2X_2	Y_2Y_2	X_2Y_2	Y'_2	$Y_2 - Y'_2$	$(Y_2 - Y'_2)^2$
3	X_3	Y_3	X_3X_3	Y_3Y_3	X_3Y_3	Y'_3	$Y_3 - Y'_3$	$(Y_3 - Y'_3)^2$
.	.	.	.	.	.	.	.	.
.	.	.	.	.	.	.	.	.
.	.	.	.	.	.	.	.	.
N	X_N	Y_N	X_NX_N	Y_NY_N	X_NY_N	Y'_N	$Y_N - Y'_N$	$(Y_N - Y'_N)^2$
—	S_X	S_Y	S_{XX}	S_{YY}	S_{XY}	$S_{Y'}$	0	Q_R

69 Dies.: a.a.O., S. 8.
70 Bauer, W., Stumpf, A., Wartmann, R.: a.a.O., S. 8.

Die Tabelle enthält die unveränderten Werte der Istkosten und der Produktmengen. Auch die Kombinationen beider Größen im mittleren Tabellenteil basieren auf diesen Werten. Nun kann dieser mittlere Teil auch in einer anderen Weise erstellt werden, indem er die Abweichungen der Einzelwerte vom Durchschnitt der Ausgangsgrößen aufnimmt. Es sind

$$\frac{S_X}{N} = \bar{X} \qquad \frac{S_Y}{N} = \bar{Y}$$

$$X - \bar{X} = x \qquad Y - \bar{Y} = y$$

Die Tabelle 14 berücksichtigt diese Veränderung.

Tabelle 14:

Nr.	X	Y	x	y	xx	xy	yy
1	X_1	Y_1	x_1	y_1	x_1x_1	x_1y_1	y_1y_1
2	X_2	Y_2	x_2	y_2	x_2x_2	x_2y_2	y_2y_2
3	X_3	Y_3	x_3	y_3	x_3x_3	x_3y_3	y_3y_3
.	.	.	.	.	.	.	.
.	.	.	.	.	.	.	.
.	.	.	.	.	.	.	.
N	X_N	Y_N	x_N	y_N	x_Nx_N	x_Ny_N	y_Ny_N
—	S_X	S_Y	0	0	S_{xx}	S_{xy}	S_{yy}

Die letzten drei Spalten der obigen Tabelle wurden nicht aufgeführt. Aus den Größen der Summenzeilen lassen sich wiederum die Parameter a und b der Regressionsgleichung errechnen.

$$b = \frac{S_{xy}}{S_{xx}}$$

$$a = \frac{S_Y}{N} - \frac{bS_X}{N} = \bar{Y} - b\bar{X} .$$

Wir haben die Istkosten in Form einer linearen Regressionsgleichung ermittelt. Für den Auswertenden ergibt sich die Frage nach der Güte der errechneten Gesetzmäßigkeit und der Treffsicherheit der Aussage[71]. Im Gegensatz zu den bisherigen Verfahren der Funktionsermittlung existieren für die Korrelationsrechnung bestimmte Prüfverfahren, die weitere Aufschlüsse über die Regressionsgleichung geben.

---

[71] Bauer, W., Stumpf, A., Wartmann, R.: a.a.O., S. 7.

Aus den letzten Spalten der obigen Tabelle ist die Abweichung der Istkosten von den Funktionswerten und das Quadrat dieser Differenzen zu ersehen. Die „Abweichungen der tatsächlichen Werte der abhängigen Variablen von den (auf Grund der Beziehungsgleichungen) aus den Werten der unabhängigen Variablen geschätzten oder abgeleiteten theoretischen Werten der unabhängigen Variablen sind ... die Restwerte, die Reste, für die uns die gewählte Unabhängige keine ‚Erklärung‘ gibt: die restliche Variation der Abhängigen, die einer (linearen) Ableitung aus unserer Unabhängigen nicht zugänglich ist“[72]. Wir berechnen die Reststreuung S_R^2 nach den Formeln

$$S_R^2 = \frac{S(Y - Y')^2}{N-2} = \frac{Q_{YY} - bQ_{YX}}{N-2} = \frac{S_{yy} - bS_{yx}}{N-2},$$

in denen bedeuten:

$$Q_{YY} = S_{YY} - \frac{1}{N} S_Y S_Y$$

$$Q_{YX} = S_{YX} - \frac{1}{N} S_Y S_X .$$

Die Standardabweichung S_R charakterisiert die Treffsicherheit der Regressionsgleichung. Mit 68%iger statistischer Sicherheit kann gesagt werden, daß die Istkosten im Bereich

$$Y' \pm S_R = a + bX \pm S_R$$

liegen. Betrachtet man lediglich die abhängigen Variablen Y der Stichprobe vom Umfang N, so streuen ihre Werte um ihren Mittelwert in den Grenzen

$$\pm S_Y = \sqrt{\frac{S(Y - \bar{Y})^2}{N-1}} \text{ [73]} .$$

Die Regressionsgleichung erklärt einen Teil dieser Abweichungen als Wirkung der unabhängigen Variablen X, während lediglich der Rest unerklärt bleibt. „Durch die Regressionsgleichung wird die Aussagefähigkeit also um $S_Y^2 - S_R^2$ verbessert. Die relative Verbesserung wird als Bestimmtheitsmaß B definiert und beträgt:

$$B = \frac{S_Y^2 - S_R^2}{S_Y^2} = 1 - \frac{S_R^2}{S_Y^2} \text{“ [73] } \quad \text{oder} \quad B = 1 - \frac{N-1}{N-2}\left(1 - b\,\frac{S_{yx}}{S_{yy}}\right).$$

[72] Richter-Altschäffer, H.: Theorie und Technik der Korrelationsanalyse, in: Schriftenreihe des Instituts für Landwirtschaftliche Marktanalyse, Heft 5, Berlin 1932, S. 131.

[73] Bauer, W., Stumpf, A., Wartmann, R.: a.a.O., S. 16.

Das Bestimmtheitsmaß gibt Aufschluß über den Anteil an der Streuung der abhängigen Variablen, der sich aus der Variation der unabhängigen Variablen X erklären läßt[74]. Die Werte 0 bis 1 können vom Bestimmtheitsmaß erreicht werden. Diesen beiden Grenzfällen entspricht eine Reststreuung von $S_R^2 = S_Y^2$ bzw. $S_R^2 = 0$. Im ersten Fall liegt keine Abhängigkeit der Kosten (Y) von der Einflußgröße (X) vor, während im zweiten Fall ein mathematisch exakter Zusammenhang zwischen den beiden Größen besteht. Es sind vor allem vier Ursachen, die zu einem kleinen Bestimmtheitsmaß für die Istkostenfunktion führen können[73]:

1. große Zufallsstreuungen der Istkosten
2. im Ansatz unberücksichtigte Einwirkungsfaktoren
3. unrichtiger mathematischer Ansatz
4. zu geringe Variationsbreite des Beschäftigungsintervalls.

Zwischen dem Bestimmtheitsmaß und dem Korrelationskoeffizienten

$$\pm r = \frac{S_{yx}}{\sqrt{S_{xx} \cdot S_{yy}}}$$

besteht die Beziehung

$$\pm r = \sqrt{\frac{1}{N-1} + \frac{N-2}{N-1} B}\ .$$

Nur bei großem Stichprobenumfang ist es gestattet, näherungsweise das Bestimmtheitsmaß dem quadrierten Korrelationskoeffizienten gleichzusetzen. Der Korrelationskoeffizient schwankt im Bereich von + 1 bis − 1. Er ist positiv, wenn der Regressionskoeffizient ebenfalls positiv, und negativ, wenn der Regressionskoeffizient negativ ist. Erreicht er den Wert ± 1, so besteht ein mathematisch exakter linearer Zusammenhang zwischen den Variablen, während ein linearer Zusammenhang nicht gegeben ist, wenn er den Wert 0 annimmt.

Unsere Ausführungen über die Korrelationsrechnung lassen keinen Schluß zu auf die Anzahl der Wertpaare, die in die Rechnung einzubeziehen sind. Geht man von einer sehr großen Zahl aus, so wird die anfallende Rechenarbeit beträchtlich erschwert, ohne daß in der Regel eine wesentliche Verbesserung des Ergebnisses eintritt. Auf der anderen Seite werden die konstanten Größen der Funktion (a, b) und das Bestimmtheitsmaß um so weniger repräsentativ für die Grundgesamtheit sein, je kleiner der Umfang der Stichprobe ist. Der Auswertende hat die Möglichkeit, vor allem die Größen B und b daraufhin zu prüfen, ob sie wesentlich von 0 verschieden sind[75].

---

[74] Linder, A.: Statistische Methoden für Naturwissenschaftler, Mediziner und Ingenieure, Basel 1951, 2. Auflage, S. 33.

[75] Die nachstehenden Ausführungen sind sinngemäß entnommen: Bauer, W., Stumpf, A., Wartmann, R.: a.a.O., S. 18 ff.

Zunächst kann die Existenz des Bestimmtheitsmaßes geprüft werden. Mit Hilfe eines Wertes F, der berechnet wird nach der Formel

$$F = 1 + \frac{(N-1)\,B}{1-B},$$

kann in Verbindung mit den Freiheitsgraden $n_1 = 1$ und $n_2 = N - 2$ die statistische Sicherheit S_B für die Existenz von B aus Tabellen abgelesen werden. Ist die geforderte Sicherheit z. B. $S_B = 95\,\%$ oder $99{,}9\,\%$ noch nicht erreicht, das heißt ist der Tabellenwert für die geforderte Sicherheit größer als der errechnete F-Wert, so kann unter Umständen die Sicherheit erreicht werden, wenn die Rechnung mit einem größeren Stichprobenumfang (N') erneut durchgeführt wird. Die neue Stichprobe müßte den Umfang

$$N' = 1 + \frac{(F-1)(1-B)}{B}$$

besitzen, wobei F den Wert für die geforderte Sicherheit mit dem Freiheitsgrad $n_1 = 1$ und dem noch unbekannten, in diesem Falle zu schätzenden Freiheitsgrad $n_2 = N' - 2$ darstellt.

Zur Untersuchung des Regressionskoeffizienten b stellt die Korrelationsrechnung die Verfahren der Genauigkeits- und der Existenzprüfung zur Verfügung. Geht man davon aus, daß der Regressionskoeffizient einen anderen Wert annimmt, wenn man eine umfangreichere Stichprobe wählt, dann ergibt sich die Frage, in welchen Grenzen sich die berechnete Größe b noch verändern wird, das heißt in welchem Bereich der b-Wert der Grundgesamtheit liegt. Die Genauigkeit, mit welcher der Regressionskoeffizient aus der Stichprobe errechnet wird, beträgt

$$db = \pm\, t \frac{S_R}{\sqrt{S_{XX} - \frac{1}{N} S_X S_X}} = \pm\, t \frac{S_R}{\sqrt{S_{xx}}}$$

unter Einsatz eines Freiheitsgrades für t von $n = N - 2$. Der t-Wert ist ebenfalls einer Tabelle zu entnehmen. Der Ausdruck besagt, daß der Regressionskoeffizient der Grundgesamtheit mit der geforderten statistischen Sicherheit im Bereich $b \pm db$ liegt.

Die Prüfung der Existenz des Regressionskoeffizienten läßt ein Urteil darüber zu, ob b mit der geforderten Gewißheit oder nur zufällig von dem wahren Wert $\beta = 0$ abweicht, das heißt die unabhängige Variable auch tatsächlich auf die abhängige einwirkt. Bei einem Freiheitsgrad für t von $n = N - 2$ ist

$$t = \frac{b}{S_R} \sqrt{S_{XX} - \frac{1}{N} S_X S_X} = \frac{b}{S_R} \sqrt{S_{xx}}$$

Das Ergebnis ist gesichert, wenn bei der geforderten Sicherheit der errechnete t-Wert größer als der entsprechende Tabellenwert ist. Ist die statistische Sicherheit nicht gewährleistet, so stellt sich die Frage nach dem Stichprobenumfang N'_b, der voraussichtlich die geforderte Gewißheit erbringt. Der neue Stichprobenumfang ergibt sich aus der Gleichung

$$N'_b = 1 + \left(\frac{tS_R}{bS_X}\right)^2$$

mit dem Freiheitsgrad $n = N'_b - 2$, wobei S_X^2 dargestellt wird durch den Ausdruck

$$S_X^2 = \frac{S_{XX} - \frac{1}{N} S_X S_X}{N - 1} = \frac{S_{xx}}{N - 1}.$$

Ferner kann die Frage beantwortet werden, wie groß die Stichprobe (N''_b) sein muß, um den Regressionskoeffizienten mit einer gewünschten statistischen Sicherheit auf $\pm\, db$ genau zu ermitteln, nach der Formel

$$N''_b = 1 + \left(\frac{tS_R}{dbS_X}\right)^2$$

bei einem Freiheitsgrad von $n = N''_b - 2$.

Damit haben wir die wichtigsten Prüfverfahren dargestellt, die für Ermittlung der Istkostenfunktionen mit Hilfe der Korrelationsrechnung von Bedeutung sind.

Die schaubildliche Darstellung der Istkostenfunktion kann durch die Streugrenzen ergänzt werden. In Abbildung 13 ist der Streubereich ABCD eingezeichnet. Die ermittelte Istkostenfunktion gilt strenggenommen für das Beschäftigungsintervall X_1X_2, da lediglich Kostenwerte dieses Beschäftigungsbereichs in die Korrelationsrechnung einbezogen sind. Extrapolationen sind nur gestattet, wenn die Wahrscheinlichkeit sehr groß ist, daß außerhalb des abgegrenzten Bereichs mit einem Kostenverlauf zu rechnen ist, der der Regressionsgeraden entspricht.

In der praktischen Auswertung einer Kostenrechnung kann der Fall gegeben sein, daß zur Ermittlung einer Regressionsgeraden mehrere Kostenarten zusammengefaßt und in ihrer Abhängigkeit von der Beschäftigung dargestellt werden. Die Gerade der Kostenartengruppe

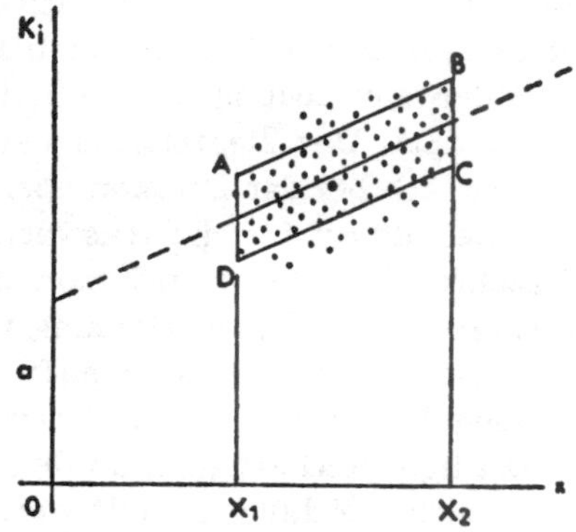

Abb. 13

setzt sich zusammen aus den Regressionsgeraden der in ihr zusammengefaßten Kostenarten. Es ist z. B.

$$\begin{array}{l} Y_1 = a_1 + b_1 X_i \\ Y_2 = a_2 + b_2 X_i \\ \underline{Y_3 = a_3 + b_3 X_i} \\ Y \;= a \;+ b\; X_i \;, \end{array}$$

wobei Y die Summe der drei Einzelkosten, a der Fixkostenbetrag der einzelnen Kostenarten und b entsprechend die Summe der drei Regressionskoeffizienten ist. Die Standardabweichungen und die Bestimmtheitsmaße der einzelnen Kostenarten lassen sich nicht summieren. Sie müssen auf die dargestellte Weise für die einzelnen Kostenarten und für ihre Zusammenfassungen errechnet werden. Da die relevanten Größen jedoch vorliegen, wenn Istkostenfunktionen für die Kostenarten ermittelt werden, können diese Werte ohne Schwierigkeiten zusammengefaßt und in die Formeln eingesetzt werden. So errechnet sich z. B. die Streuung der Kostengruppe nach der Gleichung

$$S_R^2 = S\left[(Y_1 + Y_2 + \ldots + Y_n) - (Y_1' + Y_2' + \ldots + Y_n')\right]^2$$

für die zusammengefaßten Kostenarten 1 bis n.

Von Bedeutung für das Ergebnis der Korrelationsrechnung ist die Frage nach der Auswirkung von Multiplikationen und Divisionen auf die Größen der Regressionsgleichung. Multipliziert man alle Variablen mit der gleichen Zahl z, dann tritt keine Veränderung des Regressionskoeffizienten und des Bestimmtheitsmaßes ein. Die additive Konstante a verändert sich in za. Eine Veränderung ergibt sich ferner bei der Standardabweichung. Die Standardabweichung ist ebenfalls mit dem

Faktor z zu multiplizieren (zS_R) wie die additive Konstante. Bei den Divisionen verhält es sich umgekehrt, indem bei der additiven Konstanten und der Standardabweichung an die Stelle der Multiplikation die Division durch z tritt. Der Regressionskoeffizient und das Bestimmtheitsmaß ändern sich bei der Division ebenfalls nicht. Diese Erkenntnisse sind von Bedeutung für die Auswertung von Kostenrechnungen, deren Verzehre Elementarzeiträumen zugeordnet sind. Mit zunehmender Verbesserung der Datenerfassung wird man in Zukunft dazu übergehen, zumindest einige Kosten nach Elementarzeiträumen (z. B. je Tag) zu erfassen. Liegen z. B. die täglichen Kosten eines Kostenplatzes und seine jeweilige Beschäftigung an den einzelnen Tagen vor, dann kann eine Regressionsgleichung erstellt werden, in die die Kosten und Einflußgrößenquantitäten der Elementarzeiträume eines Monats eingehen. Das Ergebnis bildet eine Istkostenfunktion für den Arbeitstag als Rechnungszeitraum. Man kann nun davon ausgehen, daß die Istkosten und die Beschäftigung eines Arbeitstages auch für den Monat hätten repräsentativ sein können. Die Multiplikation der den einzelnen Arbeitstagen zugeordneten Größenpaare mit der Anzahl der Arbeitstage des Abrechnungsmonats ergibt die jeweilige Monatsziffer, wenn die Werte des Arbeitstages zugrunde gelegt werden. Die Multiplikation aller Einzelwerte ist nach unseren obigen Ausführungen vermeidbar, da die Regressionsgleichung für die Monatskosten einschließlich der Standardabweichung und des Bestimmtheitsmaßes aus der Regressionsgleichung für den Arbeitstag abgeleitet werden kann.

Das Ergebnis der Korrelationsrechnung oder zuvor die schaubildliche Darstellung des Streufeldes kann zeigen, daß zwar die Einflußgröße als wesentlich kostenbeeinflussend erkannt wird, die Abhängigkeit durch eine Funktion höheren Grades jedoch besser gekennzeichnet wird als durch eine lineare Funktion. Um in diesen Situationen nicht auf die Vorteile der linearen Einfachkorrelationsrechnung verzichten zu müssen, ist zu versuchen, die Funktion zu linearisieren. Die Linearisierung geschieht dadurch, daß man das Funktionsglied mit der unabhängigen Variablen umformt in einen neuen Ausdruck. Die Tabelle 15 zeigt die Umformungen einiger wichtiger Funktionsgleichungen höheren Grades. Mit den neu gewonnenen linearen Funktionsgleichungen kann wieder die lineare Einfachkorrelationsrechnung durchgeführt werden.

In den beiden ersten Gleichungen stellt u jeweils die Zahlenwerte von X^n und $1:X$ dar, die stets als unabhängige Variable in den linearisierten Funktionsgleichungen auftreten. Bei den logarithmischen Formen der Gleichungen ist zu beachten, daß auch die Resultate Logarithmen sind. Die Logarithmen lassen sich jederzeit wieder umwandeln. An anderer Stelle werden wir den Fall behandelt, bei dem eine nicht

Tabelle 15:

Funktionsgleichung	Unbekannte	ausgetauschte Größen oder Art der Umformung	linearisierte Funktionsgleichung
$Y = a + bX^n$	a, b	$X^n = u$	$Y = a + bu$
$Y = \frac{a}{X} + b$	a, b	$\frac{1}{X} = u$	$Y = au + b$
$Y = \frac{1}{a + bX}$	a, b	$Y = \frac{1}{u}$	$u = a + bX$
$Y = bX^k$	b, k	Darstellung in dekadischen Logarithmen	$\log Y = \log b + k \log X$
$Y = be^{cX}$	b, c	Darstellung in natürlichen Logarithmen	$\ln Y = \ln b + cX$

lineare, mehrgliedrige Funktion mit einer unabhängigen Variablen linearisiert wird, um dadurch die Anwendung der linearen Mehrfachkorrelationsrechnung zu ermöglichen.

Wir haben auf diese Weise nicht lineare Kostenfunktionen in die Einfachkorrelationsrechnung einbezogen. Es kann aber vorkommen, daß keine mathematisch ableitbare Gesetzmäßigkeit für den Istkostenverlauf anzunehmen ist oder man diese nur mit großem Aufwand finden kann, der die Auswertung unwirtschaftlich macht. In diesen Fällen genügt es vielfach, mit sogenannten „halbmathematischen Freihandkurven"[76] zu arbeiten. Auf diese Weise entwickelte Wolter z. B. seine Degressionsskizze, die im Schaubild zu einer überschläglichen Darstellung der Kostenkurve je Leistungseinheit führt, indem er nach Augenmaß eine Kurve durch die äußersten Punkte und den Durchschnittswert des Jahres der graphischen Kostendarstellung zieht. Der Kurvenzug wird zu einem Kurvenstreuband erweitert, welches den Streubereich der Istkosten umfaßt[77]. Wir können noch einen Schritt weitergehen und sinnvolle Zahlenausdrücke errechnen, die bei der Korrelationsrechnung gebräuchlich sind. Freihandkurven, die einfache Kurven darstellen, welche so in das Streufeld eingezeichnet sind, daß sie dem Punktgewirr möglichst gut eingepaßt erscheinen, sollen

1. „kontinuierlich sein,
2. nur in großen Zügen den Hauptverlauf der Beziehung wiedergeben, d. h. nicht den untergeordneten Windungen der Punkte-

[76] Richter-Altschäffer, H.: a.a.O., S. 184.
[77] Wolter, A. M.: Das Rechnen mit fixen und proportionalen Kosten, Köln 1948, S. 83 ff.

lagerung folgen, sondern möglichst nur eine Krümmung haben, und

3. soweit dies bei Berücksichtigung der eben genannten Forderungen möglich ist, dem Prinzip Rechnung tragen, daß die Abweichungen der einzelnen Koinzidenzpunkte von der Kurve möglichst klein sein und ihre algebraische Summe gegen 0 tendieren soll“[78].

Zu diesem Zweck bilden wir für die Variablen Gruppen, deren Klassenbreite für jede Reihe der Variablen gleich groß ist, die weder zu groß noch zu klein gewählt werden darf, weil sonst die Art der Kurve nicht erkennbar ist (zu große Gruppen) bzw. die Kurve nicht konkav oder konvex verlaufen wird infolge verschiedener Windungen (zu kleine Gruppen). Aus den Istkosten und den Produktmengen jeder Gruppe wird der Gruppendurchschnitt gebildet. Zur besseren Übersicht kann eine Tabelle in der Form erstellt werden, wie wir es bei der Bildung der Gruppendurchschnitte für die Anwendung des Newtonschen Interpolationsverfahrens gezeigt haben. Die Gruppendurchschnitte sind in das Streufeld der graphischen Darstellung einzutragen und die Punkte durch eine Kurve zu verbinden. Unter Umständen muß die Gruppenbildung verändert werden, um eine dem Streufeld gut angepaßte Kurve zu erhalten. Mit Hilfe dieser Kurve werden alle benötigten Kostenwerte $f_j(X)$ für die vorhandenen X-Werte abgelesen. Die Summe dieser Werte wird mit der Summe der Istkostenwerte verglichen ($S_Y \gtreqless S_{f(X)}$). Eine Abweichung in positiver oder negativer Richtung führt zu einer entsprechenden anteilmäßigen Berichtigung der $f_j(X)$-Größen. Durch die Übereinstimmung beider Summen und ihrer Mittelwerte wird die Summe der Istkostenabweichungen von den entsprechenden Kurvenwerten Null. Ist $f_j(X)$ der von der Kurve ablesbare Wert, d der Korrekturbetrag, so ergibt sich

$$Y'_j = f_j(X) + d = f_j(X) + \left(\frac{S_Y}{S_{f(X)}} - 1\right) f_j(X) = \frac{S_Y}{S_{f(X)}} f_j(X)$$

als allgemeiner Ausdruck für die halbmathematische Freihandkurve[79]. In der Tabelle 16 sind noch einmal alle Größen aufgeführt. Durch das Quadrieren der Abweichungen z und ihre Addition erhält man die wichtige Größe für die Ermittlung der Streuung bei n Einzelwerten:

$$s_R^2 = \frac{Q_R}{n-2}$$

Errechnet man ferner die Quadrate der Istkosten und deren Summe (S_{YY}), so läßt sich auch das Bestimmtheitsmaß in der gleichen Art er-

[78] Richter-Altschäffer, H.: a.a.O., S. 185.
[79] Richter-Altschäffer, H.: a.a.O., S. 186 ff.

Tabelle 16:

X	Y	ablesbarer Kurvenwert $f(X)$	$d = \left(\frac{S_Y}{S_{f(X)}} - 1\right) f_j(X)$	korrigierter Funktionswert Y'	Y'^2	$z = Y - Y'$	z^2
X_1	Y_1	$f_1(X)$	d_1	Y'_1	${Y'_1}^2$	z_1	z_1^2
X_2	Y_2	$f_2(X)$	d_2	Y'_2	${Y'_2}^2$	z_2	z_2^2
X_3	Y_3	$f_3(X)$	d_3	Y'_3	${Y'_3}^2$	z_3	z_3^2
.	.	.	.	.	.	.	.
.	.	.	.	.	.	.	.
.	.	.	.	.	.	.	.
X_n	Y_n	$f_n(X)$	d_n	Y'_n	${Y'_n}^2$	z_n	z_n^2
S_X	S_Y	$S_{f(X)}$	S_d	$S_{Y'}$	S_{YY}	0	Q_R

mitteln, wie wir es bei der Einfachkorrelation dargestellt haben. Das gleiche gilt für die Ermittlung des Korrelationskoeffizienten. Die halbmathematische Freihandkurve ermöglicht es uns, die Streuung, das Bestimmtheitsmaß und den Korrelationskoeffizienten zu errechnen, ohne die Istkostenfunktion in einer Regressionsgleichung vorliegen zu haben.

Ein größerer Versuch, die Istkostenfunktion mit Hilfe der linearen Einfachkorrelation abzuleiten, wurde von Bindemann unternommen. Während wir bei unserem Vorgehen das gesamte Streufeld als eine Einheit betrachten, nimmt Bindemann eine Aufteilung dieses Feldes nach „Betriebsschwerpunkten" vor. Er geht davon aus, daß jeder Betrieb mit seinen Einrichtungen auf einen bestimmten Betriebszustand zugeschnitten ist, der durch den Schwerpunkt des Kostenstreufeldes mit den Koordinaten $\bar{Y}$ und $\bar{X}$ im Hinblick auf die Kosten gekennzeichnet ist, wobei $\bar{X}$ die durchschnittliche Beschäftigung und $\bar{Y}$ den Kostenmittelwert des Streufeldes darstellen. In der Nähe des Betriebspunktes streuen die tatsächlichen Istkosten und die ihnen zugeordneten Beschäftigungsmengen. Der Streubereich wird im einfachen Fall durch eine konzentrische Ellipse um den Betriebspunkt gekennzeichnet. Die große Ellipsenachse zeigt durch ihr Steigungsmaß die Richtung der Streuung an. Der Streubereich in Form der Ellipse ist durch die Ellipsenhalbachse definiert, die die Streuwerte der Variablen (s_Y und s_X) repräsentieren. „Die Stärke der Änderungstendenz der Kosten in der Nachbarschaft des Betriebspunktes, d. h. die Differentialkosten, sind gegeben durch das Steigungsmaß $tg\ \beta$ der Hauptgeraden (= große Halbachse) des ellipsenförmigen Streubereiches)[80]." Fügt man diesen Größen den Korrelationskoeffizienten r hinzu, so ist das Verhalten eines Betriebes in der Nähe des Betriebspunktes durch sechs zu einer Kenngruppe zusammengefaßten Werte beschrieben:

$$g = \left\{ \begin{matrix} \overline{Y} & & s_Y & \\ & r & & tg\,\beta \\ \overline{X} & & s_X & \end{matrix} \right\}$$ [80])

Für jede Ellipse in den schaubildlichen Darstellungen 14 a und 14 b existiert eine solche Kenngruppe. Die Mehrdeutigkeit der Kennlinien (= Verbindung der aufeinander folgenden Betriebspunkte) in Abbildung 14 a ergibt sich aus den verschiedenen Lagen der Betriebspunkte,

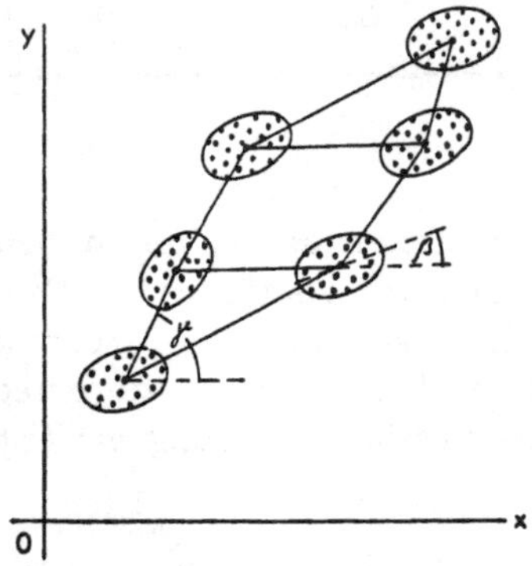

Abb. 14 a

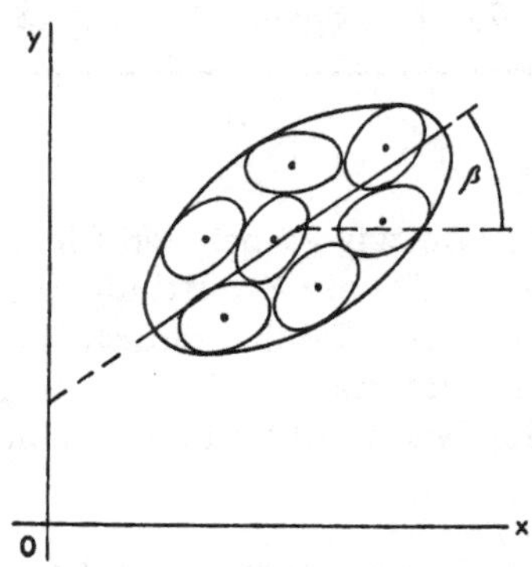

Abb. 14 b

die z. B. für die zu fertigenden Sorten unterschiedlich sein können. Bindemann führt nun die Begriffe „Fein-" und „Grobstruktur" ein, um durch sie das Ursachennetz zu kennzeichnen, das durch die Streuung der Wertpaare abgebildet wird. „Die Feinstruktur ist also als Abbild des für Schwankungen in der Nähe eines Betriebspunktes bei nicht wesentlich geänderten Betriebsverhältnissen maßgeblichen Ursachennetzes aufzufassen. ... (Die Grobstruktur) gibt das Verhalten des Betriebes mit all den in ihm liegenden Variationsmöglichkeiten wieder, d. h. die durch Umstellungen möglichen Betriebszustände (= Betriebspunkte) erscheinen hier als Streupunkte[81]." In ähnlicher Weise, wie durch die Grobstruktur mehrere Betriebszustände erfaßt werden, lassen sich Strukturen bilden, die den Betrieb nach Stufen erfassen und

80 Bindemann, W.: Kostensynthese, ZfhF. 1951, S. 401.
81 Bindemann, W.: a.a.O., S. 406.

zu immer umfangreicheren Gliederungen fortschreiten, bis sie letztlich den gesamten Betrieb umspannen. Durch die verschiedenen Betriebsstrukturen will der Autor bei Sortenfertigung die Änderungstendenz der Kosten (= Grenzkosten) ermitteln, deren Wert je nach dem betrachteten Bereich unterschiedlich ist:

a) durch *tg* β, bestimmt aus der Feinstruktur in der Nähe des Betriebspunktes (Abbildung 14 a)
b) durch *tg* γ zwischen zwei durch dispositive Eingriffe erhaltenen Betriebspunkten (Abb. 14 a)
c) durch *tg* β aus der Grobstruktur des Betriebes für den gesamten Betrieb mit all seinen Variationsmöglichkeiten (Abbildung 14 b)[82].

Das von Bindemann angewandte Verfahren setzt voraus, daß aus den Istkosten und den zugeordneten Beschäftigungsmengen die Streubereiche jedes Betriebszustandes erkannt werden. Da die Streubereiche in der Regel ineinander übergehen, wird die Abgrenzung schwierig oder gar unmöglich. Betrachtet man den Schwerpunkt genauer, so zeigt sich, daß für ihn die durchschnittliche Beschäftigung des Streubereichs ermittelt wurde. Um diese Auslastung schwankt die Istbeschäftigung. Sie ist keineswegs mit der kostenoptimalen Auslastung bei einem bestimmten Betriebszustand identisch. Die Streugrenzen verlaufen ellipsenförmig und ergeben sich aus der Schwerpunktbetrachtung des Streufeldes mit den Koordinaten Kosten- und Beschäftigungsdurchschnitt. Das von Bindemann beschriebene Verfahren ist nach unserer Auffassung für die Ermittlung der Istkostenfunktion weniger geeignet als das von uns dargestellte Verfahren, das auch in seinen Ergebnissen aussagefähiger ist. Eine Differenzierung nach Schwerpunkten ist uns ebenfalls möglich, wenn die Istkostenfunktion aus Wertpaaren abgeleitet ist, denen gleichartiges Betriebsgeschehen zugrunde liegt. Allerdings ermitteln wir keine Schwerpunkte der Streufelder, sondern Ausgleichsgeraden dieser Bereiche und Standardabweichungen für die Istkosten, die uns bedeutsamer erscheinen als die Errechnung eines Betriebspunktes mit einem ellipsenförmigen Streubereich.

Im Anhang sind einige Zahlenbeispiele angeführt, die der Betriebspraxis entnommen sind. Sie stellen drei bestimmte Kostenarten eines Aggregates sowie ihre Zusammenfassung dar, deren Funktionen mit Hilfe der linearen Einfachkorrelationsrechnung ermittelt wurden. Durch die Verschlüsselung sind die absoluten Beträge unkenntlich gemacht. Das Wesen der aufgeführten Größen wurde jedoch nicht verändert. Das gleiche gilt für die dargestellte Stückkostenfunktion, die zuvor linearisiert worden ist.

---

82 Bindemann, W.: a.a.O., S. 408.

β) Die Zusammenhänge zwischen den Kosten und mehreren Kosteneinflußgrößen

αα) Das Problem

Die Ermittlung der Istkostenfunktion wird mit zunehmender Anzahl der einzubeziehenden Einflußgrößenquantitäten schwieriger. Sind mehrere Einflußgrößenquantitäten gegeben, dann kann sich der Auswertende nicht mit einem Faktor begnügen und ihn allein bei der Funktionsermittlung berücksichtigen. Es liegen mehrere Untersuchungen[83] vor, die auf die Einwirkungsfaktoren in konkreten betrieblichen Situationen hinweisen und ihre Berücksichtigung bei der Untersuchung fordern. Allerdings müssen bestimmte Bedingungen erfüllt sein, ohne die eine Ermittlung der Istkostenfunktion mit mehreren unabhängigen Variablen nicht möglich ist. Diese Voraussetzungen sind:

1. die Erfassung und Zuordnung der Istkosten und der einzubeziehenden Einflußgrößenquantitäten.
2. die Entscheidung über den mathematischen Ansatz.
3. die Entscheidung über das anzuwendende Verfahren.

Die Erfassung und Zuordnung der Variablen ist mit dem Vorgehen bei den bisherigen Verfahren vergleichbar. Lediglich der Umfang der quantifizierten Einwirkungsfaktoren ist größer. Das Ergebnis ist um so genauer, je geringer die Veränderungen der nicht quantifizierten Größen oder je besser sie zuvor eliminiert worden sind. Zu den wichtigsten Voraussetzungen zählt die Entscheidung über den mathematischen Ansatz. Von ihr hängt das Ergebnis der in den nächsten beiden Abschnitten zu beschreibenden Verfahren ab. Einen Hinweis auf die Art des Ansatzes erhält der Auswertende durch die Fachleute des Betriebes. Auf Grund ihrer Kenntnisse und Erfahrungen vermögen sie zumindest einige Anhaltspunkte zu geben, wenn sie nicht sogar in der Lage sind, die Abhängigkeit der Verbrauchsmengen mit mehr oder weniger großer Sicherheit zu quantifizieren. Ein weiteres Hilfsmittel sind schaubildliche Aufzeichnungen von Kosten und Einfluß-

---

[83] Unter anderem: Bricken, H., Steinecke, V.: Leistungsbetrachtung an kontinuierlichen Walzenstraßen, in: Stahl und Eisen (1960), S. 1261 ff.; Czermak, E.: Betriebsnachrechnung und Kostenplanung im Stahlwerksbetrieb, Archiv f. d. Eisenhüttenwesen (1932/33), S. 459 ff.; Henzel, F.: Kostenanalyse, Bühl-Baden 1937, S. 117 ff.; Hoffstadt, J.: Die Kosteneinflußgrößenrechnung, dargestellt am Beispiel eines Siemens-Martin-Stahlwerkes, Stahl und Eisen (1957), S. 1488 ff.; Lehmann, K., Scholten, H.: Richtgrößen für technische Kennzahlen und Kosten nach den Verfahren der Einflußgrößenrechnung, Stahl und Eisen (1956). S. 398 ff.; Noll, E.: Kostenanalyse in Stahlgußwerken, ZfhF. (1935), S. 1 ff.; Rummel, K.: Die Ordnung der Kosten nach ihrer Abhängigkeit von betrieblichen Zeitgrößen, in: Die Betriebswirtschaft, 23. Jg. (1930), S. 33 ff., S. 72 ff.; Stevens, H.: Angewandte Stoffwirtschaft, in: Archiv für das Eisenhüttenwesen, 12. Jg. (1938/39), S. 163 ff.

größen. Bei zwei Einwirkungsfaktoren bietet sich die Möglichkeit der dreidimensionalen Darstellung an. Trägt man die Verzehre in einem Koordinatenkreuz einzeln über jede Einflußgröße auf, so gibt der Verlauf des Streufeldes ebenfalls einige Hinweise auf den mathematischen Ansatz. Bei zunehmender Anzahl der Einflußgrößen wird das Verfahren problematisch, so daß der Auswertende auf Schätzungen angewiesen ist. Gegebenenfalls muß er sich an das richtige Ergebnis herantasten und mehrere Lösungsmöglichkeiten durchrechnen. Die Aufgabe des Auswertenden besteht darin, eine sinnvolle Verbindung zwischen den Kosten einerseits, den Einflußgrößenquantitäten als unabhängige Variable andererseits herzustellen. Dabei muß die Verknüpfung und die Interdependenz der Einwirkungsfaktoren in ausreichendem Maße berücksichtigt werden.

$\beta\beta$) Die Anwendung der Kosteneinflußgrößenrechnung nach Stevens und ihre Grenzen

Treten bei den Kosten zwei oder mehrere Kosteneinflußgrößen in Erscheinung, so zeigt die schaubildliche Darstellung, in der die Verzehre über jeden Einwirkungsfaktor abgetragen werden, ein Streufeld, wenn die Wirkungen der Größen nicht konstant sind. Gehen von den Bewegungen zweier Einflußgrößenquantitäten die Kostenschwankungen aus, dann können beide Größen additiv oder multiplikativ miteinander verknüpft sein. Neben diesen Verknüpfungsarten ist die Potenzverknüpfung zu erwähnen, bei der die eine der unabhängigen Variablen als Potenz einer die Basis bildenden Einflußgröße erscheint. Stehen die Einflußgrößen (X_1, X_2) in keiner Beziehung zueinander, so läßt sich angeben, welche Höchst- und Mindestwerte diese Faktoren erreichen. Die graphische Darstellung liefert zwei interessante Streufeldbilder, wenn man in eine gegebene Funktionsgleichung eine unabhängige Variable einmal mit ihrem Mindestwert, ein anderes Mal mit ihrem Höchstwert konstant setzt und die andere unabhängige Variable variiert. Das Resultat ändert sich im Prinzip nicht, wenn man die Reihenfolge der Einflußgrößen umkehrt. Das Ergebnis dieses, die Schwankungen des konstantgesetzten Faktors isolierenden Verfahrens ist in den Abbildungen 15 und 16 dargestellt, in denen die Größe X_2 unverändert, X_1 variiert wird. Die Abbildungen zeigen eine trichterförmige und eine bandförmige Fläche zwischen den beiden Grenzlinien I und II. Das trichterförmige Band zeigt an, daß die beiden Einflußgrößenquantitäten in einer Potenz- oder einer multiplikativen Verknüpfung miteinander stehen. Setzt man in die Gleichung zu Abbildung 15 für X_2 die Ziffer 0 ein, so wird der Wert des Ausdrucks Null. Bei einer Potenzverknüpfung (z. B. $Y = bX_1^{X_2}$) wird $X = b$,

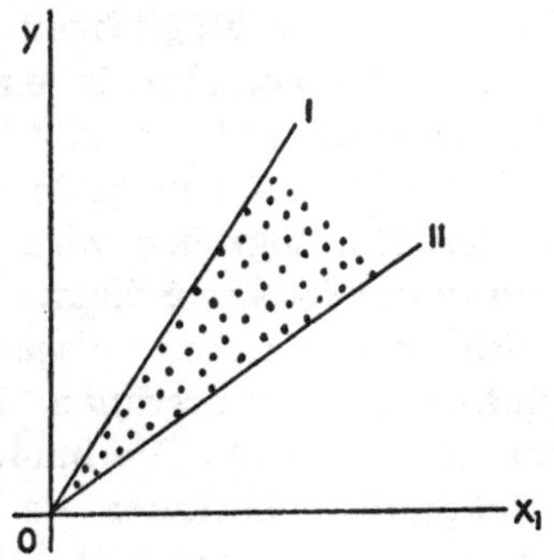

Abb. 15

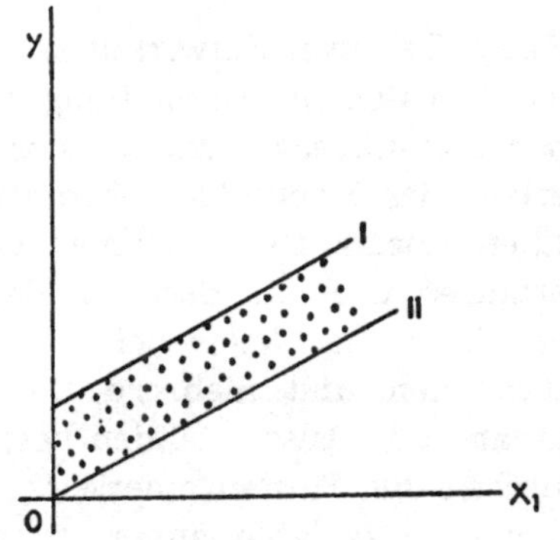

Abb. 16

wenn X_2 den Wert 0 annimmt, da $X_1^0 = 1$ ist. Das Ergebnis der multiplikativen Verknüpfung und der Potenzverknüpfung sind zwei sich schneidende Geraden, die das trichterförmige Gebilde entstehen lassen, weil die Größe X_2 nur die Größe des Richtungsfaktors von X_1 beeinflußt. Bei der additiven Verknüpfung erfolgt keine Variation des Richtungsfaktors von X_1 bei veränderter Höhe von X_2. Die Größe X_2 wird lediglich dem jeweiligen Wert bX_1 hinzugefügt. Dadurch entsteht eine bandförmige Fläche, deren Grenzkurven zueinander parallel verlaufen. Innerhalb der Begrenzungslinien liegen alle Y-Werte, die eintreten, wenn X_2 die Werteskala zwischen seinem höchsten und seinem niedrigsten Wert durchläuft[84].

Er ergibt sich nun die Frage, ob der Auswertende aus diesen Schaubildern die Art der Einflußgrößenverknüpfung ersehen kann. Die Frage ist zu bejahen, wenn an Hand der Istkosten die Begrenzungskurven eindeutig zu ziehen sind. In der Praxis wird diese Voraussetzung kaum erfüllt sein. Störungen des Schaubildes entstehen nicht nur durch die Fehler der Istkostenerfassung. Bei zu engem Intervall der variierten Einflußgröße X_1 verliert das Bild seine Eindeutigkeit. Schwankt gleichzeitig mit dem Faktor X_1 auch X_2, nimmt er z. B. mit steigendem X_1 ab und umgekehrt, dann kann aus dem trichterförmigen Streufeld ein bandförmiges Streufeld werden. Ebenso ist bei additiver Verknüpfung ein trichterförmiges Streufeld möglich, wenn mit steigendem X_1 der Wert von X_2 ebenfalls zunimmt und umgekehrt. Diese Verhaltensweisen der quantifizierten Einwirkungsfaktoren sind um so wahrscheinlicher, wenn zwischen den Kostenbestimmungsfaktoren Wechselwirkungen bestehen, die dieses Verhalten begünstigen. Die

[84] Stevens, H.: Einflußgrößenrechnung, a.a.O., S. 54.

Konstellationen der Einflußgrößenquantitäten im tatsächlichen Betriebsablauf sind für die schaubildliche Darstellung von entscheidender Bedeutung. Das Schaubild ist für die Untersuchung der Verknüpfungsart ungeeignet, wenn ein eindeutiger Verlauf der Begrenzungskurven an Hand des Streufeldes nicht mehr gezeichnet werden kann. Das Bild ist ferner getrübt, wenn nicht alle Einflußgrößen einbezogen sind und die außer acht gelassenen die Kostengestaltung fühlbar beeinflussen. Hall hat an einem Beispiel nachgewiesen, daß die Schaubilder in dem von ihm betrachteten Fall zu unrichtigen Schlüssen über die Verknüpfungen der Einwirkungsfaktoren geführt hätten[85].

Versagt das graphische Verfahren zur Ermittlung der Verknüpfungsart, was nicht ausschließt, daß es für den Grenzfall geeignet ist, dann besteht nur die Möglichkeit der Schätzung oder der Übernahme der Funktion aus anderen Rechnungen. Technische Verbrauchsmessungen bei Versuchen, Kurzzeitanalysen usw. können zu brauchbaren Funktionsgleichungen führen. Bei solchen Untersuchungen — und an diese denkt Stevens in erster Linie — ist es leichter möglich, Werte für die in den graphischen Darstellungen angeführten Begrenzungskurven zu erhalten. Diese Funktionen liegen vielfach den Kostenplanungen zugrunde, so daß der Auswertende sie von dort erhalten kann. In ihren Grundformen haben die Funktionsgleichungen das folgende Aussehen:

$$Y = a + bX_1^k + cX_2^m \quad = \text{additive Verknüpfung}$$

$$Y = a + bX_1^k X_2^m \quad = \text{multiplikative Verknüpfung}$$

$$Y = a + bX_1^{cX_2} \quad = \text{Potenzverknüpfung}$$ [86]

Die Unbekannten *a*, *b*, *c*, *k*, *m* dieser Gleichungen müssen ermittelt werden. Die zunehmende Anzahl der einzubeziehenden Einwirkungsfaktoren erschwert die Lösung erheblich. Stevens schlägt die Anwendung von sechs Lösungsarten vor:

1. Es wird eine Einflußgröße ausgeschaltet, wenn diese durch eine andere mit erfaßt werden kann.
2. Man verändert jeweils nur eine Einflußgröße und hält die anderen konstant.
3. Zwei Einwirkungsfaktoren werden konstant gehalten und die übrigen variiert.

---

[85] Hall, R.: Das Rechnen mit Einflußgrößen im Stahlwerk, a.a.O., S. 25.
[86] Stevens, H.: Einflußgrößenrechnung, a.a.O., S. 47.

4. Die Funktionsgleichung wird bei multiplikativer Verknüpfung und beliebiger Anzahl der Einflußgrößen sofort errechnet.
5. Alle Kosteneinflußgrößen werden bis auf eine beim Auftreten von paarweise gleichen Einwirkungsfaktoren ausgeschaltet.
6. Die Anwendung des Grenzlinienverfahrens ermöglicht das gleiche Vorgehen wie unter 5. ohne paarweise gleiche Einflußgrößen.

Stevens hat diese Lösungsverfahren vorgeschlagen für technische Verbrauchsmessungen, deren Anwendung von den Möglichkeiten der Versuchsdurchführung abhängig ist. Die Verfahren werden von ihm eingehend dargestellt[87] und sind im Grunde Modifizierungen seiner bereits dargestellten Lösungen, so daß wir nicht auf die Einzelheiten einzugehen brauchen. Durch ein bestimmtes Vorgehen wird versucht, die einfacheren Lösungsarten anwendbar zu machen.

Die Einflußgrößenrechnung nach Stevens kann bei richtigen mathematischen Ansätzen zu brauchbaren Istkostenfunktionen führen. Das bedeutet, daß die richtige Verknüpfung der Einwirkungsfaktoren erkannt werden muß. Ferner müssen die für die Lösung der Gleichungen ausgewählten Werte des Streufeldes typisch für die Kostenfunktion sein. Bestimmte Lösungen für Gleichungen höheren Grades verlangen häufig eine bestimmte Konstellation der einbezogenen Einflußgrößenquantitäten. Der Umfang der einbezogenen Einwirkungsfaktoren ist für das Lösungsergebnis von großer Bedeutung. Als Nachteil wird empfunden, daß für die Lösung nur wenige Kostenwerte ausgewählt werden können, während alle anderen unberücksichtigt bleiben. Bildet man andererseits Kostenschwerpunkte für bestimmte Bereiche, so läuft man Gefahr, daß man die Klassen falsch bildet oder zu Einflußgrößenkonstellationen gelangt, die keine Lösung erlauben. Aus diesen Gründen ist festzustellen, daß trotz der vielfältigen Möglichkeiten der Einflußgrößenrechnung „sich das Verfahren nur anwenden (läßt), wenn die Art der Verknüpfung bekannt ist und nur wenige, klar erkennbare Einflußgrößen wirksam sind“[88]. Diese Voraussetzungen sind bei technischen Verbrauchsmessungen und -analysen eher gegeben als bei der Ermittlung der Istkostenfunktion aus den Kostenrechnungsergebnissen. Die Istkosten kommen zustande durch das effektive Betriebsgeschehen im Abrechnungszeitraum. Die verschiedenen Faktoren wirken ein. Bei den durchgeführten Verbrauchsanalysen geschieht etwas Ähnliches. Die tatsächlich entstandenen Verzehre werden gemessen und aufgeschrieben. Entsprechend den Versuchsanordnungen wird auf die Einflußgrößen eingewirkt und dadurch diese Faktoren zu einem bestimmten Verhalten gezwungen, dessen Wirkungen auf die Kostengestaltung erfaßt werden. Aus diesem

[87] Stevens, H.: a.a.O., S. 55 ff.
[88] Hall, R.: a.a.O., S. 34.

Grunde kann man sich auf wenige Messungen beschränken, wenn zuvor die Einflußgrößenvariationen sinnvoll geplant werden, und gute Ergebnisse erzielen. Allerdings ist es schwierig, über die Güte der Ergebnisse etwas auszusagen. Wir besitzen keine mathematischen Prüfverfahren, die eine solche Aussage erlauben und sind auf Schätzungen angewiesen. Gewisse Hinweise geben die tatsächlichen Verbrauchsmengen, die während des Betriebsablaufs in einer Periode anfallen. Ihre Abweichungen von den Funktionswerten lassen häufig erkennen, ob die ermittelte Funktionsgleichung den Sachverhalt richtig wiedergibt oder nicht.

Ob die Funktionsermittlungsverfahren die Auswertung einer Kostenrechnung unwirtschaftlich werden lassen, ist nur im konkreten Fall zu beurteilen. Sie sind zwar mit großem Rechenaufwand verbunden und vielleicht nicht für die laufende Auswertung geeignet. Das schließt nicht aus, daß das eine oder andere Verfahren für Sonderuntersuchungen in Frage kommt und in einem solchen Falle durchaus wirtschaftlich ist. Die Entscheidung über ein anzusetzendes Verfahren kann der Auswertende erst fällen, nachdem er die Zweckmäßigkeit und Wirtschaftlichkeit seiner Anwendung überprüft hat.

γγ) Die Mehrfachkorrelationsrechnung als Verfahren zur Ermittlung linearer und nicht linearer Kostenfunktionsgleichungen

Unsere Ausführungen über die Anwendung der Einfachkorrelationsrechnung sind im wesentlichen auf die Mehrfachkorrelationsrechnung sinngemäß zu übertragen. Als Ausgangsgrößen dienen die Istkosten und die ihnen zugeordneten Einflußgrößenquantitäten, die als unabhängige Variable in die Funktionsgleichungen aufgenommen werden sollen. Der Auswertende hat vor der Anwendung der Korrelationsrechnung über die Anzahl und die Arten der quantifizierten Einflußgrößen zu befinden, die in den Ansatz aufzunehmen sind. Die Entscheidung ist bereits gefällt, wenn sie durch die Problemstellung gegeben ist. Wertvolle Hinweise vermögen wiederum die zuständigen Sachverständigen des Betriebes zu geben. Außerdem existieren Verfahren, die während der Durchführung der Mehrfachkorrelationsrechnung es erlauben, die Haupteinflußgrößen zu erkennen, einige Einflußgrößen herauszunehmen und andere einzufügen[89]. Endlich kann man nach der ersten Durchführung der Rechnung die Differenzen zwischen den Istkosten und den Funktionswerten der Kostengleichung bilden und durch die graphische Darstellung dieser Abweichungen weitere Abhängigkeiten erkennen, die dann ebenfalls durchgerechnet werden. Zum Schluß erfolgt eine er-

---

[89] Fisher, R.: Statistical Methods for Research Workers, Edinburgh 1950.

neute Rechnung, in die alle gefundenen relevanten Einflußgrößen einbezogen werden[90]. Allgemein kann zum Umfang der einbezogenen Einflußgrößenquantitäten und damit zur Anzahl der zu ermittelnden Unbekannten angemerkt werden, „daß die Güte einer Regressionskurve um so geringer einzuschätzen ist, je näher die Parameter-Anzahl ... an den Stichprobenumfang ... herankommt“[91]. Mit zunehmender Anzahl der Einwirkungsfaktoren nimmt die Rechenarbeit überproportional zu, so daß die Auswertung schnell an die Grenze der Wirtschaftlichkeit stößt.

Als nächstes ist eine Entscheidung über den mathematischen Ansatz zu fällen. Dieser Ansatz kann in manchen Fällen anderen Rechnungen entnommen werden. Die Ergebnisse der Verbrauchsmessungen und -analysen, der Kurzzeitmessungen usw., die auch mit den Verfahren der Einflußgrößenrechnung nach Stevens erzielt sein können, liefern brauchbare Ansätze zur Ermittlung der Istkostenfunktion. Multiplikative Verknüpfungen von Einflußgrößenquantitäten lassen sich mit Hilfe der sogenannten „Streuungszerlegung“ vor der Durchführung der Korrelationsrechnung erkennen[92]. Durch die Verbindung der Diskriminanzanalyse mit der Korrelationsrechnung, die von Wartmann entwickelt wurde[93], sind wir von der Entscheidung über die mathematische Form des Ansatzes befreit. Dieses Verfahren liefert außerdem die geeigneten Kombinationen und mathematischen Ausdrücke für die Glieder multiplikativer Verknüpfungen. Im übrigen bleibt der Weg offen, eine Rechnung mit einem modifizierten Ansatz zu wiederholen und an dem Bestimmtheitsmaß die Güte des ermittelten Zusammenhangs abzulesen. Diese nimmt mit steigendem Bestimmtheitsmaß zu.

Die mathematischen Ansätze können zu linearen oder zu Gleichungen höheren Grades führen. Die Gleichungen höheren Grades machen die Anwendung partieller Differentiationen erforderlich, wenn keine Linearisierung der Gleichungen gelingt. Die Linearisierung geschieht in der gleichen Weise, wie wir es bei der Einfachkorrelationsrechnung beschrieben haben, so daß wir auf jene Ausführungen verweisen können. Es ist jedoch auf einen Fall hinzuweisen, bei dem zwar nur eine Einflußgrößenquantität vorliegt, die Kostengleichung aber als Polynom erscheint in der Gestalt

$$Y = a + bX + cX^2 + dX^3 + \ldots .$$

[90] Bauer, W.; Stumpf, A.; Wartmann, R.: a.a.O., S. 41 ff.

[91] Wartmann, R.: Praxis der mehrdimensionalen Korrelationsrechnung, Teil II, Darmstadt 1952, S. 14.

[92] Linder, A.: Statistische Methoden für Naturwissenschaftler, Mediziner und Ingenieure, a.a.O., S. 123 ff.

[93] Wartmann, R.: a.a.O., S. 18.

Diese Gleichung läßt sich ebenfalls linearisieren und mit Hilfe der linearen Mehrfachkorrelation ermitteln, indem wir für die einzelnen Ausdrücke ansetzen

$$X = X; \qquad X^2 = U; \qquad X^3 = V.$$

Die neue Gleichung lautet:

$$Y = a + bX + cU + dV + \ldots\ldots,$$

in der die eingefügten Größen (U, V) die potenzierten unabhängigen Variablen darstellen. Nach der Durchführung der Korrelationsrechnung kann die Gleichung wieder umgewandelt werden.

Wir gehen bei unserer Darstellung der linearen Mehrfachkorrelationsrechnung von einer gegebenen Anzahl der Einflußgrößen sowie einem gegebenen mathematischen Ansatz aus und verweisen bezüglich der aus diesen Prämissen resultierenden Probleme auf die Spezialliteratur. Aus Darstellungsgründen kennzeichnen wir bei der Mehrfachkorrelation die abhängige Variable durch das Symbol X_o[94].

Wirken auf die Istkosten die Einflußgrößenquantitäten X_1 bis X_p ein, die additiv miteinander verknüpft sind, so lautet der allgemeine Ausdruck für die lineare Istkostenfunktion unter Einbeziehung der additiven Konstanten (a) und der Regressionskoeffizienten (b_1 bis b_p)

$$X_o = a + b_1X_1 + b_2X_2 + b_3X_3 + \ldots + b_pX_p\ .$$

Für die Istkostengleichung sind die konstanten Größen a und b_i zu bestimmen unter der Bedingung, daß die Summe der quadrierten Differenzen zwischen den Istkosten und den ihnen zuzuordnenden Funktionswerten ein Minimum wird.

In eine Wertetabelle sind zunächst alle N Istkostenbeträge sowie die sie hervorrufenden Einflußgrößenquantitäten einzutragen und die Zeilen und Spalten zu addieren. Die Kontrollspalte X_K nimmt die jeweilige Zeilensumme (einschließlich der abhängigen Variablen X_o) auf. Die Spaltensummen sind in der Summenzeile (S_i) aufgeführt. Die Wertetabelle erfährt nur insofern eine Erweiterung, daß jeder Wert X_o bis X_K in jeder Zeile mit sich selbst und den übrigen Werten multipliziert wird. Für die neuen Spalten erfolgen ebenfalls die vertikalen Additionen (S_{ij}) in der Summenzeile. Im Kopf der erweiterten Tabelle 17 sind lediglich die Indizes der X-Werte angeführt, die anzeigen, welche Größen miteinander multipliziert werden.

---

94 Die nachstehenden Ausführungen über die Durchführung der linearen Mehrfachkorrelationsrechnung wurden sinngemäß entnommen:
Bauer, W.; Stumpf, A.; Wartmann, R.: Einführung in die technische Statistik (unter besonderer Berücksichtigung der Einflußgrößenrechnung), Teil III. Als Manuskript vervielfältigt (1956), S. 24 ff.

Tabelle 17:

Wertetabelle

Nr.	X_0	X_1	X_2	X_3	...	X_p	X_K	00	01	02	03	...	0*p*	0*K*	11	12	13	...
1																		
2																		
3																		
.																		
.																		
.																		
N																		
	S_0	S_1	S_2	S_3	...	S_p	S_K	S_{00}	S_{01}	S_{02}	S_{03}	...	S_{0p}	S_{0K}	S_{11}	S_{12}	S_{13}	...

...	1*p*	1*K*	22	23	...	2*p*	2*K*	33	...	3*p*	3*K*	...	*pp*	*pK*	*KK*	*Nr.*
																1
																2
																3
																.
																.
																.
																N
...	S_{1p}	S_{1K}	S_{22}	S_{23}	...	S_{2p}	S_{2K}	S_{33}	...	S_{3p}	S_{3K}	...	S_{pp}	S_{pK}	S_{KK}	

Für die Kontrollrechnung müssen sein:

$$S_K = S_0 + S_1 + S_2 + S_3 + \ldots + S_p \, .$$

Ein großer Teil der Rechenarbeit ist mit der Aufstellung der Wertetabelle verbunden. Mit Hilfe von Datenverarbeitungsanlagen kann diese Arbeit wesentlich erleichtert werden.

Die Durchführung der Korrelationsrechnung wird außerdem erleichtert und übersichtlicher gestaltet, wenn sich der Auswertende bestimmter Schemata bedient, nach denen er die Ergebnisse seiner Rechenoperationen anordnet. Auf diese Weise lassen sich auch die in der Wertetabelle ermittelten Produktsummen übersichtlich darstellen. Wir wählen zu diesem Zweck die Matrizendarstellung, bei der die Produktsummen in horizontaler und vertikaler Richtung eingetragen sind, die Zeilen- und Spaltenbezeichnungen jeweils die Variablen angeben, so daß aus der Zuordnung der Zeilen und Spalten ersichtlich ist, welche Einflußgrößen miteinander multipliziert werden, bevor man ihre Produkte summiert (Tabelle 18).

Tabelle 18:

Produktsummen

S	0	1	2	3	...	p	K
0	S_{00}	S_{01}	S_{02}	S_{03}	...	S_{0p}	S_{0K}
1	S_{10}	S_{11}	S_{12}	S_{13}	...	S_{1p}	S_{1K}
2	S_{20}	S_{21}	S_{22}	S_{23}	...	S_{2p}	S_{2K}
3	S_{30}	S_{31}	S_{32}	S_{33}	...	S_{3p}	S_{3K}
.	.	.	.	.	...	.	.
.	.	.	.	.	...	.	.
.	.	.	.	.	...	.	.
p	S_{p0}	S_{p1}	S_{p2}	S_{p3}	...	S_{pp}	S_{pK}
K	S_{K0}	S_{K1}	S_{K2}	S_{K3}	...	S_{Kp}	S_{KK}

Im Produktsummenschema ist jeder Wert doppelt aufgeführt, da aus der Faktorenvertauschung bei der Multiplikation folgt:

$$S_{01} = S_{10}; \quad S_{02} = S_{20}; \quad S_{0p} = S_{p0} \text{ usw.}$$

Aus diesem Grunde brauchen die Größen unterhalb der Treppenkurve nur übertragen zu werden. Die Spalte und die Zeile K dient der Rechenkontrolle und der Fehlerfeldeingrenzung.

Im nächsten Schritt sind die Summenproduktdurchschnitte zu ermitteln. Jeder Summenwert S_O bis S_K der Wertetabelle 19 ist mit sich selbst und den übrigen Werten zu multiplizieren und das Produkt durch die Anzahl der Istwerte (N) zu dividieren. Auch diese Tabelle enthält jeden Wert doppelt. Die Größen unter der Treppenkurve brauchen deshalb nicht errechnet zu werden und dienen mit der S_K-Zeile bzw. S_K-Spalte der Rechenkontrolle.

Subtrahiert man von den Werten der Produktsummentabelle (S_{ij}) die entsprechenden Werte der letzten Tabelle ($\frac{1}{N} S_i S_j$), dann erhalten

Tabelle 19:

Summenproduktdurchschnitte

$\frac{1}{N}S_i$ \ S_j	S_0	S_1	S_2	S_3	...	S_p	S_K
$\frac{1}{N}S_0$	$\frac{1}{N}S_0S_0$	$\frac{1}{N}S_0S_1$	$\frac{1}{N}S_0S_2$	$\frac{1}{N}S_0S_3$	...	$\frac{1}{N}S_0S_p$	$\frac{1}{N}S_0S_K$
$\frac{1}{N}S_1$	$\frac{1}{N}S_1S_0$	$\frac{1}{N}S_1S_1$	$\frac{1}{N}S_1S_2$	$\frac{1}{N}S_1S_3$	...	$\frac{1}{N}S_1S_p$	$\frac{1}{N}S_1S_K$
$\frac{1}{N}S_2$	$\frac{1}{N}S_2S_0$	$\frac{1}{N}S_2S_1$	$\frac{1}{N}S_2S_2$	$\frac{1}{N}S_2S_3$	...	$\frac{1}{N}S_2S_p$	$\frac{1}{N}S_2S_K$
$\frac{1}{N}S_3$	$\frac{1}{N}S_3S_0$	$\frac{1}{N}S_3S_1$	$\frac{1}{N}S_3S_2$	$\frac{1}{N}S_3S_3$	...	$\frac{1}{N}S_3S_p$	$\frac{1}{N}S_3S_K$
⋮	⋮	⋮	⋮	⋮	...	⋮	⋮
$\frac{1}{N}S_p$	$\frac{1}{N}S_pS_0$	$\frac{1}{N}S_pS_1$	$\frac{1}{N}S_pS_2$	$\frac{1}{N}S_pS_3$	...	$\frac{1}{N}S_pS_p$	$\frac{1}{N}S_pS_K$
$\frac{1}{N}S_K$	$\frac{1}{N}S_KS_0$	$\frac{1}{N}S_KS_1$	$\frac{1}{N}S_KS_2$	$\frac{1}{N}S_KS_3$	...	$\frac{1}{N}S_KS_p$	$\frac{1}{N}S_KS_K$

wir einen Zwischenwert (Q_{ij}), der für die Lösungen der Gleichungen mit den Unbekannten a und b_i und für hier nicht abzuleitende Nebenrechnungen (z. B. der Ermittlung der Einfachregressionskoeffizienten) benötigt wird (Tabelle 20).

Die Minimumbedingung für die Summe der quadrierten Abweichungen zwischen den Istkosten und den entsprechenden Funktionswerten führt zu p linearen Gleichungen, in denen die Regressionskoeffizienten als Unbekannte enthalten sind.

$$\begin{array}{l}
Q_{10} = b_1Q_{11} + b_2Q_{12} + b_3Q_{13} + \ldots + b_pQ_{1p} \\
Q_{20} = b_1Q_{21} + b_2Q_{22} + b_3Q_{23} + \ldots + b_pQ_{2p} \\
Q_{30} = b_1Q_{31} + b_2Q_{32} + b_3Q_{33} + \ldots + b_pQ_{3p} \\
\vdots \\
Q_{p0} = b_1Q_{p1} + b_2Q_{p2} + b_3Q_{p3} + \ldots + b_pQ_{pp} \;.
\end{array}$$

Tabelle 20:

Zwischenwerte: $Q_{ij} = S_{ij} - \frac{1}{N} S_i S_j$

Q	0	1	2	3	...	p	K
0	Q_{00}	Q_{01}	Q_{02}	Q_{03}	...	Q_{0p}	Q_{0K}
1	Q_{10}	Q_{11}	Q_{12}	Q_{13}	...	Q_{1p}	Q_{1K}
2	Q_{20}	Q_{21}	Q_{22}	Q_{23}	...	Q_{2p}	Q_{2K}
3	Q_{30}	Q_{31}	Q_{32}	Q_{33}	...	Q_{3p}	Q_{3K}
.	.	.	.	.	...	.	.
.	.	.	.	.	...	.	.
.	.	.	.	.	...	.	.
p	Q_{p0}	Q_{p1}	Q_{p2}	Q_{p3}	...	Q_{pp}	Q_{pK}
K	Q_{K0}	Q_{K1}	Q_{K2}	Q_{K3}	...	Q_{Kp}	Q_{KK}

Dieses Gleichungssystem kann gelöst werden mit Hilfe des verallgemeinerten Gaußschen Algorithmus[95]. Zunächst nehmen wir eine andere Anordnung der bekannten Werte dieser Gleichungen vor und lassen die unbekannten Größen b_i fort. Wir schreiben:

Q_{11}	Q_{12}	Q_{13}	...	Q_{1p}	Q_{10}
Q_{21}	Q_{22}	Q_{23}	...	Q_{2p}	Q_{20}
Q_{31}	Q_{32}	Q_{33}	...	Q_{3p}	Q_{30}
.	.	.	...	.	.
.	.	.	...	.	.
.	.	.	...	.	.
Qp_1	Q_{p2}	Q_{p3}	...	Q_{pp}	Q_{p0}
$-\Sigma Q_{i1}$	$-\Sigma Q_{i2}$	$-\Sigma Q_{i3}$	...	$-\Sigma Q_{ip}$	$-\Sigma Q_{i0}$

Die Summenzeile, deren Werte mit einem negativen Vorzeichen versehen sind, dient der Rechenkontrolle.

Das obige Koeffizientenschema muß in ein anderes überführt werden, bei dem die Werte der ersten Spalte mit denen des ursprünglichen

[95] Wartmann, R.: Praxis der mehrdimensionalen Korrelationsrechnung, Teil I, Darmstadt 1952, S. 1 ff.

Schemas übereinstimmen, alle übrigen Größen aber mit Hilfe bestimmter Gleichungen schrittweise errechnet werden. Um eine einheitliche Schreibweise zu gewährleisten, verwenden wir unterhalb des Treppenzugs das Symbol B_{ij} und oberhalb C_{ij}. In seiner endgültigen Form lautet das Koeffizientenschema

B_{11}	C_{12}	C_{13}	$\dots$	C_{1p}	C_1
B_{21}	B_{22}	C_{23}	$\dots$	C_{2p}	C_2
B_{31}	B_{32}	B_{33}	$\dots$	C_{3p}	C_3
$\vdots$	$\vdots$	$\vdots$	$\vdots$	$\vdots$	$\vdots$
B_{p1}	B_{p2}	B_{p3}	$\dots$	B_{pp}	C_p
$-\Sigma B_{i1}$	$-\Sigma B_{i2}$	$-\Sigma B_{i3}$	$\dots$	$-\Sigma B_{ip}$	0

Die eingetragenen Werte werden in folgender Reihenfolge und Weise errechnet:

1. *Erste Spalte:*

$$\begin{aligned} B_{11} &= Q_{11} \\ B_{21} &= Q_{21} \\ B_{31} &= Q_{31} \\ &\vdots \\ B_{p1} &= Q_{p1} \\ \hline -\Sigma B_{i1} &= -\Sigma Q_{i1} \end{aligned}$$

2. *Erste Zeile:*

$$C_{12} = -\frac{B_{21}}{B_{11}}\,;\; C_{13} = -\frac{B_{31}}{B_{11}}\,;\; \dots\; C_{1p} = -\frac{B_{p1}}{B_{11}}$$

3. *Zweite Spalte:*

$$\begin{array}{rcl}
B_{22} = & Q_{22} + & B_{21} \cdot C_{12} \\
B_{32} = & Q_{32} + & B_{31} \cdot C_{12} \\
\vdots & \vdots & \vdots \\
B_{p2} = & Q_{p2} + & B_{p1} \cdot C_{12} \\
\hline
-\Sigma B_{i2} = & -\Sigma Q_{i2} + & (-\Sigma B_{i1}) C_{12} \\
\hline
\end{array}$$

4. *Zweite Zeile:*

$$C_{23} = -\frac{B_{32}}{B_{22}}; \ldots C_{2p} = -\frac{B_{p2}}{B_{22}}$$

5. *Dritte Spalte:*

$$\begin{array}{rccc}
B_{33} = & Q_{33} + & B_{31} \cdot C_{13} + & B_{32} \cdot C_{23} \\
\vdots & \vdots & \vdots & \vdots \\
B_{p3} = & Q_{p3} + & B_{p1} \cdot C_{13} + & B_{p2} \cdot C_{23} \\
\hline
-\Sigma B_{i3} = & -\Sigma Q_{i3} + & (-\Sigma B_{i1}) C_{13} + & (-\Sigma B_{i2}) C_{23} \\
\hline
\end{array}$$

6. *Dritte Zeile:*

$$\ldots\ldots C_{3p} = -\frac{B_{p3}}{B_{33}}$$

$$\vdots$$

7. *Endzeilen und Spalten des Schemas II:*

a) *(p − 1)te Zeile:*

$$\ldots\ldots C_{(p-1)p} = -\frac{B_{p(p-1)}}{B_{(p-1)(p-1)}}$$

b) *p−te Spalte:*

$$\begin{array}{rccccc}
B_{pp} = & Q_{pp} + & B_{p1} \cdot C_{1p} + & B_{p2} \cdot C_{2p} & + \ldots + & B_{p(p-1)} \cdot C_{(p-1)p} \\
\hline
-\Sigma B_{ip} = & -\Sigma Q_{ip} + & (-\Sigma B_{i1}) C_{1p} + & (-\Sigma B_{i2}) C_{2p} & + \ldots + & (-\Sigma B_{i(p-1)}) C_{(p-1)p}
\end{array}$$

c) (p + 1)te Spalte:

$$C_1 = Q_{10} : B_{11}$$

$$C_2 = (Q_{20} - B_{21} \cdot C_1) : B_{22}$$

$$C_3 = (Q_{30} - B_{31} \cdot C_1 - B_{32} \cdot C_2) : B_{33}$$

.

.

.

$$C_p = (Q_{p0} - B_{p1} \cdot C_1 - B_{p2} \cdot C_2 - B_{p3} \cdot C_3 \ldots \ldots \ldots - B_{p(p-1)} C_{p-1}) : B_{pp}$$

$$0 = -\Sigma Q_{i0} - (-\Sigma B_{i1}) C_1 - (-\Sigma B_{i2}) C_2 - (-\Sigma B_{i3} C_3 \ldots - (-\Sigma B_{ip}) C_p$$

Damit haben wir die Werte für das zweite Koeffizientenschema ermittelt. Aus den Werten der letzten Spalte (C_i) lassen sich die Unbekannten wie folgt ableiten:

$$b_p = C_p$$

$$b_{p-1} = C_{p-1} + C_{(p-1)p} b_p$$

.

.

.

$$b_3 = C_3 + C_{3p} b_p + C_{3(p-1)} b_{p-1} + \ldots + C_{34} b_4$$

$$b_2 = C_2 + C_{2p} b_p + C_{2(p-1)} b_{p-1} + \ldots + C_{24} b_4 + C_{23} b_3$$

$$b_1 = C_1 + C_{1p} b_p + C_{1(p-1)} b_{p-1} + \ldots + C_{14} b_4 + C_{13} b_3 + C_{12} b_2$$

Die errechneten Regressionskoeffizienten können in die allgemeine Funktionsgleichung eingesetzt werden.

Als weitere Größe fehlt lediglich die additive Konstante, die nach der Gleichung

$$a = \frac{1}{N} (S_0 - b_1 S_1 - b_2 S_2 - b_3 S_3 - \ldots - b_p S_p)$$

errechnet wird. Durch diese Rechenoperationen ist die Kostenfunktion bestimmt.

Der Vorteil der Korrelationsrechnung liegt nun darin, daß sie bestimmte Aussagen über die Regressionsgleichung und ihre Größen machen kann. Auch die Mehrfachkorrelationsrechnung erlaubt uns die Berechnung der Streuung und des Bestimmtheitsmaßes.

$$S_R^2 = \frac{Q_{00} - b_1 Q_{01} - b_2 Q_{02} - b_3 Q_{03} - \ldots - b_p Q_{0p}}{N - (p + 1)}$$

$$B = 1 - \frac{S_R^2}{S_Y^2} = 1 - \frac{S_R^2}{\dfrac{Q_{00}}{N - 1}} = 1 - \frac{S_R^2}{\dfrac{S_{00} - \dfrac{1}{N} S_0 S_0}{N - 1}}$$

Das Bestimmtheitsmaß wird auf Existenz geprüft nach der Formel

$$F = 1 + \frac{(N - 1)\, B}{p(1 - B)}$$

bei $n_1 = p$ und $n_2 = N - (p + 1)$. Der erforderliche Stichprobenumfang zum Nachweis der Existenz des Bestimmtheitsmaßes beträgt

$$N' = 1 + \frac{p(F - 1)\,(1 - B)}{B}$$

wobei $n_1 = p$ und $n_2 = N' - (p + 1)$ ist. Eine größere Rechenarbeit wird erforderlich, wenn man die einzelnen Regressionskoeffizienten auf ihre Existenz und ihre Genauigkeit hin prüft. In diesem Fall kann die Lösung des obigen Gleichungssystems umgangen werden, macht aber die Lösung zweier anderer linearer Gleichungssysteme gleicher Art erforderlich, die folgendes Aussehen haben, wobei $c_{kj} = c_{jk}$ ist:

	für				
	$k = 1$	$k = 2$	$k = 3$	....	$k = p$
$c_{k1} Q_{11} + c_{k2} Q_{12} + c_{k3} Q_{13} + \ldots + c_{kp} Q_{1p} =$	1	0	0	....	0
$c_{k1} Q_{21} + c_{k2} Q_{22} + c_{k3} Q_{23} + \ldots + c_{kp} Q_{2p} =$	0	1	0	....	0
$c_{k1} Q_{31} + c_{k2} Q_{32} + c_{k3} Q_{33} + \ldots + c_{kp} Q_{3p} =$	0	0	1	....	0
. . . .	.	.	.	....	.
. . . .	.	.	.	....	.
. . . .	.	.	.	....	.
$c_{k1} Q_{p1} + c_{k2} Q_{p2} + c_{k3} Q_{p3} + \ldots + c_{kp} Q_{pp} =$	0	0	0	....	1

Die Regressionskoeffizienten (b_i) erhält man durch das Lösen des linearen Gleichungssystems:

$$b_1 = c_{11}Q_{10} + c_{12}Q_{20} + c_{13}Q_{30} + \ldots + c_{1p}Q_{p0}$$

$$b_2 = c_{21}Q_{10} + c_{22}Q_{20} + c_{23}Q_{30} + \ldots + c_{2p}Q_{p0}$$

$$b_3 = c_{31}Q_{10} + c_{32}Q_{20} + c_{33}Q_{30} + \ldots + c_{3p}Q_{p0}$$

$$\vdots$$

$$b_p = c_{p1}Q_{10} + c_{p2}Q_{20} + c_{p3}Q_{30} + \ldots + c_{pp}Q_{p0} \,,$$

nachdem die c-Werte eingesetzt sind, mit Hilfe des Gaußschen verallgemeinerten Algorithmus. Die errechneten c-Werte werden zur Prüfung der Regressionskoeffizienten b_i auf Existenz und Genauigkeit benötigt, denn es ist bei einem Freiheitsgrad für die t-Werte von $n = N - (p + 1)$

a) für die Existenzprüfung:

$$t_i = \frac{b_i}{S_R} \cdot \frac{1}{\sqrt{c_{ii}}}$$

b) für die Genauigkeitsprüfung:

$$db_i = \pm\, tS_R \sqrt{c_{ii}} \,.$$

Die ermittelte Istkostenfunktion zeigt eine additive Verknüpfung der Einflußgrößen. Bei multiplikativen Verbindungen sind entweder die genannten Verfahren anzuwenden oder Näherungslösungen anzustreben. Diese bestehen darin, daß man z. B. die multiplikative Verbindung durch eine additive ersetzt, das Multiplikationsergebnis der Einflußgrößenquantitäten als unabhängige Variable betrachtet oder die eine Größe durch die andere ausdrückt. Der Auswertende muß darüber befinden, ob ein solches Verfahren gerechtfertigt ist oder nicht.

Wird bei dem mathematischen Ansatz die Beschäftigungsmenge durch eine der angeführten unabhängigen Variablen ausgedrückt, dann stellen alle anderen Größen dieser Funktion, die in keinem Zusammenhang mit der Beschäftigungsmenge stehen, Einwirkungsfaktoren dar, die das Fixkostenniveau beeinflussen. Die fixen Kosten werden in diesem Fall nicht durch die additive Konstante allein repräsentiert, sondern auch durch die beschäftigungsunabhängigen Funktionsglieder. Allerdings wird das Verfahren der Mehrfachkorrelationsrechnung weniger angewandt zur Ermittlung der fixen und variablen Kosten als zur Darstellung ganz bestimmter quantitativer Zusammenhänge zwischen den Kosten und den Einwirkungsfaktoren. So ermittelt z. B. Hoffstadt die Schmelzbetriebskosten (Y) eines Stahlwerks in ihrer Abhängigkeit vom Roheisen- (x) und Schrotteinsatz (u) mit Hilfe der linearen Mehrfachkorrelationsrechnung nach der Gleichung

$$Y = 363\,094 + 22{,}714\,x + 35{,}43\,u$$ [96].

Die Mehrfachkorrelationsrechnung kann nur für Sonderuntersuchungen eingesetzt werden, da ihr Rechenaufwand für die laufende Auswertung zu groß ist. Gelingt es allerdings, durch den Einsatz elektronischer Rechenanlagen die Rechenoperationen beschleunigt durchzuführen, so wird es möglich, dieses Verfahren auch für verfeinerte Untersuchungen größeren Ausmaßes einzusetzen. Die Korrelationsrechnung ist am besten in der Lage, die Funktionsgleichungen zu erstellen, da sie gleichzeitig bestimmte Bedingungen erfüllt und Verfahren zur Verfügung stellt, die eine Prüfung der Güte des Zusammenhangs und der errechneten Unbekannten erlauben.

b) Der Vergleich zweier Kostenfunktionen

aa) Die Abweichungen beim Kostenfunktionenvergleich

Die Gegenüberstellung der Maßstabkostenfunktion und der ermittelten Istkostenfunktion läßt Abweichungen erkennen, wenn beiden Kostengleichungen verschiedene Kostenfunktionen zugrunde liegen. Die Verschiedenartigkeit kann sich auf den Grad der gesamten Funktion oder einzelner Glieder beziehen. Die Abweichungen erscheinen einzeln bei den Werten der Funktionsglieder und summiert bei der abhängigen Variablen. Da der mathematische Ansatz bereits vor der Durchführung der Funktionsermittlung bekannt ist, sind die unterschiedlichen Formen der Funktionsgleichung frühzeitig sichtbar, wenn auch ihre Wirkungen zunächst noch unbekannt sind.

Eine Abweichung kann darauf zurückzuführen sein, daß die Maßstabkostenfunktion das tatsächliche Betriebsgeschehen in bezug auf die Kosten nicht richtig wiedergibt. Diese Gefahr ist gegeben, wenn die Vergleichsgrundlage zwar dem gleichen Betriebsobjekt angehört, aber aus Vergangenheitswerten resultiert, die in der Gegenwart nicht mehr zutreffen. Die Gefahr besteht ferner, wenn der Maßstab fremden Betrieben entnommen und die Vergleichbarkeit der Größen nicht sichergestellt ist. Die Ursache kann auch bei der Ermittlung der Istkostenfunktion liegen, sei es, daß nicht das brauchbarste Verfahren angewendet, sei es, daß keine oder nur ungenügende Korrekturen der Werte durchgeführt wurden, die dazu dienten, die Funktionen vergleichbar zu machen.

---

[96] Hoffstadt, J.: Die Einflußgrößenrechnung, dargestellt am Beispiel eines Siemens-Martin-Stahlwerkes, Stahl und Eisen (1957), S. 1492.

Ein weiterer Grund für das Entstehen von Abweichungen sind die unterschiedlichen Umfänge der Kostenfunktionen. Die Maßstabkostenfunktion enthält mehr Einflußgrößen als die Istkostenfunktion und umgekehrt. Ferner kommen unterschiedliche Verknüpfungen der einbezogenen Kostenbestimmungsgrößen in Betracht, oder die Einwirkungsrichtungen können entgegengesetzt verlaufen. Die verschiedenen entgegengesetzten Richtungen mehrerer Einflußgrößen in beiden Funktionen lösen kompensatorische Effekte aus, die in den abhängigen Variablen nicht oder kaum zur Auswirkung gelangen.

Liegen Unterschiede dieser Art nicht vor, so haben wir es mit Abweichungen zu tun, deren Aussagekraft von der Maßstabkostenfunktion abhängt. Die allgemeinen Funktionsgleichungen lassen nur erkennen, bei welchen Funktionsgliedern Unterschiede auftreten. Der Einsatz der Zahlenwerte in beide Gleichungen für die Intervalle der unabhängigen Variablen und darüber hinaus (Extrapolation), sofern es gestattet ist, macht die Abweichung der abhängigen Variablen und die der Einzelglieder für jede gewählte Einflußgrößenkonstellation sichtbar. Der Auswertende vermag nicht nur zu erkennen, „daß“ Kostenabweichungen bei den Einflußgrößenkonstellationen vorkommen und welche Funktionsglieder mit welchem Anteil daran beteiligt sind, sondern außerdem die Entwicklung der Abweichungen insgesamt und einzeln für das betrachtete Intervall. Dabei kann sich zeigen, daß von einer bestimmten Größe der Faktoren ab die Maßstabkosten ungünstiger liegen als die Istkosten. Beim Vergleich mit der Vergangenheit oder den Kosten eines fremden Betriebes zeigt eine derartige Abweichung an, in welchem Teil des Intervalls der Betrieb kostengünstiger oder -ungünstiger arbeitet, als die Vergleichsgrundlage es anzeigt. Sind die Maßstabkosten geplante Verzehre (Sollkosten) so gibt der Vergleich Aufschluß darüber, ob es in dem betrachteten Intervall Bereiche gibt, in denen die Abweichungen von der Vergleichsgrundlage größer oder kleiner werden bzw. unverändert bleiben. Die Differenzen können zu den Maßstabkosten in Relation gesetzt werden. Aufschlußreich sind die Ergebnisse, wenn die

Tabelle 21:

X	a_I	a_M	da	$\frac{da}{a_M}$	V_I	V_M	dV	$\frac{dV}{V_M}$	Y_I	Y_M	dY	$\frac{dY}{Y_M}$

Abhängigkeit der Kosten von der Beschäftigung dargestellt wird. Die Tabelle 21 enthält die Werte der Kostenfunktionen für das zu untersuchende Beschäftigungsintervall. Die fixen Kosen werden durch das Symbol *a*, die variablen durch *V* und die Summe dieser Glieder durch *Y* gekennzeichnet. Der Index deutet auf die Ist- (*I*) und die Maßstabkosten (*M*) hin. Die Abweichungen zu den Einzelgrößen werden an dem Zusatz eines *d* erkannt. Aus den Zahlen einer solchen Tabelle und den daraus ableitbaren graphischen Darstellungen vermag der Auswertende zu ersehen, welcher Bereich in dem ausgewählten Beschäftigungsintervall die günstigste Kostengestaltung aufweist. Diese Aussage kann auch an Hand einer Sollkostenfunktion getroffen werden, wenn dem Auswertenden die Unterlagen einer Plankostenrechnung zur Verfügung stehen. Im Vergleich der Istkostenfuktion mit einem Vergangenheitsmaßstab läßt sich aber erkennen, ob in diesen Bereichen Verschiebungen eingetreten sind und in welche Richtungen diese tendieren. Aus der Betrachtung der Abweichungen der Einzelglieder können Schlüsse auf die Ursachen der Verlagerung gezogen werden.

Die Ermittlung der Istkostenfunktion mit Hilfe der Korrelationsrechnung gibt als Ergänzung der Regressionsgleichung die Standardabweichung an, die mit 68⁰/₀iger Sicherheit besagt, daß die Istkosten innerhalb dieses Streubereichs liegen. Beim Vergleich der Istkostenfunktion mit der Maßstabkostenfunktion kann sich ergeben, daß die Vergleichsgrundlage des betrachteten Intervalls innerhalb des Streubereichs verläuft. Ferner läßt sich errechnen, wievielfach die Standardabweichung vergrößert werden muß, um die Werte der Maßstabkostenfunktion des betreffenden Intervalls in den Streubereich einzubeziehen. Die Streubereiche überdecken sich teilweise oder ganz, wenn für den Maßstab ebenfalls die Standardabweichung vorliegt. Die Übereinstimmung zwischen beiden Funktionen ist um so besser, je mehr auch ihre Standardabweichungen übereinstimmen. Allerdings ist die Standardabweichung nicht allein maßgebend für die Güte der Übereinstimmung beider Funktionsgleichungen. Bedeutsam für diese Beurteilung sind außerdem die Bestimmtheitsmaße sowie deren Existenz bzw. die der Regressionskoeffizienten und der Genauigkeit der Koeffizienten.

Nun wird man in der Regel die Korrelationsrechnung nicht für jede Kostenart ansetzen. Es lassen sich alle Kostenarten zusammenfassen, bei denen die gleichen Einflußgrößen als unabhängige Variable angesetzt werden können. Das Ergebnis wird um so grober, je größer die Zahl der relevanten Einflußgrößen ist, die aus dem Ansatz herausgelassen werden muß, weil man nur große Kostenblöcke betrachtet, die sich aus einer Anzahl verschiedenartiger Kostenarten zusammensetzen, so daß die allen gemeinsam zuzuordnenden Einflußgrößenquantitäten in den Ansatz gelangen. Im einzelnen Fall muß entschieden werden, ob jenes Vorgehen allen Anforderungen genügt.

Der Kostenfunktionenvergleich kann tabellarisch und/oder graphisch dargestellt werden. Allerdings versagen die graphischen Darstellungen in Diagrammform, wenn mehr als zwei Einwirkungsfaktoren als unabhängige Variable einzuzeichnen sind. Bei der Darstellung verwickelter Kostengleichungen mit mehreren unabhängigen Variablen bedient man sich mit Vorteil eines Nomogramms. Der Vorteil der nomographischen Darstellung besteht darin, daß man das Zustandekommen der Gleichungswerte erkennen und verfolgen kann. Durch die Ablesbarkeit von Zwischenwerten ist es möglich, die Wirkungen der einzelnen Einflußfaktoren einschließlich etwaiger kompensatorischer Effekte zu erkennen. Die Einzeichnung der Funktionen der Vergleichsgrundlage und des Vergleichsobjekts läßt nicht nur die Gesamtabweichung der Funktionswerte, sondern auch die der Einzelglieder und der Zwischenwerte erkennen. Wählen wir als Beispiel die Funktionen

$$K_o = 40 + 5X + 2Y^2 = \text{Maßstabkostenfunktion}$$

$$K_i = 60 + 6X + 3Y^2 = \text{Istkostenfunktion}$$

und veranschaulichen wir ein konkretes Abweichungsergebnis für $X = 20$ und $Y = 3$, so daß sich

$$K_o = 158$$

$$K_i = 207$$

ergibt. Das in Abbildung 17 dargestellte Nomogramm gibt diesen Zusammenhang in vier Feldern wieder. Beide Kostenfunktionen sind in ihren Gesamtwerten und den Werten ihrer Einzelglieder aus dem Nomogramm ersichtlich. Die eingezeichneten Rechnungsweiser lassen das Zustandekommen des Ergebnisses erkennen und zeigen auf den Achsen die jeweiligen Werte an. Das Hilfsfeld IV gibt näheren Aufschluß über das in Feld II eingefügte Funktionsglied.

Durch den Kostenfunktionenvergleich erhalten wir Aufschluß über die Zusammensetzung der Funktionswerteabweichungen und ihre Entwicklung in dem untersuchten Bereich. Aus den Einzelabweichungen der Funktionsglieder kann nicht unbedingt auf die sie hervorrufenden Ursachen geschlossen werden. Der Auswertende vermag nur durch eigene Überlegungen und die Urteile der betrieblichen Sachverständigen sich Zugang zu diesen Kostenbestimmungsgründen zu verschaffen.

Beim Kostenfunktionenvergleich werden in der Regel mehrere Kostenrechnungsergebnisse in den Vergleich einbezogen. Die Untersuchung erstreckt sich nicht auf eine Kostenrechnung. Eine Ausnahme liegt vor,

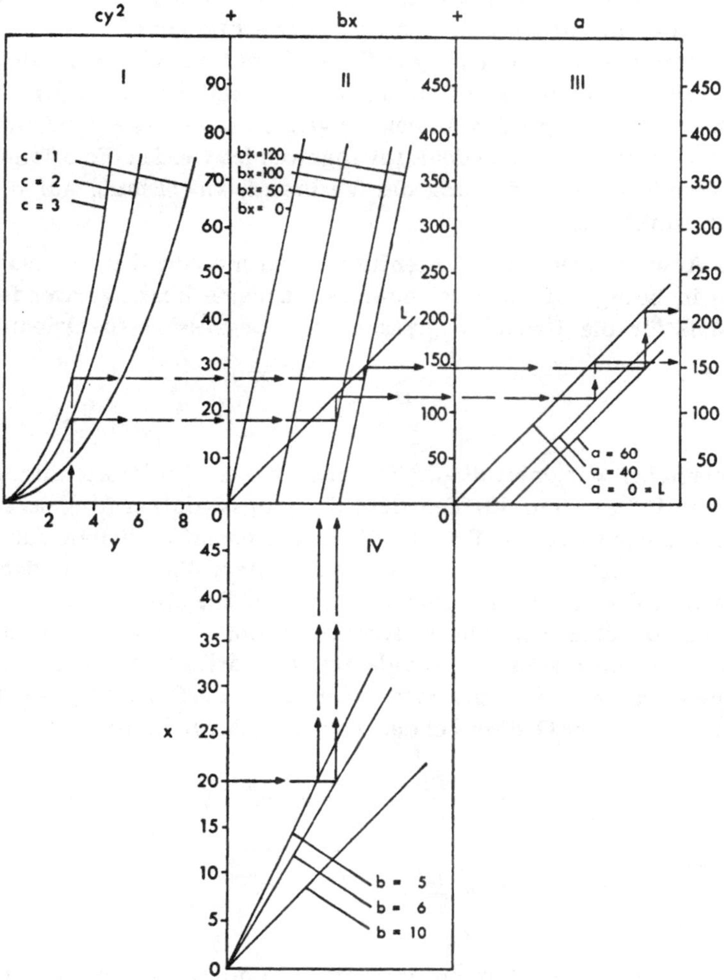

Abb. 17

wenn die Istkostenfunktion mit Hilfe der Verzehre und Einflußgrößenquantitäten der Elementarzeiträume ermittelt wird. Die Kosten und die Einflußgrößenquantitäten eines jeden dieser Abrechnungszeiträume werden mit der Anzahl der Elementarzeiträume, die zu einer größeren Periode gehören, multipliziert und aus diesen Werten die Istkostenfunktionen gebildet. Diese Möglichkeiten stellen Näherungsverfahren dar, mit denen eine Aufspaltung der Istkosten mehrerer auszuwertender Rechnungen in einen von den unabhängigen Variablen abhängigen und einen von ihnen unabhängigen Teil möglich ist. Unser Vorgehen vermeidet, daß der Anteil der fixen Kosten in seinem absoluten Betrag dem der Maßstabkosten gleichgesetzt wird. Auf der anderen Seite wird verhindert, daß die prozentualen Anteile der einzelnen Glieder der Maßstabkostenfunktion an dem jeweiligen Funktionswert der Gleichung auch für die Istkostenaufteilung als maßstäblich betrachtet wird. Ergeben sich keine großen Abweichungen, so kann dieses Verfahren der Funktionsermittlung unbedenklich angewendet werden. Es erfolgt dann eine anteilmäßige Aufteilung der Verbrauchsabweichung auf die einzelnen Funktionsglieder.

Die Abweichungen der Kostenfunktionen machen sich in besonderer Weise in bezug auf die Kostendegression bemerkbar. Verwenden wir als Maß für die Betriebsdegression den Degressionskoeffizienten (D)

$$D = \frac{dk}{dx} \cdot \frac{1}{k}$$ [97]

und verstehen wir unter dk die Veränderung des Stückkostenniveaus (k) bei einer infinitesimal kleinen Beschäftigungsvariation (dx), so können wir die Degressionskoeffizienten beider Kostenfunktionen für jeden Punkt des betrachteten Beschäftigungsintervalls miteinander vergleichen und ihre Abweichungen feststellen. Die Abweichungen geben Auskunft darüber, bei welcher Kostenfunktion für eine bestimmte Beschäftigung die stärkste Kostendegression vorliegt und wie stark die Degressionsgrade voneinander abweichen. Berücksichtigt man die Differenzen beider Größen bei der Ableitung der Relation, so erhält man

$$D' = \frac{dk}{dx} \cdot \frac{1}{k} + \frac{dk' - dk}{dx} \cdot \frac{1}{k}$$

$$D' = \frac{dk'}{dx} \cdot \frac{1}{k}$$

Dieser Ausdruck, mit 100 multipliziert, gibt an, um wieviel Prozent bei einer bestimmten Beschäftigung die Istkosten je Einheit stärker (schwächer) gesenkt werden als die Maßstabkosten, wenn die Beschäftigung um eine Einheit ausgedehnt wird[98]. Der Degressionskoeffizient in diesen beiden Formen ist für die Kostensteuerung von Bedeutung.

Die Differenz der Fixkostenbeträge beider Kostenfunktionen wirkt sich nicht nur auf die Degressionskoeffizienten, sondern auch auf die Höhe der Leerkosten aus. Mit zunehmender Auslastung nehmen die Leerkostendifferenzen dK_l ab. Sind Q_I und Q_M die fixen Kosten, x die Beschäftigung und m die Kapazität, so beträgt die Leerkostendifferenz

---

[97] Kürpick, H.: Die Lehre von den fixen Kosten, Köln und Opladen 1965, S. 83.
[98] Kürpick, H.: a.a.O., S. 118 f.

$$dK_l = (Q_I - Q_M)\left(1 - \frac{x}{m}\right).$$

Der Index deutet auf die Istkosten- (*I*) bzw. die Maßstabkostenfunktion (*M*) hin. Diese Leerkostenabweichung besagt, wie hoch die nicht ausgenutzten fixen Kosten der Istkostenfunktion über denen der Maßstabkostenfunktion bei einer bestimmten Kapazitätsauslastung liegen. Sie ist ebenfalls für die Betriebspolitik von Bedeutung. Allerdings sind diese Abweichungen immer im Zusammenhang mit der Art der Maßstabkosten zu sehen. Ihre Aussagefähigkeit ist von großem Wert, wenn der Maßstab einem fremden Betrieb entnommen ist. In diesem Falle lassen die Differenzen ein Urteil über die Kostengestaltung im eigenen im Gegensatz zu einem fremden Betrieb zu. Beim Zeitvergleich ist aus jenen Größen zu entnehmen, welche Veränderungen in der Kostengestaltung im Laufe der Zeit eingetreten sind. Je nach dem zu fällenden Urteil können gegebenenfalls dispositive Maßnahmen geboten sein, die den erkennbaren Trend der Kostengestaltung begünstigen oder ihm Einhalt gebieten. Die Auswertung der Kostenrechnung muß dazu beitragen, daß derartige Entscheidungen an Hand sicherer Untersuchungen gefällt werden können.

bb) Die Grenzen des Kostenfunktionenvergleichs

Der Kostenfunktionenvergleich ist an die Voraussetzung gebunden, daß die Istkosten, die Einflußgrößenquantitäten und der mathematische Ansatz neben der Maßstabkostenfunktion bekannt sind. Grenzen ergeben sich ferner aus der technischen Durchführung der Istkostenfunktionsermittlung. Die zum Teil sehr umfangreiche Rechenarbeit ist oft nur durch elektronische Rechenanlagen zu bewältigen, die nicht immer zur Verfügung stehen.

Außer den bei den durchzuführenden Rechenoperationen bestehenden Beschränkungen gibt es solche in der Vergleichsaussage. Die Aussagefähigkeit der Ergebnisse wird gemindert, wenn die ermittelte Istkostenfunktion nicht typisch für die betriebliche Kostengestaltung ist. Die Ursachen für diese Begrenzung liegen darin, daß das Verfahren der Funktionsermittlung ungeeignet ist, daß nicht alle vorliegenden Daten in die Rechnung eingegangen sind usw.

Die Auswertung der Kostenrechnung verliert ihre Bedeutung, je später die Vergleichsergebnisse vorliegen. Das Zeitproblem tritt in den Vordergrund, wenn auf der dritten Stufe der Kostenanalyse komplizierte Auswertungsverfahren eingesetzt werden müssen, die eine lange Zeit benötigen, um ihre Lösungen zu erbringen. Der Auswertende muß in der Regel die Istkosten von den Einflüssen bestimmter Einwirkungsfaktoren bereinigen. Diese Eliminierungen können die Lösungen zeitlich so verzögern, daß die Ergebnisse zu spät zu den Verantwortungsträgern gelangen, die diese Informationen wünschen.

Schwierigkeiten treten bei der Eliminierung der verschiedensten Störfaktoren auf. Die Störungen können sich auf die Istkosten und auf die Einflußgrößenquantitäten beziehen. Neben der Beseitigung der Erfassungs- und Rechenfehler ist es oft nicht möglich, eine Vergleichbarkeit der Verzehre herzustellen, weil man die nicht quantifizierten Einwirkungsfaktoren in ihren Wirkungen auf das Kostenniveau nicht konstant halten kann. Die Vergleichbarkeit bedeutet, daß man alle Istkostenbeträge auf die Konstellation der nicht quantifizierten Einflußgrößen der Maßstabkostenfunktion ausrichtet. Das setzt voraus, daß dem Auswertenden die jeweiligen Konstellationen bekannt sind. Es ist zu bezweifeln, daß dieser Fall häufig gegeben ist, wenn die Istkostenbeträge vergangenen, oft weit zurückliegenden Abrechnungsperioden entnommen sind, es sei denn, daß man bereits in der Vergangenheit systematisch im Hinblick auf diese Auswertungsmöglichkeiten die Datenerfassung durchgeführt hat. Der Auswertende muß sich der begrenzten Aussagefähigkeit seiner Ergebnisse bewußt sein, wenn er den Kostenfunktionenvergleich vornimmt.

Die letzte Stufe der Kostenanalyse kann ein Funktionenvergleich sein, der die Gesamtkosten eines Kostenplatzes oder eines anderen betrieblichen Teilbereichs umfaßt. Die Zusammenfassung mehrerer Kostenarten erfolgt nach den Einflußgrößenarten, die gemeinsam auf diesen Kostenblock einwirken. Dabei kann die Zusammenfassung nach zwei Gesichtspunkten geschehen. Es werden die Kostenarten insgesamt betrachtet, auf welche die größte Anzahl der Kostenbestimmungsgründe gemeinsam einwirkt. Die zweite Möglichkeit besteht darin, daß man jene Kostenarten zusammenfaßt, die eine relevante Einflußgröße (z. B. die Beschäftigung) gemeinsam als unabhängige variable Bestimmungsgröße besitzen. Durch die Zusammenfassung gleichen sich viele Kostenschwankungen aus und bleiben dem Auswertenden unerkennbar. Die Vergleichsaussage wird dadurch ebenfalls beeinträchtigt.

Der Auswertende muß sich dieser Grenzen bewußt sein, bevor er sich entschließt, die dritte Stufe der Kostenanalyse in Angriff zu nehmen. Dabei hat er zu prüfen, ob die Wirtschaftlichkeitsgrenzen der Untersuchung überschritten werden. Ist mit Sicherheit zu erkennen, daß in diesem Stadium der Kostenanalyse keine wesentlichen Erkenntnisse erzielt werden können, so wird man sich mit den Ergebnissen der ersten Stufen begnügen. Keineswegs dürfen die Möglichkeiten, die Istkostenfunktionen zu ermitteln, dazu führen, Auswertungsverfahren anzusetzen, die die bereits erzielten Erkenntnisse über die Kostengestaltung nicht wesentlich vertiefen oder aus denen kein Nutzen gezogen werden kann.

B. Besondere Probleme der Kostenanalyse

1. Die Problematik der sekundären Kostenarten

In der Kostenrechnung unterscheidet man zwischen den „primären" und den „sekundären" Kostenarten. Zu der ersten Gruppe zählen jene nach Verkehrsbezeichnungen gegliederten Verzehre, die innerhalb des Betriebes entstehen und nicht auf andere Kostenstellen zurückzuführen sind. Hierzu rechnen die Löhne, Gehälter, Materialien, Abschreibungen, Fremdenergie, Fremdleistungen usw. Im Gegensatz zu dieser Gruppe sind sekundäre Kostenarten solche Verkehrsbezeichnungen tragende Verzehre, die sich aus Kostenarten des gleichen Betriebes zusammensetzen, die einer anderen Kostenstelle zugeordnet sind als jene, die sekundären Kostenarten empfangenden Stellen. Zu den sekundären Kostenarten gehören die Eigenenergien, Eigendienstleistungen (z. B. der Reparaturwerkstätten) usw. Die Kosten dieser Stellen werden in der Regel auf andere Stellen nach bestimmten Schlüsseln verteilt. In den „Entstehungsstellen" zählen sie zu den primären Kostenarten. Ihre Untersuchung erfolgt auch an diesen Stellen. Je nach der Art des Zahlenstoffs können die vorgelagerten Kostenstellen mehr oder weniger in die Tiefe gehend untersucht werden.

Auf den empfangenden Kostenstellen wird keine Analyse der primären Kostenarten der vorgelagerten Stellen vorgenommen. Untersucht werden nur die Leistungen der vorgelagerten Kostenstellen, die von den empfangenden Kostenstellen verbraucht worden sind. Die Bewertung jener Leistungen erfolgt zum Festpreis, so daß Schwankungen der Beschäftigung und sonstiger Einwirkungsfaktoren der vorgelagerten Kostenstellen auf die Höhe der sekundären Kostenarten ausgeschaltet sind. Die Analyse der Leistungsmengen erfolgt auf den empfangenden Stellen in der gleichen Weise, wie die dort auftretenden primären Kostenarten untersucht werden.

Erfolgt die Umlage zu Istkosten, das heißt sind die sekundären Kostenarten gleich der Summe der primären Kostenarten jener vorgelagerten Stellen, so ergeben sich nicht nur Schwankungen auf Grund der Beschäftigungsvariationen der umzulegenden Stellen. Es tritt außerdem eine Transformation fixer Kosten in variable und umgekehrt ein. Ein Beispiel aus einer Eigenstromerzeugung mag diesen Sachverhalt verdeutlichen. Die Stromerzeugungsanlage arbeitet mit Kosten, deren Höhe aus der Kostenfunktion

$$y = a + bx$$

zu entnehmen ist, wobei x die Anzahl der kWh bedeutet. Liefert die Kostenstelle Stromerzeugung die gesamte Energie an eine Kostenstelle mit der Beschäftigung Z, so würde dort die Kostenfunktion für den Strom lauten

$$y = A + BZ \;.$$

Die Kosten der Stromerzeugung und die sekundäre Kostenart Strom stimmen in ihren absoluten Beträgen (y) überein. Von den verbrauchten Strommengen ist ein Teil fixer und ein Teil variabler Natur. Auf der anderen Seite sind in der Preiskomponente der Stromkosten fixe und variable Kostenbestandteile der Kostenstelle Stromerzeugung enthalten, mit denen die beschäftigungsabhängigen und -unabhängigen Strommengen der empfangenden Kostenstelle bewertet werden. Auf diese Weise findet eine Transformation der Kostenkategorien vorgelagerter Kostenstellen ganz oder teilweise statt, wenn sie umgelegt werden. Das Beispiel zeigt außerdem, daß von Kostenkategorien nur in bezug auf die Abhängigkeit oder Unabhängigkeit der Kosten von der Beschäftigung einer bestimmten Kostenstelle gesprochen werden kann.

Die Transformation der fixen Kosten vorgelagerter Kostenstellen wird verhindert, wenn sie getrennt von den variablen Verzehren nach festen Schlüsseln (z. B. installierte Kilowatt der empfangenden Stellen) verteilt werden. Auf den empfangenden Kostenstellen werden sie wieder als fixe Kosten ausgewiesen. Dieses Vorgehen schließt die Transformation variabler Kosten in fixe nicht aus, die auftritt, wenn auf der empfangenden Kostenstelle ein Teil des Stromverbrauchs beschäftigungsunabhängig ist. Bezeichnet man den beschäftigungsunabhängigen Stromverbrauch mit X_A, den variablen Teil je Beschäftigungseinheit der empfangenden Kostenstelle mit x_B, so lautet die Kostenfunktion für die empfangende Kostenstelle unter Berücksichtigung der zuvor nach festen Schlüsseln umgelegten fixen Kosten (a) der vorgelagerten Kostenstelle

$$y = (a + bX_A) + bx_BZ$$

Demgegenüber steht die Funktion nach der Umlage der gesamten Kostenart

$$y = \left(\frac{a}{X} + b\right)X_A + \left(\frac{a}{X} + b\right)x_BZ \,,$$

wenn $X = X_A + x_BZ$ ist. Der zweite Fall unterscheidet sich von dem ersten dadurch, daß bei ihm ein Teil der fixen Kosten ($\frac{a}{X}x_BZ$) der Vorkostenstelle in variable Kosten der empfangenden Kostenstelle transformiert worden ist. Um diesen Teil wurde der fixe Kostenanteil ($a + bX_A$) im ersten Fall vermindert.

2. Die Probleme bei der Analyse der Fertigungs- und Hilfsstoffkosten

Bei den Stoffkosten haben wir eine Trennung vorgenommen, nach der die Ausfall- und Abfallmengen in der Kostenarten-Kostenstellenrechnung erfaßt werden. Das Vorgehen setzt voraus, daß jene Materialmengen auf jeder Kostenstelle bzw. durch Rückrechnung festgestellt werden. Dieses Verfahren verhindert, daß auf jeder Kostenstelle die gesamten Stoffkosten ausgewiesen werden mit dem Ergebnis, daß die Gesamtkosten des Betriebs infolge der Doppelzählungen nicht ohne weiteres durch die Addition der Kostenstellenkosten und Erzeugnissubstanzkosten errechnet werden können.

Außerhalb der Kostenstellenrechnung werden die Stoffkosten erfaßt, die in das Fertigungsprodukt eingehen, das heißt seine Substanz darstellen. Abweichungen treten bei diesen Kosten vor allem in der Gestalt der Rezept-, Gattierungs- oder Einsatzzusammensetzungsabweichung auf. Die Einflüsse dieser Art lassen sich eliminieren. Allerdings ist bei der Untersuchung zu beachten, daß jene Einflüsse auch auf die in der Kostenarten-Kostenstellenrechnung enthaltenen Ausfall- und Abfallmengen einwirken und dort ebenfalls errechnet werden müssen. Ist eine Trennung der Stoffkosten nicht möglich, so kann nur das Gesamtausbringen analysiert werden. Aus der Einsatzmenge und der Ausbringung wird als Differenz der Ausfall und Abfall errechnet. Handelt es sich bei diesen Stoffen um verwertbares Material (Schrott, IIa-Produkte usw.), so sind die Gutschriften auf die Einsatzwerte zu berücksichtigen. Bei den gutgeschriebenen Stoffen erfolgt der Wertansatz ebenfalls zu festen Verrechnungspreisen, so daß der Charakter einer Mengenrechnung gewahrt bleibt. Der Nachteil dieser Globalrechnung besteht darin, daß dem Auswertenden nicht erkennbar ist, an welchen Stellen des Betriebes die Ausbringensabweichungen entstanden sind. In der Regel werden nach bestimmten Phasen des Produktionsprozesses die ausgebrachten Mengen gemessen, so daß ersichtlich ist, in welchen betrieblichen Teilbereichen der Ausfall und Abfall entsteht. Da durch die Kostenuntersuchung die Ursachen der Abweichungen festgestellt werden sollen, ist es ratsam, jene Meßeinrichtungen dort zu installieren, wo der Übergang von einem Verantwortungsbereich zu einem anderen erfolgt. Auf diese Weise können die Abweichungen den Verantwortungsträgern zugeordnet werden.

Die globale Erfassung der Abfall- und Ausfallmengen setzt voraus, daß die Halbfabrikate berücksichtigt werden, sofern diese vorhanden sind. Die Ausfall- und Abfallmengen (S) einer Stoffart ergeben sich aus der Gleichung

$$H_a + E - A - H_e = S,$$

in der H_a den Halbfabrikatebestand am Anfang, H_e den am Ende des

Rechnungszeitraums, E den Stoffeinsatz und A die ausgebrachte Stoffmenge der Fertigerzeugnisse darstellt. Die Größen H_a und H_e sind am schwierigsten zu ermitteln und können nur durch die Inventur genau erfaßt werden. In der Praxis bedient man sich der verschiedensten Verfahren, um auf einfachere Weise zu guten Näherungslösungen zu gelangen. Die Fehler wirken je nach ihrem Gewicht mehr oder weniger stark auf das Vergleichsergebnis ein. Vor allem in Betrieben der Schwerindustrie ist man häufig auf Schätzungen angewiesen. Da die zuständigen Fachleute über Erfahrungen auf diesem Gebiete verfügen und zudem die zu schätzenden Größen an bestimmten Relationen zu anderen Hilfsgrößen überprüft werden können, kann die Schätzung zu brauchbaren Ergebnissen führen. Allerdings ist nach Möglichkeit zu versuchen, das Schätzungsergebnis durch Stichproben in bestimmten Zeitabständen zu überprüfen.

II. Die Kostensynthese

A. Die Bauelemente und das Ordnungsprinzip der Kostensynthese

Die Kostensynthese ist nur nach vorausgegangener Kostenanalyse möglich. In ihr werden die analytisch ermittelten Ergebnisse zu synthetischen Teilgrößen zusammengefaßt, die ihrerseits wieder die Teile der Kostenstrukturen darstellen. Die analytisch ermittelten Ergebnisse sind die Bauelemente der Kostensynthese.

In die Kostensynthese gehen die Vergleichsgrößen und das Vergleichsergebnis ein. Alle drei Größen bestimmen ihren Feinheitsgrad und damit ihre Aussagekraft. Wir haben bei der Kostenanalyse drei Stufen unterschieden, die nacheinander von der Auswertung erreicht werden können. Die Kostensynthese durchläuft in gleicher Weise diese drei Stadien, sie ist jedoch an die Ergebnisse der Kostenanalyse gebunden. Die Bauelemente der Kostensynthese sind auf den einzelnen Auswertungsebenen verschieden und so geartet, wie sie die Analyse in den jeweiligen Stadien ermittelt hat bzw. wie sie in die Untersuchung eingegangen sind. Die Fehler der Kostenerfassung, der Maßstabermittlung, der Kostenschlüsselung, der Analyse gehen in die Kostensynthese ein, soweit sie sich in den Verzehren und quantifizierten Einflußgrößen niederschlagen. Sie können kaum eliminiert werden und gehen in den Zusammenfassungen unter. Die auftretenden kompensatorischen Effekte führen eine ausgleichende Wirkung herbei. Ob dadurch das Ergebnis wesentlich verfälscht wird, kann nicht generell beurteilt werden. Entscheidend sind das Ausmaß und die Richtungstendenzen der Fehler.

Bei der Kostensynthese werden mehrere Kostenelemente aus der Analyse miteinander verschmolzen. Die Verschmelzung geschieht im

Wege der Addition und der Subtraktion. Im ersten Teil dieser Arbeit haben wir bereits dargelegt, welche Möglichkeiten der Verschmelzung im einzelnen gegeben sein können und an welche Voraussetzungen sie gebunden sind.

Der Auswertung der Kostenrechnung — wie wir sie darstellen — liegt in ihrem aufbauenden Teil ein Ordnungsprinzip zugrunde, das uns von den analysierten Verzehren der einzelnen Kostenplätze über größere, nach Verantwortungsbereichen abgegrenzte betriebliche Teileinheiten zu Kostenstrukturbildern für den Gesamtbetrieb führt. Wir nehmen keine Kostensynthese für die Kostenträger vor. Die Kostenträgerrechnung kann nur über eine kombinierte Kostenarten-Kostenstellenrechnung ausgewertet werden, soweit es die Verzehre betrifft.

B. Die Ermittlung und der Vergleich der Kostenstrukturbilder

1. Die Bildung der Kostenstruktur aus den Ergebnissen der Analysen mit starren Maßstäben

a) Der Aufbau der Strukturbilder

Wir haben die Grundzüge der Kostenanalyse in drei Stufen dargestellt. Diesen Weg beschreiten wir auch in der Kostensynthese. Dabei bedienen wir uns eines Ordnungsprinzips, bei dem die Kostenstruktur eines Kostenplatzes ermittelt wird, die dann in das Kostengefüge einer größeren betrieblichen Teileinheit eingeht. Zusätzliche Gliederungsmöglichkeiten, die sich ohne Schwierigkeiten einfügen lassen, scheiden aus der Betrachtung aus.

Die Ergebnisse der Kostenanalyse auf der ersten Stufe bestehen im günstigsten Falle darin, daß homogene Kostenarten in ihre Komponenten Menge und Preis zerlegt werden. Entstehen an einem Kostenplatz n Kostenarten (K), die in ihre Mengen- (m) und Preiskomponenten (p) zerlegt sind, so ergibt sich eine schematische Kostenstrukturdarstellung gemäß Tabelle 22.

In diesem Schema werden die Gesamtabweichungen durch dk, die Mengenabweichungen durch dm und die Preisabweichungen durch dp dargestellt. Der erste Index ($j = 1 \ldots n$) weist auf die Kostenart, der zweite auf die Istkosten (i) bzw. auf die Maßstabkosten (o) hin. Bis auf die Summenzeile können alle Größen der Kostenanalyse entnommen werden. Der Aufbau des Kostenstrukturbildes in dieser Phase der Auswertung bietet keine Schwierigkeiten, wenn die Größen den vorgelagerten Rechnungen entnommen werden können.

Das Kostenstrukturbild für mehrere betriebliche Teileinheiten oder den Gesamtbetrieb wird in der gleichen Weise ermittelt, wenn die einzelnen Kosten aufgeführt werden sollen. Jede einzelne Verzehrsart

Tabelle 22:

Ist-kosten-kompo-nenten	Ist-kosten-betrag	Kosten-art	Maß-stab-kosten-betrag	Maß-stab-kosten-kompo-nenten	Gesamt-abwei-chung	Einzel-abweichungen	
						Menge	Preis
$m_{1i}p_{1i}$	K_{1i}	1	K_{1o}	$m_{1o}p_{1o}$	dk_1	dm_1	dp_1
$m_{2i}p_{2i}$	K_{2i}	2	K_{2o}	$m_{2o}p_{2o}$	dk_2	dm_2	dp_2
$m_{3i}p_{3i}$	K_{3i}	3	K_{3o}	$m_{3o}p_{3o}$	dk_3	dm_3	dp_3
.	.	.	.	.	.	.	.
.	.	.	.	.	.	.	.
.	.	.	.	.	.	.	.
$m_{ni}p_{ni}$	K_{ni}	n	K_{no}	$m_{no}p_{no}$	dk_n	dm_n	dp_n
	$\sum_{j=1}^{n} K_{ji}$		$\sum_{j=1}^{n} K_{jo}$		$\sum_{j=1}^{n} dk_j$	$\sum_{j=1}^{n} dm_j$	$\sum_{j=1}^{n} dp_j$

umfaßt den Gesamtbetrag der Kostenart aller zu dem Strukturbild zusammengefaßten betrieblichen Teileinheiten. Verzichtet man auf die Darstellung der Kostenarten im weiteren Verlauf der Konzentrierung der synthetisch ermittelten Auswertungsergebnisse, so wird das Strukturbild des Gesamtbetriebes zusammengefügt aus den Summenzeilen der betrieblichen Teileinheiten. Da auf diese Weise die Kostenstrukturen aufgebaut werden, kann von den Zusammenfassungen ohne Schwierigkeiten auf die ausführlichen Teilstrukturbilder zurückgegriffen werden, die in ihnen enthalten sind.

b) Die Beurteilung der synthetisch ermittelten Auswertungsergebnisse

Das Ergebnis der Kostensynthese auf dieser Ebene besteht in der Ermittlung der Gesamtabweichung der Vergleichsgrößen eines Kostenplatzes und ihrer Zusammensetzung aus den Summen der Mengen- und der Preisabweichungen. Die Kosten können in absoluten Zahlen, Indexzahlen und Relativzahlen ausgedrückt werden. Die Kostenartenbeträge der Ist- und der Maßstabkosten können gewichtet werden, indem man sie in Prozenten der ihnen zugeordneten Summe darstellt. Ebenso läßt sich mit den Abweichungen verfahren und eine entsprechende Gewichtung vornehmen.

Unsere Kritik an den Auswertungsergebnissen der ersten Stufe der Kostenanalyse bleibt im vollen Umfang für die Ergebnisse der Kostensynthese gültig, so daß auf sie verwiesen werden kann. Betrachtet man die Ergebnisse der Kostensynthese, so fallen in der Regel die Kompensationen der positiven und negativen Kostenabweichungen auf, die sich auf die Summe der Abweichungen auswirken. Negative Abweichungen können sich nur ergeben, wenn die Vergleichsgrundlagen von den optimalen Maßstabkosten je Beschäftigungseinheit („Minimalkostenkombination") abweichen, so daß Kostenunterschreitungen vorkommen. Die Erforschung der Ursachen ist Aufgabe der Kostenanalyse und kann hier nicht erfolgen. Die Kompensationswirkungen der Abweichungen können soweit gehen, daß die Summen der Kostenartenabweichungen oder die der Gesamtabweichungen null werden. Die oft erheblichen Differenzen bei den Kostenarten gleichen sich insgesamt aus. Aus diesem Grunde ist es ratsam, die positiven und negativen Kostenabweichungen getrennt zu summieren, die einzelnen Differenzen in Prozenten der zugehörigen Summen oder der Summe der Maßstabkosten auszudrücken. Vergleicht man die nach den gleichen Methoden ermittelten Abweichungen einen längeren Zeitraum hindurch, so läßt sich feststellen, ob Abweichungsschwerpunkte vorliegen, wo sie gegeben sind, ob sich Tendenzen der Schwerpunktverlagerung bemerkbar machen usw. Benutzt man für diese Vergleiche Relativzahlen, dann muß zuvor geprüft werden, ob sie vergleichbar sind. Die Höhe der Prozentzahl wird nicht nur beeinflußt durch die absolute Höhe des Summanden, sondern auch durch die Höhe der Gesamtsumme. Um nicht zu Fehlurteilen zu gelangen, sollten die absoluten Zahlen stets in den Vergleich einbezogen werden. Vergleicht man die Ergebnisse der Kostensynthese über einen längeren Zeitraum, so kommt die Entwicklung der Abweichungen nicht richtig zum Ausdruck, wenn die einzelnen Ergebnisse mit Hilfe verschiedener Maßstäbe ermittelt worden sind. Diese Gefahr besteht, wenn zur Auswertung einer Kostenrechnung als Vergleichsgrundlage die Rechnung des Vormonats herangezogen wird.

Der Vergleich zweier Strukturbilder wird beeinträchtigt, wenn die Istkosten einer betrieblichen Teileinheit mehr (weniger) Kostenarten umfassen als die Maßstabkosten. Wählt man die Istkosten des gleichen oder eines fremden Betriebes als Vergleichsgrundlage, so ist stets zu prüfen, ob die Kostensynthese in den Vergleichsgrößen die gleichen Kostenarten enthält. Ist das nicht der Fall, dann muß die überzählige Größe herausgenommen und die Synthese für die restlichen Kostenarten durchgeführt werden. Sind in den Maßstabkosten oder den Istkosten zwei Kostenarten zusammengefaßt und in der anderen Vergleichsgröße einzeln ausgewiesen, so kann die Synthese die Abweichung nur für die Summen einander gegenüberstellen, wenn eine Trennung unmöglich oder zu schwierig ist. Bei der Verwendung von Sollkosten als Vergleichsgrundlage treten diese Mängel kaum auf, da ihre Ermittlung in der Regel die tatsächlichen Gegebenheiten des Betriebes berücksichtigt.

Die Kostenanalyse quantifiziert auf der ersten Stufe keine Kostenabhängigkeiten. Das bedeutet nicht, daß der Auswertende oder die zuständigen Verantwortungsträger auf Grund ihrer Sachkenntnis nicht die Ursachen der Einzelabweichungen kennen oder sie wenigstens vermuten. Diese als mehr oder weniger sicher erkennbaren Tatsachen werden den Kostenstrukturbildern als Erläuterung beigegeben. Die Kostensynthese deutet die Ausstrahlungen jener Ursachen auf die Kostengestaltung an. Die Schwierigkeiten bestehen jedoch darin festzustellen, ob gerade die vermuteten Kosteneinflußgrößen es sind, die eine Kostenvariation herbeiführen, ob nicht andere, bisher verborgene Faktoren einwirken usw. Die Kostensynthese kann solche Probleme, die schon bei der Kostenanalyse auftreten, nicht lösen.

Baut man das Kostenstrukturbild für jeden Kostenplatz auf und läßt die dort erzielten Ergebnisse in größere betriebliche Teileinheiten aufgehen, so gibt ein Vergleich der Auswertungsergebnisse mehrerer Abrechnungsperioden wichtige Aufschlüsse über die „quantitativen Anpassungsprozesse", durch die Potentialfaktoren dem Betrieb zugeführt oder aus ihm herausgenommen werden[99], mit der Folge, daß Fixkostensprünge im Kostenstrukturbild entstehen. Die Potentialfaktoren sind den Kostenplätzen zugeordnet. Ihre betriebliche Existenz entscheidet auch über die Existenz eines Kostenplatzes als kleinste Abrechnungseinheit. Aus den Ergebnissen der Kostensynthese ist ersichtlich, ob Anpassungsprozesse dieser Art stattgefunden haben und wie durch sie die Kostengestaltung beeinflußt worden ist. Diese Kostenniveauverschiebungen können erst durch den Vergleich der synthetisch ermittelten Ergebnisse aufgedeckt werden. Voraussetzung dafür ist, daß die Ergebnisse der Kostensynthese mehrerer Abrechnungsperioden beobachtet werden oder man die Anpassung nur in den Istkosten, nicht aber in den Maßstabkosten sich auswirken läßt. Bei der Kostenanalyse für den Kostenplatz können diese Erkenntnisse nicht gewonnen werden, es sei denn, daß man das Fehlen eines alten oder das Auftreten eines neuen Kostenplatzes in der Kostenrechnung als Indiz dafür wertet, daß solche Anpassungen stattgefunden haben.

In vielen Betrieben und Betriebsteilen umfaßt die Auswertung nur die erste Stufe der Kostenanalyse und -synthese. Für die übrigen Stufen ist die Quantifizierung und Erfassung der Kosteneinflußgrößen erforderlich. In den Allgemeinen Kostenstellen des Betriebes, verschiedenen Hilfskostenstellen und vor allem den Kostenstellen der Verwaltung und des Vertriebs werden die Kosteneinwirkungsfaktoren nur selten erfaßt. Die Bildung richtiger Maßstäbe, eine eingehende Erläuterung der vermuteten Abweichungsursachen und die Erfassung des Ausmaßes ihrer Wirkungen tragen dazu bei, ein Kostenstrukturbild zu schaffen, das für

[99] Gutenberg, E.: Grundlagen der Betriebswirtschaftslehre, a.a.O., S. 267 ff.

unternehmerische Dispositionen in diesen Bereichen eine ausreichende Entscheidungsgrundlage darstellt.

2. Die Ermittlung des Kostengefüges aus den Ergebnissen der Analysen mit flexiblen Maßstäben

a) Die Einbeziehung der Maßstabkorrekturen in das Kostenstrukturbild

Das Bild der Kostenstruktur wird erweitert, wenn die durch die Maßstabkorrekturen bedingten Kostenabweichungen in die Synthese einbezogen werden. In der ersten Phase der zweiten Auswertungsstufe haben wir eine optimale Konstellation der Kosteneinflußgrößenquantitäten, die als unabhängige Variable in die Kostenfunktionsgleichung eingehen, unterstellt. Vergleichsobjekt ist die in ihren Konstanten und unabhängigen Variablen berichtigte Maßstabkostenfunktion. Anstelle der optimalen Kosteneinflußgrößenkonstellation ist die tatsächlich in der Abrechnungsperiode gegebene getreten. In den Veränderungen der Konstanten äußern sich die Anpassungen der Einflußgrößenqualitäten und der nicht als unabhängige Variable der Gleichung ausgewiesenen Einflußgrößenquantitäten des Maßstabs an das tatsächliche Betriebsgeschehen. Da wir in der ersten Auswertungsstufe die Einflüsse schwankender Preise auf die Kostengestaltung eliminiert und die Gesamtabweichung in Preis- und Mengenabweichungen zerlegt haben, erfolgt in der weiteren Untersuchung nur die Betrachtung der bewerteten Mengenabweichungen zwischen den ursprünglichen und den korrigierten Maßstabkosten.

Verwenden wir die Gleichungen, die den Vorgang der Kostenanalyse kennzeichnen, und entwickeln wir die Konstenstruktur für die erste Phase der zweiten Auswertungsstufe der Kostensynthese, so erhalten wir für einen Kostenplatz eine Struktur bei n Kostenarten und drei Einflußgrößenquantitäten entsprechend der Tabelle 23.

Das Additions- und Substraktionszeichen zwischen den einzelnen Gliedern ist fortgelassen. Die Kosteneinflußgrößenquantitäten sind mit x, y, z und die dazugehörigen Konstanten mit b, c, e bezeichnet. Die additive Konstante wird durch a ausgedrückt. Der erste Index ($j = 1 \dots n$) kennzeichnet die Kostenart, die übrigen Indizes weisen auf die optimale Konstellation der Kosteneinflußgrößenquantitäten (o), die Istkonstellation (i), den korrigierten Maßstab bei der Istkonstellation der Einflußgrößenmengen (s) und auf die Zugehörigkeit einer Teilabweichung zu einem Funktionsglied mit einer unabhängigenVariablen (x, y, z) hin.

In diesem Schema ist unterstellt, daß die aufgeführten Kosteneinflußgrößen bei jeder Kostenart der Vergleichsgrundlage und des Vergleichsobjekts auftreten. Es entstehen keine Schwierigkeiten für die Kosten-

Tabelle 23:

korrigierte Maßstabkostenfunktion mit Ist-Konstellation der Einflußgrößenquantitäten				K_s	Kostenart	K_o	ursprüngliche Maßstabkostenfunktion mit optimaler Konstellation der Einflußgrößenquantitäten				Korrektur	Einzelabweichungen			
$e_{1s}z_i$	$c_{1s}y_i$	$b_{1s}x_i$	a_{1s}	K_{1s}	1	K_{1o}	a_{1o}	$b_{1o}x_o$	$c_{1o}y_o$	$e_{1o}z_o$	dk_1^I	a'_1	g_{1x}	g_{1y}	g_{1z}
$e_{2s}z_i$	$c_{2s}y_i$	$b_{2s}x_i$	a_{2s}	K_{2s}	2	K_{2o}	a_{2o}	$b_{2o}x_o$	$c_{2o}y_o$	$e_{2o}z_o$	dk_2^I	a'_2	g_{2x}	g_{2y}	g_{2z}
$e_{3s}z_i$	$c_{3s}y_i$	$b_{3s}x_i$	a_{3s}	K_{3s}	3	K_{3o}	a_{3o}	$b_{3o}x_o$	$c_{3o}y_o$	$e_{3o}z_o$	dk_3^I	a'_3	g_{3x}	g_{3y}	g_{3z}
⋮	⋮	⋮	⋮	⋮	⋮	⋮	⋮	⋮	⋮	⋮	⋮	⋮	⋮	⋮	⋮
$e_{ns}z_i$	$c_{ns}y_i$	$b_{ns}x_i$	a_{ns}	K_{ns}	n	K_{no}	a_{no}	$b_{no}x_o$	$c_{no}y_o$	$e_{no}z_o$	dk_n^I	a'_n	g_{nx}	g_{ny}	g_{nz}
$\sum_{j=1}^{n} e_{js}z_i$	$\sum_{j=1}^{n} c_{js}y_i$	$\sum_{j=1}^{n} b_{js}x_i$	$\sum_{j=1}^{n} a_{js}$	$\sum_{j=1}^{n} K_{js}$		$\sum_{j=1}^{n} K_{jo}$	$\sum_{j=1}^{n} a_{jo}$	$\sum_{j=1}^{n} b_{jo}x_o$	$\sum_{j=1}^{n} c_{jo}y_o$	$\sum_{j=1}^{n} e_{jo}z_o$	$\sum_{j=1}^{n} dk_j^I$	$\sum_{j=1}^{n} a'_j$	$\sum_{j=1}^{n} g_{jx}$	$\sum_{j=1}^{n} g_{jy}$	$\sum_{j=1}^{n} g_{jz}$

synthese, wenn einige der aufgeführten Glieder fortfallen, andere (auch solche höheren Grades) hinzugefügt werden. In diesen Fällen bleiben die entsprechenden Felder frei bzw. es werden neue Spalten angehängt. Die Summe jeder Spalte besteht aus den Werten der einzelnen Funktionsglieder oder aus der Summe der Koeffizienten jener Kostenarten, die der betreffenden Einflußgrößenquantität zugeordnet sind, und der diesen Kostenarten gemeinsamen Einflußgrößenquantität als Faktor. Die Synthese gelingt vollkommen, wenn alle Koeffizienten einer Kosteneinflußgröße zusammengefaßt werden können zu einem einheitlichen Ausdruck. Diese Zusammenfassung ist möglich, wenn die Koeffizienten gleichartigen unabhängigen Variablen von gleicher Größe zurechenbar sind. Die additiven Konstanten können immer addiert werden.

Bei der Auswertung der Kostenrechnung bedient man sich stets der Ergebnisse zweier Kostenrechnungen, um zu bestimmten Aussagen zu gelangen. Auf dieser Stufe der Auswertung ermitteln wir die Kostenverschiebungen, die sich aus der Maßstabkorrektur ergeben. Die Kostenstrukturbilder für die ursprünglichen und berichtigten Maßstabkosten lassen die Unterschiede zwischen ihnen erkennen, die in den Abweichungen zum Ausdruck kommen. Die Einzelabweichungen (a'_j), (g_{jx}), (g_{jy}), (g_{jz}) stellen die Differenzen der zusammengehörenden Glieder zweier Kostenfunktionen dar. Die Summenzeile der Differenzen läßt erkennen, wie sich die Maßstabkostenkorrekturen auf das Kostenniveau des Kostenplatzes auswirken.

Die Summenzeilen der Kostenplätze können zu einem Kostenstrukturbild einer größeren betrieblichen Teileinheit oder des Gesamtbetriebs vereinigt werden. Voraussetzung ist allerdings, daß die Kosteneinflußgrößen eine Synthese erlauben. Die Wirklichkeit bewegt sich zwischen den beiden Extremen der völligen Gleichartigkeit und der völligen Ungleichartigkeit der Kosteneinflußgrößen. Gelingt die Synthese für den größten Teil der Kosten, so sollte sie unbedenklich durchgeführt werden. Wo die Grenzen liegen, kann nicht generell entschieden werden. Bei völliger Ungleichartigkeit und ungleichen Höhen der Einflußgrößenquantitäten erfolgt lediglich eine Aneinanderreihung der einzelnen Summenzeilen; eine Verschmelzung der Zeilen findet nicht statt. Um eine möglichst vollkommene Synthese zu erreichen, wird man jene betrieblichen Teileinheiten zusammenfassen, die die größte Gleichartigkeit der Kosteneinflußgrößen aufweisen. Ferner wird man überprüfen, ob man nicht durch Umformungen der Einflußgrößenquantitäten bzw. durch die Heranziehung anderer Größen, zu denen mehrere Kostenbestimmungsgründe in einer Abhängigkeitsbeziehung stehen, eine Gleichartigkeit herbeiführen kann. In manchen Fällen vermögen einige

Vereinfachungen, auch wenn sie das tatsächliche Geschehen nicht richtig wiedergeben, einen Ausweg zu zeigen. Das Verfahren ist um so unbedenklicher, je geringfügiger die durch sie entstehenden Fehler sind. Es ist jedoch sorgfältig zu prüfen, ob die auf diese Weise erkaufte Gleichartigkeit der Kostenbestimmungsgründe nicht zu grundlegend anderen Ergebnissen führt. Bestehen diese Möglichkeiten nicht oder sind sie nur unter großen Schwierigkeiten durchzuführen, so wird man sich mit den Strukturen betrieblicher Teileinheiten begnügen müssen und die Strukturbilder der ersten Auswertungsstufe heranziehen. Multipliziert man dagegen die einzelnen Funktionsglieder aus, so ist die Ermittlung eines Kostenstrukturbildes möglich, wenn bei gleichartigen Einwirkungsfaktoren lediglich deren Höhe und Gewichtung unterschiedlich ist. In diesem Falle ist eine Zuordnung der Funktionsglieder und ihre Summierung durchführbar. Dieses Verfahren ermöglicht aber nur eine Synthese der Funktionswerte, nicht aber der Kostenfunktionen.

Eine andere Schwierigkeit bei der Durchführung der Kostensynthese ergibt sich aus der Konstellation der Kosteneinflußgrößenquantitäten. Die Kosteneinflußgrößen können voneinander unabhängig sein oder sich in ihrer Höhe gegenseitig bedingen. Betrachten wir die ursprüngliche Maßstabkostenfunktion einer Kostenart, so läßt sich eine optimale Konstellation der Einflußgrößenquantitäten ermitteln, bei der die Kosten je Leistungseinheit am niedrigsten sind. Die günstigste Kosteneinflußgrößenkonstellation kann bei den einzelnen Kostenarten unterschiedlich sein. Der Maßstab muß so aufgebaut sein, daß bei der Konstellation der Faktoren x_0, y_0, z_0 des obigen Beispiels die Verzehre des Kostenplatzes insgesamt ein Niveau erreichen, das die niedrigsten Durchschnittskosten erbringt. Ob die günstigsten Konstellationen der Kostenbestimmungsgründe des Kostenplatzes und der einzelnen Kostenarten gesondert zu betrachten sind, hängt von ihrer Bedeutung für die Betriebspolitik ab. Die Ermittlung ihrer Abweichung kann sehr wohl gerechtfertigt sein, wenn man sie zum Anlaß nimmt, um Substitutionen der Kostenarten bzw. der sich unter ihrem Begriff erfaßten Güter zu erwägen.

Die Konstellation der Kosteneinflußgrößenquantitäten wirkt sich nachteilig aus bei der Ermittlung der Kostenstrukturen aus den Summenzeilen der Kostenplätze. Jeder Kostenplatz kann eine Konstellation der günstigsten und der tatsächlich auftretenden Kosteneinwirkungsfaktoren aufweisen, die von denen der übrigen Kostenplätze abweicht. Für die Kostensynthese können jetzt nicht mehr die Summenzeilen verwendet werden, welche die Kosteneinflußgrößenquantitäten und die Koeffizientensummen aufweisen, da die quantifizierten Kostenbestimmungsgründe unterschiedliche Höhen aufweisen. Die Kostenstruktur besteht nun aus den Gliedsummen der Kostenfunktionen, so daß erkennbar wird, wie groß der Anteil eines Kostenfunktionsgliedes an der Kostensumme dieses Gliedes und an den Gesamtkosten ist. Aus dem Strukturbild des Gesamtbetriebes ist nicht zu ersehen, ob die Abweichungen aus Veränderungen der Koeffizienten, den Kosteneinflußgrößenquantitäten oder aus beiden resultieren. Um dies zu erfahren, muß auf die Strukturen der Kostenplätze bzw. die Ergebnisse der Kostenanalyse zurückgegriffen werden.

Bei der Darstellung der Kostenanalyse haben wir auf Verfahrensabweichungen hingewiesen und sie als eine Kostendifferenz behandelt, die entsteht, wenn bestimmte technische Eigenschaften z. B. der maschinellen Anlagen verändert werden. Nun kann sich eine Verfahrensabweichung ergeben, die durch den veränderten Arbeitsablauf bedingt ist. Da die Arbeitsablaufabweichung mehrere Kostenstellen berührt, stellen wir sie in ihrer Gesamtwirkung in der Kostensynthese fest. Die Maßstabkosten bedürfen der Korrektur, wenn sich eine Verfahrensänderung ergibt. Die Berichtigung ist bereits in der Kostenanalyse isoliert für jede Kostenstelle erfolgt. In der Kostensynthese wird festgestellt, ob sich durch die Variation des Arbeitsablaufs das Kostenniveau des Betriebes erhöht hat.

Die Arbeitsablaufabweichung berührt nur die variablen Kosten der Kostenstellen, da die fixen Verzehre unabhängig vom Arbeitsablauf entstehen. Allerdings ist zu beachten, daß auch die Sortenwechselkosten durch diese Veränderungen beeinflußbar sind. Die Verfahrensabweichungen werden in der Kostensynthese ermittelt, wie es die Tabelle 24 darstellt. Aus diesem Schema ist erkennbar, daß der ursprüngliche Arbeitsablauf die Kostenstellen 1 bis n, das geänderte Verfahren die Stellen $(n + 1)$ bis $(n + m)$ berührt. Die Differenz zwischen den Summen der variablen Kosten zeigt an, in welcher Höhe die Verfahrensabweichung auftritt und welches Vorzeichen ihr zukommt. Ob sich durch den Verfahrenswechsel das Kostenniveau insgesamt erhöht hat, läßt sich aus den errechneten Abweichungen nur ermitteln, wenn die entlasteten Kostenstellen nicht durch andere Erzeugnisse wieder belastet werden und umgekehrt für die belasteten Kostenstellen. Sind durch die Umstellungen der Arbeitsabläufe alle Kostenstellen des Betriebes berührt worden, so kann die Abweichung für jede Kostenstelle und insgesamt aus den variablen Kosten (V_{jo}) beim ursprünglich vorgesehenen und dem tatsächlichen Arbeitsablauf ermittelt werden. Auch für diesen Fall vermag die Kostensynthese die entsprechenden Strukturbilder zur Verfügung zu stellen. Doch muß der Auswertende prüfen, ob ein solches Vorgehen die Wirtschaftlichkeit der Auswertung nicht gefährdet.

Tabelle 24:

variable Kosten d. ursprünglichen Verfahrens		Kosten- stelle	variable Kosten des geänderten Verfahrens		± Verfahrensabweichung	
$p_{1o}x_{1o}$	V_{1o}	1				
$p_{2o}x_{2o}$	V_{2o}	2				
$p_{3o}x_{3o}$	V_{3o}	3				
.	.	.				
.	.	.				
.	.	.				
$p_{no}x_{no}$	V_{no}	n				
		$n+1$	$p_{(n+1)o}x_{(n+1)o}$	$V_{(n+1)o}$		
		$n+2$	$p_{(n+2)o}x_{(n+2)o}$	$V_{(n+2)o}$		
		$n+3$	$p_{(n+3)o}x_{(n+3)o}$	$V_{(n+3)o}$		
		.	. .	.		
		.	. .	.		
		.	. .	.		
		$n+m$	$p_{(n+m)o}x_{(n+m)o}$	$V_{(n+m)o}$		
	$\sum_{j=1}^{n} V_{jo}$			$\sum_{k=n+1}^{n+m} V_{ko}$	dV	$\frac{dV}{\sum_{j=1}^{n} V_{jo}}$

Das Schema der Kostenstruktur in der zweiten Phase der zweiten Auswertungsstufe gleicht in seinem Aufbau dem der ersten Stufe. Gegenübergestellt werden die korrigierten Maßstabkosten und die Istkosten. Der Index *s* in Tabelle 25 deutet auf die Maßstabkorrekturen hin, die Ziffer II bei den Abweichungen kennzeichnet die zweite Phase dieser Auswertungsstufe. Bezüglich des Strukurbildes kann auf die Ausführungen zur ersten Stufe verwiesen werden, die analog auf diesen Sachverhalt anwendbar sind. Da in der ersten Phase eine Anpassung des Maßstabes an die effektiven Kostenbestimmungsgründe stattgefunden hat, handelt es sich bei den Abweichungen dm_j^{II} um die Verbrauchsabweichungen, die in der zweiten Stufe nicht weiter aufgeteilt werden.

b) Die „Leerkosten" in der Kostensynthese

Aus den dargestellten Kostenstrukturbildern lassen sich die Leerkosten nicht erkennen. Sie treten zusammen mit den Nutzkosten auf und bilden die fixen Kosten. Die Leerkosten erscheinen nur in einem

Tabelle 25:

Komponenten der Istkosten	Istkosten	Kostenart	korrigierte Maßstabkosten	Komponenten des korrigierten Maßstabs	Gesamtabweichung	Einzelabweichung	
						Menge	Preis
$m_{1i}p_{1i}$	K_{1i}	1	K_{1s}	$m_{1s}p_{1s}$	dk_1^{II}	dm_1^{II}	dp_1^{II}
$m_{2i}p_{2i}$	K_{2i}	2	K_{2s}	$m_{2s}p_{2s}$	dk_2^{II}	dm_2^{II}	dp_2^{II}
$m_{3i}p_{3i}$	K_{3i}	3	K_{3s}	$m_{3s}p_{3s}$	dk_3^{II}	dm_3^{II}	dp_3^{II}
.	.	.	.	.	.	.	.
.	.	.	.	.	.	.	.
.	.	.	.	.	.	.	.
$m_{ni}p_{ni}$	K_{ni}	n	K_{ns}	$m_{ns}p_{ns}$	dk_n^{II}	dm_n^{II}	dp_n^{II}
	$\sum_{j=1}^{n} K_{ji}$		$\sum_{j=1}^{n} K_{js}$		$\sum_{j=1}^{n} dk_j^{II}$	$\sum_{j=1}^{n} dm_j^{II}$	$\sum_{j=1}^{n} dp_j^{II}$

Sonderfall, und zwar dann, wenn ein Kostenplatz oder sonstiger betrieblicher Teilbereich unbeschäftigt ist und somit die Gleichheit von fixen Kosten und Leerkosten vorliegt.

Die Betrachtung der Leerkosten in der Kostensynthese erfordert eine Aufteilung der fixen Kosten in Leerkosten und Nutzkosten für das Vergleichsobjekt und die Vergleichsgrundlage. Entsprechend unserem bisherigen Vorgehen müssen auch die Abweichungen einschließlich der Fertigungszeitabweichungen und der Intensitätsabweichungen bei den Leerkosten dargestellt werden. Die nicht genutzten fixen Kosten und ihre Abweichungen haben wir bei der Kostenanalyse ausführlich dargestellt, so daß auf jene Ausführungen verwiesen werden kann. Die dort ermittelten verfeinerten Ergebnisse sind zu einem Kostenstrukturbild zusammenzustellen, das nach den gleichen Grundsätzen konstruiert ist, die sich aus den Tabellen 23 bis 25 ergeben. Das gilt vor allem für die Leerkosten, die infolge des disharmonischen Kapazitätsaufbaus entstehen.

Die Strukturbilder der Leer- und Nutzkosten sind von nicht zu überschätzender Bedeutung für die Kostensteuerung durch dispositives Eingreifen der zuständigen Verantwortungsträger. Sie lassen erkennen, wo die betrieblichen Engpässe liegen, welche Folgen sich ergeben, wenn die Kapazitäten der Potentialfaktoren nicht ausgenutzt werden oder brachliegen. Die Kostensynthese läßt auch die remanenten Fixkosten erkennen, die zwar abbaufähig sind, aber aus den verschiedensten Gründen nicht vermindert werden. Das Kostenstrukturbild bei den Leerkosten gibt ferner Aufschluß über die Schwerpunkte der nicht genutzten fixen Kosten und ihrer Abweichungen. Die Schwerpunkte sind zu erkennen in bezug auf die Kostenarten eines Kostenplatzes und die Kostenplätze bzw. Kostenstellen bei der Zusammenfassung mehrerer betrieblicher Teilbereiche. Die Leerkostenhöhe ist abhängig von der Höhe der fixen Kosten, der gewählten Kapazitätsziffer und der effektiven Kapazitätsauslastung. Diese drei Größen können in der Regel durch dispositive Eingriffe variiert werden. Allerdings gibt es eine Reihe von Ausnahmen, bei denen die Durchführung solcher Maßnahmen nicht möglich oder wirtschaftlich nicht sinnvoll ist.

Das Leerkostenstrukturbild für mehrere Kostenplätze ist von Bedeutung, wenn in einer Abrechnungsperiode quantitative Anpassungsprozesse stattgefunden haben, durch die fixe Kosten hervorrufende Potentialfaktoren in den Produktionsprozeß ein oder aus ihm ausgegliedert werden. Die Erkennbarkeit der Wirkungen jener Anpassungen auf das Fixkostenniveau ist an den Vergleich der Strukturbilder mehrerer Abrechnungsperioden gebunden. Eine andere Möglichkeit besteht darin, daß durch die Maßstabkorrektur das Einbeziehen oder Ausscheiden von Potentialfaktoren kostenmäßig unberücksichtigt bleibt. Die Veränderungen schlagen sich dann nur in dem Fixkostenniveau der Istkosten nieder. Das Strukturbild macht sichtbar, welche Wirkungen von dem Ein- und Ausgliedern der Potentialfaktoren auf die Höhe der Leerkosten ausgehen. Wird z. B. ein Engpaß wesentlich erweitert, so ist aus dem Strukturbild zu ersehen, wie die Leerkosten gesenkt werden, wenn die zusätzliche Kapazität ausgenutzt wird. Dabei kann sich zeigen, daß durch die Anpassung ein anderer Bereich zum Engpaßsektor geworden ist. Mehrere quantitative Anpassungsprozesse während einer Abrechnungsperiode können bei gleichbleibender Beschäftigung verstärkend auf das Fix- und Leerkostenniveau einwirken oder kompensatorische Effekte hervorrufen, die sich mehr oder weniger in ihren Wirkungen aufheben. Der Vergleich der Kostenstrukturbilder ermöglicht es, die Wirkungen der Dispositionen auf das Fixkostenniveau zu erkennen. Die Synthese der analytisch ermittelten fixen Kosten und der Leerkosten ist notwendig zur Beurteilung der Verantwortlichkeit für die nicht ausgenutzten beschäftigungsabhängigen Verzehre. Ob die Abweichungen von den zuständigen Personen zu verantworten sind oder ob sie durch Maßnahmen höherer Instanzen oder vor- bzw. nachgelagerter Betriebsbereiche veranlaßt sind, ist eine andere Frage, die nicht generell, im konkreten Fall aber zu beantworten ist.

c) Die Aussagekraft der Kostenstruktur durch die Berücksichtigung der Maßstabberichtigungen

Vergleicht man die Kostenstrukturen der beiden Vergleichsbilder, so lassen die Ergebnisse der Kostensynthese erkennen, wie sich die Gesamtkostenabweichung eines Kostenplatzes zusammensetzt. Sie ist aufgeteilt in die Abweichungssummen der einander gegenübergestellten Glieder der Vergleichsfunktionen. Ähnlich wie auf der ersten Auswertungsstufe können die Gesamtabweichungen und die Teilabweichungen sowohl für die einzelnen Kostenarten als auch für die Gesamtsummen positive oder negative Werte annehmen oder den Wert Null ergeben. Die verschiedenen Kombinationsmöglichkeiten bedingen die Abweichungskompensationen, so daß die Abweichungssummen das Ergebnis mehr oder minder starker Ausgleichstendenzen sind. Die Ausgleichswirkungen treten in der Horizontalen und in der Vertikalen der dargestellten Schemata auf.

Die Kostenstrukturbilder erlangen größere Bedeutung, wenn sie entsprechend den Kostenartenfunktionen aufgebaut werden. Jedes Glied einer Kostenfunktion läßt sich in zweifacher Weise entwickeln. Die Funktionsglieder der Kostenart sind Teile der Summe dieser Güterverzehre und bilden zusammen ihre Struktur. Außerdem kann jedes Funktionsglied einer Kostenartenfunktion aufgefaßt werden als Teil der Funktionsgliedersumme aller Glieder, deren Gemeinsamkeit in der Zuordnung zu einer quantifizierten Kosteneinflußgröße besteht. Auch in dieser Richtung kann eine Gewichtung stattfinden.

Die Maßstabkorrekturen schlagen sich in der Kostenhöhe der Funktionsglieder und ihren Additionen nieder. Das Strukturbild läßt erkennen, welche Kosten von der Maßstabberichtigung am stärksten erfaßt, ob alle Funktionsglieder gleichmäßig davon betroffen sind oder die Korrekturen nur bestimmte Teile der Funktionen umfassen. Durch die Doppelstellung des Kostenfunktionsgliedes in der Kostenstruktur lassen sich in horizontaler und in vertikaler Richtung die Tendenzen der Maßstabkorrektur erkennen.

In unseren Kostenstrukturschemen haben wir die ursprüngliche und die berichtigte Vergleichsgrundlage einander gegenübergestellt. Die Berichtigung kann sich aus verschiedenen Korrekturen zusammensetzen. Durch sie sind bestimmte Teilabweichungen bedingt, die weder aus den Gesamtabweichungen noch aus den Einzelabweichungen erkennbar sind. Will man die aus jeder einzelnen Anpassung resultierenden neuen Kostenstrukturen darstellen, so muß nach jeder Korrektur einer Einflußgrößenqualität und/oder -quantität ein Strukturbild erstellt werden. Hierbei taucht dann die Frage auf, ob eine Rangfolge der Kostenkorrekturen aufgestellt werden muß oder ob sich aus der Reihenfolge keine Wirkungen auf die Höhe der Teilabweichungen ergeben.

Die Beobachtung aller Abweichungen im Zeitablauf gibt Aufschluß über die Tendenzen und Schwerpunkte der Maßstabkorrektur. Das gilt sowohl für jeden Kostenplatz als auch die Strukturen zusammengefaßter größerer betrieblicher Teileinheiten. Die Betriebsleitung kann ersehen, wo Strukturverschiebungen aufgetreten sind, ob sie von Vorteil oder Nachteil sind, welche Wirkungen ihre Beseitigung oder ihre Förderung hervorrufen usw. Den Strukturveränderungen kann nicht angesehen werden, ob sie sich auf Grund von Wandlungen oder Schwankungen ergeben haben. In der Regel überlagern sich beide Verschiebungsarten und müssen getrennt ermittelt werden. Dazu ist die Betrachtung einer Anzahl von Abrechnungsperioden erforderlich, die soweit zurückreichen müssen, daß sie und die sachgemäßen Deutungen der Erscheinungen eine Beurteilung der Frage erlauben. Hinzu kommt, daß die betrieblichen Anpassungsprozesse Bewegungen in das Strukturbild hineintragen und leicht zu Fehldeutungen führen. Ein Strukturvergleich ist nur bei sachlich gleichem Umfang der Vergleichsgrößen sinnvoll. Vor der Durchführung einer Kostensynthese sind Ungleichheiten dieser Art zu eliminieren. Werden die Vergleichsgrundlagen durch die Istkosten eines vergangenen Zeitraumes oder die Kosten eines anderen Betriebes dargestellt, so ist es nicht immer möglich, jene Störungen exakt auszuschalten. Häufig gelingt es, brauchbare Näherungslösungen durch einige vereinfachende Annahmen zu erzielen, ohne daß das Ergebnis sinnlos wird.

Die Ergebnisse der Kostenanalyse beziehen sich auf die Kostenarten je Kostenplatz. Da die Kostenanalyse jede Kostenart unabhängig von den anderen ermittelt, kann es sein, daß ihre Vergleichsgrundlagen bei den einzelnen Verzehrsarten Istkosten, Sollkosten oder die Kosten eines anderen Betriebes darstellen. In der Regel wird man bei allen Kostenarten einheitlich vorgehen und beim Vergleich der Ergebnisse mehrerer Zeiträume darauf achten, daß die Vergleichbarkeit der Ergebnisse nicht durch den Wechsel zwischen verschiedenartigen Maßstäben verlorengeht. Die Kostensynthese kann nur die Ergebnisse der Kostenanalyse als Bauelemente der Kostenstruktur übernehmen. Das Kostenstrukturbild wird verfälscht, wenn es sich aus Teilstücken zusammensetzt, die verschiedenen Inhalts sind. Die Gefahr besteht darin, daß man die Ungleichheiten inhaltlicher Art nicht immer an den quantifizierten Größen zu erkennen vermag. Allerdings ist der Fehler um so geringfügiger, je kleiner das Gewicht des Teiles der Kostenstruktur und je geringer die Abweichung von dem als richtig erkannten Maßstab ist. Hält sich der Fehler in Grenzen, die der Auswertende akzeptieren kann, so kann aus Gründen der Wirtschaftlichkeit einer Auswertung der Kostenrechnung ein solches Vorgehen geboten sein.

Die zweite Phase dieser Auswertungsstufe stellt die Höhe der Verbrauchsabweichungen fest, ohne sie weiter zu zerlegen. Das Kostenstrukturbild dieser Phase weicht in formaler Hinsicht nicht von dem der ersten Stufe ab. Vom Inhalt her erlangt diese Abweichung eine Bedeutung, die es ratsam erscheinen läßt, eine dritte Auswertungsstufe anzufügen. Im augenblicklichen Stadium der Kostensynthese können wir das Ausmaß der Verbrauchsabweichungen bei den einzelnen Kostenarten und Kostenplätzen erkennen, es lassen sich die Schwerpunkte jener Kostendifferenzen erfassen, im Zeitvergleich die Entwicklungstendenzen feststellen usw. Nach der in der Literatur häufig vertretenen Ansicht muß diese Größe von dem zuständigen Verantwortungsträger begründet werden. Auf sie erstreckt sich ihre Verantwortung in bezug auf den betrieblichen Güterverzehr zur Erstellung von Leistungen. Ist diese Auffassung richtig, so muß bei der Verbrauchsabweichung ganz besonders auf Kompensationswirkungen geachtet werden, die sich je nach dem Inhalt der Vergleichsgrundlagen ergeben können. Da sie jedoch eine Restgröße darstellt, wird deutlich, wie wichtig es ist, die Maßstabkorrektur richtig durchzuführen. Alle Ungenauigkeiten der Maßstabberichtigung wirken auf sie ein. Geringe Fehler beeinträchtigen die Kostenstruktur nicht. Das Strukturbild zeigt dem Verantwortlichen, wie es um die Kostengestaltung der ihm unterstehenden Kostenplätze bestellt ist. Die Güte der Vergleichsgrundlagen ist ausschlaggebend für die Aussagefähigkeit der Kostenstrukturbilder. Je besser es gelingt, in die Kostenabhängigkeiten einzudringen und den Kostenbestimmungsgründen nachzuspüren, um so durchsichtiger werden die Kostenstrukturbilder.

3. Die Ermittlung von Strukturbildern der Istkostenfunktionen und ihr Vergleich mit den Strukturbildern der korrigierten Maßstabkostenfunktionen

a) Der Aufbau des Kostengefüges

Die letzte Stufe der Kostensynthese bezieht die Istkostenfunktion der auszuwertenden Kostenrechnung in das Strukturbild ein. Der Kostenstrukturvergleich umfaßt die korrigierten Maßstabkosten- und die Istkostenfunktionen. Wie wir bei der Kostenanalyse der dritten Stufe bereits darlegten, wird die Istkostenfunktion aus den Größen mehrerer Kostenrechnungen vergangener Zeiträume oder aus den Kostenelementen der Kostenrechnung des betrachteten Zeitraums abgeleitet.

In beiden Fällen brauchen die ausgerechneten Werte der ermittelten Istkostenfunktion nicht mit den tatsächlichen Verzehren der auszuwertenden Kostenrechnungen übereinzustimmen. Die Entstehung dieser Abweichungen hängt mit den angewandten Methoden der Kostenanalyse zusammen. Die sich ergebenden positiven und negativen Abweichungen der Funktionswerte von den tatsächlichen Istkosten haben einen anderen Aussagewert als die bisherigen Arten der Kostenabweichungen. Sie erlangen größere Bedeutung, wenn sie ein bestimmtes Maß überschreiten. Die Differenz zwischen den berichtigten Maßstabkosten und den Funktionswerten ist nicht in jedem Falle mit den Verbrauchsabweichungen identisch, so daß die errechneten Einzelabweichungen der Funktionsglieder in ihrer Gesamtheit nicht immer die Verbrauchsabweichungshöhe ergeben.

Bei der Kostensynthese und der Deutung ihrer Ergebnisse muß berücksichtigt werden, auf welche Weise die Ergebnisse der Kostenanalyse gewonnen werden. Sind die Funktionswerte mit den Istkosten identisch, so läßt sich daraus nicht auf die Güte der Istkostenfunktion schließen.

Das Kostenstrukturbild ist in seinem äußeren Aufbau dem der ersten Phase der zweiten Auswertungsstufe vergleichbar. Wir verwenden die gleichen Symbole in unserem Strukturbildschema. Die Abweichungen zwischen den Funktionswerten der Istkosten ($K^{i'}$) und denen der korrigierten Maßstabkosten (K_s) stellen wir durch den Ausdruck dk^{III}, die entsprechenden Glieddifferenzen durch a_j'', g_{jx}'', g_{jy}'', und g_{jz}'' dar. Dem Schema ist eine neue Spalte S_{ji} eingefügt, aus der die Streuungen der einzelnen Kostenarten und der Gesamtkosten zu ersehen sind. Da die Streuungen der Einzelwerte positiv oder negativ sein können, sind die S-Werte mit positiven oder negativen Vorzeichen versehen. Die Streuung der Gesamtkosten ($\pm S_i$) muß errechnet und kann nicht durch die Addition ermittelt werden. Ob die Streuwerte angegeben werden können, hängt von der Ermittlungsart der Kostenzusammenhänge ab.

Das Kostenstrukturbild eines Kostenplatzes (Tabelle 26) kann nun mit anderen zum Strukturbild einer größeren betrieblichen Teileinheit aus den Summenzeilen zusammengesetzt werden. Auch hier dürfen die einzelnen S-Werte nicht addiert werden. Ob die Kostensynthese gelingt, hängt von den Voraussetzungen ab, die erfüllt sein müssen, um eine Verschmelzung der Funktionen durchzuführen. Schwierigkeiten für die Kostensynthese ergeben sich nicht unbedingt, wenn die Auswertungsmethoden bei der Kostenanalyse anzeigen, daß eine andere Art des mathematischen Ansatzes der Istkostenfunktion als bei der Maßstabkostenfunktion geboten ist, weil er den Sachverhalt genauer trifft. Die Folge davon ist, daß sich unter Umständen ein Wechsel in der Gewichtung der Kosteneinflußgrößenquantitäten ergibt. So

Tabelle 26:

Istkostenfunktion mit Istkonstellation der Kosteneinflußgrößen-quantitäten					K'_i	Kosten-art	K_s	korrigierte Maßstab-kostenfunktion mit Istkonstellation der Einflußgrößen-quantitäten				Kosten-ab-wei-chung	Einzelabweichungen der Funktionsglieder			
$e_{1i}z_i$	$c_{1i}y_i$	$b_{1i}x_i$	a_{1i}	$\pm S_{1i}$	K'_{1i}	1	K_{1s}	a_{1s}	$b_{1s}x_s$	$c_{1s}y_s$	$e_{1s}z_s$	dk_1^{III}	a''_1	g''_{1x}	g''_{1y}	g''_{1z}
$e_{2i}z_i$	$c_{2i}y_i$	$b_{2i}x_i$	a_{2i}	$\pm S_{2i}$	K'_{2i}	2	K_{2s}	a_{2s}	$b_{2s}x_s$	$c_{2s}y_s$	$e_{2s}z_s$	dk_2^{III}	a''_2	g''_{2x}	g''_{2y}	g''_{2z}
$e_{3i}z_i$	$c_{3i}y_i$	$b_{3i}x_i$	a_{3i}	$\pm S_{3i}$	K'_{3i}	3	K_{3s}	a_{3s}	$b_{3s}x_s$	$c_{3s}y_s$	$e_{3s}z_s$	dk_3^{III}	a''_3	g''_{3x}	g''_{3y}	g''_{3z}
...	...	...	...	...	...	...	...	...	...	...	...	...	...	...	...	...
$e_{ni}z_i$	$c_{ni}y_i$	$b_{ni}x_i$	a_{ni}	$\pm S_{ni}$	K'_{ni}	n	K_{ns}	a_{ns}	$b_{ns}x_s$	$c_{ns}y_s$	$e_{ns}z_s$	dk_n^{III}	a''_n	g''_{nx}	g''_{ny}	g''_{nz}
$\sum_{j=1}^{n} e_{ji}z_i$	$\sum_{j=1}^{n} c_{ji}y_i$	$\sum_{j=1}^{n} b_{ji}x_i$	$\sum_{j=1}^{n} a_{ji}$	$\pm S_i$	$\sum_{j=1}^{n} K'_{ji}$		$\sum_{j=1}^{n} K_{js}$	$\sum_{j=1}^{n} a_{js}$	$\sum_{j=1}^{n} b_{js}x_s$	$\sum_{j=1}^{n} c_{js}y_s$	$\sum_{j=1}^{n} e_{js}z_s$	$\sum_{j=1}^{n} dk_j^{III}$	$\sum_{j=1}^{n} a''_j$	$\sum_{j=1}^{n} g''_{jx}$	$\sum_{j=1}^{n} g''_{jy}$	$\sum_{j=1}^{n} g''_{jz}$

kann an die Stelle einer konstanten eine variable Gewichtung treten, die von der Höhe der Kosteneinflußgrößenquantität abhängt. Weisen beide Vergleichsfunktionen die gleichen Kosteneinwirkungsfaktoren auf, dann können die Abweichungen je Funktionsglied bestimmt werden, wenn die Kosteneinflußgrößenquantität gegeben ist. Bei der dritten Stufe der Kostensynthese ist es durchaus möglich, daß der mathematische Ansatz ein anderer ist als bei der Vergleichsgrundlage, wenn man auch zunächst versuchen wird, den gleichen Ansatz durchzuführen. Die Maßstabkorrekturen sind fast ausschließlich Anpassungen der Funktion, die in den Koeffizienten und der additiven Konstanten, seltener in der Änderung der Funktionsart zum Ausdruck kommen. Problematisch wird die Synthese, wenn die Kostenarten durch die verschiedensten Funktionsarten dargestellt werden. Eine Verschmelzung der Koeffizienten kann nicht stattfinden, wenn die Gewichtung der Einflußgrößenquantitäten zum Teil konstant und zum Teil variabel ist. In der Regel wird man dann nur die additiven Konstanten und einzelne Glieder mit gleichartiger Gewichtung verschmelzen können, während die übrigen Glieder additiv in die Gesamtkostenfunktion eingefügt werden. Das Kostenstrukturbild wird durch dieses Vorgehen nicht falsch, es können auch in der Gesamtkostenfunktion die Gewichte der einzelnen Glieder bei jeder Konstellation der Einwirkungsfaktoren festgestellt werden, aber die Übersichtlichkeit und Klarheit des Kostenstrukturbildes geht verloren, wenn die Zahl der Funktionsglieder einen überschaubaren Umfang überschreitet. Das Kostenstrukturbild wird bei solchen Gegebenheiten deutlicher, wenn man auf die Darstellung einer allgemeinen Kostenfunktion verzichtet und die errechneten Werte der Funktionsglieder einsetzt. Nunmehr können alle Funktionsglieder zusammengefaßt werden, die in Abhängigkeit von einer Kosteneinflußgröße dargestellt sind. Entscheidendes Kriterium ist die Zuordnung der Verzehre zu einer Kosteneinflußgröße und nicht das sonst zusätzliche Merkmal der gleichartigen Gewichtung eines Kostenbestimmungsgrundes. Bei der Zusammenfassung mehrerer Kostenstrukturbilder ergibt sich das gleiche Problem, wenn die Kosteneinflußfaktoren eines Kostenplatzes in ihrer Größe abhängig sind von den Kosteneinflußgrößenquantitäten anderer betrieblicher Teileinheiten (z. B. bei der Beschäftigung). Auch hier können trotz der unter Umständen gleichen Gewichtung der Bestimmungsgründe keine Zusammenfassungen der Koeffizienten erfolgen, sondern die Funktionsglieder sind jeweils auszurechnen. Werden die Kostenstrukturbilder mit Hilfe von Datenverarbeitungsanlagen erstellt, so ist es ohne Schwierigkeiten möglich, an Hand der gespeicherten Ergebnisse der Kostenanalyse für jede Konstellation der Einwirkungsfaktoren die entsprechenden Kostenstrukturbilder zu erstellen. Es braucht nicht besonders betont zu werden, daß die Glieder der korrigierten Maßstabkostenfunktionen in der gleichen Weise zusammenzufassen sind wie die der Istkostenfunktionen, wenn ein Vergleich der Kostenstrukturen stattfinden und ihre Abweichungen in Zahlen festgehalten werden sollen. Die Kostensynthese läßt auf der dritten Stufe der Auswertung einer Kostenrechnung sich nur durchführen, wenn die zu vergleichenden Kostenfunktionen bekannt sind.

b) Die Aussagekraft der Kostenstrukturen und ihrer Vergleichsergebnisse

Die Kostenstruktur der Vergleichsgrundlage in dieser Phase der Untersuchung basiert auf den tatsächlich sich ergebenden Kosteneinflußgrößenquantitäten. Da sie in beiden Kostenfunktionen in gleicher Höhe auftreten, können sich aus ihnen keine Abweichungen der Verzehre ergeben. Anders verhält es sich mit der Gewichtung der Kostenbestimmungsgründe und den additiven Konstanten der Funktionen. Sie werden beeinflußt von den Kosteneinflußgrößenqualitäten und den Wirkungen der nicht berücksichtigten Einflußgrößenquantitäten. Durch die Anpassung des Maßstabs versucht man, die Wirkungen jener Faktoren in der Funktion zu berücksichtigen. Da es kaum möglich ist, alle Größen und ihre Einflüsse zu erkennen, zu quantifizieren und in die Berichtigung einzubeziehen, entstehen Kostenabweichungen trotz der Maßstabberichtigung. Durch die Ermittlung der Istkostenfunktion schlagen sich die nicht erfaßten oder die unrichtig erfaßten Faktoren und ihre Wirkungen in der Art der Gewichtung sowie in der Höhe der additiven Konstanten nieder. Es ist nicht erkennbar, welche Faktoren die Veränderungen herbeigeführt haben, wenn nicht besondere Umstände Aufschluß darüber geben. Die Strukturverschiebungen der Kostenplatzkosten sind auf dieser Auswertungsstufe den abweichenden Gewichten der Kosteneinflußgrößenquantitäten und der veränderten Höhe der additiven Konstanten zuzurechnen. Bei der Zusammenfassung der Summenzeilen können sich Strukturveränderungen aus der Variation der Kosteneinflußgrößenquantitäten ergeben.

Die Kostenstrukturbilder lassen die Anteile jedes Funktionsgliedes an der Kostensumme der betreffenden Kostenart, der Summe jener Glieder, die dem betreffenden Kostenbestimmungsgrund zugeordnet sind und den Gesamtkosten des Kostenplatzes sowie sonstiger Gesamtkostensummen erkennen. Analog hierzu können die Anteile der Glieder solcher Summenzeilen bestimmt werden, die zu größeren Strukturbildern vereinigt sind. Aus dem Vergleich der einander gegenüberstehenden Strukturen ergeben sich die Kostendifferenzen, die auf die einzelnen Einflußgrößen aufgeteilt sind. Die Einzelabweichungen und ihre Summen können positiv oder negativ sein, so daß aus ihnen Abweichungskompensationen resultieren können. Dieser Ausgleich ist auch möglich, wenn die Optimalkosten die Basis für den berichtigten Kostenmaßstab bilden. Die günstigsten Kosten beziehen sich auf den Gesamtwert der Kostenfunktion bei bestimmter Konstellation der Einwirkungsfaktoren. Das bedeutet nicht, daß bei vorliegender Minimalkostenkombination des Maßstabs die Einzelglieder der Kostenfunktion unterschritten werden. Die Abweichungen können sich bei ihrer Summierung in horizontaler und/oder in vertikaler Richtung ausgleichen. Die Ausgleichswirkungen geben zu einer genauen Betrachtung des Kostengefüges und der Abweichungsstruktur Anlaß, weil trotz geringer Gesamtabweichungen erhebliche Einzeldifferenzen vorliegen können. Aufgabe der Kostensynthese und des Strukturvergleichs ist es, die Abweichungsschwerpunkte und ihre Wirkungen auf das Gesamtbild der Kostendifferenzen zu ermitteln, zu bestimmen, welchen Kostenarten und welchen Kosteneinflußgrößenquantitäten sie angehören, sowie — bei der Zusammenfassung der Summenzeilen — ihre Entstehungsorte festzustellen.

Vergleicht man die Strukturbilder und ihre Abweichungen über einen längeren Zeitraum, so zeigt sich, ob die Variationen einen Trend aufweisen oder ob sie ein bestimmtes Niveau nicht verlassen. Im letzteren Fall oszillieren sie um eine erkennbare Kostenhöhe. Oszillationen der Kosten sind stets Schwankungen und keine Strukturverschiebungen im eigentlichen Sinne, da die Verlagerungen nicht von Dauer sind. Trendartige Verschiebungen lassen nicht immer auf Wandlungen schließen. Es ist stets zu prüfen, ob der Beobachtungszeitraum lang genug ist, um Wandlungen zu erkennen. Jedoch ist die Stetigkeit der Strukturveränderung oder das Verharren auf einem neuen Niveau bei mutierender Niveauverschiebung ein Indiz für das Vorliegen einer Wandlung. Es muß ergründet werden, warum die erkennbaren Einflüsse die Kosten in dieser Weise beeinflussen.

Ordnet man die Funktionsglieder den Kostenkategorien zu, so können sich unterschiedliche Fixkostenhöhen ergeben. Der Leer- und Nutzkostenvergleich wird durch diese Abweichungen beeinflußt. Die Höhe der Leerkosten, die auf disharmonischem Aufbau des Betriebes beruhen, weichen ebenfalls voneinander ab, wenn in beiden Strukturbildern unterschiedliche Fixkosten vorliegen. Da die Wirkung hoher fixer Kosten für die Kostengestaltung und die Preispolitik von Bedeutung ist, muß geprüft werden, ob die Verschiebungen der fixen Kosten den Schwankungen oder den Wandlungen zuzurechnen sind. Vielfach überlagern sich die Schwankungen und Wandlungen, so daß die ihnen zuzuordnenden Fixkostenänderungen ermittelt werden müssen. Die Abweichung der tatsächlichen von den maßstäblichen fixen Kosten läßt noch keinen Schluß zu, ob sie von den zuständigen Personen zu verantworten sind. Die Kostenstrukturbilder machen ersichtlich, aus welchen Kostenarten die höchsten fixen Kosten hervorgehen und an welchen Kostenplätzen sie entstehen. Die Betriebsleitung erhält durch die Ermittlung der Kostenstrukturen die Möglichkeit, Maßnahmen zu treffen, um den sich aus den fixen Kosten ergebenden Wirkungen wirksam zu begegnen bzw. um die Fixkostenwirkung richtig zu nutzen.

Gliedert man die Verzehre eines Kostenplatzes in Kostenkategorien, so finden Strukturveränderungen statt, wenn die Beschäftigung variiert. Der relative Anteil der fixen Kosten an den Gesamtkosten nimmt mit steigender (sinkender) Beschäftigung ab (zu). Bei den variablen Kosten verhält es sich umgekehrt. Dieser Sachverhalt läßt sich an den Formeln veranschaulichen, durch die die prozentualen Anteile der fixen und der variablen Kosten (S_f und S_v) an den Gesamtkosten ($K = f + b_x$) ermittelt werden.

$$S_f = \frac{f}{f + bx} \cdot 100 \qquad\qquad S_v = \frac{bx}{f + bx} \cdot 100$$

In der graphischen Darstellung ergeben sich für die einzelnen Werte von x die in den Abbildungen 18 a und 18 b dargestellten Kurvenverläufe der Prozentsätze.

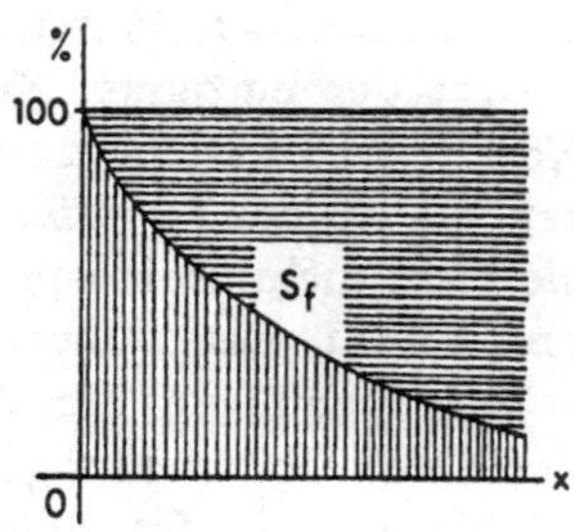

Abb. 18 a

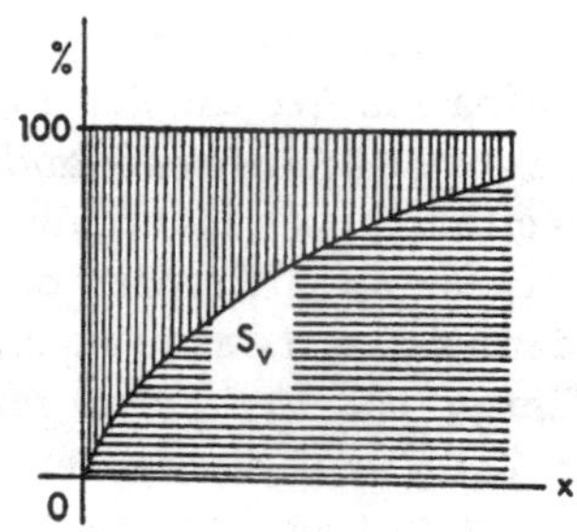

Abb. 18 b

Aus den Gleichungen und den Schaubildern ist zu entnehmen, daß der Anteil der fixen Kosten 100 % ist, wenn x den Wert *0* annimmt; er nähert sich mit zunehmenden x-Werten dem Wert 0 %. Bei den variablen Kosten verhält es sich umgekehrt. Die asymtotischen Kurvenverläufe der Abbildungen 18 a und 18 b lassen die Veränderungen der Kostenstruktur deutlich erkennen. Zeichnet man in die Schaubilder die prozentualen Anteile der fixen und variablen Kosten beider Vergleichsgrößen ein, so zeigen die Kurvenverläufe die Strukturverschiedenheiten in Relativzahlen an. Jedoch läßt sich aus den Abbildungen nicht der Unterschied in absoluten Zahlen ersehen, so daß selbst bei Übereinstimmung der Kurven und der Relativzahlen das absolute Niveau der Kostenkategorien unterschiedlich sein kann. Beim Vergleich der Kostenstrukturen mehrerer Zeiträume ist daher immer zu untersuchen, ob strukturelle Verschiebungen durch Variationen der Beschäftigung und/oder durch Veränderungen der fixen bzw. der auf die Beschäftigungseinheit entfallenden variablen Kosten zurückzuführen sind. Die Artverschiedenheiten der Strukturveränderungen können zu betriebspolitischen Entscheidungen führen, die einander ganz oder teilweise ausschließen.

Die Angabe des Streubereichs ergänzt die Kostenfunktion. Der Umfang des Streubereichs kann unterschiedlich weit gefaßt werden. Je nach seiner Definition gibt er an, mit welcher Sicherheit die Istkosten bei gegebenen Kosteneinflußgrößenquantitäten innerhalb der ermittelten Grenzen liegen. Es sei darauf hingewiesen, daß die absoluten Grenzen der Streuungsbereiche beim Maßstab und bei den Istkosten, auch wenn sie durch die gleichen Methoden ermittelt wurden, voneinander abweichen können.

Die Streuung der Summenzeilenfunktionen ist nicht durch die Addition der Kostenstreuungen zu ermitteln, sondern muß aus den Ergebnissen der Kostenanalysen errechnet werden. Sie ist jedoch bei der Summenzeile der Istkostenfunktionen von großer Bedeutung für unternehmerische Entscheidungen, die auf den Ergebnissen der Kostensynthese aufbauen. Weicht der Funktionswert der einzelnen Kostenarten von den tatsächlich entstandenen Kosten ab, so ist festzustellen, ob die Abweichung noch innerhalb des Streubereichs der Funktion liegt. Überschreitet sie diese Grenzen oder ist sie nicht mehr weit von ihnen entfernt, dann ist es ratsam zu ergründen, worauf diese Abweichung zurückzuführen ist. Vergleicht man die Verschiebungen der Streugrenzen im Zeitablauf, so ergeben sich interessante Entwicklungen, die richtig interpretiert werden müssen. Das gleiche gilt von den hier nicht besprochenen Größen, die bei bestimmten Verfahren der Kostenanalyse ermittelt werden und wichtige Ergänzungen zu den Kostenfunktionen darstellen.

Damit haben wir die dritte Stufe der Kostensynthese in ihrem Wesen charakterisiert. Wie wir bereits darlegten, lassen sich aus den jeweiligen Ergebnissen der Kostenanalyse die Kostenstrukturbilder zusammenstellen, die nach anderen Prinzipien aufgebaut werden und andere Erkenntnisse ermitteln. In jedem Fall läßt das Strukturbild erkennen, wie es entstanden ist, aus welchen Verzehrsarten es besteht, durch welche Faktoren die Kosten beeinflußt sind, wo die Verzehre aufgetreten sind usw., wenn die Synthese alle Stufen der Auswertung in sich vereinigt. Die Kostensynthese muß so aufgebaut sein, daß sie die Stufen der Zusammenfassungen erkennen läßt. Von den letzten, konzentriert dargestellten Ergebnissen muß jederzeit der Weg zurückgegangen werden können bis zu den Ergebnissen der Kostenanalyse. Das Kostenstrukturbild, das aus anderen Strukturbildern entstanden ist, muß ohne Schwierigkeiten in seine Einzelbilder zerlegbar sein. Auf diese Weise ermöglicht es die Auswertung, den in Frage kommenden Stellen des Betriebes die Information aus der Kostenrechnung zu gewähren, die sie für die Steuerung der Kostengestaltung in ihren Zuständigkeitsbereichen und zu ihrer Rechtfertigung des abgelaufenen Geschehens benötigen.

III. Die Untersuchung der dispositiven Kostenbeeinflussung

A. Die Möglichkeiten der Kostenbeeinflussung

1. Die Einwirkung auf die betriebliche Existenz der Potentialfaktoren

Die Grundzüge der dispositiven Kostenbeeinflussung haben wir bereits im ersten Teil dieser Arbeit dargelegt. Dort wurden auch die einzelnen Möglichkeiten menschlichen Eingreifens aufgezeigt, durch die auf das Kostenniveau eingewirkt werden kann. Diese Arten der Kostenbeeinflussung wollen wir nun genauer betrachten.

Im Bereich der Potentialfaktoren ergibt sich eine Einwirkungsmöglichkeit, indem von den zuständigen Personen auf die betriebliche Existenz dieser Faktoren eingewirkt wird. Der betriebliche Leistungsprozeß vollzieht sich mit Hilfe der Potentialfaktoren. Durch unternehmerische Entscheidungen wird über die betriebliche Existenz dieser Faktoren verfügt. Der Unternehmer bestimmt, ob eine Anlage dem Betrieb ein- oder aus ihm ausgegliedert wird, er kann unter Beachtung der gesetzlichen Vorschriften und im Rahmen der vertraglichen Vereinbarungen Arbeitskräfte entlassen oder einstellen. Damit verfügt er zwar nicht über das Dasein dieser Potentialfaktoren, wohl aber über ihre betriebliche Existenz. Kosten können im Bereich der Potentialfaktoren nur entstehen, wenn ihre Existenz im Betrieb begründet ist.

Die betriebliche Wirklichkeit zeigt, daß während eines Abrechnungszeitraums neue Potentialfaktoren in den Betrieb eingegliedert und andere aus ihm ausgeschieden werden. Menschliches Handeln ist für dieses Geschehen verantwortlich. Die dispositiven Eingriffe brauchen nicht immer vom Unternehmer selbst auszugehen. Da der Mensch über sich verfügen kann, bestimmt er allein oder gemeinsam mit anderen über seine betriebliche Existenz. Die Variation in der Existenz bzw. dem Bestand an Potentialfaktoren im Betrieb wirkt auf das Kostenniveau ein. Vor allem sind es die mit der Existenz und Betriebsbereitschaft jener Faktoren in Verbindung stehenden fixen Kosten, die in ihrer Höhe durch diese Veränderungen betroffen werden. Ferner ist anzumerken, daß die mit der Leistung der Potentialfaktoren verbundenen Verzehre (variable Kosten) an die Potentialfaktorenexistenz im Betrieb geknüpft sind, denn leistungsbedingte Kosten im Betrieb nicht vorhandener Faktoren sind undenkbar. An die Existenz der Potentialfaktoren im Betrieb ist die Wirkungsmöglichkeit aller Kosteneinflußgrößen gebunden. Die Kostenbestimmungsgründe vermögen Verzehre nicht existierender Potentialfaktoren nicht hervorzurufen.

Die Kostenanalyse und die Kostensynthese registrieren nur die Vergleichsgrößen, ihre Abweichungen und die sie bewirkenden Kosteneinflußgrößen. Die Auswertung der Kostenrechnung als Verantwortungsrechnung muß aus ihren Ergebnissen zu ergründen versuchen, welche Abweichungen durch welche menschlichen Eingriffe herbeigeführt werden und von den zuständigen Personen zu verantworten sind. In der Regel geht der Auswertende so vor, daß er die Ergebnisse der Kostensynthese den einzelnen dispositiven Maßnahmen zuordnet, die im Auswertungsbericht erläutert werden. Ob es sinnvoll und überhaupt möglich ist, bei mehreren verschiedenartigen Eingriffen die Wirkungen jeder getroffenen Maßnahme zu isolieren und getrennt auszuweisen, muß im einzelnen Fall entschieden werden.

Betrachtet man die Wirkungen auf das Kostenniveau, die von der Beeinflussung der betrieblichen Existenz der Potentialfaktoren ausgehen, so haben wir es in erster Linie mit den Kostenvariationen auf Grund quantitativer Anpassungen zu tun. Die Erhöhung oder Senkung des betrieblichen Leistungspotentials ist in der Regel mit Kostenschwankungen verbunden, die eine sprunghafte Bewegung der Kostenhöhe verursachen. Der Kostensprung entsteht fast ausnahmsweise durch die fixen Kosten. Abrupte Veränderungen der variablen Kosten erfolgen, wenn die auf eine Beschäftigungseinheit entfallenden variablen Kosten der neu hinzutretenden oder der ausscheidenden Potentialfaktoren höher oder niedriger sind als jene der übrigen Faktoren. Der Kostensprung bei den fixen Kosten entsteht nicht in jedem Falle, weil z. B. Potentialfaktorenbestände verändert werden können, aus denen nur variable Kosten hervorgehen. Die Kostenabweichungen dieser Art sind nicht den Kostenstellenleitern anzulasten, wenn derartige Entscheidungen von ihnen nicht getroffen werden. Sie sind den Instanzen zuzuordnen, die jene Maßnahmen beschließen. Die Abweichung und ihre Zuordnung sagt nichts darüber aus, ob die Entscheidung wirtschaftlich richtig oder unrichtig ist. Diese Frage kann der Auswertende nur beantworten, wenn der Vergleichsgrundlage als Norm eine Entscheidung zugrunde liegt, die in der konkreten betrieblichen Situation wirtschaftlich richtig ist. Diese Bedingung ist nicht leicht zu erfüllen, da die Norm vor der Durchführung der Maßnahme bekannt sein muß. Außerdem sind der Disposition Grenzen gesetzt, die von den Verantwortungsträgern zu beachten sind. Voraussetzung ist ferner, daß der Verantwortungsträger in jener Situation entsprechend hat handeln können und sollen. Sind die Maßstabkosten den Kostenrechnungen vergangener Zeiträume oder fremder Betriebe entnommen, dann sind die Bedingungen kaum erfüllt. In diesen Fällen kann die Abweichung zwar einem Verantwortungsträger zugeordnet werden. Das Ergebnis läßt aber nicht erkennen, ob seine Entscheidung wirtschaftlich richtig ist.

Bei den Potentialfaktoren kann es innerhalb einer Abrechnungsperiode zu Substitutionen kommen, ohne daß diese erkennbar sind. Die Substitutionen können sich in der Weise vollziehen, daß ein Faktor aus dem Betrieb ausscheidet und ein anderer an dessen Stelle tritt. Aus der Auswertung ist dieser Vorgang nicht zu ersehen, wenn beide die gleichen Verbrauchsfunktionen aufweisen. Weichen jene Funktionen voneinander ab, so ist der Vorgang nicht erkennbar, wenn eine Einflußgrößenkonstellation eintritt, die in beiden Fällen das gleiche Kostenniveau hervorruft. Abweichungen ergeben sich, wenn die veränderten Einflußgrößenkonstellationen die Verschiedenheiten der Verbrauchsfunktionen in der Kostengestaltung voll zur Geltung kommen lassen. Die Kostenunterschiede entstehen, wenn sich die graphisch dargestellten Verbrauchsfunktionen nicht kreuzen und beide Funktionen nicht identisch sind. Substitutionen zwischen den Potentialfaktoren können auch innerhalb des Betriebes auftreten, wenn sie z. B. zwischen zwei Fertigungsstraßen ausgetauscht werden. Eine günstige Kostengestaltung ergibt sich, wenn auf beiden Straßen die gleichen Produkte erstellt werden und jeder Potentialfaktor nach wie vor die gleichen qualitativen Leistungen vollbringt, infolge der unterschiedlichen quantitativen Leistungsfähigkeit der größer dimensionierte Faktor nun aber voll ausgelastet werden kann. Auf diese Weise lassen sich Engpässe beseitigen und die übrigen Potentialfaktoren der Fertigungsstraße voll auslasten bzw. Zwischenlager vermeiden. Die kostensenkenden Wirkungen der Substitution sind für den Auswertenden nicht immer leicht zu erkennen und zuzuordnen. Sie sind jedoch vorhanden, auch wenn sie als Fernwirkungen nicht immer greifbar sind.

Bei der Einwirkung auf die betriebliche Existenz der Potentialfaktoren handelt es sich häufig um unternehmenspolitische Entscheidungen von weittragender Bedeutung. Die Entscheidungen können zwar durch bestimmte Berechnungen vorbereitet, nicht aber durch sie ersetzt werden. Die in jene Rechnungen eingehenden Größen sind Zukunftsgrößen, die mit Unsicherheiten behaftet sind. Das gilt auch für die Maßstabkosten, die Verzehre beinhalten, welche erst entstehen, wenn die betriebliche Existenz der Potentialfaktoren begründet wird. Aus diesem Grunde ist es fraglich, ob es gelingt, eine Vergleichsgrundlage zu ermitteln, die als Norm für dispositive Maßnahmen dienen kann, welche auf die Beeinflussung der betrieblichen Existenz der Potentialfaktoren abzielt.

2. Die Beeinflussung der Stoffkosten

Unter Stoffkosten verstehen wir die Kosten der Stoffe, die die Substanz der Erzeugnisse bilden. Auf die Höhe der Substanzkosten je Erzeugniseinheit oder einer bestimmten Anzahl von Einheiten kann dispositiv eingewirkt werden, wenn die Möglichkeit der Substitution besteht, d. h. ein Erzeugnis aus verschiedenartigen Stoffen erstellt werden kann. Substitutionen kommen vor zwischen hochwertigen und geringwertigen Stoffen gleicher oder verschiedener Art. Die Substitutionen vollziehen sich über den Preis und/oder die Mengen. Variieren beide Kostenkomponenten, so können sie verstärkende Wirkungen in eine Richtung herbeiführen oder Ausgleichstendenzen hervorrufen.

Die Beeinflussung der Erzeugnissubstanzkosten obliegt nicht immer dem Kostenstellenleiter, sondern häufig dem Konstruktionsbüro, der Arbeitsvorbereitung oder höheren Leitungsinstanzen. Die Abweichungen werden den Instanzen zugeordnet, die jene Anordnungen treffen. Die Substitution der Stoffe und ihre Wirkungen auf die Kostengestaltung dürfen nicht isoliert betrachtet werden. Als Stoffkosten sehen wir nur die bewerteten Materialmengen an, die die Substanz des Erzeugnisses bilden. Von den eingesetzten Stoffen wird ein Teil zu Ausschuß, ein anderer Teil zu Abfall, während sich der Rest auf die Ia-, IIa- usw. sowie auf die Nebenprodukte verteilt. Der in der kombinierten Kostenarten-Kostenstellenrechnung aufgeführte Abfall und Ausschuß wird durch die Substitution ebenfalls berührt. Die Abweichungen bei diesen Verzehren müssen ebenfalls den Stellen zugeordnet werden, die durch ihre Disposition die Substitution bewirkt haben.

Schwierigkeiten in der Abweichungszurechnung treten auf, wenn auch die Wirkungen der Substitution auf andere Verzehre übergehen. Der Übergang beginnt bereits, wenn der Ausfall und Abfall sich nicht in der gleichen Relation verändert, wie sie sich bei den Erzeugnissubstanzkosten ergibt. Die Substitution kann in den einzelnen Kostenstellen zu höheren oder niedrigeren Verarbeitungskosten führen, weil die Potentialfaktoren einer veränderten Beanspruchung unterliegen, der Produktionsweg sich verändert hat usw. Die Substitution der Stoffe kann zu Kostenveränderungen in den feinsten Verästelungen des Betriebes führen. Diese Hinweise dürfen den Auswertenden nicht dazu verleiten, allen Kostenbewegungen nachzuspüren, um sie einem Verantwortungsträger anzulasten. Ein solches Bemühen führt auch zu keinem Erfolg, da eine unübersehbare Anzahl von Einflußgrößen nebeneinander einwirken, die die aus der Substitution herrührenden Kostenveränderungen überlagern. Die aufgezeigten Fernwirkungen, denen wir in den verschiedensten Formen immer wieder begegnen, verdeutlichen nur, wie schwierig es ist, eine genaue Zurechnung der Abweichungen durchzuführen. Sind die Fernwirkungen stark und bleiben sie unerkannt, so wird die Verantwortungsrechnung fragwürdig. Der Auswertende muß in diesem Falle den ihm unbekannten Abweichungen nachgehen. Seine Erfahrungen und die Kenntnisse der zuständigen Kostenstellenleiter werden dazu beitragen, jene unerklärbaren Differenzen zu beseitigen.

3. Die Einflüsse der dispositiven Maßnahmen auf die Existenz und Wirkweise der Kosteneinflußgrößen im Betrieb

Die Kosteneinflußgrößen üben ihren Einfluß auf die Kostengestaltung im Betrieb über die Potentialfaktoren und die Fertigungsstoffe aus. Die Einwirkung jener Faktoren ist an die betriebliche Existenz beider Bereiche gebunden. Diese Bereiche können in ihrer betrieblichen Existenz durch menschliche Eingriffe beeinflußt werden. Nun kann durch dispositive Maßnahmen Einfluß auf die Kostengestaltung genommen werden, ohne daß die Existenz jener Einwirkungsbereiche im Betrieb angetastet wird.

Die zuständigen Verantwortungsträger vermögen auf die Existenz der Kosteneinflußgrößen im Betrieb einzuwirken. Durch menschliche Eingriffe ist es in manchen Fällen möglich, jene Faktoren des untergeistigen Bereichs auf das Betriebsgeschehen einwirken zu lassen oder sie von ihm fernzuhalten. Auf der anderen Seite besteht die Möglichkeit, die Kosteneinwirkungsfaktoren in ihrer betrieblichen Existenz unangetastet zu lassen, jedoch ihre Wirkweise zu beeinflussen und damit über die Kosteneinflußgrößen dispositiv auf die Kostengestaltung einzuwirken. Über die Fertigungsprogramme, die Fertigungsverfahren, die Beschäftigung, die Auftragsgrößen, die Einsatzzusammensetzung usw. werden unternehmerische Entscheidungen gefällt. Die Durchführung der getroffenen Anordnungen ruft eine Einflußgrößenkonstellation hervor, die eine bestimmte Wirkung auf die Kosten ausübt. Die dispositiven

Maßnahmen wirken somit nicht unmittelbar, sondern mittelbar über die zwischengeschalteten Einflußgrößen auf die Kostengestaltung ein.

Die auf diese Weise erzielbare dispositive Kostenbeeinflussung ist nicht unbegrenzt möglich. Technische, juristische, wirtschaftliche und organisatorische Gegebenheiten können den dispositiven Eingriffen mehr oder weniger enge Beschränkungen auferlegen[100]. Außerdem bestehen in den Unternehmen häufig unternehmenspolitische Gründe, die ein dispositives Eingreifen in die Kostengestaltung über die Einflußgrößenvariationen als nicht ratsam erscheinen lassen. Das gilt auch für die Transformierung fixer Kosten in variable und umgekehrt, die in manchen Fällen durch bestimmte Maßnahmen erreicht werden kann. Die angeführten Gründe setzen ebenfalls dieser Gestaltungsmöglichkeit ihre Grenzen.

Durch die Auswertung der Kostenrechnung werden die Wirkungen auf das Kostenniveau sichtbar gemacht. Die Kostenvariationen sind in der Kostenanalyse und der Kostensynthese den ausgewiesenen Kosteneinflußgrößenveränderungen zugeordnet. Nur über diese Einwirkungsfaktoren lassen sich die Kostenabweichungen den dispositiven Maßnahmen zuordnen. Am leichtesten ist die Zurechnung, wenn eine Maßnahme sich auf die Einflußgrößenquantitäten bezieht und diese in der Kostenanalyse und -synthese ausgewiesen sind. Der Auswertende erkennt nicht nur, über welche Faktoren die Kosten durch die Dispositionen beeinflußt werden und wie groß die Kostenabweichungen sind, sondern erfährt auch die Stärke der Dispositionswirkung auf die Einflußgröße, weil die Variation dieser Größe an den Zahlen ablesbar ist. Bei den Kostenbeeinflussungen über die Einflußgrößenqualitäten sind diese Möglichkeiten nicht gegeben. Im günstigsten Falle kann der mittelbare Einfluß eines dispositiven Eingriffs nur an der Kostenveränderung erkannt werden.

Die Zuordnung der Kostenabweichungen zu den einzelnen dispositiven Maßnahmen geschieht über die Kosteneinflußgrößen. Wie bei der Beeinflussung der Kostengestaltung über die betriebliche Existenz der Potentialfaktoren und der Erzeugnissubstanz ist es bei den Einwirkungen über die Kosteneinflußgrößen schwierig, eine richtige Zuordnung der Kostendifferenzen zu den getroffenen Anordnungen zu erreichen. Die Zurechnung ist nicht nur problematisch, weil sich die verschiedensten Maßnahmen überlagern, sondern weil es nicht einmal möglich ist, die Kostenabweichungen den Einflußgrößen zuzurechnen. Die Schwierigkeiten schließen nicht aus, daß der Auswertende versucht, trotz der verwickelten Zusammenhänge in der betrieblichen Wirklichkeit zu

---

[100] Gutenberg, E.: Grundlagen der Betriebswirtschaftslehre, a.a.O., S. 251 ff. Kürpick, H.: Die Lehre von den fixen Kosten, Köln und Opladen 1965, S. 182 ff.

brauchbaren Lösungen zu gelangen. Wir wollen hier lediglich die Problematik aufzeigen, die mit der Beantwortung solcher Fragen verbunden ist. Die praktische Auswertung der Kostenrechnung darf diese Fragen nicht unbeantwortet lassen, wenn sie Verantwortungsrechnung und ein brauchbares Instrument der Kostensteuerung sein will.

B. Die Verantwortung für die Kostenabweichungen

Unsere Ausführungen zur dispositiven Kostenbeeinflussung über die unmittelbar auf die Verzehre einwirkenden Kostenbestimmungsfaktoren haben gezeigt, wie durch menschliche Eingriffe die Kostengestaltung beeinflußt werden kann. Gleichzeitig haben wir darauf hingewiesen, welche Schwierigkeiten sich im einzelnen bei der Ermittlung der Verantwortlichkeit für die Kostendifferenzen ergeben. Durch die menschlichen Eingriffe können Abweichungen von den Maßstabkosten bedingt sein, die der Verantwortungsträger zu rechtfertigen hat. Die Ermittlung der Verantwortlichkeit für die Kostendifferenz ist nur möglich, wenn bestimmte Voraussetzungen erfüllt sind.

Zunächst muß festgestellt sein, daß eine echte Kostenabweichung vorliegt. Eine Kostenabweichung ist häufig überdeckt von Differenzen, die auf Abgrenzungs-, Erfassungs-, Schlüsselungs- und Rechenfehlern beruhen. Die echte Kostenabweichung wird durch Fehler dieser Art verfälscht und kann nicht immer entsprechend ihrem wahren Wert eingeschätzt werden. Eine fehlerhafte Rechnung ist unter Umständen als Grundlage für die Ermittlung der Verantwortlichkeit ungeeignet.

Die Kostenabweichungen und ihre Bestimmungsgründe müssen genau lokalisiert sein. Die Lokalisierung der Differenzen muß in räumlicher, zeitlicher und sachlicher Hinsicht erfolgen. Die räumliche Zuordnung der relevanten Größen geschieht durch die Aufteilung des Betriebes in Kostenstellen. Für jede Kostenstelle ist ein Verantwortungsträger zuständig. Auf diese Weise erfolgt eine Gliederung des Betriebes in Verantwortungsbezirke, zu denen mehrere Kostenstellen zusammengefaßt werden. Die zeitliche Zuordnung ist in der Regel durch die Grenzen der Abrechnungsperioden gegeben. Allerdings können kürzere Unterteilungen (Wochen, Tage, Schichte) notwendig werden, um die Verantwortlichkeit für das Betriebsgeschehen besser zu ermitteln. Der Verantwortungsträger kann nach Ablauf dieser Elementarzeiträume wechseln. Die räumliche und zeitliche Zuordnung der in Frage stehenden Größen schließt nicht aus, daß der Kostenbestimmungsgrund räumlich und/oder zeitlich von der Kostenabweichung getrennt ist. Die getroffenen Maßnahmen eines Verantwortungsträgers beschränken sich in ihren Wirkungen nicht immer auf seinen Bereich und die zur Zeit laufende

Abrechnungsperiode. Die aus ihnen hervorgehenden Kostenabweichungen können im nachfolgenden Zeitraum in der gleichen und/oder in einer anderen Kostenstelle auftreten, die einem anderen Verantwortungsträger untersteht, der sich jenen Wirkungen nicht entziehen kann. Die Fernwirkungen dispositiver Maßnahmen werfen schwerwiegende Probleme für die Feststellung der Verantwortlichkeit auf, die nicht immer lösbar sind. Die sachliche Zuordnung besteht darin, daß erkennbar wird, bei welchen Verzehren die Kostendifferenzen auftreten. Der Verantwortungsträger muß ersehen können, welche Kostenarten von ihm beeinflußt worden sind. Die Lokalisierung der Differenzen erfolgt in der Kostenanalyse und Kostensynthese. Jedoch sagen jene Stadien der Auswertung einer Kostenrechnung nichts über das Prinzip aus, das ihren Gliederungen zugrunde liegt. Vor allem für die Kostensynthese ist es wichtig, daß auch eine Verschmelzung der Vergleichsgrößen nach Verantwortungsbereichen erfolgt.

Um von den Verantwortungsträgern für die Kostenabweichungen Rechenschaft zu fordern, bedarf es einer Norm, an der sie ihr Verhalten ausrichten sollen. Diese Norm kann ihnen von der nächst höheren Instanz vorgegeben sein in Form einer genauen Anweisung oder einer allgemeinen Bestimmung (z. B. die Kosten je Leistungseinheit so niedrig wie möglich zu halten). Häufig ist der Verantwortungsträger gezwungen, mehrere Ziele auf verschiedenen Gebieten gleichzeitig zu verfolgen, die oft einander ausschließen oder sich doch gegenseitig beeinträchtigen, vor allem aber die Kostengestaltung beeinflussen und Abweichungen verursachen. Das Verhalten des Verantwortungsträgers kann nur an einer Norm gemessen werden, die für das tatsächliche Verhalten maßstäblich ist. Die als Norm gesetzte Verhaltensweise ruft ihrerseits eine Einflußgrößenkonstellation hervor, die die Maßstabkosten bedingt, mit denen die Istkosten verglichen werden. Es wird in der betrieblichen Wirklichkeit nicht leicht sein, Normen aufzustellen und konkret zu fassen, die in den jeweiligen Situationen des Betriebes den wirtschaftlichen Leistungsvollzug zum Ziele haben. Bei der Ermittlung der Verantwortlichkeit ist besondere Vorsicht geboten, wenn die Maßstäbe früheren Zeiträumen oder fremden Betrieben entlehnt sind.

Sind alle erwähnten Voraussetzungen erfüllt, so kann von dem Verantwortungsträger nur Rechenschaft für sein Verhalten gefordert werden, wenn er anders hat handeln können und sollen, als es geschehen ist. Engpässe bei der Beschaffung des Materials, der Einstellung von Arbeitskräften, der Energiezufuhr, die Einwirkung höherer Gewalten, das Verhalten der Verantwortungsträger vor- und nachgelagerter Kostenstellen, unternehmenspolitische Entscheidungen der Führungsinstanzen usw. können einen Verantwortungsträger auf eine Handlungsweise festlegen, von der er nicht abweichen kann oder darf. In solchen Fällen können ihm die Kostenabweichungen nicht zur Last gelegt werden, es sei denn, daß er sich bei der von ihm verlangten Verhaltensweise in der gegebenen Situation nicht richtig verhalten hat.

Die Auswertung der Kostenrechnung ist nicht in erster Linie dazu bestimmt, von den Verantwortungsträgern Rechenschaft zu fordern für ihr Tun in der Vergangenheit. Die Zuordnung der Kostenabweichungen zu den Verantwortungsbereichen und damit den verantwortlichen Personen verfolgt das Ziel, den Kostenstellenleitern an Hand der Auswertungsergebnisse bei der zukünftigen Kostensteuerung in ihren Bereichen Hilfe zu leisten. Da die zuständigen Verantwortungsträger gleichzeitig die Sachverständigen in ihren Bereichen sind, ist ihnen bekannt, welchen Einfluß sie auf die Einwirkungsfaktoren nehmen können. Die Auswertung der Kostenrechnung gibt ihnen Auskunft darüber, wie sich ihre Eingriffe in das Betriebsgeschehen ausgewirkt haben. Ist bekannt über welche Faktoren man einwirken kann und wie die Veränderungen in den Einflußgrößenkonstellationen das Kostenniveau beeinflussen, so ist die Möglichkeit der Kostensteuerung gegeben. Diese Steuerung wird sich kaum mit letzter Genauigkeit vornehmen lassen. Für die Praxis genügt oft die Bestimmung der Streubereiche, in denen das Ergebnis wahrscheinlich liegen wird. Die Auswertungsergebnisse müssen den Verantwortungsträgern so zur Verfügung gestellt werden, daß sie aus ihnen den größten Nutzen ziehen können.

Drittes Kapitel

Der Bericht über die Auswertung der Kostenrechnung

I. Der Zweck des Auswertungsberichts

Die Auswertung verfehlt ihr Ziel, wenn ihre Ergebnisse ungenutzt beim Auswertenden verbleiben. Zwar zählt es nicht zum Gebiete der Auswertung, Nutzen aus den gewonnenen Erkenntnissen zu ziehen, jedoch besteht das letzte Stadium der Auswertung darin, die ermittelten Ergebnisse den Verantwortungsträgern zur Kenntnis zu bringen. Die Übermittlung der Ergebnisse in der erforderlichen Aufbereitung an die Verantwortungsträger geschieht durch den Auswertungsbericht. Der Bericht verschafft die notwendigen Informationen über die Kostengestaltung des Betriebes oder eines betrieblichen Teilbereiches infolge des sich dort vollzogenen betrieblichen Geschehens. Die Informationen werden von den Verantwortungsträgern benötigt, weil sie sich

a) für ihr Handeln in der Vergangenheit verantwortlich zeigen müssen. „Die Tatsache, daß der Kontrollierte den Bericht eines anderen einsehen kann, erhöht ... die Zuverlässigkeit (des Kontrollergebnisses, der Verf.) und damit den Wert der Kontrolle für die Leitung“[1].
b) der Ergebnisse bedienen, um in Zukunft die Kostengestaltung wirkungsvoll lenken zu können.

Die gesamte Auswertung der Kostenrechnung einschließlich des Berichts übt lediglich eine dienende Funktion aus. Sie hat keinen Einfluß darauf, daß der Verantwortungsträger ihre Ergebnisse nutzt. Mit der Erstellung des Berichts und seiner Zuleitung an die Verantwortungsträger ist die Auswertung der Kostenrechnung beendet.

II. Der Empfänger des Berichts

Die Auswertungsergebnisse werden grundsätzlich den zuständigen Verantwortungsträgern zugestellt. Verantwortungsträger sind jene Personen, die für das Geschehen in den einzelnen betrieblichen Teilbereichen die Verantwortung tragen. Aus dem organisatorischen Auf-

---

[1] Beste, Th.: Fertigungswirtschaft und Beschaffungswesen, a.a.O., S. 268 f.

bau des Unternehmens ergibt sich in der Regel ein mehrgliedriger Instanzenweg, so daß sich die Frage ergibt, wem die Auswertungsberichte zuzustellen sind. Diese Frage kann nur im einzelnen Fall entschieden werden. Wir wollen deshalb in unserer Abhandlung nur zwei Berichtsempfänger unterscheiden, die wir den niederen Instanzen einerseits, den höheren andererseits zuordnen. Eine Unterscheidung zwischen den Berichtsempfängern braucht nicht durchgeführt zu werden, wenn alle Instanzen die gleichen Berichte erhalten. Aus der Interessenlage beider Empfängerebenen ergibt sich, daß die Berichte dem Informationsbedürfnis jeder Instanz angepaßt sein müssen. Das unterschiedliche Informationsbedürfnis der Empfänger stellt bestimmte Anforderungen an die Auswertungsberichte. Die Auswertung muß diesen verschiedenartigen Anforderungen gerecht werden, wenn ihre Ergebnisse nicht ungenutzt in den Schreibtischen und Aktenschränken liegen bleiben sollen. Die Berichtsempfänger schenken der Auswertung um so weniger Aufmerksamkeit, je weniger die Darstellung der Ergebnisse ihrem Informationsbedürfnis entspricht.

III. Die Berichtsform

Der Bericht über die Kostenuntersuchung kann in zwei Formen erfolgen. Am häufigsten ist die Schriftform. Seltener sind die reinen Kostenkonferenzen mit den zuständigen Verantwortungsträgern. In der Regel werden die Auswertungsergebnisse auch bei den Kostenkonferenzen den Teilnehmern schriftlich übergeben und anschließend diskutiert. Dabei kann es sich als notwendig erweisen, das Zustandekommen der Ergebnisse an Hand der einzelnen Belege aufzuzeigen und durch Besichtigung der Kostenstellen eine Begutachtung der Kostenquelle herbeizuführen[2]. Welche Form im einzelnen gewählt wird hängt ab von der Größe des Unternehmens, seiner Organisation und den Empfängern der Berichte. Die Berichtsempfänger der unteren Ebenen erhalten die ihrem Informationsbedürfnis entsprechenden Berichte häufig nur als schriftliche Mitteilungen. Kostenkonferenzen sind mit dem wünschenswerten Effekt nicht leicht durchzuführen, wenn die Anzahl der Verantwortungsträger, die an ihnen teilnehmen, zu groß ist. Bei geringen Teilnehmerzahlen haben sich die Kostenbesprechungen durchaus bewährt. Das gilt auch für die Verantwortungsträger der höheren Leitungsebenen. Da die ihnen mitzuteilenden Ergebnisse in konzentrierter Form die Wirkungen des Betriebsgeschehens auf die Kosten enthalten, kann es notwendig sein, den Auswertenden zu einer Besprechung der Ergebnisse hinzuzuziehen. Auf Grund seiner Kenntnisse

[2] Kröger, W.: Die Auswertung der Kostenrechnung im Steinkohlenbergbau, Diss. Nürnberg 1951, a.a.O., S. 57.

über das Zustandekommen des Ergebnisses vermag er seine schriftlichen Aufzeichnungen näher zu erläutern und weitere Hinweise zu geben. Auf der anderen Seite müssen die schriftlichen Mitteilungen so gehalten sein, daß der Berichtsempfänger alle für ihn wichtigen Auswertungsergebnisse entnehmen kann. Der Auswertende „hat dafür zu sorgen, daß in seinen Aufstellungen die zu einer Aktion auffordernden Kostenabweichungen klar hervortreten, analysiert nach Ursache und Beeinflußbarkeit, lokalisiert nach Verantwortlichkeit. Er konzentriert sich auf die Aufgabe, den in Betracht fallenden Stellen jeweils mit möglichster Beschleunigung mitzuteilen, um wieviel und warum die effektiven Kosten größer waren“[3] als die Maßstabkosten. Der Bericht muß vollständig sein; unnötige oder zu dürftige Zahlenangaben lassen die Ergebnisse nicht im rechten Licht erscheinen, sie lenken die Aufmerksamkeit des Verantwortungsträgers von dem Wesentlichen des Berichts ab. Die Ergebnisse müssen richtig aufbereitet sein; nicht der Auswertende, sondern der Berichtsempfänger soll die Zahlen lesen können. Der Bericht darf nicht in der Fachsprache des Auswertenden, sondern nur in einer dem Empfänger verständlichen Sprache abgefaßt sein. Die persönlichen Präferenzen der Empfänger (Techniker, Kaufleute) müssen gegebenenfalls in der Darstellungsweise Berücksichtigung finden, soweit es vertretbar und dem Auswertenden zumutbar ist[4]. Eine unzulängliche Berichtsform trägt dazu bei, daß der Verantwortungsträger nicht die richtigen Schlüsse aus den Auswertungsergebnissen zieht. Der Auswertende darf bei der Abfassung seiner Untersuchungsberichte nicht Willkür walten lassen. Eine gute Auswertung verliert ihre Wirkkraft, wenn es der Auswertende nicht versteht, das Interesse der Verantwortungsträger für seine Ergebnisse zu wecken. Die Aufmerksamkeit der Berichtsempfänger wird auf die Auswertung um so leichter gelenkt, je besser die Aussagen dem Informationsbedürfnis der Verantwortungsträger gerecht werden und je leichter sie ihnen zugänglich sind infolge einer guten Darstellung. Damit obliegt dem Auswertenden die nicht immer leicht zu lösende Aufgabe, die Auswertungsergebnisse den zuständigen Personen so zu unterbreiten, daß sie aus ihnen für die Kostensteuerung Nutzen ziehen können.

IV. Die Darstellung der Auswertungsergebnisse

Der Auswertung einer Kostenrechnung stehen eine große Anzahl von Darstellungsmöglichkeiten zur Verfügung. Die Ergebnisse müssen den Verantwortungsträgern nach jeder Auswertung so schnell wie möglich

---

[3] Käfer, K.: Standardkostenrechnung, a.a.O., S. 43.

[4] Agthe, K.: Die Abweichungen in der Plankostenrechnung, Freiburg i. Br. 1958, S. 102.

übermittelt werden. Das bedeutet, daß durch die Darstellung der Ergebnisse und die Abfassung der Berichte keine wesentlichen zeitlichen Verzögerungen eintreten dürfen. Die Auswertung verliert ihre Bedeutung je später ihre Ergebnisse den Berichtsempfängern zur Kenntnis gelangen. Die Darstellungsform muß dem darzustellenden Inhalt angepaßt sein. Es eignet sich nicht jede Darstellungsweise für jedes Auswertungsergebnis. Die Resultate der Kostenanalyse und Kostensynthese sind anders zu behandeln als die aus der Ermittlung der Kostenbeeinflußbarkeit gewonnenen Erkenntnisse. Das Besondere muß aus den Darstellungen sofort ersichtlich sein. Unter Umständen muß erkennbar sein, wie das Ergebnis zustande gekommen ist, welche Faktoren es bewirkt haben usw. Überflüssige Angaben dürfen den Bericht nicht belasten. Andererseits sind alle notwendigen Angaben einzubeziehen. Ob der Bericht die Auswertungsergebnisse ganz oder zum Teil erfaßt, hängt ab vom einzelnen Fall und vom Nutzen, den man aus den Auswertungsaussagen ziehen will. Bei der Entscheidung über die Tiefe des Auswertungsberichts sollte man sich der Regel erinnern, „daß Berichte sich um so mehr mit Kleinigkeiten zu befassen haben, je niedriger die Stelle in der Hierarchie der Unternehmung steht, an die er gerichtet ist. Der Empfänger des Berichtes soll nur die Informationen und diese in der Form erhalten, die ihn befähigen, aus ihm die Maßnahmen abzuleiten, die zu treffen seine Sache ist“[5].

Die Auswertungsergebnisse können dem Verantwortungsträger verbal übermittelt werden. Die Darstellung in Worten kann mündlich (in Kostenbesprechungen) oder schriftlich erfolgen. Nun wird man nicht dazu übergehen, alle Ergebnisse der Untersuchung verbal darzustellen. Wenn auch durch die Beschreibung das Ergebnis am genauesten erklärt werden kann, so ist die verbale Form doch nicht geeignet, den besten Überblick über die kostenmäßigen Wirkungen des Betriebsgeschehens zu geben. Sie tritt zu den anderen Möglichkeiten hinzu, sei es, um diese ergänzen, sei es, um Erkenntnisse mitzuteilen, die nicht in Zahlen auszudrücken sind.

Eine wichtige und zur Zeit die überwiegend angewandte Form ist die tabellarische Darstellungsweise. Gegenüber der verbalen Darstellungsform besitzt sie den Vorzug der größeren Übersichtlichkeit. Auf engstem Raum können die Auswertungsergebnisse konzentriert dargestellt werden. Die Zahlen der Tabelle sind absolute Zahlen, Relativzahlen und Indexzahlen. Jede dieser Zahlen besitzt eine ihr eigentümliche Aussagekraft. Auch die Kostenfunktionen können in ihren jeweiligen Funktionswerten einschließlich ihrer einzelnen Gliedwerte oder als Funktionsgleichungen in tabellarischen Aufstellungen erfaßt werden. Der

---

[5] Beste, Th.: Die kurzfristige Erfolgsrechnung, a.a.O., S. 549.

Auswertende muß darauf achten, daß die Zahlen der Tabellen nicht isoliert dastehen und keine Vergleichsmöglichkeiten zu anderen Größen gegeben sind. So ist es wenig sinnvoll, eine Tabelle für einen Kostenplatz aufzustellen, die nur die Abweichungsbeträge der Kostenarten aufweist. Die Aussagekraft ist gering, wenn der Berichtsempfänger nicht weiß, wie hoch die Maßstabkosten sind, an denen die Istkosten gemessen werden. Will man die Entwicklung der Abweichungsbeträge im Zeitablauf erkennen, so ist die Aussage der Tabelle nur zu entnehmen, wenn mindestens ein weiterer vergleichbarer Abweichungsbetrag aufgeführt ist. Die Ausgestaltung der Tabelle ist den jeweiligen Bedürfnissen anzupassen. Mit größer werdendem Zahlenumfang büßt die tabellarische Darstellung ihre Übersichtlichkeit ein. Der Auswertende begegnet diesem Nachteil dadurch, daß er die Tabelle in tabellarische Aufstellungen kleineren Umfangs zerlegt, die für den Berichtsempfänger übersichtlich sind. Durch die Zusammenfassung mehrerer Einzeltabellen wird eine konzentrierte Tabelle geschaffen, durch die wiederum die Übersichtlichkeit erhalten bleibt. Auf diese Weise gelangt man zu einer vertikalen Zusammenfassung der Tabellen, deren Stufenzahl den individuellen Bedürfnissen angepaßt werden kann. Der sinnvolle Aufbau einer Tabelle, die Sorgfalt bei der Formulargestaltung, die Lesbarkeit der Eintragungen tragen dazu bei, die Aufmerksamkeit der Verantwortungsträger auf die Auswertungsergebnisse zu lenken. Die Übersichtlichkeit der tabellarischen Darstellung wird erhöht, wenn die Auswertungsergebnisse sinnvoll abgerundet werden. Dabei kann man sich der verschiedensten Möglichkeiten bedienen. Erwähnt sei hier lediglich das von den Mitarbeitern der Organisation Plaut angewendete Verfahren. In dem Bereich von 0 bis 0,99 werden die genauen Werte angegeben, wenn mit zwei Stellen hinter dem Komma gerechnet wird. Bei allen größeren Zahlen gilt die folgende Regel: Zahlen, die mit einer 1 beginnen, werden mit zwei weiteren Stellen aufgeführt (1..); Zahlen, die mit den Ziffern 2 bis 9 beginnen, werden nur mit einer weiteren Ziffer dargestellt (2. bis 9.). Das folgende Beispiel veranschaulicht dieses Verfahren:

Rechnerisches Ergebnis	*Dargestelltes Ergebnis*
0,13	0,13
0,56	0,56
1,64	1,64
2,37	2,4
6,84	6,8
10,56	10,6
37,48	37,–
116,22	116,–
932,81	930,–

Finden in der Tabelle Rechenoperationen statt, so sind die Fehlerfortpflanzungsgesetze bei den Abrundungen zu beachten, so daß es sich empfiehlt, die Größen bei der Rechnung genau anzusetzen und genau auszurechnen, in der Tabelle aber nur die abgerundeten Zahlen aufzuführen. Allerdings können dann die errechneten Ergebnisse nicht mehr an Hand der Tabellenwerte rechnerisch nachgeprüft werden.

Die tabellarische Darstellung der Auswertungsergebnisse kann durch die graphische ergänzt werden. Die schaubildliche Darstellung nimmt längere Zeit in Anspruch als die tabellarische, wenn sie manuell durchgeführt wird. Der modernen Technik ist es vor einiger Zeit gelungen, Zeichnungen und graphische Darstellungen automatisch durch ein elektronisches Datenverarbeitungssystem zu erstellen. Dabei können die Daten direkt in graphischer Form eingegeben werden[6]. Diese technischen Möglichkeiten sind die Voraussetzung für einen stärkeren Einsatz der graphischen Darstellung für die Kostenuntersuchungen. In der schaubildlichen Darstellung sind die Zahlenwerte nicht mehr so genau darstellbar wie in der Tabelle. Dagegen besitzt die graphische Darstellung den Vorzug größerer Anschaulichkeit. Für die Darstellung der Auswertungsergebnisse sind die Flächen und Liniendiagramme von Bedeutung. Von den Flächendiagrammen sind in der Regel die Säulen- oder Stabdiagramme in stehender oder liegender Form zu bevorzugen. Die Vergleichsgrößen werden durch zwei Säulen dargestellt, die in sich weiter untergliedert sein können nach Kostenarten und/oder Kostenstellen. Der Aufbau der Säulen entspricht den Gliederungsgesichtspunkten bei der Kostensynthese oder ist den Bedürfnissen der Verantwortungsrechnung angepaßt. Die Strukturverschiebungen sind aus den Schaubildern deutlich erkennbar. — Die Liniendiagramme eignen sich zur Darstellung der Entwicklung der Ergebnisse im Zeitablauf. Auch hier werden beide Vergleichsgrößen in einer Darstellung einander gegenübergestellt, so daß die Abweichung als Differenz zwischen den Linien erscheint. Ihre Entwicklung ist den Darstellungen unmittelbar zu entnehmen. Für die Teilung der Koordinatenachsen kommen verschiedene Maßstäbe in Betracht, unter denen die arithmetischen und logarithmischen die gebräuchlichsten sind. Die schaubildlichen Darstellungen enthalten absolute, relative und Indexzahlenwerte. Die Kostenfunktionen lassen sich graphisch darstellen, indem für die unabhängigen Variablen nacheinander die einzelnen Werte für das betrachtete Einflußgrößenintervall eingesetzt und die Funktionswerte über die Einflußgrößenquantitäten abgetragen werden. Die Verbindung der in das Koordinatenkreuz eingetragenen Punkte ergibt das Schaubild der

---

[6] Weber, K.: Filmverarbeitungseinheiten erweitern die Einsatzmöglichkeiten des IBM-Systems/360 für die Verarbeitung graphischer Daten, in: IBM-Nachrichten 15. Jg. (1965), S. 2617.

Kostenfunktion. Die Darstellung der Kostenfunktionen im Diagramm ist auf höchstens zwei Einflußgrößen als unabhängige Variable beschränkt. Bei mehr als zwei Einflußgrößen ist es sinnvoll die nomographische Darstellung anzuwenden. Die Nomogramme zeigen vorwiegend mathematisch-kausale Zusammenhänge. Die mathematischen Formeln müssen zum Entwerfen und Zeichnen des Nomogramms bekannt sein. Der Vorteil des Nomogramms besteht darin, daß mit Hilfe dieser Darstellungsform Rechenoperationen durchgeführt werden, die Zwischenglieder der mathematischen Gleichungen mit ihren Ergebnissen erkennbar sind und somit das Zustandekommen der Ergebnisse aus dem Nomogramm zu ersehen ist. Das Nomogramm ermittelt nicht das Schaubild der Kostenfunktion, sondern die einzelnen Funktionswerte. Es ist geeignet, die Kostenabhängigkeiten bei einer größeren Anzahl von Kosteneinflußgrößen darzustellen und dadurch die Zusammenhänge sichtbar zu machen. Durch die Einzeichnung der Rechnungsweiser für beide Vergleichsfunktionen in das Nomogramm kann die Entstehung der Kostenabweichung aus den Differenzen der Funktionsglieder verfolgt werden (siehe Abbildung 17).

Die schaubildlichen Darstellungen sollten stets durch Zahlenangaben ergänzt werden. Es empfiehlt sich, tabellarische und graphische Darstellungen soweit wie möglich auf der gleichen Seite des Auswertungsberichts unterzubringen bzw. beide ineinander übergehen zu lassen[7]. In der Regel müssen die Darstellungen durch Texte erläutert werden, so daß es notwendig ist, alle drei Darstellungsweisen nebeneinander anzuwenden. Die textlichen Erklärungen müssen so kurz wie möglich sein und doch das Wesentliche beinhalten, auf das sie hinweisen sollen. Dem Auswertenden obliegt es, die Darstellungsweisen zu finden, die eine schnelle und ausreichende Orientierung des Berichtsempfängers ermöglichen. Der Auswertungsbericht trägt entscheidend dazu bei, daß die Auswertung der Kostenrechnung zu einem wirksamen Instrument der Kostensteuerung wird.

---

[7] Conrad, P.: Von der Kostenauswertung zur Ergebnisplanung, in: Stahl und Eisen (1960), S. 1564 ff.
Sandig, A.: Technische Berichterstattung als Planungsgrundlage im Sinne einer operativen Betriebswirtschaft, in: Stahl und Eisen (1960), S. 1554 ff.
Wolter, A. M.: Das Rechnen mit fixen und proportionalen Kosten, Köln 1948, S. 171 ff.

Schlußwort

Unsere Ausführungen haben gezeigt, wie nach unserer Auffassung die Auswertung einer Kostenrechnung beschaffen sein muß, um die Wirkungen der Kosteneinflußgrößen auf die Kostengestaltung, die Beeinflußbarkeit des Kostenniveaus über die Kosteneinwirkungsfaktoren und die daraus resultierende Verantwortlichkeit für die Kostenabweichungen zu erkennen. Die Auswertung einer Kostenrechnung erfolgt in drei Stufen. Sie beginnt mit der Kostenanalyse. Die Kostenanalyse geht von den Istkosten aus und versucht, mit Hilfe der Maßstabkosten die Ursachen zu ermitteln, die die bewerteten Verzehre und speziell die Abweichungen der Istkosten von der Vergleichsgrundlage hervorrufen. Für die Kostenanalyse lassen sich ebenfalls drei Stufen unterscheiden, die nacheinander beschritten werden und es ermöglichen, nach jeder Stufe die Untersuchung abzubrechen. Auf der ersten Stufe werden die Istkosten den unkorrigierten Maßstabkosten gegenübergestellt und die Abweichungen ermittelt. Der erste Schritt der Kostenuntersuchung zeigt als Ergebnis neben den Gesamtabweichungen der Kostenarten die Preis- und Mengenabweichungen. Die zweite Stufe der Kostenanalyse bezieht die Kosteneinflußgrößen in die Betrachtung ein. Die Maßstabkosten, denen in der ersten Stufe eine bestimmte Konstellation der Kosteneinwirkungsfaktoren zugrunde liegt, werden korrigiert mit Hilfe des zu Beginn der Untersuchung bereits bekannten Mechanismus der Vergleichsgrundlage. Die den Istkosten gegenübergestellte korrigierte Vergleichsgrundlage repräsentiert die Maßstabkosten, die bei der Ist-Einflußgrößenkonstellation entstehen dürfen. Die durch die Variationen der Einflußgrößen bedingten Einzelabweichungen können errechnet werden. In der ersten Phase der zweiten Auswertungsstufe handelt es sich also um den Vergleich der ursprünglichen mit den berichtigten Maßstabkosten. Die Gegenüberstellung der korrigierten Vergleichsgrundlage mit den Istkosten stellt die zweite Phase dieser Stufe der Kostenuntersuchung dar. Ihr Ergebnis ist die Verbrauchsabweichung. In der sich anschließenden dritten Stufe der Kostenanalyse erfolgt die Ermittlung der Istkostenfunktion aus den Istkosten mehrerer Abrechnungsperioden bzw. der Elementarzeiträume und den ihnen zugeordneten Einflußgrößenquantitäten. Es schließt sich der Kostenfunktionenvergleich an, mit dem die Kostenanalyse beendet ist. — Der Kostenanalyse folgt die Kostensynthese. Die Ergebnisse der Kostenanalyse sind die Bausteine, aus denen sich die Kostenstrukturbilder zusammensetzen. Die Synthese geht den umgekehrten Weg wie die Analyse. Die Kostenstrukturbilder können auf die verschiedenste Weise dargestellt werden. Wir haben in unserer Darstellung Strukturen gebildet für Kostenplätze und größere betriebliche Teileinheiten, die sich aus den Kostenarten oder den Kostensummen der Kostenplätze zusammensetzen. Diese Strukturbilder wurden gewählt, weil sie dem Auswertungszweck am besten gerecht werden und die geeignetsten Grundlagen für die zukünftige Kostensteuerung darstellen. Da die Kostensynthese an die Ergebnisse der Kostenanalyse gebunden ist, sind bei ihr die gleichen Stufenfolgen zu unterscheiden wie bei der Analyse. Je nach der erreichten Stufe richtet sich der Feinheitsgrad der Kostenstrukturbilder. Die Ergebnisse der Kostenanalyse bleiben beim Vergleich der Kostenstrukturbilder erkennbar. — Der dritte Teil der Auswertung umfaßt die Ermittlung der Kostenbeeinflußbarkeit und die aus ihr hervorgehende Verantwortlichkeit für die durch die dispositiven Maßnahmen bedingten Kostenabweichungen. Im Grunde handelt es sich hier um die Zuordnung der analytisch und synthetisch ermittelten Ergebnisse zu den Verantwortungsträgern. Die Untersuchungsergebnisse werden den Verantwortungsträgern durch den Auswertungsbericht übermittelt. Die Auswertung der Kostenrechnung ist nicht nur ein Instrument, um Rechenschaft von den Verantwortungsträgern für ihr Verhalten zu fordern, sondern das ihnen als Hilfsmittel dient bei zukünftigen Dispositionen.

Die vorliegende Abhandlung zeigt nicht die praktische Durchführung einer Auswertung der Kostenrechnung. Die konkrete Ausgestaltung der Untersuchung ist in den einzelnen Betrieben unterschiedlich, so daß nur das allen Gemeinsame herausgestellt werden kann. Unseren Ausführungen ist auch nicht zu entnehmen, inwieweit die auf den dargelegten Erkenntnissen beruhende Auswertung der Kostenrechnung Anwendung finden kann. Entscheidend war für uns die richtige Erkenntnis, „denn keineswegs ist es der Zweck der Betriebswirtschaftslehre, Rezepte anzugeben, die auf die Besonderheit jedes einzelnen Betriebes zugeschnitten sind“[1]. Der Auswertende hat bei der praktischen Durchführung der Kostenuntersuchung stets die Wirtschaftlichkeit der einzusetzenden Verfahren zu prüfen und darf nicht gegen dieses Prinzip verstoßen. Das Wirtschaftlichkeitsprinzip haben wir mehrfach erwähnt; bei der Darstellung der Auswertungsmethoden und -verfahren konnte aber nicht festgelegt werden, welches Vorgehen einen Verstoß gegen dieses Prinzip darstellt. Es kann nur im konkreten Fall bestimmt werden, wann ein Auswertungsverfahren unwirtschaftlich ist. Aus diesem Grunde sind wir auf den Grundsatz nicht näher eingegangen, obwohl er über

[1] Beste, Th.: Betriebswirtschaftslehre und Wirtschaftsordnung, in: Festschrift für Walb, Leipzig 1940, S. 203.

jeder Auswertung der Kostenrechnung steht. Im Vordergrund unserer Betrachtung stehen nicht die Gedanken an die praktische Anwendung der Auswertung. „Hält man ... betriebswirtschaftlich-theoretische Untersuchungen nur dann für wertvoll, wenn ihre Ergebnisse sich unmittelbar auf die Praxis anwenden lassen, so hat man Grund, solche Bemühungen abzulehnen. Bescheidet man sich aber und legt man den Ton mehr auf die Gewinnung von Einsichten in die Grunderscheinungen der Betriebswirtschaft, so hat man kaum Grund, theoretische Bemühungen abzulehnen, wenn nur irgendwie die Aussicht besteht, zu solchen ‚Einsichten' zu kommen"[2].

[2] Gutenberg, E.: Die Unternehmung als Gegenstand betriebswirtschaftlicher Theorie, Berlin 1929, S. 37.

ANHANG

Die Ermittlung von Istkostenfunktionen mit Hilfe der Korrelationsrechnung an Hand praktischer Beispiele

Beispiel A

In diesem Beispiel handelt es sich um die Ermittlung der Istkostenfunktionen für drei Kostenarten eines Schweißaggregates sowie der Gesamtkostenfunktion, bestehend aus diesen Kostenarten. Es wurden die Verzehre der Istmengen aus 30 Kostenrechnungen mit Festpreisen bewertet. Die einzelnen Abrechnungszeiträume umfaßten jeweils einen Monat. Als Beschäftigung (*X*) wurde die Größe Schweißnahtmeter gewählt. Auf der Anlage wird nur ein Erzeugnis gefertigt. Wir wählen eine lineare Kostenfunktion auf Grund der Ergebnisse einer graphischen Darstellung und wenden das Verfahren der linearen Einfachkorrelationsrechnung an.

Die in den nachstehenden Tabellen aufgeführten Zahlenwerte sind aus Gründen der Geheimhaltung verschlüsselt worden. Der Rechengang ist aus den Tabellen und Gleichungen ersichtlich.

Tabelle 27:

Kostenart A

Nr.	Menge X	Kosten Y	XY	XX	YY
1	260	2 914	757 640	67 600	8 491 396
2	224	2 512	562 688	50 176	6 310 144
3	311	3 182	989 602	96 721	10 125 124
4	256	2 688	688 128	65 536	7 225 344
5	306	2 999	917 694	93 636	8 994 001
6	311	3 320	1 032 520	96 721	11 022 400
7	258	2 805	723 690	66 564	7 868 025
8	195	2 480	483 600	38 025	6 150 400
9	145	1 788	259 260	21 025	3 196 944
10	137	1 648	225 776	18 769	2 715 904
11	116	1 624	188 384	13 456	2 637 376
12	205	2 438	499 790	42 025	5 943 844
13	217	2 793	606 081	47 089	7 800 849
14	223	2 766	616 818	49 729	7 650 756
15	304	3 191*	970 064	92 416	10 182 481
16	278	2 778	772 284	77 284	7 717 284
17	267	2 896	773 232	71 289	8 386 816
18	347	3 237	1 123 239	120 409	10 478 169
19	349	3 544	1 236 856	121 801	12 559 936
20	378	3 786	1 431 108	142 884	14 333 796
21	365	3 733	1 362 545	133 225	13 935 289
22	397	3 952	1 568 944	157 609	15 618 304
23	404	4 023	1 625 292	163 216	16 184 529
24	421	3 899	1 641 479	177 241	15 202 201
25	413	3 958	1 634 654	170 569	15 665 764
26	435	4 177	1 816 995	189 225	17 447 329
27	384	3 793	1 456 512	147 456	14 386 849
28	368	3 712	1 366 016	135 424	13 778 944
29	387	3 804	1 472 148	149 769	14 470 416
30	399	4 191	1 672 209	159 201	17 564 481
	9 060	94 631	30 475 248	2 976 090	314 045 095

$$b = \frac{30\,475\,248 - \frac{1}{30}\,94\,631 \cdot 9\,060}{2\,976\,090 - \frac{1}{30}\;9\,060 \cdot 9\,060} = \underline{\underline{7{,}90}}$$

$$a = \frac{1}{30}(94\,631 - 7{,}90 \cdot 9\,060) = \underline{\underline{767}}$$

$$S_R^2 = \frac{314\,045\,095 - \frac{1}{30}\,94\,631^2 - 7{,}90\,(30\,475\,248 - \frac{1}{30}\,94\,631 \cdot 9\,060)}{30 - 2} = \underline{\underline{19\,754}}$$

$$S_R = \pm\,140{,}55$$

$$B = 1 - \frac{19\,754}{\dfrac{314\,045\,095 - \frac{1}{30}\,94\,631^2}{30 - 1}} = \underline{\underline{0{,}963}}$$

$$F = 1 + \frac{30 - 1}{1 - 0{,}963}\,0{,}963 = \underline{\underline{758{,}97}}$$

Tabellenwert für die Existenz des Bestimmtheitsmaßes bei einer statistischen Sicherheit von 99,9 % (Freiheitsgrad: $n_1 = 1$; $n_2 = 30 - 2$): $\underline{\underline{13{,}50}}$
Die Existenz von B ist gesichert.

$$t = \frac{7{,}90}{\sqrt{19\,754}} \cdot \sqrt{2\,976\,090 - \frac{1}{30}\,9060 \cdot 9060} = \underline{\underline{27{,}534}}$$

Tabellenwert für die Existenz des Regressionskoeffizienten bei einer statistischen Sicherheit von 99,9 % (Freiheitsgrad: $n_1 = 1$; $n_2 = 30 - 2$): $\underline{\underline{3{,}674}}$
Die Existenz von b ist gesichert.

$$db = \pm\,3{,}674\,\frac{140{,}55}{\sqrt{2\,976\,090 - \frac{1}{30}\,9060 \cdot 9060}} = \pm\,\underline{\underline{1{,}054}}$$

Der „wahre" Wert β der Grundgesamtheit liegt mit 99,9 % statistischer Sicherheit im Bereich:

$$b \pm db = 7{,}90 \pm 1{,}054$$

Funktionsgleichung der Istkosten:

Kostenart A: $Y = 767 + 7{,}90\,X \pm 140{,}55$

Tabelle 28:

Kostenart B

Nr.	Menge X	Kosten Y	XY	XX	YY
1	260	5 034	1 308 840	67 600	25 341 156
2	224	4 511	1 010 464	50 176	20 349 121
3	311	5 569	1 731 959	96 721	31 013 761
4	256	4 942	1 265 152	65 536	24 423 364
5	306	5 162	1 579 572	93 636	26 646 244
6	311	5 906	1 836 766	96 721	34 880 836
7	258	4 987	1 286 646	66 564	24 870 169
8	195	4 254	829 530	38 025	18 096 516
9	145	3 104	450 080	21 025	9 634 816
10	137	2 960	405 520	18 769	8 761 600
11	116	2 904	336 864	13 456	8 433 216
12	205	4 199	860 795	42 025	17 631 601
13	217	5 739	1 245 363	47 089	32 936 121
14	223	4 317	962 691	49 729	18 636 489
15	304	5 884	1 788 736	92 416	34 621 456
16	278	5 412	1 504 536	77 284	29 289 744
17	267	5 068	1 353 156	71 289	25 684 624
18	347	6 381	2 214 207	120 409	40 717 161
19	349	6 201	2 164 149	121 801	38 452 401
20	378	6 638	2 509 164	142 884	44 063 044
21	365	6 533	2 384 545	133 225	42 680 089
22	397	6 918	2 746 446	157 609	47 858 724
23	404	7 126	2 878 904	163 216	50 779 876
24	421	6 999	2 946 579	177 241	48 986 001
25	413	6 753	2 788 989	170 569	45 603 009
26	435	7 583	3 298 605	189 225	57 501 889
27	384	6 812	2 615 808	147 456	46 403 344
28	368	6 428	2 365 504	135 424	41 319 184
29	387	6 768	2 619 216	149 769	45 805 824
30	399	7 232	2 885 568	159 201	52 301 824
	9 060	168 324	54 174 354	2 976 090	993 723 204

$$b = \frac{54\,174\,354 - \frac{1}{30}\,168\,324 \cdot 9060}{2\,976\,090 - \frac{1}{30}\,9060 \cdot 9060} = 13{,}92$$

$$a = \frac{1}{30}(168\,324 - 13{,}92 \cdot 9060) = \underline{\underline{1\,407}}$$

$$S_R^2 = \frac{993\,723\,204 - \frac{1}{30}\,168\,324^2 - 13{,}92\,(54\,174\,354 - \frac{1}{30}168\,324 \cdot 9060)}{30 - 2} = \underline{\underline{99{,}619}}$$

$$S_R = \pm\ \underline{\underline{315{,}62}}$$

$$B = 1 - \frac{99\,619}{\dfrac{993\,723\,204 - \frac{1}{30}\,168\,324^2}{30 - 1}} = \underline{\underline{0{,}941}}$$

$$F = 1 + \frac{30 - 1}{1 - 0{,}941}\,0{,}941 = \underline{\underline{466{,}80}}$$

Tabellenwert für die Existenz des Bestimmtheitsmaßes bei einer statistischen Sicherheit von 99,9 % (Freiheitsgrad: $n_1 = 1$; $n_2 = 30 - 2$): $\underline{\underline{13{,}50}}$
Die Existenz von B ist gesichert.

$$t = \frac{13{,}92}{\sqrt{99\,619}} \cdot \sqrt{2\,976\,090 - \frac{1}{30}\,9060^2} = \underline{\underline{21{,}61}}$$

Tabellenwert für die Existenz des Regressionskoeffizienten bei einer statistischen Sicherheit von 99,9 % (Freiheitsgrad $n_1 = 1$; $n_2 = 30 - 2$): $\underline{\underline{3{,}674}}$
Die Existenz von b ist gesichert.

$$db = \pm\ 3{,}674 \frac{315{,}62}{\sqrt{2\,976\,090 - \frac{1}{30}\,9060 \cdot 9060}} = \pm\ \underline{\underline{2{,}367}}$$

Der „wahre" Wert β der Grundgesamtheit liegt mit 99,9 % statistischer Sicherheit im Bereich:

$$b \pm db = 13{,}92 \pm 2{,}367$$

Funktionsgleichung der Istkosten:

Kostenart B: $Y = 1407 + 13{,}92\ X \pm 315{,}62$

Tabelle 29:

Kostenart C

Nr.	Menge X	Kosten Y	XY	XX	YY
1	260	9 761	2 537 860	67 600	95 277 121
2	224	9 182	2 056 768	50 176	84 309 124
3	311	11 140	3 464 540	96 721	124 099 600
4	256	9 663	2 473 728	65 536	93 373 569
5	306	11 702	3 580 812	93 636	136 936 804
6	311	11 149	3 467 339	96 721	124 300 201
7	258	10 057	2 594 706	66 564	101 143 249
8	195	7 976	1 555 320	38 025	63 616 576
9	145	6 912	1 002 240	21 025	47 775 744
10	137	6 323	866 251	18 769	39 980 329
11	116	5 867	680 572	13 456	34 421 689
12	205	7 970	1 633 850	42 025	63 520 900
13	217	7 678	1 666 126	47 089	58 951 684
14	223	8 334	1 858 482	49 729	69 455 556
15	304	10 869	3 304 176	92 416	118 135 161
16	278	10 424	2 897 872	77 284	108 659 776
17	267	10 135	2 706 045	71 289	102 718 225
18	347	12 492	4 334 724	120 409	156 050 064
19	349	12 404	4 328 996	121 801	153 859 216
20	378	13 240	5 004 720	142 884	175 297 600
21	365	13 067	4 769 455	133 225	170 746 489
22	397	13 836	5 492 892	157 609	191 434 896
23	404	13 946	5 634 184	163 216	194 490 916
24	421	14 100	5 936 100	177 241	198 810 000
25	413	13 407	5 537 091	170 569	179 747 649
26	435	14 974	6 513 690	189 225	224 220 676
27	384	13 511	5 188 224	147 456	182 547 121
28	368	13 063	4 807 184	135 424	170 641 969
29	387	13 828	5 351 436	149 769	191 213 584
30	399	13 585	5 420 415	159 201	184 552 225
	9 060	330 595	106 665 798	2 976 090	3 840 287 713

$$b = \frac{106\,665\,798 - \frac{1}{30}330\,595 \cdot 9\,060}{2\,976\,090 - \frac{1}{30}9\,060^2} = \underline{28{,}45}$$

$$a = \frac{1}{30}(330\,595 - 28{,}45 \cdot 9\,060) = \underline{2\,429}$$

$$S_R^2 = \frac{3\,840\,287\,713 - \frac{1}{30}330\,595^2 - 28{,}45\,(106\,665\,798 - \frac{1}{30}330\,595 \cdot 9\,060)}{30 - 2}$$

$$= \underline{107\,600}$$

$$S_R = \pm\, \underline{328{,}02}$$

$$B = 1 - \frac{107\,600}{\frac{3\,840\,287\,713 - \frac{1}{30}330\,595^2}{30 - 1}} = \underline{0{,}984}$$

$$F = 1 + \frac{30 - 1}{1 - 0{,}984}0{,}984 = \underline{1\,805{,}12}$$

Tabellenwert für die Existenz des Bestimmtheitsmaßes bei einer statistischen Sicherheit von 99,9 %. (Freiheitsgrad: $n_1 = 1$; $n_2 = 30 - 2$): $= \underline{13{,}50}$
Die Existenz von B ist gesichert.

$$t = \frac{28{,}45}{\sqrt{107\,593}} \cdot \sqrt{2\,976\,090 - \frac{1}{30}9\,060^2} = \underline{42{,}49}$$

Tabellenwert für die Existenz des Regressionskoeffizienten bei einer statistischen Sicherheit von 99,9 % (Freiheitsgrad $n_1 = 1$; $n_2 = 30 - 2$): $= \underline{3{,}674}$
Die Existenz von b ist gesichert.

$$db = \pm\, 3{,}674 \frac{328{,}02}{\sqrt{2\,976\,090 - \frac{1}{30}9\,060^2}} = \pm\, \underline{2{,}460}$$

Der „wahre" Wert β der Grundgesamtheit liegt mit 99,9 % statistischer Sicherheit im Bereich:

$$b \pm db = 28{,}45 \pm 2{,}460$$

Funktionsgleichung der Istkosten:

Kostenart C: $Y = 2429 + 28{,}45\,X \pm 328{,}02$

Tabelle 30:

Gesamtkosten
(A + B + C)

Verfahren I

Nr.	Menge X	Kosten Y	XY	XX	YY
1	260	17 709	4 604 340	67 600	313 608 681
2	224	16 205	3 629 920	50 176	262 602 025
3	311	19 891	6 186 101	96 721	395 651 881
4	256	17 293	4 427 008	65 536	299 047 849
5	306	19 863	6 078 078	93 636	394 538 769
6	311	20 375	6 336 625	96 721	415 140 625
7	258	17 849	4 605 042	66 564	318 586 801
8	195	14 710	2 868 450	38 025	216 384 100
9	145	11 804	1 711 580	21 025	139 334 416
10	137	10 931	1 497 547	18 769	119 486 761
11	116	10 395	1 205 820	13 456	108 056 025
12	205	14 607	2 994 435	42 025	213 364 449
13	217	16 210	3 517 570	47 089	262 764 100
14	223	15 417	3 437 991	49 729	237 683 889
15	304	19 944	6 062 976	92 416	397 763 136
16	278	18 614	5 174 692	77 284	346 480 996
17	267	18 099	4 832 433	71 289	327 573 801
18	347	22 110	7 672 170	120 409	488 852 100
19	349	22 149	7 730 001	121 801	490 578 201
20	378	23 664	8 944 992	142 884	559 984 896
21	365	23 333	8 516 545	133 225	544 428 889
22	397	24 706	9 808 282	157 609	610 386 436
23	404	25 095	10 138 380	163 216	629 759 025
24	421	24 998	10 524 158	177 241	624 900 004
25	413	24 118	9 960 734	170 569	581 677 924
26	435	26 734	11 629 290	189 225	714 706 756
27	384	24 116	9 260 544	147 456	581 581 456
28	368	23 203	8 538 704	135 424	538 379 209
29	387	24 400	9 442 800	149 769	595 360 000
30	399	25 008	9 978 192	159 201	625 400 064
	9 060	593 550	191 315 400	2 976 090	12 354 063 264

$$b = \frac{191\,315\,400 - \frac{1}{30}593\,550 \cdot 9\,060}{2\,976\,090 - \frac{1}{30}9\,060^2} = \underline{\underline{50{,}27}}$$

$$a = \frac{1}{30}(593\,550 - 50{,}27 \cdot 9\,060) = \underline{\underline{4\,603}}$$

$$S_R^2 = \frac{12\,354\,063\,264 - \frac{1}{30}593\,550^2 - 50{,}27\,(191\,315\,400 - \frac{1}{30}593\,550 \cdot 9\,060)}{30 - 2}$$

$$= \underline{\underline{151\,929}}$$

$$S_R = \pm\, \underline{\underline{389{,}78}}$$

$$B = 1 - \frac{151\,929}{\dfrac{12\,354\,063\,264 - \frac{1}{30}593\,550^2}{30 - 1}} = \underline{\underline{0{,}993}}$$

$$F = 1 + \frac{30 - 1}{1 - 0{,}993}\,0{,}993 = \underline{\underline{3\,999{,}78}}$$

Tabellenwert für die Existenz des Bestimmtheitsmaßes bei einer statistischen Sicherheit von 99,9 % (Freiheitsgrad: $n_1 = 1$; $n_2 = 30 - 2$): $\underline{\underline{13{,}50}}$
Die Existenz von B ist gesichert.

$$t = \frac{50{,}27}{\sqrt{151\,929}} \cdot \sqrt{2\,976\,090 - \frac{1}{30}9060^2} = \underline{\underline{63{,}18}}$$

Tabellenwert für die Existenz des Regressionskoeffizienten bei einer statistischen Sicherheit von 99,9 % (Freiheitsgrad $n_1 = 1$; $n_2 = 30 - 2$): $\underline{\underline{3{,}674}}$
Die Existenz von b ist gesichert.

$$db = \pm\, 3{,}674 \frac{389{,}78}{\sqrt{2\,976\,090 - \frac{1}{30}9060^2}} = \pm\, \underline{\underline{2{,}923}}$$

Der „wahre" Wert β der Grundgesamtheit liegt mit 99,9 % statistischer Sicherheit im Bereich:

$$b \pm db = 50{,}27 \pm 2{,}923$$

Funktionsgleichung der Istkosten:

Gesamtkosten: $Y = 4603 + 50{,}27\,X \pm 389{,}78$

Tabelle 31:
Gesamtkosten

Verfahren II

Nr.	X	Y	x	y	x^2	y^2	xy
1	260	17 709	− 42	− 2 076	1 764	4 309 770	+ 87 192
2	224	16 205	− 78	− 3 580	6 084	12 816 400	+ 279 240
3	311	19 891	+ 9	+ 106	81	11 236	+ 954
4	256	17 293	− 46	− 2 492	2 116	6 210 064	+ 114 632
5	306	19 863	+ 4	+ 78	16	6 084	+ 312
6	311	20 375	+ 9	+ 590	81	348 100	+ 5 310
7	258	17 849	− 44	− 1 936	1 936	3 748 096	+ 85 184
8	195	14 710	− 107	− 5 075	11 449	25 755 625	+ 543 025
9	145	11 804	− 157	− 7 981	24 649	63 696 361	+ 1 253 017
10	137	10 931	− 165	− 8 854	27 225	78 393 316	+ 1 460 910
11	116	10 395	− 186	− 9 390	34 596	88 172 100	+ 1 746 540
12	205	14 607	− 97	− 5 178	9 409	26 811 684	+ 502 266
13	217	16 210	− 85	− 3 575	7 225	12 780 625	+ 303 875
14	223	15 417	− 79	− 4 368	6 241	19 079 424	+ 345 072
15	304	19 944	+ 2	+ 159	4	25 281	+ 318
16	278	18 614	− 24	− 1 171	576	1 371 241	+ 28 104
17	267	18 099	− 35	− 1 686	1 225	2 842 596	+ 59 010
18	347	22 110	+ 45	+ 2 325	2 025	5 405 625	+ 104 625
19	349	22 149	+ 47	+ 2 364	2 209	5 588 496	+ 111 108
20	378	23 664	+ 76	+ 3 879	5 776	15 046 641	+ 294 804
21	365	23 333	+ 63	+ 3 548	3 969	12 588 304	+ 223 524
22	397	24 706	+ 95	+ 4 921	9 025	24 216 241	+ 467 495
23	404	25 095	+ 102	+ 5 310	10 404	28 196 100	+ 541 620
24	421	24 998	+ 119	+ 5 213	14 161	27 175 369	+ 620 347
25	413	24 118	+ 111	+ 4 333	12 321	18 774 889	+ 480 963
26	435	26 734	+ 133	+ 6 949	17 689	48 288 601	+ 924 217
27	384	24 116	+ 82	+ 4 331	6 724	18 757 561	+ 355 142
28	368	23 203	+ 66	+ 3 418	4 356	11 682 724	+ 225 588
29	387	24 400	+ 85	+ 4 615	7 225	21 298 225	+ 392 275
30	309	25 008	+ 97	+ 5 223	9 409	27 279 729	+ 506 631
	9 060	593 550			239 970	610 676 514	+ 12 063 300

$\overline{X} = 9\,060 : 30 = \underline{302}$

$\overline{Y} = 593\,550 : 30 = \underline{19\,785}$

$$b = \frac{12\,063\,300}{239\,970} = \underline{\underline{50{,}27}}$$

$$a = 19\,785 - 50{,}27 \cdot 302 = \underline{\underline{4\,603}}$$

$$S_R^2 = \frac{610\,676\,514 - 50{,}27 \cdot 12\,063\,300}{30 - 2} = \underline{\underline{151\,929}}$$

$$S_R = \pm\ \underline{\underline{389{,}8}}$$

$$B = 1 - \frac{30 - 1}{30 - 2} + 50{,}27\,\frac{12\,063\,300}{610\,676\,514} \cdot \frac{30 - 1}{30 - 2} = \underline{\underline{0{,}993}}$$

Istkostenfunktion:

Gesamtkosten: $Y = 4603 + 50{,}27\,X \pm 389{,}8$

Verfahren III

Istkostenfunktion A:	$K_A = 767 + 7{,}90\,X \pm 140{,}55$
Istkostenfunktion B:	$K_B = 1407 + 13{,}92\,X \pm 315{,}62$
Istkostenfunktion C:	$K_C = 2429 + 28{,}45\,X \pm 328{,}02$
Gesamtkostenfunktion:	$K = 4603 + 50{,}27\,X \pm 389{,}78$

Der Streubereich der Gesamtkostenfunktion kann nicht durch die Addition der Streuung der einzelnen Funktionen ermittelt werden. Er ergibt sich aus dem Quotienten, der gebildet wird aus der Summe der quadrierten Abweichungen zwischen den Istkosten und den Gesamtkostenfunktionswerten (Zähler) und der um zwei Einheiten verminderten Anzahl der Istkostenwerte (Nenner).

Tabelle 32:

Zusammenstellung der Ergebnisse

Bezeichnung der Größen	Kostenart			Gesamtkosten
	A	*B*	*C*	
b	7,90	13,92	28,45	50,27
a	767,–	1 407,–	2 429,–	4 603,–
S_R	± 140,55	± 315,62	± 328,02	± 389,78
B	0,963	0,941	0,984	0,993
F	758,97	466,80	1 805,12	3 999,78
t	27,53	21,61	42,49	63,18
db	± 1,05	± 2,37	± 2,46	± 2,92

Ta

	Potenzkurve	Logarith
II Erweiterte Grundform	$K = a + bx^k$	$K = a$
1. Additive Konstante als zusätzliche Unbekannte	a	
2. Lösung mit Hilfe des „Kurzverfahrens“ a) Ausgangsgrößen	$K_1 = a + bx_1{}^k$ $K_2 = a + bx_2{}^k$ $K_3 = a + bx_3{}^k$	$K_1 = a$ $K_2 = a$ $K_3 = a$
b) Bedingung für die Anwendung des Kurzverfahrens (d = beliebige konstante Zahl)	$x_1 = \frac{x_2}{d} = \frac{x_3}{d^2}$	$x_3 = x$
c) Lösungsgleichungen	$a = \frac{K_2^2 - K_1 K_3}{2K_2 - K_1 - K_3}$ $k = \frac{\log (K_2 - a) - \log (K_1 - a)}{\log x_2 - \log x_1}$ $b = \frac{K_1 - a}{x_1{}^k}$	$a = \frac{K_2^2 -}{2K_2 - K}$ $k = \frac{\log (K_3}{\log lo}$ $b = \frac{K_1 - a}{(\log x_1)}$

2:

Kurve	Exponentialkurve mit Unbekannte im Exponenten	Exponentialkurve mit x als Unbekannte im Exponenten und in der Basis
g $x)^k$	$K = a + bG^{cx}$	$K = a + bx^{cx}$
	a	a
g $x_1)^k$ g $x_2)^k$ g $x_3)^k$	$K_1 = a + b10^{cx_1}$ $K_2 = a + b10^{cx_2}$ $K_3 = a + b10^{cx_3}$	$K_1 = a + bx_1{}^{cx_1}$ $K_2 = a + bx_2{}^{cx_2}$ $K_3 = a + bx_3{}^{cx_3}$
	$x_3 = x_2 + d = x_1 + 2d$	$\frac{x_3^{x_3}}{x_2^{x_2}} = \frac{x_2^{x_2}}{x_1^{x_1}}$
log $(K_1 - a)$ og log x_1	$a = \frac{K_2^2 - K_1 K_3}{2K_2 - K_1 - K_3}$ $c = \frac{\log (K_2 - a) - \log (K_1 - a)}{(x_2 - x_1) \log G}$ $b = \frac{K_1 - a}{G^{cx_1}}$	$a = \frac{K_2^2 - K_1 K_3}{2K_2 - K_1 - K_3}$ $c = \frac{\log (K_2 - a) - \log (K_1 - a)}{x_2 \log x_2 - x_1 \log x_1}$ $b = \frac{K_1 - a}{x_1{}^{cx_1}}$

Tabelle online abrufbar unter: https://www.duncker-humblot.de/9783428008780_Tabelle_1

Beispiel B

Aus dem Beispiel A werden die Gesamtkosten gewählt, um die aus ihnen ableitbaren Durchschnittskosten zu ermitteln. Aus einer linearen Gesamtkostenfunktion ergibt sich die Stückkostenfunktion nach der Formel

$$k = \frac{K}{X} = \frac{a}{X} + b\,.$$

Wir haben die Gesamtkosten des vorigen Beispiels durch die jeweilige Beschäftigung dividiert, um die Kosten je Beschäftigungseinheit zu erhalten. Aus der obigen Gleichung ist ersichtlich, daß wir einen nicht linearen mathematischen Ansatz für die Einfachkorrelationsrechnung wählen müssen. Um das zu verhindern, nehmen wir eine Linearisierung der Stückkostenfunktion vor, indem wir zuvor den Ausdruck $\frac{1}{X} = u$ ausrechnen und die u-Werte in der Rechnung verwenden. Unsere Kostenfunktion lautet

$$k = au + b.$$

Um eine größere Übersichtlichkeit zu erzielen, haben wir die Größen u und k mit 1000 multipliziert, da wir mit mehreren Stellen hinter dem Komma rechnen müssen. Die Auswirkung dieser Rechenoperation bei der Ermittlung der Kostenfunktion und ihrer Prüfung ist zu beachten.

Tabelle 33:

Durchschnittskosten

Nr.	1000 u	1000 Y	$(1000\,u)^2$	$(1000\,Y)^2$	$1000^2\,uY$
1	3,846	68 110	14,791 716	4 638 972 100	261 951
2	4,464	72 340	19,927 296	5 233 075 600	322 926
3	3,215	63 960	10,336 225	4 090 881 600	205 631
4	3,906	67 550	15,256 836	4 563 002 500	263 850
5	3,268	64 910	10,679 824	4 213 308 100	212 126
6	3,215	65 510	10,336 225	4 291 560 100	210 615
7	3,876	69 180	15,023 376	4 785 872 400	268 142
8	5,128	75 440	26,296 384	5 691 193 600	386 856
9	6,897	81 410	47,568 609	6 627 588 100	561 485
10	7,299	79 790	53,275 401	6 366 444 100	582 387
11	8,621	89 610	74,321 641	8 029 952 100	772 528
12	4,878	71 250	23,794 884	5 076 562 500	347 558
13	4,608	74 700	21,233 664	5 580 090 000	344 218
14	4,484	69 130	20,106 256	4 778 956 900	309 979
15	3,289	65 610	10,817 521	4 304 672 100	215 791
16	3,597	66 960	12,938 409	4 483 641 600	240 855
17	3,745	67 790	14,025 025	4 595 484 100	253 874
18	2,882	63 720	8,305 924	4 060 238 400	183 641
19	2,865	63 460	8,208 225	4 027 171 600	181 813
20	2,646	62 600	7,001 316	3 918 760 000	165 640
21	2,740	63 930	7,507 600	4 087 044 900	175 168
22	2,519	62 230	6,345 361	3 872 572 900	156 757
23	2,475	62 120	6,125 625	3 858 894 400	153 747
24	2,375	59 380	5,640 625	3 525 984 400	141 028
25	2,421	58 400	5,861 241	3 410 560 000	141 386
26	2,299	61 460	5,285 401	3 777 331 600	141 297
27	2,604	62 800	6,780 816	3 943 840 000	163 531
28	2,717	63 050	7,382 089	3 975 302 500	171 306
29	2,584	63 050	6,677 056	3 975 302 500	162 921
30	2,506	62 680	6,280 036	3 928 782 400	157 076
	111,969	2 022 130	488,130 607	137 713 043 100	7 856 083

$$a = \frac{7\,856\,083 - \frac{1}{30}\,2\,022\,130 \cdot 111{,}969}{488{,}130607 - \frac{1}{30}\,111{,}969^2} = 4\,398{,}31$$

$$b = \frac{1}{30}(2\,022\,130 - 4\,398{,}31 \cdot 111{,}969) = 50\,988{,}595$$

$$\underline{50{,}99} = \text{Regressionskoeffizient}$$

$$S_R^2 = \frac{137\,713\,043\,100 - \frac{1}{30}\,2\,022\,130^2 - 4\,398{,}31\,(7\,856\,083 - \frac{1}{30}\,2\,022\,130 \cdot 111{,}969)}{30 - 2}$$

$$= \underline{1\,931\,408} \qquad \underline{1{,}93} = \text{Streuungsquadrat}$$

$$S_R = \pm\,1\,389{,}75 \qquad \pm\,\underline{1{,}39} = \text{Streuung}$$

$$B = 1 - \frac{1\,931\,408}{\dfrac{137\,713\,043\,100 - \frac{1}{30}\,2\,022\,130^2}{30 - 1}} = \underline{0{,}960}$$

$$F = 1 + \frac{30 - 1}{1 - 0{,}960} \cdot 0{,}960 = \underline{703{,}42}$$

Tabellenwert für die Existenz des Bestimmtheitsmaßes bei einer statistischen Sicherheit von 99,9 % (Freiheitsgrad: $n_1 = 1$; $n_2 = 30 - 2$): $\underline{13{,}50}$

Die Existenz von B ist gesichert.

$$t = \frac{4\,398{,}31}{1\,389{,}75}\sqrt{488{,}130607 - \frac{1}{30}\,111{,}969^2} = \underline{26{,}52}$$

Tabellenwert für die Existenz des Regressionskoeffizienten bei einer statistischen Sicherheit von 99,9 % (Freiheitsgrad $n_1 = 1$; $n_2 = 30 - 2$): $\underline{3{,}674}$

Die Existenz von a ist gesichert.

$$da = \pm\,3{,}674\,\frac{1389{,}75}{\sqrt{488{,}130607 - \frac{1}{30}\,2\,022\,130^2}} = \pm\,\underline{609{,}66}$$

Der „wahre" Wert β der Grundgesamtheit liegt mit 99,9 % statistischer Sicherheit im Bereich:

$$a \pm da = 4398{,}31 \pm 609{,}66$$

Funktionsgleichung der Istkosten:

Durchschnittskosten: $k = \dfrac{4\,398{,}31}{X} + 50{,}99 \pm 1{,}39$

Die Durchschnittskostenfunktion wurde in ihre ursprüngliche Form zurückverwandelt. Die Wirkungen der Multiplikation der Stichprobenwerte mit dem Faktor 1000 wurden nach der Durchführung der Korrelationsrechnung wieder beseitigt.

Literaturverzeichnis

Agthe, K.: Die Abweichungen in der Plankostenrechnung, Freiburg i. Br. 1958.

— Kostenplanung und Kostenkontrolle im Industriebetrieb, Baden-Baden 1963.

Auffermann, J. D.: Kostenauswertung, Stuttgart 1953.

Baldus, G.: Die Theorie der Leerkosten und ihre Bedeutung für die Betriebspolitik und Kostenrechnung, Diss. Würzburg 1958.

Bauer, W.; *Stumpf*, A.; *Wartmann*, R.: Einführung in die Technische Statistik (unter besonderer Berücksichtigung der Einflußgrößenrechnung). Als Manuskript vervielfältigt (1956).

Beste, Th.: Die Verrechnungspreise in der Selbstkostenrechnung industrieller Betriebe, in: Betriebswirtschaftliche Zeitfragen, Berlin 1924.

— Verwaltungsaufbau und betriebliches Rechnungswesen, in: Festschrift für Schmalenbach, Leipzig 1933, S. 97 ff.

— Die Produktionsplanung, ZfhF. (1938), S. 345 ff.

— Planung in der Unternehmung, in: Kongreß-Archiv des 5. Internationalen Prüfungs- und Treuhand-Kongresses, Band B, Teil 2, Berlin 1938, S. 63 ff.

— Betriebswirtschaftslehre und Wirtschaftsordnung, in: Festschrift für Walb, Leipzig 1940, S. 29 ff.

— Der Stand der betriebswirtschaftlichen Planung, ZfhF (1942), S. 117 ff,, 174 ff.

— Fertigungsprogramm, in: Handwörterbuch der Betriebswirtschaft, 3. Auflage, Bd. 1, Stuttgart 1956, Sp. 1750.

— Die Mehrkosten bei der Herstellung ungängiger Erzeugnisse im Vergleich zur Herstellung vereinheitlichter Erzeugnisse, Köln 1957.

— Fertigungswirtschaft und Beschaffungswesen, in: Handbuch der Wirtschaftswissenschaften, Bd. I, Opladen und Köln 1958, S. 125 ff.

— Die kurzfristige Erfolgsrechnung, 2. Auflage, Köln 1962.

Bindemann, W.: Kostensynthese, ZfhF. (1951), S. 389 ff.

Birn, S. A.; *Crossan*, R. M.; *Eastwood*, R. W.: Wege zur Senkung und Kontrolle der Verwaltungskosten, Berlin 1964.

Bricken, H.; *Steinecke*, V.: Leistungsbetrachtung an kontinuierlichen Walzenstraßen, in: Stahl und Eisen (1960), S. 1261 ff.

Brugger, W.: Philosophisches Wörterbuch, 10. Auflage, Freiburg 1963.

Büchner, S.: Die Auswertung der Kostenrechnung in der Eisen schaffenden Industrie, Diss., Köln 1958.

Bysow, L. A.: Graphische Methoden in der Planung, Statistik und Erfassung, 2. Auflage, Berlin 1955.

Conrad, P.: Von der Kostenauswertung zur Erfolgsplanung, in: Stahl und Eisen (1960), S. 1564 ff.

Czermak, E.: Betriebsabrechnung und Kostenplanung im Stahlwerksbetrieb, in: Archiv für das Eisenhüttenwesen (1932/33), S. 459 ff.

Diercks, H.; *Euler*, H.: Praktische Nomographie, 2. Auflage (1942).

Diercks, H.; *Petzold*, F.: Plankostenrechnung in der Eisenindustrie? in: Archiv für das Eisenhüttenwesen (1953), S. 183 ff.

Fisher, R. A.: Statistical Methods for Research Workers, Edinburgh 1950.

Flaskämper, P.: Allgemeine Statistik, Leipzig 1944.

Fredersdorff, L. F.: Praktische Anleitung zu einer guten Eisenhütten-Ökonomie, Pyrmont 1802.

Gälweiler, A.: Die Auswertung der Ergebnisse beim Abrechnen mit Plankosten, ZfB. 24. Jg. (1954), S. 675 ff.

Gater, R.: Behandlung von Preisschwankungen in der Plankostenrechnung, ZfB. 23. Jg. (1953), S. 25 ff.

Gaube, H.: Die Auswertung von Kostendiagrammen, ZfhF. (1955), S. 226 ff.

Gebelein, H.: Zahl und Wirklichkeit, 2. Auflage, Heidelberg 1949.

Geil, H.: Die Plankostenrechnung im Industriebetrieb unter Berücksichtigung des Beschaffungs- und Absatzbereiches, Diss., Marburg 1944.

Gutenberg, E.: Die Unternehmung als Gegenstand betriebswirtschaftlicher Theorie, Berlin 1929.

— Grundsätzliches zum Problem der betriebswirtschaftlichen Leistungsbewertung und der Preisstellung, in: Festschrift für Kalveram, Berlin — Wien 1942, S. 307 ff.

— Neuere Entwicklungstendenzen auf dem Gebiete des industriellen Rechnungswesens, in: Die Gießerei, 41. Jg. (1954), S. 397 ff.

— Offene Fragen der Produktions- und Kostentheorie, ZfhF. (1956), S. 429 ff.

— Grundlagen der Betriebswirtschaftslehre, Bd. I, 4. Auflage, Heidelberg — Berlin — Göttingen 1958.

— Sortenproblem und Losgröße, in: Handwörterbuch der Betriebswirtschaft, Bd. III, Stuttgart 1960, Sp. 4897 ff.

Hall, R.: Das Rechnen mit Einflußgrößen im Stahlwerk, Köln 1959.

Hempelmann, A.: Eine Betriebskritik vor mehr als hundert Jahren, in: Der praktische Betriebswirt 16. Jg. (1936), S. 428 f.

Henzel, F.: Kostenanalyse, Bühl-Baden 1937.

Hofer, N.: Die Auswertung der Plankostenrechnung, Diss., Nürnberg 1955.

Hoffstadt, J.: Die Kosteneinflußgrößenrechnung, dargestellt am Beispiel eines Siemens-Martin-Stahlwerkes, in: Stahl und Eisen (1957), S. 1488 ff.

Hürlimann, W.: Die Genauigkeit in der Kostenrechnung, in: Die Unternehmung 9. Jg. (1955), S. 46 ff.

Jung, J. H.: Anleitung zur Cameral Rechnungs-Wissenschaft (1786).

Käfer, Karl: Standardkostenrechnung, Zürich 1955.

Kähler, E.: Das Problem der Vergleichbarkeit in der Kostenkontrolle, Diss., Leipzig 1935.

Kilger, W.: Die Produktions- und Kostentheorie als theoretische Grundlage der Kostenrechnung, ZfhF. (1958), S. 553 ff.

— Produktionsplanung einschließlich Planung des Fertigungsprogrammes, in: Dynamische Betriebsplanung zur Anpassung an wirtschaftliche Wechsellagen, Wiesbaden 1959, S. 66 ff.

— Der theoretische Aufbau der Kostenkontrolle, ZfB. (1959), S. 457 ff.

— Flexible Plankostenrechnung, Saarbrücken 1961.

Koller, H.: Organisation der Plankostenrechnung, in: Schriftenreihe der AGPLAN, Bd. 5, Wiesbaden 1961.

Kosiol, E.: Kostenauflösung und proportionaler Satz, ZfhF. (1928), S. 345 ff.

— Die Stellung der Plankostenrechnung im betrieblichen Rechnungswesen, in: Zielbewußte Betriebsführung durch Plankostenrechnung, Berlin 1953.

— Die Stellung der Plankostenrechnung im betrieblichen Rechnungswesen, ZfhF. (1953), S. 465 ff.

— Neuere Ziele und Methoden der Kostenplanung, ZfB. 24. Jg. (1954), S. 657 ff.

Kosiol, E.: Plankostenrechnung als Instrument moderner Unternehmensführung, Berlin 1956.

— Kostenrechnung und Betriebsbuchhaltung, in: Handbuch der Wirtschaftswissenschaften, Bd. I, Opladen — Köln 1958, S. 627 ff.

von Kortzfleisch, G.: Untersuchungen über die Sortenvielfaltkosten und Auswertung ihrer Ergebnisse für unternehmerische Entscheidungen, in: Rationalisierung (1958), S. 240.

— Kostenquellenrechnung in wachsenden Industrieunternehmen, ZfbF. (1964), S. 318 ff.

Kreis, H.: Die Ausschaltung von Störungseinflüssen bei der Auswertung der buchmäßigen Selbstkosten, in: Archiv für das Eisenhüttenwesen (1935/36), S. 417 ff.

Kröger, W.: Die Auswertung der Kostenrechnung im Steinkohlenbergbau (unter besonderer Berücksichtigung der Möglichkeiten des Bergbau-Kosten-Standardsystems), Diss., Nürnberg 1951.

Kürpick, H.: Die „fixen" Kosten in der Literatur bis zum Jahre 1900, ZfhF. (1963), S. 121 ff.

— Die Lehre von den fixen Kosten, Köln und Opladen 1965.

Lehmann, K., *Scholten*, H.: Richtgrößen für technische Kennzahlen und Kosten nach den Verfahren der Einflußgrößenrechnung, in: Stahl und Eisen (1956), S. 398 ff.

Linder, A.: Statistische Methoden für Naturwissenschaftler, Mediziner und Ingenieure, 2. Auflage, Basel 1951.

Maas, R.: Die Auswertung des betrieblichen Rechnungswesens, Diss., Berlin 1935.

Matz, A.: Plankostenrechnung, Wiesbaden 1954.

Maurer, A.: Die Bedeutung der Sortenwahl für die Wirtschaftlichkeit in einem Hammerwerk, Diss., Köln 1951.

Mayer, L.: Bilanz- und Betriebsanalyse, Wiesbaden 1960.

Medicke, W.: Die Plankosten — insbesondere die Anwendung des Lochkartenverfahrens für den Soll-Ist-Kostenvergleich, ADL-Nachrichten 1959, S. 251 ff, 275 ff.

Mellerowicz, K.: Kosten und Kostenrechnung, Bd. II, 2. Halbband, Berlin 1958.

Messerschmitt, E.: Kritische Studie zur Theorie und Praxis des Betriebsvergleichs, Diss., München 1952.

Michel, E.: Handbuch der Plankostenrechnung, Berlin 1937.

Müller, A.: Die Isolierung der Einflüsse auf die Selbstkosten im Eisenhüttenwesen, Diss., Köln 1933.

— Die Kostenanalyse im Eisenhüttenwesen, Düsseldorf 1934.

— Die Normalkostenrechnung als Hilfsmittel der Kostenauswertung, in: Archiv für das Eisenhüttenwesen (1938/39), S. 309 ff.

— Kostenauswertung in Stahlwerken, in: Archiv für das Eisenhüttenwesen (1941/42), S. 155 ff.

Müller, H.: Die Plankostenrechnung und ihre Abhängigkeit vom Fertigungsverfahren, Diss., Köln 1954.

v. Nell-Breuning, O., *Sacher*, H.: Zur Wirtschaftsordnung — Privatwirtschaft — in: Wörterbuch der Politik, 3. Auflage, Freiburg 1958, Sp. 25 ff.

Nippoldt, A.: Anleitung zu wissenschaftlichem Denken, Leipzig 1942.

Noll, R.: Kostenanalyse in Stahlgußwerken, ZfhF. (1935), S. 1.

Oehm, W.: Methoden und Probleme bei Kostenvergleichen in der Eisen schaffenden Industrie, Diss., Köln 1947. '

Penndorf, B.: Entwicklungsgeschichte des Betriebslebens, in: Die Handelshochschule — Die Wirtschaftshochschule, Bd. 3, Wiesbaden 1950.

Plaut, H. G.: Die Grenzplankostenrechnung in der Diskussion und ihrer weiteren Entwicklung, ZfB. (1958), S. 251 ff.

Richter-Altschäffer, H.: Einführung in die Korrelationsrechnung, in: Schriftenreihe des Instituts für landwirtschaftliche Marktforschung, Berlin 1931.

— Theorie und Technik der Korrelationsanalyse, in: Schriftenreihe des Instituts für landwirtschaftliche Marktforschung, Berlin 1932.

Riebel, P.: Die Gestaltung der Kostenrechnung für die Zwecke der Betriebskontrolle und Betriebsdisposition, ZfB. (1956), S. 278 ff.

—· Das Problem der minimalen Auftragsgröße, ZfhF. (1960), S. 647 ff.

Rocker, W.: Grundsätzliches zur Plankostenabrechnung und ihre Anwendung in der Edelstahlindustrie, in: Stahl und Eisen (1952), S. 134 ff.

Rodenstock, R.: Die Genauigkeit der Kostenrechnung industrieller Betriebe, München 1949.

Rummel, K.: Die Ordnung der Kosten nach ihrer Abhängigkeit von betrieblichen Zeitgrößen, in: Die Betriebswirtschaft (Zeitschrift für Handelswissenschaft und Handelspraxis) 23. Jg. (1930), S. 33 ff., 72 ff.

— Mathematisch-graphische Behandlung der Kostenprobleme, ZfB. (1931), S. 614 ff.

— Einheitliche Kostenrechnung auf der Grundlage einer vorausgesetzten Proportionalität der Kosten zu betrieblichen Größen, 3. Auflage, Düsseldorf 1949.

Sandig, A.: Technische Berichterstattung als Planungsgrundlage im Sinne einer operativen Betriebswirtschaft, in: Stahl und Eisen (1960), S. 1554 ff.

Schmalenbach, E.: Über Verrechnungspreise, ZfhF. (1908/09), S. 165 ff.

— Selbstkostenrechnung, ZfhF. (1919), S. 257 ff.

— Die wirtschaftliche Lage, in: Der praktische Betriebswirt (1933), 13. Jg., S. 93 ff.

— Der freien Wirtschaft zum Gedächtnis, Köln 1949.

— Kostenrechnung und Preispolitik, 7. Auflage, Köln und Opladen 1956.

Schneider, D.: Kostentheorie und verursachungsgemäße Kostenrechnung, ZfhF. 1961, S. 677 ff.

Schneyder, W.: Die Einführung der Plankostenrechnung im Siemens-Martin-Stahlwerk, Diss., Köln 1958.

Schnettler, A.: Betriebsanalyse, Stuttgart 1960.

— Betriebsvergleich, 3. Auflage, Stuttgart 1961.

Schnötzinger, F.: Die Auswertung der Selbstkosten im Industriebetrieb unter besonderer Berücksichtigung der Betriebskontrolle, Diss., Dresden 1942.

Schönnenbeck, H.: Grenzen der Kostenrechnung, Diss., Köln 1950.

Schott, G.: Grundlagen des Betriebsvergleichs, Frankfurt 1950.

Schroeder, R.: Praktische Einführung in die Nomographie, München 1951.

Schulz, C. E.: Die bildliche Auswertung der Selbstkosten, in: Archiv für das Eisenhüttenwesen (1928), S. 341 ff.

Soom, E.: Anwendung der mathematischen Statistik in der Industrie, in: Industrielle Organisation, 22. Jg. (1953), S. 109 ff.

Stevens, H.: Angewandte Stoffwirtschaft, in: Archiv für das Eisenhüttenwesen (1938/39), S. 163.

— Einflußgrößen-Rechnung, Düsseldorf 1939.

Trautmann, W.: Industrielle Normalerfolgsrechnung, Berlin 1932.

Wartmann, R.: Praxis der mehrdimensionalen Korrelationsrechnung, Teil I, 2. Bericht des Instituts für Praktische Mathematik an der Technischen Hochschule Darmstadt, Darmstadt 1952.

— Praxis der mehrdimensionalen Korrelationsrechnung, Teil II, 3. Bericht des Instituts für Praktische Mathematik an der Technischen Hochschule Darmstadt, Darmstadt 1952.

Weber, K.: Filmverarbeitungseinheiten erweitern die Einsatzmöglichkeit des IBM-Systems/360 für die Verarbeitung graphischer Daten, in: IBM-Nachrichten 15. Jg. (1965), S. 2617.

Wolter, A. M.: Ermittlung der besten Betriebsbeschäftigung und Sortenzusammensetzung in Walzwerken, in: Archiv für das Eisenhüttenwesen (1940/41), S. 77 ff.

— Das Rechnen mit fixen und proportionalen Kosten, Köln 1948.

Benutzte Abkürzungen für Zeitschriften:

ZfB.	=	Zeitschrift für Betriebswirtschaft.
ZfhF.	=	Zeitschrift für handelswissenschaftliche Forschung.
ZfbF.	=	Schmalenbachs Zeitschrift für betriebswirtschaftliche Forschung.

FSC
www.fsc.org
MIX
Papier | Fördert gute Waldnutzung
FSC® C083411

Zeitfracht Medien GmbH
Ferdinand-Jühlke-Straße 7
99095 Erfurt, Deutschland
produktsicherheit@kolibri360.de

Druck:
CPI Druckdienstleistungen GmbH
im Auftrag der
Zeitfracht Medien GmbH
Ein Unternehmen der Zeitfracht - Gruppe
Ferdinand-Jühlke-Str. 7
99095 Erfurt